21世纪 经济与管理精编教材·工商管理系列

网络营销：管理与实践

Internet Marketing
Management and Practice

夏明学　王丽萍　编著
邵荣昭　主审

北京大学出版社
PEKING UNIVERSITY PRESS

图书在版编目(CIP)数据

网络营销:管理与实践/夏明学,王丽萍编著. —北京:北京大学出版社,2013.10
(21 世纪经济与管理精编教材·工商管理系列)
ISBN 978-7-301-22992-7

Ⅰ. ①网… Ⅱ. ①夏… ②王… Ⅲ. ①网络营销-高等学校-教材 Ⅳ. ①F713.36

中国版本图书馆 CIP 数据核字(2013)第 182817 号

书　　　　名:	网络营销:管理与实践
著作责任者:	夏明学　王丽萍　编著　邵荣昭　主审
责 任 编 辑:	姚大悦
标 准 书 号:	ISBN 978-7-301-22992-7/F·3711
出 版 发 行:	北京大学出版社
地　　　　址:	北京市海淀区成府路 205 号　100871
网　　　　址:	http://www.pup.cn
电 子 信 箱:	em@pup.cn　　QQ:552063295
新 浪 微 博:	@北京大学出版社　@北京大学出版社经管图书
电　　　　话:	邮购部 62752015　发行部 62750672　编辑部 62752926　出版部 62754962
印 刷 者:	北京富生印刷厂
经 销 者:	新华书店
	787 毫米×1092 毫米　16 开本　24.25 印张　612 千字
	2013 年 10 月第 1 版　2019 年 11 月第 4 次印刷
印　　　　数:	8001—11000 册
定　　　　价:	42.00 元

未经许可,不得以任何方式复制或抄袭本书之部分或全部内容。
版权所有,侵权必究
举报电话:010-62752024　电子信箱:fd@pup.pku.edu.cn

前　言

21世纪,人类社会已经步入网络经济时代,网络的优势和价值已经为社会各界所认同,同时,网络营销已成为当前理论研究、企业实践的热点。网络营销是企业为实现整体市场营销目标,依托现代信息技术与网络技术而开展的,以满足顾客需求为中心的新型营销方式,它对传统市场的营销理念、方法和手段产生了深远的影响,也在客观上推动网络营销理论的研究和实践进入了一个全新的历史时期。当前无数的传统企业正结合自己的营销实际,大规模地进入网络营销领域。在这种形势下,不论是传统企业还是网络企业,都迫切需要一大批高素质的网络营销人才。"网络营销"课程正是在满足当前企业现实需要以及拓展理论研究空间的基础上开设的。

网络营销的产生与发展,受到网络技术及其管理理念等因素的影响,网络技术等因素理应体现在网络营销学的内容中,但其内容体系仍属市场营销学的范畴。然而,在教学实践过程中,我们发现现有教材中有偏向于传统市场营销学理论的,也有偏向于电子商务的,有的甚至偏向于信息技术。因此,本书尝试以传统市场营销学为指导,基于管理学的理念,高度重视信息技术和营销工具的应用,并结合市场营销模式的最新发展以及网络营销的商业实战需要,来组织内容。本书适合工商管理、市场营销、电子商务、国际贸易、物流及其他经济与管理类本科生及硕士研究生使用,也可供网络营销实际工作者参考。

本书的体系设计共分为四大篇:基础篇,全面介绍网络营销的相关理论、实现环境、市场分析、网络营销顾客行为分析、营销调研等内容,为后篇学习奠定坚实的理论基础;策略篇,基于传统市场营销的4P范式探讨网络营销中的产品策略、定价策略、渠道策略、促销策略,构建基本的网络营销应用框架;管理篇,以最新的营销理念和管理学科的知识,拓展网络营销的学科视野;实践篇,结合网络营销的实际需要,介绍有关网络营销策划、网站建设以及在不同行业的应用,增强本教材的实践应用价值。

本书由浅及深,方便读者从基础上了解网络营销的相关概念、基本理论、实现基础,以及网络营销的具体策略、方法等,帮助读者认识和掌握网络营销管理方法与技巧,并且通过有针对性地探讨分析网络营销实践策划、网站建设和各类典型行业网络营销实践中的焦点问题,增强读者的实战能力。本书的最大特色在于以网络营销特有的时代特征和先进性、实用性为主线,以优选的编排理念,突出网络营销的实践性、可操作性,以案例解析带动扩散性思维,突破过去网络营销教材只介绍理论而缺乏具体技巧和方法的瓶颈,在每章前后都设计有引导案例和网络实战中的真实案例以及详细分析,并在各章后面都提供练习题,能让读者在更好地理解网络营销学的相关概念的同时,更熟练地掌握网络营销的技术和方法及其应用,为网络营销实践提供帮助。同时,我们尽最大可能将近年来互联网技术和电子商务发展的成果收录到本书之中,例如,网络团购、微信营销、手机支付、手机客户端等都得到了相应的体现。

本书的其他特色有:(1)设立了 E 知识、E 视点、E 经典栏目。其中 E 知识主要介绍与网络营销有关的理论知识;E 视点主要介绍在网络营销、电子商务的研究与实践领域中有代表性和有独到之处的观点、方案、产品等;E 经典主要介绍在网络营销实务领域有代表性的事件、案例等。(2)提供了教学建议。系统说明本课程的教学目的与前期需要学生掌握的相关课程知识;分别按照本科教学和 MBA、研究生教学的要求列出了教学重点和课时分配建议。(3)安排了篇首语。在每一篇首页,都有关于本篇在全书中所处地位、与其余各篇逻辑关系及本篇主要内容的文字说明,方便教师和学生掌握。

本书由长安大学经济与管理学院夏明学、王丽萍两位老师担任主编,并设计全书的整体框架结构,提出完整的编写思路。第 1、3、4、6、7、8 章由王丽萍老师编写,第 2、5、9、10、11、12、13、14、15 章由夏明学老师编写,第 16 章由夏明学、王丽萍两位老师共同编写。参加资料收集和编写工作的有长安大学的李超、刘景娟、蒋婷婷、武子雨、喻建波等。全书由邵荣昭老师主审。

本书在编写过程中,学习、借鉴和参考了国内外大量相关文献资料和研究成果,为了表示对这些作者的尊重与敬意,我们对所引用的数据及资料,通过注释及参考文献的方式尽可能详尽地加以标注,但是,其中难免有遗漏或者难以查明原始出处。在此,谨向这些作者表示诚挚的感谢!

本书作为国家"211"重点大学、"985"优势学科创新平台建设高校——长安大学"十二五"规划立项教材,文稿编写和出版事宜均得到校教务处、经济与管理学院及有关部门领导的关心和支持,在此一并表示感谢。

本书的出版,承蒙北京大学出版社经济与管理图书事业部主任林君秀女士、策划编辑姚大悦女士的大力支持。姚大悦女士对本教材出版的前期工作及书稿进行了细致的审阅并提出了不少建设性意见,在此深表感谢!

由于信息技术和电子商务的不断发展与推陈出新,限于编者的学识水平,书中错误疏漏之处在所难免,恳请各位专家、同仁及读者不吝赐教!

编　者

2013 年 5 月于长安大学

教 学 建 议

教学目的

1. 全面了解网络营销的产生背景与存在基础,熟悉网络营销的基础工作(市场分析、顾客行为分析、市场调研);
2. 掌握开展网络营销的内容与策略体系(产品策略、价格策略、渠道策略、促销策略);
3. 掌握企业加强网络营销管理、提高网络营销绩效的四大关键领域(客户关系管理、服务管理、品牌管理、信用管理);
4. 熟悉网络营销策划和网站推广的方法与技术,了解网络营销在传统行业的应用情况与发展趋势。

通过本课程的学习,使学生了解、熟悉、掌握有关网络营销的基本概念、基本理论以及网络营销的策略、方法,形成一定的分析、解决网络营销管理与实践问题的能力。

前期需要掌握的知识

市场营销学、消费者行为学、市场调查与分析、电子商务基础等。

课时分布建议

教学内容	学习要点	课时安排	
		MBA	本科
第1章　网络营销概述	1. 了解网络营销的产生与发展 2. 掌握网络营销的内涵和体系 3. 了解网络营销的相关理论基础	2	2
第2章　网络营销的现实基础	1. 了解网络营销的技术基础 2. 了解网络营销的观念基础 3. 了解网络营销的制度基础 4. 了解网络营销的配套服务市场基础	2	2
第3章　网络营销市场分析	1. 掌握网络市场细分的内涵与原则 2. 掌握网络市场细分的主要方法 3. 熟悉可供选择的市场覆盖策略模式 4. 掌握网络市场定位方法	3	3

(续表)

教学内容	学习要点	课时安排	
		MBA	本科
第4章 网络营销顾客行为分析	1. 理解网络顾客的群体特征表现 2. 熟悉网络顾客的购买动机与行为类型 3. 熟悉网络顾客的购买行为 4. 了解网络顾客的购买决策过程	3	3
第5章 网络营销市场调研	1. 了解网络营销市场调研的主要内容 2. 掌握网络营销市场调研的调查问卷设计方法 3. 掌握常用的网络营销市场调研方法 4. 熟悉网络营销市场调研流程	3	3
第6章 网络营销产品策略	1. 熟悉网络营销产品的概念与特征 2. 掌握网络营销产品生命周期理论及相应的策略选择 3. 熟悉网络营销产品包装策略 4. 掌握网络营销新产品开发策略	3	4
第7章 网络营销定价策略	1. 熟悉网络营销价格的内涵与特征 2. 了解影响网络营销产品定价的因素 3. 掌握常用的网络营销定价策略 4. 熟悉网络营销报价模式	3	4
第8章 网络营销渠道策略	1. 理解网络营销渠道的内涵与特点 2. 熟悉网络营销直接渠道的内容 3. 熟悉网络营销间接渠道的内容 4. 了解网络营销物流渠道的模式选择	3	4
第9章 网络营销促销策略	1. 理解网络营销促销的内涵 2. 掌握网络广告促销策略 3. 掌握搜索引擎促销策略 4. 掌握微博营销促销策略 5. 熟悉网络口碑促销策略 6. 熟悉"病毒式"促销策略 7. 熟悉网络团购促销策略	3	4
第10章 网络营销客户关系管理	1. 理解网络客户关系管理的内涵及分类 2. 了解网络客户关系管理的作用 3. 熟悉网络客户关系管理的功能模块	3	3
第11章 网络营销服务管理	1. 理解网络营销服务的内涵 2. 了解网络顾客的需求内容 3. 掌握网络营销服务的基本过程 4. 熟悉网络营销服务的基本工具 5. 了解网络营销服务客制化的主要内容	3	3
第12章 网络营销品牌管理	1. 理解网络营销品牌的内涵与构成 2. 掌握网络品牌的建立与推广活动 3. 熟悉网络品牌资产管理的主要内容 4. 了解网络品牌资产价值评估的方法	3	4

（续表）

教学内容	学习要点	课时安排 MBA	本科
第 13 章　网络营销信用管理	1. 理解网络营销信用管理的内涵及要素 2. 掌握网络营销消费者信用分析方法 3. 掌握网络营销供应商信用分析方法 4. 了解网络营销信用策略的制定	2	3
第 14 章　网络营销策划	1. 了解策划与网络营销策划 2. 掌握网络营销策划的内容体系 3. 熟悉网络营销策划流程 4. 熟悉网络营销策划书	2	2
第 15 章　企业营销网站建设与推广	1. 理解网络营销网站的功能 2. 掌握网络营销网站的建设内容 3. 掌握网络营销网站的推广方法 4. 熟悉网络营销网站的运营维护	2	2
第 16 章　网络营销应用实务	1. 了解网络营销在物流业的应用 2. 了解网络营销在运输业的应用 3. 了解网络营销在房地产业的应用 4. 了解网络营销在汽车业的应用	2	2
课时合计		42	48

目 录

第1篇 基 础 篇

第1章 网络营销概述 ………………… 3
1.1 网络营销的产生与发展 ………… 4
1.1.1 网络营销的产生 …………… 4
1.1.2 网络营销对传统市场营销的影响 …………………………… 5
1.1.3 网络营销沿革与展望 ……… 7
1.2 网络营销的内涵和体系 ………… 10
1.2.1 网络营销的定义 …………… 10
1.2.2 网络营销的特点 …………… 11
1.2.3 网络营销的基本功能 ……… 12
1.2.4 网络营销体系 ……………… 13
1.3 网络营销的相关理论 …………… 15
1.3.1 网络直复营销理论 ………… 15
1.3.2 网络软营销理论 …………… 15
1.3.3 网络关系营销理论 ………… 16
1.3.4 网络整合营销理论 ………… 16
案例讨论 …………………………………… 17
本章小结 …………………………………… 18
思考与实践 ………………………………… 18
参考文献 …………………………………… 19

第2章 网络营销的现实基础 …………… 20
2.1 网络营销的技术基础 …………… 20
2.1.1 计算机网络技术 …………… 21
2.1.2 网络营销站点建设技术 …… 26
2.1.3 网络营销站点推广技术 …… 28
2.1.4 移动电子商务技术 ………… 28
2.2 网络营销的观念基础 …………… 30
2.2.1 消费者心理的变化 ………… 30
2.2.2 网络营销的心理优势和吸引力 …………………………… 32
2.3 网络营销的制度基础 …………… 33
2.3.1 经济制度 …………………… 33
2.3.2 法律制度 …………………… 34
2.3.3 社会道德文化制度 ………… 35
2.4 网络营销的配套服务市场基础 ………………………………… 36
2.4.1 网上支付服务 ……………… 36
2.4.2 物流服务 …………………… 39
2.4.3 第三方认证服务 …………… 39
2.4.4 保险服务 …………………… 40
案例讨论 …………………………………… 42
本章小结 …………………………………… 44
思考与实践 ………………………………… 44
参考文献 …………………………………… 44

第3章 网络营销市场分析 ……………… 45
3.1 网络市场的基本知识 …………… 46
3.1.1 网络市场的内涵 …………… 46
3.1.2 网络市场的特点 …………… 46
3.1.3 网络市场的类型 …………… 47
3.2 网络市场细分 …………………… 49
3.2.1 网络市场细分的作用 ……… 49
3.2.2 网络市场细分标准 ………… 50
3.2.3 网络市场细分的原则 ……… 53
3.2.4 网络市场细分的步骤 ……… 53
3.3 网络目标市场的选择 …………… 54
3.3.1 网络目标市场评估 ………… 54
3.3.2 网络目标市场模式选择 …… 55
3.3.3 网络目标市场营销策略 …… 56

3.3.4 网络目标市场策略选择的影响因素 ……………………… 57
3.4 网络市场定位 ……………………… 59
　　3.4.1 网络市场定位的含义与原则 ……………………… 59
　　3.4.2 网络市场定位的方法 …… 59
　　3.4.3 网络市场定位的策略 …… 61
案例讨论 ……………………………… 62
本章小结 ……………………………… 63
思考与实践 …………………………… 63
参考文献 ……………………………… 63

第4章 网络营销顾客行为分析 …… 65
4.1 网络顾客概述 …………………… 67
　　4.1.1 网络顾客的内涵 ………… 67
　　4.1.2 网络顾客的类型 ………… 68
　　4.1.3 网络顾客的特征 ………… 69
4.2 网络顾客购买决策的影响因素 ……………………… 70
　　4.2.1 社会因素 ………………… 70
　　4.2.2 文化因素 ………………… 70
　　4.2.3 个人因素 ………………… 71
　　4.2.4 心理因素 ………………… 71
4.3 网络顾客购买行为分析 ………… 72
　　4.3.1 网络顾客购买动机 ……… 72
　　4.3.2 网络顾客购买决策的参与者 ……………………… 73
　　4.3.3 网络顾客行为类型 ……… 74
　　4.3.4 网络顾客购买决策行为 … 75
4.4 网络顾客购买过程分析 ………… 76
　　4.4.1 确认需要 ………………… 76
　　4.4.2 信息搜寻 ………………… 77
　　4.4.3 备选产品评估 …………… 78
　　4.4.4 购买决策 ………………… 78
　　4.4.5 购买后行为 ……………… 79
案例讨论 ……………………………… 79
本章小结 ……………………………… 81
思考与实践 …………………………… 81
参考文献 ……………………………… 81

第5章 网络营销市场调研 …………… 83
5.1 网络营销市场调研概述 ………… 83
　　5.1.1 网络营销市场调研的含义 ……………………… 83
　　5.1.2 网络营销市场调研的特点 ……………………… 84
5.2 网络营销市场调研原则与方法 ……………………… 86
　　5.2.1 网络营销市场调研基本原则 ……………………… 86
　　5.2.2 网络营销市场调研方法 ……………………… 89
5.3 网络营销市场调研流程与应用 ……………………… 94
　　5.3.1 网络营销市场调研基本流程 ……………………… 94
　　5.3.2 网络营销市场调研结果应用 ……………………… 99
案例讨论 ……………………………… 100
本章小结 ……………………………… 101
思考与实践 …………………………… 102
参考文献 ……………………………… 102

第2篇 策 略 篇

第6章 网络营销产品策略 …………… 105
6.1 网络营销产品概述 ……………… 106
　　6.1.1 网络营销产品的概念 …… 106
　　6.1.2 网络营销产品的整体层次 ……………………… 106
　　6.1.3 网络营销产品的特征 …… 107
　　6.1.4 网络营销产品的分类 …… 109
　　6.1.5 网络营销产品的生命周期 ……………………… 110
6.2 网络营销产品组合策略 ………… 111
　　6.2.1 网络产品组合的概念 …… 111
　　6.2.2 网络产品组合决策 ……… 112
　　6.2.3 网络产品组合策略 ……… 112
6.3 网络营销包装策略 ……………… 114
　　6.3.1 网络产品包装的作用和特征 ……………………… 114

  6.3.2 网络产品包装的层次 …… 115
  6.3.3 网络产品包装策略 …… 115
 6.4 网络营销的新产品开发 …… 116
  6.4.1 网络营销新产品的概念 … 116
  6.4.2 网络营销新产品的开发
    策略 …… 117
  6.4.3 网络营销新产品的开发
    流程 …… 118
 案例讨论 …… 119
 本章小结 …… 121
 思考与实践 …… 121
 参考文献 …… 122

第7章 网络营销定价策略 …… 123
 7.1 网络营销定价概述 …… 124
  7.1.1 网络营销价格的内涵 …… 124
  7.1.2 网络产品价格特征 …… 125
  7.1.3 网络营销定价的方法 …… 126
 7.2 影响网络营销定价的因素 …… 128
  7.2.1 企业内在因素 …… 128
  7.2.2 市场需求因素 …… 130
  7.2.3 竞争因素 …… 130
  7.2.4 顾客心理因素 …… 130
  7.2.5 国际市场价格因素 …… 131
 7.3 常用网络营销定价策略 …… 131
  7.3.1 个性化定制定价策略 …… 131
  7.3.2 使用定价策略 …… 131
  7.3.3 拍卖竞价策略 …… 132
  7.3.4 免费价格策略 …… 132
  7.3.5 自动调价、议价策略 …… 133
 7.4 网络营销报价策略 …… 134
  7.4.1 报价模式 …… 134
  7.4.2 个性化报价策略 …… 135
  7.4.3 特殊品报价策略 …… 135
  7.4.4 网络营销报价系统 …… 135
 案例讨论 …… 136
 本章小结 …… 137
 思考与实践 …… 138
 参考文献 …… 138

第8章 网络营销渠道策略 …… 139
 8.1 网络营销渠道概述 …… 139
  8.1.1 网络营销渠道的概念 …… 139
  8.1.2 网络营销渠道的特点 …… 140
  8.1.3 网络营销渠道的类型 …… 141
 8.2 网络营销直销渠道 …… 142
  8.2.1 网络直销的概念 …… 142
  8.2.2 网络直销的交易过程 …… 143
  8.2.3 网络直销的优缺点 …… 143
 8.3 网络营销中介渠道 …… 144
  8.3.1 网络中介渠道的概念 …… 144
  8.3.2 网络中介渠道的交易
    流程 …… 144
  8.3.3 网络营销中间商 …… 144
 8.4 网络营销物流渠道 …… 147
  8.4.1 网络营销中的物流 …… 147
  8.4.2 网络营销中物流渠道的
    模式 …… 148
  8.4.3 影响网络营销物流模式
    选择的因素 …… 150
 8.5 网络营销渠道建设 …… 151
  8.5.1 企业网络营销渠道的
    选择 …… 151
  8.5.2 网络营销物流渠道的
    选择 …… 151
  8.5.3 网络营销物流渠道的
    优化与整合 …… 153
 案例讨论 …… 154
 本章小结 …… 156
 思考与实践 …… 157
 参考文献 …… 157

第9章 网络营销促销策略 …… 158
 9.1 网络营销促销概述 …… 159
  9.1.1 网络营销促销的内涵 …… 159
  9.1.2 网络营销促销的
    实施程序 …… 162
 9.2 网络广告促销 …… 164
  9.2.1 网络广告概述 …… 164
  9.2.2 网络广告实施过程 …… 168

9.3 搜索引擎营销 …………………… 171
 9.3.1 搜索引擎营销概述 ……… 171
 9.3.2 搜索引擎优化 …………… 172
9.4 微博营销 ………………………… 173
 9.4.1 微博营销概述 …………… 173
 9.4.2 微博营销的主要方式 …… 176
9.5 网络口碑营销 …………………… 178
 9.5.1 网络口碑营销概述 ……… 178
 9.5.2 网络口碑营销的方法 …… 180
9.6 网络"病毒式"营销 …………… 180
 9.6.1 网络"病毒式"营销概述 …………………… 180
 9.6.2 实施网络"病毒式"营销的步骤 ……………… 182
9.7 网络团购促销 …………………… 184
 9.7.1 网络团购的内涵与优势 … 184
 9.7.2 网络团购的流程与模式 … 185
案例讨论 ……………………………… 187
本章小结 ……………………………… 188
思考与实践 …………………………… 189
参考文献 ……………………………… 189

第3篇 管 理 篇

第10章 网络营销客户关系管理 …… 193

10.1 客户关系管理基础知识 ……… 193
 10.1.1 客户关系管理的起源及发展 ……………… 193
 10.1.2 客户关系管理的含义 ……………… 194
 10.1.3 客户关系管理分类 …… 195
 10.1.4 客户关系管理的特点及功能 ……………… 197
10.2 网络客户关系管理的方法与手段 ……………………… 198
 10.2.1 网络客户关系管理的特点及作用 …………… 198
 10.2.2 网络客户关系管理的工具 ………………… 199
 10.2.3 FAQ在网络客户关系管理中的应用 …………… 201
 10.2.4 数据库营销在网络客户关系管理中的应用 ……… 205
10.3 网络客户关系管理应用系统 ……………………… 208
 10.3.1 网络客户关系管理应用系统功能 …………… 208
 10.3.2 网络客户关系管理应用系统分类 …………… 208
 10.3.3 网络客户关系管理应用系统结构模型 ……… 212
 10.3.4 网络客户关系管理应用系统软件模型 ……… 213
案例讨论 ……………………………… 217
本章小结 ……………………………… 219
思考与实践 …………………………… 219
参考文献 ……………………………… 219

第11章 网络营销服务管理 ………… 221

11.1 网络营销服务概述 …………… 222
 11.1.1 网络营销服务的含义 ……………… 222
 11.1.2 网络营销服务的特点 ……………… 223
 11.1.3 网络顾客服务需求 …… 225
11.2 网络营销产品服务 …………… 226
 11.2.1 售前服务 ……………… 226
 11.2.2 售中服务 ……………… 227
 11.2.3 售后服务 ……………… 229
11.3 网络营销服务工具 …………… 230
 11.3.1 FAQ ……………………… 230
 11.3.2 电子邮件和邮件列表 ……………… 231
 11.3.3 网络社区 ……………… 233
 11.3.4 其他网络营销服务工具 ………………… 234
11.4 网络营销客制化服务 ………… 237
 11.4.1 网络营销客制化服务的含义 ……………… 237
 11.4.2 网络营销客制化服务的方式 ……………… 238

11.4.3 网络营销客制化服务
　　　　　 策略 …………………… 239
　　　11.4.4 网络营销客制化服务应
　　　　　 注意的问题 …………… 240
　案例讨论 ……………………………… 241
　本章小结 ……………………………… 242
　思考与实践 …………………………… 242
　参考文献 ……………………………… 243

第12章　网络营销品牌管理 …………… 244
　12.1　品牌价值与网络品牌 ………… 245
　　　12.1.1 品牌价值 ……………… 245
　　　12.1.2 网络品牌 ……………… 246
　　　12.1.3 网络品牌与传统品牌的
　　　　　 区别和联系 …………… 249
　12.2　网络品牌建设、维护
　　　 与推广 ……………………… 249
　　　12.2.1 网络品牌建设与维护
　　　　　 的过程 ………………… 249
　　　12.2.2 网络品牌建设与维护
　　　　　 的方法 ………………… 253
　　　12.2.3 网络品牌推广 ………… 256
　12.3　网络品牌资产管理和
　　　 价值评估 …………………… 261
　　　12.3.1 网络品牌资产管理 …… 261
　　　12.3.2 网络品牌价值评估 …… 263
　案例讨论 ……………………………… 265
　本章小结 ……………………………… 266
　思考与实践 …………………………… 267
　参考文献 ……………………………… 267

第13章　网络营销信用管理 …………… 268
　13.1　网络营销信用管理概述 ……… 269
　　　13.1.1 信用与信用环境 ……… 269
　　　13.1.2 网络信用与网络营销信用
　　　　　 管理的含义 …………… 269
　　　13.1.3 网络营销信用管理主体以及
　　　　　 信用模式 ……………… 271
　　　13.1.4 网络营销信用影响
　　　　　 因素 …………………… 274
　13.2　网络消费者信用分析 ………… 275

　　　13.2.1 网络消费者信用的含义
　　　　　 及类型 ………………… 275
　　　13.2.2 网络消费者信用评价
　　　　　 原则 …………………… 276
　　　13.2.3 网络消费者信用分析构成
　　　　　 要素及流程 …………… 277
　　　13.2.4 网络消费者信用风险
　　　　　 防范 …………………… 278
　13.3　网络运营商信用分析 ………… 280
　　　13.3.1 网络运营商的含义及
　　　　　 类型 …………………… 280
　　　13.3.2 网络运营商信用评价
　　　　　 原则 …………………… 283
　　　13.3.3 网络交易平台信用评价
　　　　　 体系 …………………… 285
　　　13.3.4 网络交易平台信用风险
　　　　　 防范 …………………… 287
　13.4　网络信用安全策略制定 …… 288
　　　13.4.1 网络信用安全体系
　　　　　 结构 …………………… 288
　　　13.4.2 网络信用安全体系
　　　　　 建立 …………………… 289
　　　13.4.3 网络信用安全技术 …… 290
　　　13.4.4 网络信用安全策略 …… 291
　案例讨论 ……………………………… 291
　本章小结 ……………………………… 292
　思考与实践 …………………………… 293
　参考文献 ……………………………… 294

第4篇　实　践　篇

第14章　网络营销策划 ………………… 297
　14.1　策划与网络营销策划 ………… 297
　　　14.1.1 营销策划的含义及
　　　　　 作用 …………………… 297
　　　14.1.2 网络营销策划及其
　　　　　 特点 …………………… 299
　　　14.1.3 网络营销策划的基本
　　　　　 原则 …………………… 300
　14.2　网络营销策划的内容体系 … 302
　　　14.2.1 网络营销策划的内容及

		层次 …………………… 303
	14.2.2	战略层策划 …………… 303
	14.2.3	战术层策划 …………… 305
	14.2.4	执行层策划 …………… 308
	14.2.5	信息应用层策划 ……… 310

14.3 网络营销的策划流程与
策划书 ……………………………… 311
  14.3.1 网络营销策划流程 …… 311
  14.3.2 网络营销策划书 ……… 311
案例讨论 ………………………………… 314
本章小结 ………………………………… 316
思考与实践 ……………………………… 317
参考文献 ………………………………… 317

第15章 企业营销网站建设与推广 …… 319

15.1 企业营销网站的主要功能 … 319
  15.1.1 企业营销网站的形式与
组成 …………………… 319
  15.1.2 企业营销网站的
功能 …………………… 324

15.2 企业营销网站的建设 ……… 328
  15.2.1 企业营销网站建设
策划 …………………… 328
  15.2.2 企业营销网站建设
原则 …………………… 328
  15.2.3 企业营销网站建设
流程 …………………… 332

15.3 企业营销网站的推广 ……… 334
  15.3.1 企业营销网站推广的
原则 …………………… 334
  15.3.2 通过传统媒体推广网站
的方法 ………………… 337
  15.3.3 通过网络推广网站的
方法 …………………… 338

15.4 企业营销网站的运营维护 … 341
  15.4.1 技术性维护 …………… 341
  15.4.2 内容管理 ……………… 342

案例讨论 ………………………………… 344
本章小结 ………………………………… 345
思考与实践 ……………………………… 346
参考文献 ………………………………… 346

第16章 网络营销应用实务 …………… 348

16.1 物流网络营销 ……………… 348
  16.1.1 物流网络营销的
内涵 …………………… 348
  16.1.2 物流企业开展网络营销
的优势 ………………… 349
  16.1.3 物流网络营销的应用
关键 …………………… 350

16.2 运输网络营销 ……………… 354
  16.2.1 运输网络营销的
概念 …………………… 354
  16.2.2 运输企业网络营销
的特点 ………………… 354
  16.2.3 运输企业网络营销的应用
要点 …………………… 355

16.3 房地产网络营销 …………… 359
  16.3.1 房地产网络营销的
概念 …………………… 359
  16.3.2 房地产网络营销的
特点 …………………… 360
  16.3.3 房地产网络营销的
运作模式 ……………… 362

16.4 汽车网络营销 ……………… 364
  16.4.1 汽车网络营销概述 …… 364
  16.4.2 汽车网络营销的
模式 …………………… 365
  16.4.3 汽车网络营销策略
要点 …………………… 366

案例讨论 ………………………………… 371
本章小结 ………………………………… 372
思考与实践 ……………………………… 372
参考文献 ………………………………… 373

第 1 篇 基 础 篇

　　本篇是网络营销的基础,对网络营销的学习应该首先从这一部分开始。第 1 章阐述了网络营销的产生与发展、内涵和体系以及相关理论基础,以此作为全书学习的基础背景;第 2 章介绍了网络营销的技术基础、观念基础、制度基础与配套服务市场基础,作为全部网络营销活动的先导;第 3 章介绍了网络市场、网络市场细分、网络目标市场的选择和网络市场定位,作为企业进行网络市场研究的基础;第 4 章介绍了网络顾客购买动机和购买决策的行为分析,为深入研究网络用户、提供网络营销决策和策略选择提供依据;第 5 章主要介绍了网络营销市场调研的基本原则、方法和调研流程。

　　本书的其余部分提供了准确满足网络用户需求的营销策略与管理重点,为读者成为一名网络营销领导者提供了方法、工具与知识。

第 1 章　网络营销概述

引导案例

麦当劳：舔着圆筒看世界

"为快乐腾一点空间"——麦当劳这一极富号召力的品牌理念早已得到了广大消费者的认同。2011年新年伊始，麦当劳将口号升级，推出全新童心主张——"做回孩子，多快乐！"通过圆筒新闻速递、圆筒周报和"舔着圆筒看世界"线上活动，呼吁大家以久违的孩童视角看世界；除此之外，更是在所有麦当劳餐厅推出迷你圆筒免费送小朋友和"大朋友"，以及新口味黑加仑麦旋风第二杯半价等一系列超值优惠活动，让消费者亲身感受童心乐趣，重拾孩子般的体验。

通过这样一个品牌活动，麦当劳激发了消费者尤其是中国的一些年轻人，比如上班族、学生等压力较大的人对于快乐的追求，在物质的社会中寻找简单的快乐，从而打造了一个非常好的话题点，渗透了麦当劳快乐年轻的品牌理念。

麦当劳此次活动采取了线上线下相结合的模式，紧抓时代方向，借助与其有着相似受众的新浪微博，使新浪微博成了其品牌营销的原点，"舔着圆筒看世界"官方微博成为一个完整的品牌互动传播平台。

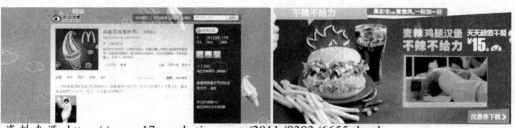

资料来源：http://www.17emarketing.com/2011/0303/6655.html

麦当劳的这次网络营销活动,不仅极大地推动了其线下销售,同时也是品牌价值的一次完美提升。麦当劳的这次网络营销绝非个案,在我们的生活中,每时每刻都在上演着网络营销的故事,越来越多的企业把网络营销作为其在激烈的市场竞争中脱颖而出的制胜法宝。那么,究竟什么是网络营销,它又为什么有着如此巨大的魅力呢?

1.1　网络营销的产生与发展

20世纪90年代初,互联网的飞速发展在全球范围内掀起了互联网应用热,世界各大公司纷纷利用互联网提供信息服务和拓展公司的业务范围,并且按照互联网的特点积极改组企业内部结构和探索新的管理营销方法,网络营销应运而生。当今世界已经进入了以信息网络和信息社会为特征的21世纪,科技、经济和社会的发展使信息社会的内涵有了进一步的改变,消费者需求的拉动、企业间竞争的要求和互联网以不可抗拒的指数速度增长,这些都推动了网络营销的迅速发展。网络营销为企业提供了适应全球网络技术发展与信息网络社会变革的新的技术和手段,是现代企业获得竞争优势的关键营销战略。

1.1.1　网络营销的产生

1. 互联网的普及和发展为网络营销的产生奠定了基础

在信息网络时代,网络技术的应用改变了信息的分配和接收方式,改变了人们的生活、工作和学习、合作与交流的环境。中国互联网络信息中心发布的《第30次中国互联网发展状况统计报告》显示,截至2012年6月底,中国网民数量达到5.38亿,互联网普及率为39.9%,位居世界首位。巨大的上网人数带来了巨大的商机。截至2012年6月底,网络购物用户规模达到2.1亿,网民使用率提升至39.0%。同时,互联网作为信息沟通渠道的商业使用,其商用潜能被挖掘出来,越来越多的企业正在利用网络新技术的快速便车,促进企业飞速发展。2011年中国网络零售用户规模达2.14亿,交易额达5 119亿元。特别是中小企业网上交易和网络营销的利用率超过45%,2006—2011年,其年均增速超过100%。2000—2011年网民数及互联网普及率如图1-1所示。

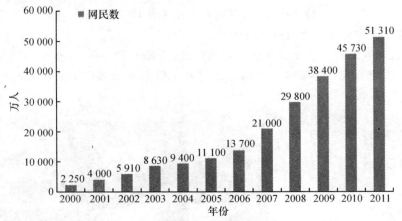

图1-1　2000—2011年网民数及互联网普及率

资料来源:根据《第30次中国互联网发展状况统计报告》整理并添加。

2. 消费观念的变革促进了网络营销的发展

消费者价值观念的变革是网络营销发展中的一大机遇。现今企业正从卖方市场转向买方市场。网络消费者完全能够以自己的个人意愿来挑选产品和服务,也可以定制自己所需的消费产品,不会惧怕向商家提出挑战。而网络营销的方式,在很大程度上,能够弥补传统销售在方式上对于消费者这一方面需求无法满足的缺口。

3. 市场竞争的变革迫切需要网络营销赋予企业以新的生命力

市场竞争的变革是网络营销产生的现实基础。市场竞争已不再是依靠表层的营销手段的竞争,更深层次的营销组织形式上的竞争已经开始。经营者迫切地寻找变革,以尽可能地降低商品在从生产到销售的整个供应链上的成本和费用比例,缩短运营周期,从根本上增加企业的竞争优势,从而增加盈利。企业开展网络营销可以节约庞大的店面租金,可以减少库存商品的资金占用,可以使经营模式不受场地的限制,可以方便地采集客户信息,可以说网络营销为企业经营者带来了福音。

E 视点

普华永道:中国消费者网购频率为欧洲近四倍

普华永道 2012 年 3 月 28 日发布的最新的全球多渠道零售调查结果显示,中国消费者网上购物的频率是欧洲消费者的近四倍、美国和英国消费者的近两倍。约 70% 的中国内地受访者表示他们每周至少网上购物一次,而在美国和英国这一比例约为 40%,荷兰、法国和瑞士约为 20%。

本次调查是普华永道针对全球多渠道零售进行的研究,在 2011 年 8 月至 9 月期间,普华永道共进行了 7 005 个网上调查,以揭示三大洲八个市场网上购物者的习惯和喜好。接受调查的市场包括美国、中国内地、中国香港、德国、法国、英国、瑞士和荷兰。其中来自中国内地 27 个城市超过 905 名网上购物者接受了调查。

与其他市场的网上购物者相比,中国受访者对于一些问题的回应明显不同。调查显示,在所有的购物类别中,中国的多渠道消费者总网购量的比例远远高于其他国家的受访者。例如,据调查中国消费者在线购买服装、鞋类、书籍、音乐和电影的比例约为 60%—65%,而这一比例在其他市场大约是 35%—45%。

资料来源:http://news.xinhua08.com/a/20120329/930848.shtml

1.1.2 网络营销对传统市场营销的影响

网络营销对传统市场营销有着巨大的影响,同时,传统市场营销又是网络营销的基础,其包含了网络营销所不具备的一些特点和功能,两者在现实中相互补充。

1. 对传统市场营销策略的影响

(1) 对产品策略的冲击。传统的标准化产品优势被削弱。企业可利用互联网信息传播迅速的优势,更快捷地获得自身产品在消费群体中的反响,达到产品测试的目的,进而评估不同消费者的消费倾向和消费水平,对其偏好和消费行为进行动态跟踪,并且最终投其所好,为其制定相应的产品。从这点上不难看出,对于每个企业来讲,不得不面临的一大挑战就是如何去迎合不同消费群体的个性化、多元化需求。

(2) 对定价策略的影响。第一,由于网络营销使企业获得了全球比价选购的优势,资源分配可达最佳效果,成本最小化成为可能,企业完全有能力去满足消费者的需求,按照其消费水平和心理价位为产品定价。第二,网络营销将推动各地相同产品的价位趋于一致。由于某些限制条件,企业会为不同区域的同种产品制定不同的销售价格,但由于网络信息传播具有迅速和公开的特点,客户可能会对这种区域性的差别感到不满。当这种不满的呼声影响企业销量时,就将迫使企业去削弱甚至消除这种价格上的差异。这将对在各地具有分销商,且各地采取差别化定价策略的公司产生巨大冲击。例如:某公司在沈阳和西安销售电脑,西安地区的代理商因获得该公司的优惠政策,电脑的零售价格比较低廉,而沈阳地区的代理商因为未获得相似的政策,零售价格必然高于西安地区,这将造成销量上的差异,进而导致代理商所获利润的差异,当沈阳地区的代理商在网络上了解到这些信息后,便会对该公司表达不满。

(3) 对营销渠道的冲击。因为有了互联网作为媒介,生产商可与最终用户直接联系,中间商的重要性和功能因此有所降低。这使得原本拥有着庞大销售网络的大型企业对小竞争者在销售渠道上的优势大大削弱。另外,对那些需要代理商来为其承担售后服务的生产商来讲,冲击同样巨大,因为代理商随着其代理利润的减少,很可能会转型,放弃承担这些工作。总之,这很可能导致在传统市场营销渠道中起着纽带作用的中间商逐渐淡出销售舞台。

(4) 对传统媒体的影响。第一,与传统媒体相比,互联网空间的无限扩展性,使得企业在做广告时不会再像以往使用传统媒介那样受到空间篇幅的限制,可以将产品的信息展示得更加充分。第二,网络技术个性化、多元化、智能化的发展,为用户提供了一个获得声、图、像、文等多维信息的平台,网络的虚拟性也可以帮助企业在做广告时表达得更加形象、生动,也更加立体,可以给客户更多视觉、声效上的冲击,从而弥补传统媒介在广告上所暴露出的缺陷。第三,信息传播的迅捷和投递的个性化是传统媒介所不能比拟的。网络可以帮助企业及时快捷地与散布在全球各地的客户建立起紧密的联系网络,并且时时掌握客户的特性,有针对性地传递广告信息,改善传统媒体的大众化信息模式,提高广告信息的有效性。

2. 对传统市场营销战略的影响

互联网的平等性使得无论是拥有规模经济的大型跨国公司,还是新兴的小企业,在网络营销上的运营空间是相同的,交易地位也是相对平等的。因此,越来越多成长中的小企业较传统市场营销更容易实现其更广范围的营销战略规划,甚至参与到全球范围的竞争中。另外,由于互联网具有开放、自由的特性,对于每个企业来讲信息量是相同的,在企业获得竞争对手产品信息和营销运作模式的同时,自身的信息也暴露在对手面前,这就需要企业去充分分析利用所获得的信息,适时、适当地调整自己的营销战略,使自身始终处在极具优势的战略地位上。同时,与其他网络企业组成战略联盟,达到资源共享,互相弥补企业自身的短板,形成竞争优势,将是未来企业营销战略的重要手段之一。

3. 对传统市场营销组织的影响

互联网带动企业内部局域网的蓬勃发展,使得企业内外部沟通与经营管理均需要依赖网络作为主要的渠道与信息源。其影响包括:业务人员与直销人员减少,组织层次减少,经营代理与分店门市数量减少,渠道缩短,虚拟经销商、虚拟门市、虚拟部门等企业内外部虚拟组织盛行。这些影响与变化,都将促使企业对于组织再造工程的需要变得更加迫切。

4. 网络营销与传统市场营销的互补

网络营销在这个网络普及、通信手段迅猛发展的时代得到了客户的极大认可,对传统经营方式确实带来了巨大的冲击,但这不等于传统市场营销将会被完全取代。所谓存在即是合理的,网络营销毕竟是一种新的营销模式,发展还不够成熟,传统市场营销在经过如此久的锤炼后,自然存在许多网络营销所不能比拟的优势,但二者追求更好地满足消费者需求的目标是相同的,所以二者间存在许多互补之处:

第一,市场覆盖面互补。作为新兴的虚拟营销模式,网络营销更多的是为熟悉网络的年轻群体所接受,大多数中老年人仍然对网络营销缺乏信任感,更倾向于选择传统市场营销方式;另外,网络营销是建立在互联网的基础上的经营模式,对于经济落后、技术发展欠发达的国家或地区,网络营销的覆盖作用将大大减弱,这同样需要传统市场营销方式来弥补。

第二,购买方式互补。互联网作为一种媒介,在缩短企业与消费者间距离的同时,也缩短了购买产品的时间和过程,但消费者是多元化和个性化的,其拥有自身的生活方式和偏好。如女孩们逛街并不只是为了买到心仪的物品这么简单,和朋友一起购物同时也是一个人际交往和休闲娱乐的过程。

第三,物流渠道互补。网络交易虽然主要是在互联网上完成交易的操作过程,但实物交易的最终结果是不变的,物流仍然需要真实存在的渠道来完成,所以线下市场的物流渠道可以作为网络营销的物流渠道。

第四,经营理念互补。互联网虽然拥有众多优势,但其毕竟是一个虚拟的世界,本质上只是一种工具,这种人机模式和传统的以人为主的营销模式相比,缺乏亲和力。

所以,网络营销和传统市场营销并不是完全的矛盾体,是可以共存的,且能够实现互相促进和补充。企业只要根据自身的经营目标将网络营销和传统市场营销进行整合,利用整合营销策略实现以消费者为中心的传播统一、双向交流,就可以实现成本最小化的营销目标。网络营销与传统市场营销将不断融合统一,最终成为一个整体,共同满足消费者的需求。

1.1.3 网络营销沿革与展望

1. 网络营销的沿革

随着互联网应用的普及和电子商务应用的深入,网络营销的发展经历了三个阶段。

第一个阶段是"鼠标"模式。新兴电子商务公司是这个阶段网络营销的主体,企业通常采取免费策略以最大限度地吸引网民的眼球。在这一阶段,提升网站知名度和建立企业网上品牌是企业实施网络营销的主要目的。如早期的新浪和搜狐等通过免费搜索、免费邮件和免费新闻等信息内容服务,吸引网民访问网站,努力成为网上的新兴媒体,并将网民的这种注意力转换成网络经济效益,主要是通过发布网络广告来获取收益。

第二个阶段是"鼠标加水泥"模式。这个阶段传统的企业取代了新兴公司成为网络营销的主体。由于互联网的飞速发展与电子商务的兴起,越来越多的传统企业开始充分认识到通过互联网能够获得更大的商机,并逐步开始利用互联网形成的虚拟市场的特点进行营销活动,以求更有效地实现企业的营销目标,如很多企业在自己或他人的网站上投放广告,或是开设主页,形成旗舰店,逐步建立自己的网络营销渠道。

第三个阶段是整合模式。随着网络市场的不断进步与完善,网络营销进入了传统市场营销与网络营销相结合的整合模式阶段。目前的一些大型企业,如海尔、苏宁等已经开始采取线上线下齐头并进的营销模式,充分利用网络营销提供的竞争优势,增加盈利的机会。在网络和电子商务环境下,网络营销较之传统市场营销,从理论到方法都有了很大的改变。于是,如何处理好网络营销与传统市场营销的整合,能否比竞争对手更有效地唤起顾客对产品的注意和需要,成为企业开展网络营销能否成功的关键。

2. 网络营销的展望

互联网以惊人的市场扩张速度不断发展,如今已成为中国发展最迅速的产业之一。我国电子商务"十二五"规划显示,预计到2015年,网民数将超过8亿人,网络交易金额将突破18万亿元,企业间电子商务交易规模将超过15万亿元。企业网上采购、网上销售占采购和销售总额的比重将分别超过50%和20%。经常性应用电子商务的中小企业将达到中小企业总数的60%以上。未来商务类应用用户规模将继续稳步发展,网上支付、网上银行的使用率得以迅速提升;网站数目日益激增,互联网已经成为一个巨大的市场,各行各业开始利用它进行营销,甚至许多传统行业,也期望用互联网为它们服务并创造更多的价值。就当前互联网技术和应用的发展情况来看,网络营销呈现如下发展趋势:

(1) Web 2.0 到 Web 3.0 的跨越引发网络营销方式和策略的变化。互联网的技术日新月异,互联网不断深入人们的生活,截至目前已经历了以联合为本质的 Web 1.0、以互动为本质的 Web 2.0,正在向以价值为本质的 Web 3.0 时代前进。Web 3.0 是在 Web 2.0 的基础上发展起来的能够更好地体现网民的劳动价值,并且能够实现价值均衡分配的一种互联网方式。Web 3.0 时代的特征是个性化、互动性和深入的应用服务:更加彻底地站在用户角度;多渠道阅读、本地化内容;用户间应用体验的分享;应用拉动营销,用户口碑拉动营销。用户的应用体验与分享,对网站流量和产品营销具有决定作用。移动互联网和垂直网络实现有效对接,不是内容上的对接,而是用户体验和分享层面的对接。同时,垂直网站将与 B2C 实现对接,从而实现产品数据库查询、体验、购买、分享等整个过程的一体化。因此,个性化、精准化必将成为 Web 3.0 时代网络营销的价值取向,企业必须主动调整、创新方法、整合所有资源、充分利用网络技术,为顾客创造更大的价值。

(2) 网络营销领域不断扩大。互联网已经渗透到人们生活的每一处角落,成为人们日常生活不可或缺的工具。因为在社会快速发展的同时,人们工作生活的节奏也在加快,时间显得弥足珍贵,互联网恰恰可以满足人们随时随地了解资讯的需要。随着互联网在人们生活中所扮演角色重要性的增强,网络营销的领域也在随之不断扩大。网络营销不再仅仅局限于通过网络广告、网络图文向消费群体传递信息,微博营销、新闻营销、博客营销、网站 SEO 等营销模式的出现,为网络营销提供了更加广阔的发展空间。如微博营销这个概念已经被市场培养起来,尽管大多数价值体现在虚拟的曝光率上,但是营销模式里可以帮助新人快速积累原始资金的营销策略,简单而可复制;新闻营销是指在发现一个资讯时,将其撰写为一条新闻,利用其形成一个爆发圈,吸引消费者的眼球;博客营销则是通过建立一个博客群,将博客群作为主要盈利点。所以,完全可以预见,随着网络技术日渐发展,网络不断普及,网络营销将会有更大的领域去开拓。

(3) 移动互联网将成为网络营销的主要阵地。随着时代与技术的进步,人类对移动性和信息的需求急剧上升。越来越多的人希望在移动的过程中高速地接入互联网,获取急需的信息,完成想做的事情。所以,移动通信与互联网相结合的趋势是历史的必然。当前,我国手机搜索、游戏、阅读、音乐、互动社区、支付、应用程序商店等移动互联网服务百花齐放,展现出了旺盛的发展活力,基于4G网络的行业信息化业务也不断涌现。手机即时通信、手机新闻和手机搜索成为移动互联网使用率最高的三大领域。随着网速越来越快,手机终端越来越强大,移动互联网透露出的机遇与诱惑正在让互联网界欲罢不能。随着4G技术的成熟和移动通信及Web 3.0技术的提升,移动互联网正在成为一个更大的新兴市场。

(4) 个性化、差异化明显,互联网微时代来临。随着个性消费的复归,网络消费者对于个性化和差异化的要求日益明显。人们所向往的不再是单一的标准化产品,那些特色鲜明、功能独特的产品往往更能抓住消费者的心。而即使是同一产品,消费者也往往希望其具有一定的定制性,消费者可以根据自身的需要来定制或取消一些服务和功能。从以上来看,新时代的网络营销中,每一个消费者都将是一个细分市场,紧跟消费者的需求进行变化是对网络营销企业的基本要求。

(5) 社会化媒体营销成为主流。社会化媒体营销传播以每个普通消费者为媒体,形成了多对多的"对话式"媒体传播方式。消费者可以通过任何提供广播机制的地方,分享喜欢的链接,筛选值得注意的内容。企业可以在社会化媒体上,通过融入消费者人群,最直接地了解消费者的需求;可以与消费者进行平等对话,甚至有机会让消费者与企业一起来参与企业品牌的延伸与塑造;有机会让品牌越来越归属于消费者需要的某种文化、时尚或潮流。

E 视点

2013 年网络营销十大趋势

一、搜索引擎"称王",精细化发展

二、微博发力微营销

三、视频网站营销大战,一触即发

四、口碑营销,开启绿色征途

五、社会化媒体营销

六、单一网络营销涅槃,网络整合营销新生

七、电子商务继续发热

八、垂直行业网站,红海深处是蓝海

九、区域性网站,下一站天后

十、移动互联网,内裤型贴身媒体

资料来源:中国电子商务协会网络整合营销研究中心。

1.2 网络营销的内涵和体系

1.2.1 网络营销的定义

对于网络营销这一新兴产物,很多学者或网络营销从业人员有着不同的理解,有些偏重网站的推广技巧,有些注重网络本身的技术实现手段,还有些直接将网络营销等同于网上直销。然而,我们要认识到,网络营销的本质仍然是营销。这是因为,网络营销是通过各种手段引导商品或服务从生产者转移到消费者的过程。一种商品或服务从设计生产到实现消费是一个包括信息传递与沟通、商品与货币价值交换的复杂过程。在这个过程中,存在着种种时间与空间、意识与技术上的障碍。而网络营销,却可以排除这些障碍,使得企业生产的产品顺利到达消费者手中,从而成为实现竞争优势、增加企业效益的手段。

基于此,本书从"营销"的角度出发,将网络营销定义为:

网络营销是企业整体营销战略的核心组成部分,是借助互联网、移动通信以及数字交互式媒体等的威力来实现营销目标同时满足顾客需求的一种营销方式。

据此定义,可以得出下列认识:

第一,网络营销不局限于网上。这样说也许有些令人费解,不在网上怎么叫网络营销呢?这是因为,网络营销建立在传统市场营销理论基础之上,是企业整体营销战略的一个组成部分,网络营销活动不可能脱离一般营销环境而独立存在,网络营销理论是传统市场营销理论在互联网环境中的应用和发展。

第二,网络营销需借助互联网、移动通信、数字交互式媒体。互联网是一种功能强大的营销工具,它同时兼具渠道、营销、电子交易、互动顾客服务以及市场信息收集分析与提供等多种功能。它的声光互动沟通的特点,作为跨时空的媒体,已深深吸引年轻一代的眼光。而移动通信的兴起,作为互联网的补充和拓展,则为网络营销提供了更广阔的空间。

第三,网络营销是为实现网上销售目的而进行的一项基本活动。网络营销是网上销售发展到一定阶段而产生的结果,但网络营销本身并不直接等同于网上销售。这可以从两个方面来说明:

(1)网络营销的效果可能表现在多个方面,例如企业品牌价值的提升、加强与客户之间的沟通。作为一种对外发布信息的工具,网络营销活动并不一定能实现网上直接销售的目的,但是很可能有利于增加总的销售。例如,瑞丽女性网(见图1-2)并不直接进行网上销售,但它是瑞丽品牌在互联网平台上的成功拓展,为都市女性提供分享时尚与优质生活的多元化资讯及多样化服务。它以服务女性用户为核心,现已成为服务于中国内地及全球华人社群的领先在线媒体与增值资讯提供商。

图1-2 瑞丽女性网

（2）网上销售的推广手段也不仅仅靠网络营销，往往还要采取许多传统的方式，如传统媒体广告、发布新闻、印发宣传册等。

1.2.2　网络营销的特点

随着网络技术的迅猛发展和不断普及，互联网作为信息互换的平台，受到了企业、机构、团体和个人的青睐，逐渐成为其跨越时空联系交流的桥梁。互联网提供信息交流渠道的属性与市场营销中企业与消费者之间信息互换的本质有良好的契合性，与传统市场营销相对应，网络营销有以下特点：

1. 跨时空

营销追求的最终效果就是更快更广地占领市场，互联网时间和空间的无限性刚好能够帮助企业突破在传统市场营销中所遇到的时空约束。没有了时空的约束，企业可以在任何时间任何地点为全世界各地的客户提供服务。

2. 多媒体

互联网传播信息可通过图文、声效、影像等多种媒体，这使得消费者了解企业产品的方式多种多样，所获得的信息更生动形象，有利于消费者充分了解产品，为消费者和企业双方达成交易提供了基础。同时，对于企业而言，企业可以利用互联网这种特性，充分发挥营销人员的创造性和能动性，为消费者提供更丰富的信息源。

3. 交互式

互联网既可以连接产品资料库，向用户展示产品型号及相关信息，使消费者充分了解商品；又可以向企业反馈消费者对企业产品的评价，为企业做市场调查、收集市场情报和进行产品测试提供巨大帮助。

4. 人性化

互联网上的营销是以"企业提供信息，消费者主导阅览"为形式的营销手段，消费者与互联网是一对一的人机模式，并不存在强迫式促销，这更加契合消费者的心理，给予消费者轻松自由购物消费的感觉，更加人性化，有利于企业同消费者建立长期良好的关系。

5. 成长性

互联网用户逐年递增，使用者已经遍布全球，且使用者多数受教育程度较高，经济收入水平和消费水平都较其他群体高，其购买力和市场影响力极强，具有巨大的开发潜力。

6. 整合性

首先，网络营销拥有由传播商品信息到达成交易，再到付款和售后服务的全程营销渠道；其次，互联网可以帮助企业对其纷乱的营销活动进行整合统一，达到消除因不一致性产生消极影响、统一向消费者传播商品资料信息的目的。

7. 全面性

互联网是一种功能强大的营销工具，它可以提供营销过程中所需要的市场信息分析、营销渠道、促销、交易和售后服务所有功能。

8. 高效性

作为储存量巨大的智能型工具，电脑不仅可以储存大量的商品信息，还可以代消费者查询，并且它利用互联网传播信息，无论是在数量上还是在精确度上都远超其他媒体。此外，其能够应市场需求更新信息、调整价格，为满足消费者需求及时提供服务。

9. 经济性

随着互联网的出现,网上交易取代了之前的实物交换,这对降低成本大有裨益。首先,网络上的商业活动无需店面销售,不用支付租金,节省了人工和日常开销成本;其次,网络交易不会因为多次交换给企业带来损失。

10. 技术性

网络营销是基于互联网的高新技术这一前提,企业想做好网络营销必须有先进设备和拥有先进技术的团队作为支撑,先进的技术和懂技术、懂营销的人才是企业需要大力引进的两个重要方面,这对企业在竞争中占有优势地位至关重要。

1.2.3 网络营销的基本功能

网络营销的功能很多,下面我们从企业和消费者两个角度来阐述其功能。

1. 企业角度的网络营销功能

(1) 经济效益增值功能。经济效益的增加是每个企业追逐的目标。网络营销的一大功能是极大地提高了企业的获利能力。这不仅因为网络营销能够提高经营效率、促使营销成本下降,还由于新信息量的累加会使原有信息量的价值实现增值或提升,使得商业机会增多,进而获取显著增值效益。

(2) 信息发布功能。信息发布功能是网络营销的又一基本职能,也是网络营销的主要方法之一。无论是传统市场营销还是网络营销,都要将一定的信息传递给特定目标人群。但是网络营销所具有的强大的信息发布功能,是古往今来任何一种营销方式都无法比拟的。网络营销可以把信息发布到全球任何一个地点,既可以创造信息的轰动效应,又可以发布隐含信息;既可以实现信息的广覆盖,又可以形成地毯式的信息发布链。信息的停留时间、扩散范围、延伸效果、穿透能力、公关能力、表现形式,都是最佳的。信息在网上发布后,也可以获得回复,进行主动跟踪,或者进行回复后的再交流和再沟通。因此,网络营销的信息发布效果明显。

(3) 商情调查功能。网络营销的主动进攻能力主要体现在这一功能上。网络营销中的商情调查功能能够使企业在激烈的市场竞争条件下,主动地、积极地利用多种搜索方法了解商情、研究趋势、分析顾客心理、窥探竞争对手动态。同时,网络调查采用的在线调查或者电子询问调查表等方式,也能够省去大量的人力、物力,而且可以在线生成网上市场调研的分析报告、趋势分析图表和综合调查报告,为广大商家提供了一种市场的快速反应能力,为企业的科学决策奠定了坚实的基础。

(4) 品牌价值扩展和延伸功能。互联网的出现、电子商务的不断拓展,推动和促进了品牌的拓展和扩散,给商品带来了新的生机与活力。同时,实践证明,网络营销不仅能够宣传品牌、认可品牌,而且在打造品牌资产、提升品牌的核心竞争力、重塑品牌形象等方面,具有其他媒体如电视、广播等无法比拟的效果和作用。美国广告专家莱利·莱特预言:未来的营销是品牌的战争。拥有市场比拥有工厂更重要。拥有市场的唯一办法,就是拥有占据市场主导地位的品牌。

(5) 销售渠道开拓功能。网络具有极强的进击力和穿透力;传统经济时代的经济壁垒、地区封锁、人为屏障、交通阻隔、资金限制、语言障碍、信息封闭等,都阻挡不住网络营销信息的传播和扩散。新技术的诱惑力,新产品的展示力,图文并茂、声像俱显的昭示力,网上路演的亲和力,地毯式发布和爆炸式增长的覆盖力,将整合为一种综合的信息进击能力,能快速地打通封闭的坚冰,疏通种种渠道,扣开进击的路线,实现和完成市场的开拓使命。这种快速、这种坚定、这种神奇、这种态势、这种生动是任何媒体、任何其他手段都无法比拟的。

2. 消费者角度的网络营销功能

(1) 信息搜索功能。对于消费者来说,信息搜索是网络营销最基本的功能之一。为了选择自己心仪的产品,消费者不再需要花费巨大的时间和精力在实体商户间兜兜转转,在网络营销的世界里,只要输入对商品的要求,即能快速准确地找到想要的东西,并可以简单直接地了解与商品有关的各类信息,以及在不同商品间做比较。如此便捷的购物方式,在很大程度上要归功于营销对于网络技术的充分应用。

(2) 特色服务功能。网络营销的另一大功能就是提供特色服务。这一特色服务功能的内涵、外延都得到了扩展和延伸。顾客不仅可以获得形式最简单的 FAQ(常见问题解答)、邮件列表,以及 BBS、聊天室等各种即时信息服务,还可以获取在线收听、收视、订购、交款等选择性服务,无假日的紧急需要服务,信息跟踪、信息定制及智能化的信息转移服务,手机接听服务,以及网上选购、送货到家的上门服务等。这种服务以及服务之后的跟踪延伸,不仅将极大地提高顾客的满意度,使以顾客为中心的原则得以实现,而且使客户成为商家的一种重要的战略资源。

(3) 客户关系管理功能。客户关系管理源于以客户为中心的管理思想,是一种旨在改善企业与客户之间关系的新型管理模式,是网络营销取得成效的必要条件,是企业重要的战略资源。

与传统市场营销模式中由于认识不足或自身条件的局限,企业在管理客户资源方面存在着较为严重的缺陷相比,在网络营销活动中企业能够通过客户关系管理,将决策管理、服务管理、市场管理、销售管理、客户资源管理融为一体。这一做法的优点有:首先,能够将原本疏于管理、各自为战的销售、市场、售前和售后服务与业务统筹协调起来,即可以跟踪订单,帮助企业有序地监控订单的执行过程;其次,规范销售行为,了解新、老客户的需求,提高客户资源的整体价值;最后,可以避免销售隔阂,帮助企业调整营销策略,收集、整理、分析客户反馈信息,全面提升企业的核心竞争能力。客户关系管理系统还可以为我们提供"决策建议书",这是其强大的统计分析功能的体现,能够避免决策的失误,为企业带来可观的经济效益。

1.2.4 网络营销体系

网络营销作为新的营销方式和营销手段来实现企业营销目标,内容非常丰富,下面我们从网络营销基础、网络营销策略、网络营销管理三个方面来解析网络营销体系。

1. 网络营销基础

(1) 网络营销市场分析。网络市场以现代信息技术为支撑,以互联网为媒介,具有离散的、无中心的、多元网状的立体结构和运作模式。对网络营销市场的分析包括网络市场细分、网络目标市场的选择和网络市场定位等。

(2) 网络营销顾客行为分析。网络顾客是指通过互联网在电子商务市场中进行消费和购物等活动的消费者人群。对网络顾客行为进行分析,就需要了解其特征,分析其购买决策的影响因素,并对其购买行为和过程进行分析。

（3）网络营销市场调研。网络营销市场调研是指为实现信息目的而进行研究的过程，包括将相应问题所需的信息具体化、设计信息收集的方法、管理并实施数据收集过程、分析研究结果、得出结论并确定其含义等。网络营销市场调研分类中，包括定量研究、定性研究、零售研究、媒介和广告研究、商业和工业研究、对少数民族和特殊群体的研究、民意调查以及桌面研究等。

2. 网络营销策略

（1）网络营销产品策略。在网络营销活动中，消费者个性化需求更加突出，并且借助网络的优势，消费者购物的主动性、选择性也大大加强，消费者的个性化需求更加易于实现。因此，网络营销的产品概念不应再停留在"企业能为消费者提供什么"的理解上，而应树立起"消费者需要什么，消费者想要得到什么"的、真正以消费者需求为导向的产品整体概念。网络营销产品的整体概念在传统产品中的三个层次（核心产品、形式产品和附加产品三个层次）上再附加两个层次，即顾客期望产品和潜在产品。网络营销的产品组合策略、包装策略与新产品开发策略均是产品策略中的关键。

（2）网络营销定价策略。价格是企业进行竞争的重要手段，关系到经营利润、经营目标的实现。在网络营销组合中，价格与产品、渠道和促销相比，是企业促进销售、获取效益的关键因素。网上商品价格主要呈现透明化、全球性、低价位、逆向化、弹性化等特征。

（3）网络营销渠道策略。网络营销渠道是借助互联网网络将产品从生产者转移到消费者的中间环节，一方面，它要为消费者提供产品信息，方便消费者进行选择；另一方面，在消费者选择产品后要能完成一手交钱一手交货的交易手续，当然，交钱和交货不一定要同时进行。利用互联网的信息交互待点，网上直销市场得到大力发展。因此，网络营销渠道可以分为直接销售渠道和间接销售渠道两大类。对客户产生有益影响的物流服务潜力直接与物流渠道的结构设计有关，而无论各地市场情况如何，现行物流渠道结构都呈现三种形式：物流分层结构系统、物流直接结构系统和物流复合灵活结构系统。

（4）网络营销促销策略。促销，是指企业利用多种方式和手段来支持企业的各种市场营销活动，而网络促销是指利用现代化的网络技术向网上虚拟市场，传递有关商品和劳务的信息，以激发市场需求，引起消费者购买欲望和购买行为的各种活动的总称。网络促销是网络营销中极为重要的一项内容，具有很强的现实意义。如今，网络促销的形式多种多样，例如：网络广告促销、搜索引擎营销、微博营销、网络口碑营销、网络"病毒式"营销等。

3. 网络营销管理

（1）网络营销客户关系管理。对客户关系管理应用的重视来源于企业对客户长期管理的观念，这种观念认为客户是企业最重要的资产并且企业的信息支持系统必须在给客户以信息自主权的要求下发展。

（2）网络营销服务管理。网络营销服务就是以互联网为基础，利用数字化的信息和网络媒体的交互性来辅助营销目标实现的一种新型的市场营销服务方式。网络营销服务大体上可以分为网络营销顾客服务和网络营销产品服务两大类。

（3）网络营销品牌管理。网络品牌是通过网络渠道进行传播的一个虚拟的名称、术语、标记、符号或设计，或是它们的组合运用。它含有产品或服务的个性或特点并反映网络企业精神和价值观，代表了某个网络服务商所提供的产品或服务，并使之与竞争对手的网络服务区分开来。网络品牌通常并不是独立存在的，与多种网络营销方法都有助于网站推广一样，网络品牌往往也是多种网络营销活动所带来的综合结果,推广途径有:搜索引擎推广、网络广告推广、企业网站推广、电子邮箱推广、"病毒式"营销推广、网络社区推广等。

（4）网络营销信用管理。网络的信用既是网络发展的必要条件,也是相关利益者进行网络交易时的相互需求,它融入网络交易的处理过程中。网络信用管理主要包括网络信用征集、网络信用评价以及网络信用决策三大要素,主要内容有对网络运营商实施信用保证、对网络顾客进行信用统计和分析,以及对网络交易平台信用体系的构建和风险防范等方面。

网络营销体系如图1-3所示。

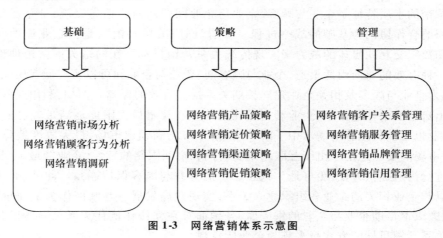

图1-3　网络营销体系示意图

1.3　网络营销的相关理论

1.3.1　网络直复营销理论

网络直复营销是指生产厂家通过网络直接分销渠道直接销售产品。美国直复营销协会（ADMA）为直复营销下的定义是:直复营销是一种为了在任何地方产生可度量的反应或达成交易而使用的一种或多种广告媒体的相互作用的市场营销体系。网络作为一种交互式的、可以双向沟通的渠道和媒体,可以很方便地在企业与顾客之间架起桥梁,顾客可以直接通过网络订货和付款,企业也可以通过网络接收订单、安排生产,直接将产品送给顾客。例如,网店是一种典型的方式,用户通过搜索引擎或网络广告直达企业网站选择商品、下单、结算。"复"是指企业和顾客之间有良好的即时和交互沟通,企业对顾客的购买意愿信息可以进行统计。网络为直复营销提供了一个非常好的环境,只有在网络中,才能很好地形成这种快速、无需中间环节的信息交互环境。

1.3.2　网络软营销理论

软营销理论是针对工业经济时代的以大批量生产为主要特征的"强式营销"提出的新理论,它强调企业进行市场营销活动时必须尊重消费者的感受和体验,让消费者能舒适主动地接受企业的营销活动。这个理论认为:消费者对商业行为有着天生的敌意,由于在网络时代个性化消费需求的回归,消费者在心理上希望自己成为主动方,而网络的互动特性又使其有成为主动方的可能。他们不欢迎不请自来的广告,但他们会在某种个性化需求的驱动下自己到网上寻找相关的信息和广告。网络软营销恰好是从消费者的体验和需求出发,采取拉动式策略吸引消费者的关注,从而达到营销效果。在互联网上开展网络营销活动必须遵循网络礼仪(Net-iquette),网络软营销就是在遵循网络礼仪的基础上,利用网络文化的微妙之处来营造潜在的销售氛围,从而获得一种独特的营销效果。

1.3.3 网络关系营销理论

关系营销的本质特征是企业与顾客、企业与企业间的双向的信息交流,是企业与顾客、企业与企业间的合作协同为基础的战略过程。所谓"网络关系营销",是指企业借助联机网络、电脑通信和数字交互式媒体的威力来实现传统关系营销目标。在网络关系营销理论中,互联网是作为一种有效的双向沟通渠道,企业与顾客间、企业与企业间可以实现低费用成本的沟通和交流,它为企业与顾客及相关企业建立长期关系提供有效的保障。例如,利用互联网顾客可以直接提出自己的个性化需求,企业利用柔性化的生产技术最大限度地满足顾客的个性化需求,同时企业也可以从顾客的需求中了解市场、细分市场和锁定市场,最大限度地降低营销费用,提高对市场的反应速度。由于互联网不受时间和空间限制的特性,企业能最大限度地为顾客与企业进行沟通提供方便,更好地为顾客提供服务并与顾客保持联系。此外,通过互联网,企业还可以与企业相关的企业和组织建立关系,实现双赢发展。互联网作为最廉价的沟通渠道,能以低廉成本帮助企业与企业的供应商、分销商等建立协作伙伴关系。因此,利用互联网实现企业关系营销目标的方式越来越为企业所重视。

1.3.4 网络整合营销理论

网络整合营销又叫(E-IMC),是在深入研究互联网各种媒体资源(如门户网站、电子商务平台、行业网站、搜索引擎、分类信息平台、论坛社区、视频网站、虚拟社区等)的基础上,精确分析各种网络媒体资源的定位、用户行为和投入成本,根据企业的客观实际情况(如企业规模、发展战略、广告预算等)为企业提供最具性价比的一种或者多种个性化网络营销解决方案。简单地说,就是整合各种网络营销工具和手段,和消费者的客观需求进行有效比配,给消费者提供最佳的一种或者多种网络营销方法。网络整合营销的主要任务是以消费者为核心重组企业和市场行为,综合协调使用以互联网渠道为主的各种传播方式,以统一的目标和形象,传播连续、一致的企业或产品信息,实现与消费者的双向沟通,迅速树立品牌形象,建立产品与消费者的长期密切关系,更有效地达到品牌传播和产品行销的目的。网络整合营销从理论上离开了在传统市场营销理论中占中心地位的4P[产品策略(Product)、定价策略(Pricing)、渠道策略(Place)、促销策略(Promotion)]理论而逐渐转向4C:相应于"产品",要求关注消费者的需求和欲望(Consumer wants and needs),提供能满足消费者需求和欲望的产品;相应于"价格",要求关注消费者为了满足自己需求和欲望所可能的支付成本(Cost);相应于"渠道",要求考虑消费者购买的便利性(Convenience);相应于"促销",要求注重与消费者的沟通(Communication)。

随着社会经济的进一步发展,4R、4V营销理论正在成为网络整合营销的价值体现。

E 知识

4R 和 4V 营销理论

2001年，美国营销学者艾略特·艾登伯首次提出了4R的概念，后来由美国整合营销代表人物舒尔茨提出了4R营销理论，具体指市场反应（Reaction）、顾客关系（Relativity）、关系营销（Relationship）、利益回报（Retribution）。4V是指差异化（Variation）、功能化（Versatility）、附加价值（Value）、共鸣（Vibration）的营销组合理论。

案例讨论

百事高调"触网" 与天猫合作创立百事淘宝

作为全球最大饮料和食品公司之一的百事，携手中国B2C电子商务新贵天猫（Tmall）合力首创的年轻人的创意生活平台——百事淘宝，于2012年3月22日下午在杭州宣布正式上线。

不同于天猫上其他以售卖产品为主的品牌旗舰店，百事淘宝并非百事的网上商店，而是通过汇集潮流品牌等方式，吸引更多年轻消费群体的关注。其开通，事实上是百事在广告、促销、阶段性线上线下活动之外，构建的新营销方式。

百事淘宝共分"购物天地"、"玩乐空间"、"美食天地"、"原创108"四大板块，集购物玩乐、分享体验、创意创业等众多功能于一体。

在"购物天地"中，不乏李维斯、惠普、诺基亚等知名品牌产品，涉及电脑、家电、手机、服饰等各个领域。深受年轻人追捧的著名日本里原宿潮流品牌BAPE与百事跨界合作，特地设计了一条潮流品牌线AAPE，堪称独家人气产品。

"玩乐空间"聚集了巨人、盛大、金山等多家游戏开发商推出的网游道具，以及电影兑换券、读书券等。

"美食天地"则结合了国内领先的城市生活消费指南网站——"大众点评网"的优势，推出一系列年轻人喜爱的美食资讯。

"原创108"旨在支持原创，让有想法、有创意的年轻人争做"原创英雄"，鼓励年轻人从"中国制造"到"中国创造"理念的转变。

百事大中华区首席市场官李自强表示，百事淘宝仅初期就汇集了多达45个潮流品牌及众多限量版潮流单品，以"人无我有，人有我廉，人廉我新"的创新概念，让每个年轻人都能创造不一样的自己。通过整合百事自身的品牌优势和天猫成熟的运营模式，实现了大范围的品牌联动，为年轻人提供多样的商品与实惠的价格。

百事淘宝还推出"一码三用，玩转平台"的概念，只需一个百事可乐瓶盖上的串码，便能玩转"购物天地"、"玩乐空间"、"美食天地"三大潮流生活板块，让消费者凭自己的创意，给自己带来超值享受，尽享潮流生活。

百事淘宝的口号被定为"为渴望而创",一方面是指百事淘宝"为年轻人的渴望而创",另一方面则指"让年轻人为渴望而创",鼓励年轻人为实践渴望而勇于创造。

问题

1. 有人认为:"无论是模式的创意还是所售卖的商品,都很难给百事创造什么现金流,对年轻消费者而言也没有特别的吸引力。无论是做人气还是做销售,百事淘宝都难以实现。"你是否同意这种说法?为什么?

2. 你认为百事淘宝能否成为年轻人的终极一站式门户?

本章小结

1. 网络营销是在基础信息技术的发展、消费观念的变革以及市场竞争的需求基础上发展起来的。

2. 网络营销是企业整体营销战略的一个组成部分,是借助互联网、移动通信以及数字交互式媒体等的威力来实现营销目标同时满足顾客需求的一种营销方式。

3. 网络营销具有跨时空、多媒体、交互式、人性化、成长性、整合性、全面性、高效性、经济性、技术性等特点。

4. 网络营销具有经济效益增值、信息发布、商情调查、品牌价值扩展和延伸、销售渠道开拓、信息搜索特色服务、客户关系管理等功能。

5. 网络营销的相关理论有:网络直复营销理论、网络软营销理论、网络关系营销理论、网络整合营销理论。

思考与实践

1. **理论基础**

(1) 如何理解网络营销?

(2) 网络营销与传统市场营销相比有哪些优缺点?

(3) 举例说明网络营销的基本功能有哪些。

(4) 什么是网络关系营销和网络整合营销?

2. **知识应用**

(1) 调查周围的人最常访问的是哪些购物网站,并选择其中的一些访问,了解该网站的基本功能。

（2）观察了解一个线下品牌的网络营销活动,并评价该项活动的效果。

参考文献

[1] 陆川.网络营销实务[M].北京:高等教育出版社,2008.
[2] 李琳娜.网络营销与策划[M].武汉:武汉理工大学出版社,2006.
[3] 田野.网络营销的发展及对策[J].中小企业管理与科技,2011,(4).
[4] 张涛.网络营销[M].广州:广东高等教育出版社,2006.
[5] 赵文清.网络营销基础[M].北京:人民邮电出版社,2011.
[6] 何建民.网络营销[M].合肥:合肥工业大学出版社,2007.
[7] 张文.2011网络营销大趋势[J].企业研究,2011,(7).
[8] 王岩.我国企业网络营销模式及绩效评价研究[D].哈尔滨:哈尔滨工业大学,2006.
[9] 张晓飞.关系营销视角的网络商店信誉研究[D].大连:大连理工大学,2009.
[10] 康科.网络营销策略探讨[J].中国商贸,2011,(8).
[11] 中国互联网络信息中心.第3次中国互联网发展状况统计报告[R].2012.
[12] http://www.17emarketing.com/2011/0303/6655.html
[13] http://news.xinhua08.com/a/20120329/930848.shtml
[14] http://www.chinaz.com/manage/2012/0229/237418.shtml

第 2 章　网络营销的现实基础

引导案例

　　北京图书大厦电子商务网站的建设是首都电子商务示范工程的重点项目,该项目获得北京市政府经费支持和首信公司的技术支持。网站建设活动于1999年3月正式开始,当时正值网络营销发展形势大好时期,市场环境优越。为了开展网络营销,北京图书大厦电子商务网站提供四种支付方式:SET-CA方式,国际信用卡支付,国内银行卡支付,邮局汇款方式支付。但是,由于当时家用电脑和互联网的普及程度较低,消费者尚未形成网上购物的观念,网络书店开业初期经营惨淡。据统计,从1999年3月10日至4月10日期间,北京图书大厦电子商务网站实际有效开展业务的时间为29天,在此期间实现销售额100 540元人民币(其中6 007美元为境外交易,按当时1∶8.3的汇率换算成人民币),由此获得的收益还不足以支付当时租用中国电信128K的DDN专线费用。

　　通过北京图书大厦的网络营销活动可以看出,企业要想成功进行网络营销,不仅要有先进的技术支持,还需要依靠消费观念、社会制度及配套服务基础等多方面现实基础的完善。本章将介绍企业实现网络营销的各种现实基础及其作用。

2.1　网络营销的技术基础

　　网络营销是当代信息社会中网络技术、电子技术、信息技术在商务领域中应用的产物。它是以互联网为基础的高新技术与市场营销资源相融合的结果。网络营销始于电子贸易。20世纪70年代,计算机和通信技术的广泛使用,推动了EDI(电子数据交换)在贸易领域的应用和发展,这就是电子商务的前身。80年代,网络技术的迅速发展给电子商务注入了新的活力。到90年代初,基于www方式的互联网技术以难以想象的速度迅速发展,导致了电子商务的热潮。在网络环境和电子商务中,信息的需求和传播模式发生了很大变化,同时,市场的性质也发生了深刻变化。另外,生产者和消费者在网络的支持下直接构成商品流通循环。网络和电子商务系统巨大的信息处理能力,为消费者挑选商品和生产者的目标市场细分提供了空前规模的选择余地。因此,现代信息技术,尤其是计算机网络技术、通信和多媒体技术的应用和发展是网络营销产生的技术基础。同时,对于网络营销企业而言,如何建立、运营和维护企业的营销站点也是网络营销活动成功的重要技术基础。

2.1.1 计算机网络技术

自 1969 年美国国防部高级研究计划署开发出阿帕网(ARPANET)以来,计算机网络已经从最初的军事用途发展为现代的全球性军事、商业网络。目前全球商业网络的使用基于三大基础技术:协议、域名与接入技术。互联网上使用的网络协议有传输控制协议、网际协议和应用程序协议。域名系统实现了为网络上每台计算机、每个网站分级命名、确定地址。而互联网接入技术包括接入网络的基本硬件、软件需求及基本的网络接入方式以保障计算机连接到网络当中。

1. TCP/IP 协议

互联网上使用的传输控制协议和网际协议简称为 TCP/IP 协议。TCP 传输控制协议保证被传输的信息的完整性,IP 网络协议负责将消息从一个地方传送到另一个地方。

(1) TCP/IP 协议模型。TCP/IP 协议采用分层控制、不同层次传输不同对象的工作模式,其模型由四个层次组成,如图 2-1 所示。

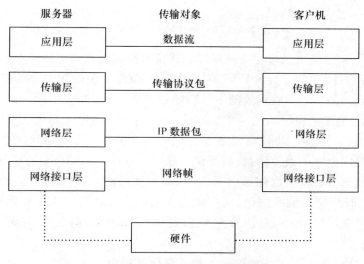

图 2-1 TCP/IP 协议模型

资料来源:孔伟成,陈水芬.网络营销[M].北京:高等教育出版社,2002.

TCP/IP 协议的每个层次负责传输不同的内容,提供相关的服务,四个层次协调运作以保证网络数据的有效传输,每个层次的服务内容如表 2-1 所示。

表 2-1 TCP/IP 各层次的工作内容

协议层次	服务内容
应用层	客户机与服务器连接,文档和打印服务、电子邮件、FTP、运行程序的中介等
传输层(TCP 层)	某些连接服务,其功能包括:格式化信息流;提供可靠的端到端的数据传输,确保源主机传送数据包到达目的主机
网络层(IP 层)	相邻计算机之间的通信,包括处理来自传输层的发送分组请求,检查并转发数据包,发送顺序控制,处理与此相关的路径选择,协调流量控制、差错控制和接收以及拥塞控制等问题
网络接口层	接收数据包并通过网络发送或者接收来自网络物理层的帧,转为 IP 数据包交给 IP 层

（2）TCP 传输控制协议。TCP 协议组在传送数据时是分段进行的,用比特流通信,以保证信息在主机间实现高可靠性的包交换传输,同时该协议通过对每个 TCP 传输的字段指定顺序号,以保证传送数据包的顺序。TCP 是通过三个报文段完成连接建立的,即常说的三次消息握手。三次握手的目的是:使数据段的发送和接收同步;告诉其他主机其一次可接收的数据量,并建立虚连接。这三次握手的简单过程如图 2-2 所示。

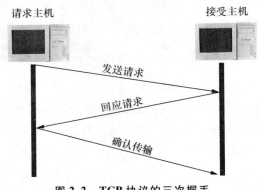

图 2-2　TCP 协议的三次握手

- 第一次握手,请求主机通过一个同步标志置位的数据段发出会话请求。
- 第二次握手,接受主机通过发回同步标志置位、即将发送的数据段的起始字节的顺序号、应答并带有将收到的下一个数据段的字节顺序号表示回复。
- 第三次握手,请求主机再回送一个数据段,并带有确认顺序号和确认号。

（3）IP 网际协议。IP 网际协议是网络上使用的一个关键的低层协议。在网络使用过程中,需要利用一个共同遵守的通信协议,以便使互联网允许连接不同类型的计算机和不同的操作系统。也就是说,两台计算机之间进行通信时,必须使用同一种"语言"。通信协议便是一种互联网交换信息时所使用的共同语言,它规定了通信双方在通信中所应共同遵守的约定。利用 IP 网际协议把全球范围内所有愿意接入互联网的计算机局域网络连接起来,使得它们彼此之间都能够通信。

计算机通信协议精确定义了计算机在互联网通信过程中的所有细节。例如,IP 定义了分组的组成方式规则、路由器进行分组递交和传输到其目的地的原则、主机发送信息的格式和含义、特殊信息发送的时间要求,以及接收计算机应做出的应答等。IP 网际协议对网络硬件要求很低,任何一个网络只要可以在两个主机之间传送二进制数据,就可以利用 IP 网际协议加入网络。

遵守 IP 网际协议是每台连接在互联网当中的计算机能在网络间进行通信和交流的必要条件,为此处于网络中的每台计算机都需要有 IP 软件的运行,以保证随时都做好发送或接收信息的准备。

IP 网际协议中的另一个重要内容是给网络中的每一台计算机和其他设备设定一个唯一的 IP 地址。这个唯一的 IP 地址保证了用户在使用计算机接入网络时可以准确方便地找到目标计算机。IP 地址由一串数字组成,中间用"."隔开,例如 202.117.64.102。

2. 域名系统

（1）域名系统构成。域名系统(Domain Name System,DNS)是实现网络主机分级命名的机制。当互联网上一台主机要访问另外一台主机时,就需要首先获知其 IP 地址,IP 地址由四段以"."分开的数字组成,典型的缺点就是不方便记忆。因此,就采用了域名系统来建立和管理与 IP 地址相对应的主机名字,以方便用户记忆。域名系统由一个顶层域(Top Level Domain,TLD)、一个注册域名、一个可选的子域名,然后再加上一个主机号构成。一个域名由这些名字的序列组成,它们彼此被分界符"."隔开。每一个单元在域名系统中被简单地称为一个标号,例如,域名 chd.edu.cn 含有三个标号:chd、edu、cn。在域名中,一个标号的任意子后缀也称为域,上例中最底层域是 chd.edu.cn(长安大学的域名),第二级域是 edu.cn(教育机构的域名),最高层域是 cn(中国的域名)。书写域名时第一位为本地标号,而将高层域的标号放在最后。其中,在最高层名字上存在两种完全不同的命名分组:组织域和地理域。

- 组织域。组织域名即按组织的不同来划分顶级域,常用的组织顶级域有 com、edu 等,如表 2-2 所示。在互联网域名中,虽然标号是大写的,但域名系统的比较是与大小写无关的,例如,EDU 与 edu 的含义相同。

表 2-2 按组织模式划分的顶级域

域名	描述	举例
com	商业组织	sohu.com(搜狐)
gov	政府组织	xa.gov.cn(西安市政府)
edu	教育组织	chd.edu(长安大学)
int	国际组织	Nato.int(北约)
mil	军队	Navy.mil(美国海军)
org	非政府组织	itrust.org(企业信用评价中心)
net	主要网络支持中心	www.263.net(263 企业邮箱)

- 地理域。地理域的划分是把全球的互联网主机按所在国家(或地区)来划分,每个国家有不同的顶级域。美国所有机器的顶级域为 us,中国为 cn。每个国家(或地区)的互联网地理顶级域都由该国家(或地区)的国际标准的两个字母标识符作为标号。它采用的是 ISO3166 文档中指定的二字符国家名称。常见的地理顶级域如表 2-3 所示。

表 2-3 常见的地理顶级域

域名	描述
us	美国
cn	中国
au	澳大利亚
ca	加拿大
fr	法国
uk	英国
jp	日本

地理域和组织域在分级命名的方案上是可以相互替代的。当一个组织想参与到域名系统中时,它可以选择按何种域名方式登记并向域名管理中心申请。中心管理机构评审该组织的申请,并在已有顶级域下为该组织分配一个子域。例如,一个大学可以在 edu(组织顶级域)下

为它自己登记一个域名,也可以在它所处的国家下依据地理顶级域登记自己的域名。

E 知识

顶级域名 cn

我国在国际互联网络信息中心(Inter NIC)正式注册并运行的顶级域名是 cn,这也是我国的一级域名。在顶级域名之下,我国的二级域名又分为类别域名和行政区域名两类。类别域名共 6 个,包括用于科研机构的 ac,用于工商金融企业的 com,用于教育机构的 edu,用于政府部门的 gov,用于互联网络信息中心和运行中心的 net,用于非政府组织的 org。而行政区域名有 34 个,分别对应于我国各省、自治区和直辖市。

在顶级域名的选择使用中,可能会出现诸如 www.12306.cn(中国铁路客户服务中心)、www.people.com.cn(人民网)这种域名格式。这种情况下,cn 作为顶级域名出现,com 作为二级域名,是在地理顶级域下按组织类型划分的二级域名。

(2) 域名解析。要想在互联网上访问一台主机,只知道它的域名是不够的,还需要有根据域名找到那台主机的办法。域名服务器可以有效地完成寻找相应主机的任务,所谓的域名解析就是通过域名服务器根据已知的域名完成这一任务的过程。域名服务器的工作原理是从顶级域开始,逐层搜寻目录,按层次安排服务器,最终到达目标主机。可以利用将域名服务器放置在与命名等级对应的结构树中这一简单的方法理解域名解析的过程。如图 2-3 所示,对 www.ju.taobao.com 域名进行解析时,树的根是识别顶级域的服务器,它根据给定的这个要解析的域名,选择一个正确的服务器,根服务器通过对该域名的解读,选择.com 服务器为该域名的服务器。第二级的一组服务器都可以为顶级域(如.com)提供回答结果,这一级的服务器知道哪一个服务器可以解析它所在域下的某个子域。在树的第三级,域名服务器为子域(如.com下的 taobao.com)提供回答结果,也就是上一级域名服务器选择了这层中的 taobao.com 服务器,在该服务器下要为所有 xxx.taobao.com 这类域名进行服务器选择和域名解析,最终找到 ju.taobao.com 服务器。

(3) 注册域名。注册域名首先由申请域名的组织选择自己要注册的域名,然后再向互联网网络信息中心 NIC 登记注册。注册域名可以保障组织在互联网上提供自己的服务器地址。域名当中应该包含主机信息和域名的各级服务器,比如 www.chd.edu.cn。有了自己注册的二级域名后,如果你觉得合适,可以将它细分。你必须和为你提供域名的单位联系,并向其提供诸如子部分名字和 TCP、IP 地址等信息。这样你就可以有像 http://lib.chd.edu.cn 等这样的名字了。

在登记注册域名时,需要先与互联网服务提供者联系,然后由互联网服务提供者设定所需的 DNS 服务器功能。具体的域名登记注册问题在本书 2.1.2 中详细介绍。

3. 互联网接入技术

用户只有将自己的计算机接入互联网中才能实现网络信息交流,完成网络营销。互联网

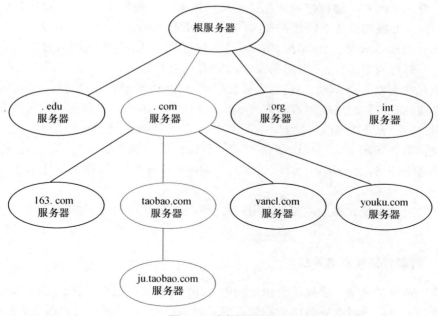

图 2-3　域名解析树

接入方式主要有两种：一种是作为局域网的用户通过网卡上网；另一种是通过电话线、有线电视网络、光纤等实现宽带接入互联网。随着现代技术的发展，后者已成为目前网络连接的主要方式。

（1）局域网用户连接互联网。在许多组织机构中，各个部门都有多台计算机，但不可能每台计算机都有独立的 PPP 账号和调制解调器，因而这些组织机构内部往往需要有一个局域网，并可以通过局域网接入互联网。局域网用户连接互联网的方法主要有以下几种。

第一，采用 UNIX 主机接入互联网。采用这种方式接入互联网可以满足客户使用互联网以电子邮件、FTP 为主的目的。其基本原理是：在一台主机上运行 UNIX 操作系统，局域网内客户可以采用支持 TCP/IP 协议的各种操作系统，UNIX 主机服务器利用 PPP 登录到互联网，其他客户远程登录到该 UNIX 主机，通过终端或仿真终端的方式，通过这台 UNIX 主机连接到互联网。同时，UNIX 主机可收发电子邮件。

第二，代理软件接入互联网。利用代理软件，同样可以使局域网的用户连接到互联网当中。在局域网内的一台计算机上通过一台调制解调器连接到互联网上，并在这台计算机上运行 WinGate 软件，即一个代理服务器软件，局域网内的其他计算机以运行 WinGate 的计算机为代理服务器，连接到互联网。

第三，采用路由器仿真接入互联网。采用路由器通过专线接入互联网是局域网用户连接互联网的最好方法。将计算机和 PPP 接入仿真路由器和专线，客户端不用特别配置，就能享受全功能互联网服务。

（2）宽带网络接入技术。相对早期的网络接入方式而言，宽带接入是目前较为快速、可靠的网络接入和数据传输方式。对普通用户来说，应用宽带主要有两种方式。

第一，ADSL 宽带接入。DSL（Digital Subscriber Line），即数字用户线路，它是以铜质电话线作为传输介质的信息传输技术组合，包括 HDSL、VDSL、SDSL、ADSL、RADSL 等。从传输速率和距离上看,ADSL 都能够较好地满足目前用户接入互联网的要求,而且 ADSL 这种不对称的传输技术符合互联网业务下行数据量大、上行数据量小的特点。

第二,Cable Modem 接入。Cable Modem 是一种可以通过有线电视网络进行高速数据接入的装置。它一般有两个接口,一个用来接室内的有线电视端口,另一个与计算机相连。Cable Modem 不仅包含调制解调部分,还包括电视接收调谐、加密解密和协议适配等部分,它还可能是一个桥接器、路由器、网络控制器或集线器。一个 Cable Modem 要在两个不同的方向上接收和发送数据,把上行、下行数字信号用不同的调制方式调制在双向传输的某一个 6MHZ(或 8MHZ)带宽的电视频道上。它把上行的数字信号转换成模拟射频信号,类似电视信号,所以能在有线电视网上传送。接收下行信号时,Cable Modem 把它转换为数字信号,以便电脑处理。

目前互联网接入模式除上述几种常用的外,还有卫星互联网接入、机顶盒接入和 WAP 手机接入等。

2.1.2 网络营销站点建设技术

网络营销站点是企业开展网络营销活动的阵地,网络营销站点的建设是否成功关系着企业网络营销的成败。通过企业网络营销站点的建设与设计,可以树立良好的企业网络形象,为企业营销的成功打下坚实的基础。因此,网络营销站点建设对于网络营销企业而言至关重要,在建设时需要专业的计算机网站建设技术人员和企业营销人员合作完成。

1. 域名申请

企业在建设网络营销站点时,首先要申请域名。关于域名系统的构成与解析,已经在前面介绍了,站点建设时的任务就是根据域名的构成来选择并申请注册自己的域名,使得客户可以在互联网中方便快捷地找到本企业。一般为了便于识别与记忆,多数企业都会用单位名称或是商标的缩写作为网站的二级或三级域名,进行网络营销的企业一般从事的是商业活动,故顶级域为 com。互联网上每个企业的域名都是唯一的,已经注册的某个域名,其他任何机构都无法再注册。域名实际上类似于商标的含义,因此,域名也称为"网络商标"。

(1) 有关域名申请的规定:

• 申请者条件。我国互联网域名管理中心对网络域名的申请者的条件有明确规定,申请注册域名的用户必须符合下列条件:遵守国家对互联网用户的各种管理法律和规定;拥有独立的法人资格,国内域名暂不受理个人申请。

• 三级域名命名规则。第一,三级域名可使用字母(A—Z,a—z)、数字(0—9)和连接符(—);第二,各级域名之间用实点"."连接;第三,三级域名的长度规定不超过 20 个字符;第四,未经过国家有关部门正式批准,任何组织不得使用含有"China"、"Chinese"、"cn"、"national"等字符的域名,同样不可以使用其他国家或地区名称、外国地名、国际组织名称作为企业的域名;第五,域名中不得使用某行业的名称或者商品的通用名称;第六,不可以使用损害国家、社会以及公众利益的名称。

(2) 域名申请步骤。企业申请域名时可以选择直接登录中国互联网信息中心(CNNIC)网站(www.cnnic.net.cn)进行直接申请,也可以委托代理商来进行代理申请,两种方式在流程上大同小异,都要在确保要申请的域名可以注册的前提下提交各种信息,由中国互联网信息中心审批注册。以直接申请国内域名为例,域名申请流程如图 2-4 所示。

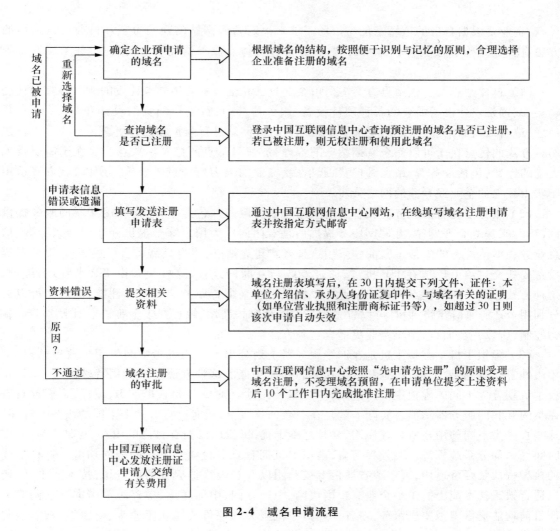

图 2-4 域名申请流程

E 知识

域名注册申请表

域名注册申请表包含的内容有：单位名称（包括中文名称、英文名称和汉语拼音全称及缩写），单位所在地，单位负责人，域名管理联系人和技术联系人，承办人姓名、通信地址、联系电话、电子邮件地址，主、辅域名服务器的机器名和所在地点，网络地址，机型和操作系统，拟申请域名的申请目的和用途以及其他事项。

2. 营销站点建设方式

建设一个营销网站可以有多种不同方案，每种不同方案的成本和能提供的服务效果大相径庭,企业要根据自身的市场定位与市场需求来决定营销网站的建站方式。目前可以采用的方法有自建站点和服务外包建站两种,服务外包具体有服务器托管、虚拟主机和子域发布等方式。

(1) 自建站点。自建站点方案需要由企业自己完全负责营销站点建设的所有事宜。自己购买、配置站点建设所需要的各种硬件设备、服务器等,自行进行网页的设计和制作,申请 IP 地址、域名以及通信线路,同时要求企业长期自行对网站进行维护和内容更新。企业采用自建站点方式的优点在于可以完全掌握站点的管理,加强对站点的控制。缺点明显在于需要投入大量的经费,包括设备费、站点维护费、通信费、专业的人力资源投入费等。所以,该方案适用于实力较强的企业或专业的网络公司。

(2) 服务器托管。服务器托管目前采用较多的服务外包方案,它是利用互联网服务提供商(ISP)来建立企业网站,互联网服务提供商是专门向广大用户综合提供互联网接入业务、信息业务和增值业务的电信运营商。采用这种方式建立站点,用户只需将自己的 Web 服务器等设备委托交付给 ISP,放在 ISP 机房,通过专线与互联网连接,这些设备由 ISP 来管理、维护。这种方式建立站点的优点体现在企业可以按照需要来配置服务器的基本性能,同时又可以充分利用 ISP 的通信线路,而且可以省去大量的管理维护费用,缺点在于企业缺乏对服务器设备的控制,所以一般而言,中小企业更适合这种方法。

(3) 虚拟主机。虚拟主机是在网络服务器上划分出一定的磁盘空间供用户放置站点、应用组件等,提供必要的站点功能、数据存放和传输功能。这种方法通过使用特殊的技术,将一台主机划分为不同的虚拟主机,每个虚拟主机使用独立的域名和共享的 IP 地址,它们都具有完整的互联网服务器功能。实际上就是在一台计算机上,同时运行着多个不同的服务器程序,这些程序为不同的用户所打开使用,并且互不干扰,每位用户拥有自己的内存、存储空间、CPU 时间等一部分系统资源。对外界而言,虚拟主机拥有着一台独立主机的全部功能。这种方式的典型特征是经济适用,可以节省通信专线费用以及管理维护服务器的费用,技术要求低,所以适合缺乏技术能力的中小企业。中国快网、中国万网、中国频道、中资源等多家互联网服务商目前均能提供虚拟主机服务,对各个虚拟主机服务的评价关键在于速度、稳定性、功能完善性等指标。

(4) 子域发布。如果企业既没有自己的 Web 服务器,也不准备申请独立域名,但又希望在互联网上发布信息,则可以通过自主设计或委托设计网页,在某受托企业的主机上租用一定空间,把网页信息放在受托企业的主页下来发布,即通过子域发布的方法完成互联网信息发布。这种方法是最简单经济的方法,适合小信息服务商、中小企业及个人信息发布。

2.1.3 网络营销站点推广技术

站点推广就是通过对企业商务站点的宣传吸引顾客访问,树立企业网上品牌形象。企业网络营销站点的推广一般有两种途径:一种是在网下通过传统媒体广告宣传,另一种是在网上推广网站。网上站点推广主要使用注册搜索引擎、建立链接、发布网络广告、提供免费服务等方式。关于采用不同方法推广网络营销站点的模式将在本书第 15 章详细介绍。

2.1.4 移动电子商务技术

互联网并非网络营销的唯一平台,随着现代移动数据业务的发展,移动电子商务技术成为网络营销的又一个重要支撑。移动电子商务 MB(Mobile Business)或 MC(Mobile Commerce),也称无线电子商务 WB(Wireless Business),是在无线平台上实现的电子商务。从互联网电子商务的角度看,移动电子商务是电子商务的一个新的分支,但是从应用角度来看,它的发展是对有线电子商务的整合与扩展,是电子商务发展的新形态。通过移动电子商务技术实现网络营销需要移动终端设备、网络基础设施、应用平台以及相关软件技术的支持。

1. 移动电子商务技术的发展

移动电子商务技术是伴随着手机等移动通信设备与网络营销的结合产生的。随着无线上网技术的发展,消费者开始接受而且乐于使用手机、平板电脑等移动通信设备上网,完成电子商务活动。随着无线网络协议的快速发展与完善、无线网络接入技术日益成熟以及相关费用的不断降低,移动电子商务技术正快速进入人们的日常生活。

无论采用有线还是无线方式,网络接入都需要协议的支持,有线网络接入依靠成熟稳定的 TCP/IP 等协议,而无线网络接入长久以来是由 WAP 协议支持的,WAP 协议存在很多缺点,比如高服务费用、WAP 网站内容贫乏、缺少可持续服务等,正是这些问题一直限制着移动电子商务的发展。W3C 协议的产生克服了 WAP 协议的多种缺点,W3C 协议可以使无线设备完全接入互联网,保证了移动电子商务的发展。移动电子商务发展除了需要网络协议支持外,更重要的一点就是无线网络接入技术是否成熟,随着 3G 时代的到来,无线网络接入技术逐渐成熟。无线网络接入技术主要有 TDMA(Time Division Multiple Access:时分多址)、CDMA(Code Division Multiple Access:码分多址)、WCDMA(Wideband Code Division Multiple Access:宽带码分多址)等,消费者可以获得更高的无线网络速率和更多的移动商务服务。移动电子商务发展的另一个影响因素是其成本,由于技术的发展革新,移动网络接入终端设备,包括手机、平板电脑等硬件的价格不断下降,同时,无线网络接入费用和使用费用不断降低,这些降低了移动电子商务应用的进入门槛,使得更多的消费者可以使用无线网络进行商务活动。

在美国,移动电子商务技术及系统应用正以迅猛的速度发展着,各移动电子商务运营商正不断挖掘其巨大的潜在市场。根据著名的美国电信业分析人士 David Chamberlain 的最新分析报告,在 2011 年,美国的手机用户中已经有 2 000 万人利用无线网络技术进行移动电子商务活动。目前,我国移动电子商务正处于快速增长时期,工业和信息化部《2011 年中国移动终端白皮书》显示,2005 年,全国入网移动终端数量仅为 436 万部,到 2011 年,已经超过 1.1 亿部,这意味着在最近 6 年中,我国移动电子商务得到了空前发展。包括移动运营商、银行、终端硬件生产商、服务提供商在内的产业链上众多企业涉足移动电子商务领域,中国国际电子商务中心同中国移动联合开发的"商信通",中国联通建立的如意商城,用友移动开发的移动商街,阿里巴巴搭建的无线商务平台,都有着非常活跃的市场。

2. 移动电子商务的优势

移动电子商务相对传统商务模式除具有一般意义上的电子商务优势之外,更因其独特的可移动终端设备、技术而有更广泛的优势,具体而言,移动电子商务具有以下的发展优势。

(1) 移动电子商务交易不受时间与空间限制。由于移动电子商务利用的是可移动的网络接入终端设备,所以,用户可以随时随地获取所需要的商品或服务信息,随时进行互联网交易。传统商务受到店面地理位置约束,在空间上服务的消费对象有限,有线电子商务也必须在连接入网的计算机设备上进行,而这些都是不可能被用户随身携带的,但移动电子商务只需用户随身携带的手机等移动设备就可以完成,确保了这种商务模式的便利性,相对其他模式更具有优势。

（2）信息的获取更为及时。因为移动用户可以随时随地进行信息访问，这就意味着用户可以及时获取相关信息。同时，商务企业利用移动终端的便利性和强针对性，能够及时向用户发送相关信息，这也是移动电子商务获取及时信息的保障。

（3）真正实现个性化服务。移动电子商务的实现依托于用户手中的手机等移动设备，而这些移动设备本身就是一种具有个性标志的信息传递途径，每部手机都是由机主个人拥有和使用的，所以，在进行移动电子商务时，可以利用这种特性，真正实现针对不同消费者提供个性化服务。

2.2 网络营销的观念基础

在市场营销观念指导下，一个企业的经营核心永远是满足消费者的需求。随着计算机网络等基础技术的发展推动着网络营销的产生与发展，越来越多的企业开始意识到网络营销对企业经营的重要性，并开始在互联网上建立自己的营销站点，为消费者提供服务。网络营销是对传统市场营销模式的改变，但并不意味着面临不同的消费者，而是传统的消费者选择并应用了网络营销模式接受服务。这种由传统消费者向网络消费者的转变为网络营销的发展奠定了必不可缺的消费者观念基础。

2.2.1 消费者心理的变化

随着网络营销在实践中的兴起，当今企业所面临的竞争环境不断改变，企业的营销活动更多地体现出消费者主导作用。在这种企业营销环境中，消费者对商品和品牌的选择更加灵活多变；同时，因为生活节奏的加快，消费者对消费时间的要求越来越高，更加关注效率；现代科技的发展使得消费者更加方便快捷地收集、接触到有关需求的信息。这些变化给当代消费者的心理带来了新的变化。这些变化对网络营销产生了重大影响。消费者心理的变化及对网络营销的影响如表2-4所示。

表2-4 消费者心理的变化及对网络营销的影响

	传统	现代	对网络营销的影响
消费观念	储蓄	借贷	扩大市场规模
信息获取	人员、店面、广告	网络	加强信息沟通
时间要求	要求不严格	快速	增强网络服务优势
需求方式	统一需求	个性化	增强网络服务优势
选择性	缺乏选择	自主选择	提供自主选择，满足需求

1. 从习惯储蓄转变为信贷消费

中国传统的储蓄观念在现代社会已经转变，随着社会经济的发展，人们越来越意识到信贷消费的优点，这使得信贷消费日渐流行，成为当今消费者的主流消费观念。目前在我国贷款买房、买车已经成为人们解决住房、交通问题的主要选择，信用卡消费也已经成为日常消费的重要手段。信贷消费意味着消费者的整体购买力得到一定程度的提高，给所有企业带来了更加庞大的潜在市场。

2. 信息获取途径侧重于互联网

现代社会的一个典型特征就是信息流动速度快,消费者在这样的环境中对信息的获取更偏向于选择快速、高效的途径。计算机技术和互联网的高速发展给消费者带来了更加便捷快速的信息获取渠道,加上国民素质的提高,越来越多的人开始习惯于通过计算机互联网尤其是移动互联网来完成自己的日常生活和工作,这促使消费者在寻求与需求相关的信息时更加侧重于利用互联网方式。这种信息获取途径的转变给网络营销带来了巨大的机会,网络营销可以有效地利用互联网真实地传递有关产品和服务的信息,而且实现了信息传递与网络促销、产品服务销售的同步进行。

3. 强调对快捷高效服务的需求

现代快节奏的社会带给消费者工作与生活上非常紧迫的时间压力,使得消费者不得不快速完成各项任务,满足各种需求。这就意味着消费者在进行购买时更需要快速高效的服务,从产品信息的获取开始,直到交易完成,消费者希望可以用最短的时间、最高的效率来满足自己的需求。当然,很多消费者还是希望可以在闲暇时间享受传统购物模式的乐趣,这种心理会长期存在下去。但是,这种可以用来享受购物乐趣的闲暇时间相对较少,这种方式只是另一种休闲,并不会满足消费者的大部分需求。也就是说,现代社会的消费者更多的是希望可以快速、高效地满足其需求。这种对消费时间的要求给网络营销的发展带来优势,因为网络营销相对传统市场营销模式而言具有服务快速的特征,用户只需要坐在电脑前用很短的时间完成商品选择与订单处理,等待物流公司将商品送达收货便可。

4. 个性化需求加强

市场经济发展到今天,各种产品在数量及品种上都非常丰富,消费者可以按照个人心理意愿挑选并购买商品或服务。从心理学角度看,消费者对个性化消费的追求是与生俱来的,只是在卖方市场条件下,企业没有给消费者提供可以选择的空间,但如今企业为了获取市场竞争的胜利就必须针对消费者的不同需求提供个性化服务,这种做法又进一步激发了消费者的个性化需求。消费者的需求增加,需求的变化更多,进而产生了消费者制定自己的准则并对商家提出定制要求的模式。从理论上讲,每个消费者心理都是不同的,那么每一个消费者就都可以构成一个细分市场。细分市场个数的扩大又促进了企业的个性化服务,这种发展模式必然使个性化消费成为现代消费的主流。

5. 消费者主动性增强

在现代社会分工细化和专业化程度提高的趋势下,市场经济得到发展,与此同时,社会经济发展中也出现各种问题,商业信用等问题的产生使得消费者面临更多的风险。同时,由于消费者选择的增多,购买的风险随之上升,面对各种消费风险时,消费者更希望通过自主的理性判断来规避风险,对传统方式的营销沟通产生厌倦和不信任。消费者在购买过程中,会主动通过各种途径获取与商品或服务有关的信息,对不同的商品或服务进行分析比较。通过这些方法,消费者可以获得心理上的平衡,进而降低购买风险并避免购后产生后悔。消费者主动选择性的增强要求企业在进行营销时给消费者更多的真实的产品或服务信息,增加消费者选择的可能性,并要求建立良好的企业信誉形象,增强消费者对企业的信赖。网络营销因为其信息传播途径的先进为企业在这方面的完善提供了有利条件,通过网络营销可以更好地满足消费者主动选择的需求。

6. 价格依旧是影响消费者决定的重要因素之一

虽然营销工作者希望针对个性化需求而利用差异化营销方式来降低消费者的价格敏感度,但消费者满足自身需求的过程中还是非常关注价格问题,价格始终是影响消费者决策的重要因素。即使利用现代发达的营销技术,可以通过多种方法吸引消费者、影响消费者,但价格的作用仍不可忽视。特别是对购买力一般的消费者而言,低价格的吸引力会超出其他手段方式的效果,即使是购买力较强的消费者,在满足个性化需求的同时,同样偏向于价格较低的产品或服务。

2.2.2 网络营销的心理优势和吸引力

随着现代消费者心理的变化,网络营销越发地体现了传统市场营销所无法替代的优势与吸引力,主要表现在以下几个方面。

(1) 网络营销可以满足消费者的个性化需求。网络营销的特点之一在于真正实现以消费者为主导,消费者将拥有比传统市场营销方式更大的自由选择空间,可以根据个人个性特点和个性化需求通过互联网在全球范围内找寻商品或服务。在进入企业营销站点后,消费者能够获取更多的产品或服务的信息,满足个性化需求。比如戴尔推出的 PC 订购系统,消费者可以坐在家里访问戴尔的企业营销网站,对自己需要的计算机的各项指标进行说明,可以自行定制选择自己喜欢的规格、尺寸、样式及颜色等,满意后完成订单,就可以等待使用自己设计的完全令自己满意的计算机了。个性消费需求的提高要求企业对其营销战略重新审视,以不同消费者的个性化需求来作为提供产品或服务的起点。在技术上,由于计算机辅助设计、遥感和遥控技术、人工智能的发展,企业多品种、小批量生产方式能够以较低成本进行,为个性化网络营销奠定了基础。网络营销模式还可以为企业解决个性化宣传促销这一难题。企业的各种营销信息通过网络以极低的成本发送,并能够随时进行修改,针对不同需求客户发送不同的促销信息。网络营销对消费者的反馈信息管理较传统市场营销模式更加完善,以此为依据完成真正的个性化服务。

(2) 网络营销的互动性是实现现代营销的保障。传统市场营销理念强调 4P 组合,现代营销理念则追求 4C。两种观念都基于同样一个前提:企业的营销是贯穿整个企业业务流程的,即从产品设计阶段直到产品最终到达消费者手中都要充分考虑消费者的需求。传统的营销模式很难实现这一前提,因为消费者与企业之间的沟通渠道并不完善,消费者的需求很难被企业正确掌握。消费者会针对现有产品或服务提出批评建议,却难以给予尚处于概念阶段的产品或服务建议。而且,企业有限的资金也难以给予足够的投入用于了解消费者的潜在需求,一般只按照自身技术或参考市场领导者的策略进行产品开发。利用网络营销,可以有效改善这一现象。在网络营销过程中,企业可以通过电子布告栏、论坛及电子邮件方式和消费者实现有效的双向沟通。这种双向沟通方式在一定程度上提高了消费者参与的积极性,它使企业的营销决策有的放矢,提高消费者满意度。

(3) 网络营销能满足消费者对时间上的快捷要求,提高交易的完成效率。现代快速的生活节奏迫使消费者减少在实体商店的购物时间,要求快捷满足自己的需求,高效率地完成交易。传统的营销模式消费者需要进店选择,加上交通时间,需要较长的时间才能完成一次消费,这明显不利于消费者适应现代的快节奏生活方式。网络营销可以有效简化购买过程,节省消费时间,使消费的过程不再是一种时间上的负担。

(4) 网络营销可以缩减企业的营销成本,让利给消费者。网络营销可以为企业节省促销流通费用,使产品价格降低。而且消费者可以利用网络在更广泛的范围内找寻优惠价格,甚至能不通过中间商直接从生产者手中订货,从而以更低的价格完成购买。

2.3 网络营销的制度基础

计算机网络技术为网络营销的开展创造了技术条件支持,现代市场消费观念基础为网络营销提供了市场心理条件。但是,网络营销成为一种可行的营销方式还要求某些市场制度的建立与完善,网络营销必需的制度基础主要有三个方面:经济制度、法律制度和社会道德文化制度。

2.3.1 经济制度

网络营销活动是企业通过网络渠道实现营销活动,最终实现企业的利润。这种营销活动必然受其所处的经济社会的经济制度所影响。就中国的经济制度而言,社会主义市场经济体制为网络营销的开展提供了良好的空间;WTO的加入推动了中国经济社会与世界的接轨,为网络营销扩大了市场范围;对信息技术产业的支持政策加速了网络营销基础设施与技术的发展。影响网络营销的经济制度包括国家经济体制、产业发展政策、WTO协定等。

1. 国家经济体制

新中国成立初期的计划经济体制采用一切资源分配由国家统一调控的方式,在这种经济体制下网络营销是难以实现和发展的。因为计划经济体制限制了商品的自由流通,导致了网络营销失去了其生存的基本条件。目前我国的社会主义市场经济体制很好地解决了在社会经济发展中的计划与市场的作用关系,强调市场作为经济活动的主体,这样就为网络营销的实施提供了有利的经济制度环境。首先,这种经济制度推动了我国社会经济的快速发展,为网络营销提供了宽广有利的市场空间。随着社会经济的发展,消费者可支配收入不断攀升,用于消费的收入增加,也就意味着企业的市场空间在扩大。其次,市场经济强调资产的快速流通,要求在交易过程中快速、高效地完成所需的谈判等事宜,而网络营销活动刚好提供了这种便利的交易方式。最后,我国的社会主义市场经济体制在市场运作的同时,重视国家的经济宏观调控政策,这种调控可以维系经济社会稳定发展,为网络营销提供稳定的经济环境,并保证网络营销持续、健康地发展。

2. 产业发展政策

目前我国的产业发展政策对于电子计算机产业和物流产业发展的支持为网络营销的实现提供了保障。大力发展电子计算机产业及其相关配套产业直接推动了网络营销的发展,为网络营销的技术完善提供了有力的保障。同时,随着计算机产业的发展,国民计算机使用率会不断上升,意味着我国的网民数量会随着产业的发展而攀升,从另一个角度发展扩大了网络营销的市场空间。

网络营销的实现必然需要物流服务系统的支持来保证产品由营销者向消费者手中转移,所以物流产业的发展对网络营销的实现至关重要。我国明确提出大力发展物流产业的政策无疑会推动网络营销配套物流服务系统的完善,促进网络营销的合理发展。

E 知识

产业振兴规划

2009年2月28日,国务院常务会议审议并原则通过了电子信息产业调整振兴规划,提出"必须强化自主创新,完善产业发展环境,加快信息化与工业化融合,着力以重大工程带动技术突破,以新的应用推动产业发展"的振兴措施。

2009年2月25日,国务院常务会议通过了物流产业调整振兴规划,提出加快发展现代物流、以物流模式促进其他产业发展的要求,确定了振兴物流业的九大重点工程。同时要求推动重点领域物流的发展,加快发展国际物流和保税物流。

3. WTO 协定

加入WTO是我国经济与国际接轨过程中的一个里程碑,对我国未来的经济发展产生了重大影响。加入WTO对于我国网络营销的发展有以下几点影响:第一,经济开放为我国企业进行国际市场网络营销提供了便利。第二,推进我国网络基础设施的进一步完善,我国加入WTO后,对主要信息技术产品将实行进口零关税,这必然加快我国基础设施的建设,为网络营销铺平道路。第三,金融业的开放改善了我国的网上支付条件。外资银行的进入为我国银行带来先进的技术和管理经验,促进金融创新,完善我国银行的网上支付业务。第四,电信业的开放大幅度降低了网络营销成本。

2.3.2 法律制度

道德与法律是维持市场正常运行的两大机制。相对而言,法律机制在人们的思想觉悟没有普遍提高的情况下更为重要。在网络营销发展初期,整个市场很少受法律约束,人们希望靠企业与消费者之间的道德约束来维持有序的市场。1998年以后,世界各国开始针对电子商务制定相应的法律法规进行直接的法律控制。法律制度要想达到约束市场的效果必须保证"有法可依,有法必依",对于网络营销企业,了解并严格按照相关法律规定进行网络营销活动已经成为一门必修课。

1. 规定网络营销企业权利义务的法律法规

网络营销企业首先必须了解自己在网络营销活动中的权利义务,涉及网络营销企业权利义务的法律法规大体可分为以下几类:

(1) 知识产权法。这主要包括商标法、专利法和版权法。网络营销在网站域名注册、网页标签设计、建立链接等几个方面都有可能与其他企业发生知识产权冲突。为了加强网络知识产权保护,美国在1998年颁布了《数字千年法案》。我国关于网络知识产权的法律在2001年10月出台,即在《中华人民共和国著作权法》当中,将网络传播的著作权列入保护范围。在2002年,我国颁布了《中国互联网网络域名管理办法》,同年,中国互联网络信息中心发布了《域名注册实施细则》等一系列文件,在网络域名注册方面提供了可以依据的法律。

(2) 消费者保护法。在网络营销下,企业需要收集大量的消费者数据,其中甚至会包含某些消费者隐私,这就要求相关的法律约束企业对消费者的隐私进行保护,也就是说网络营销企业不仅要遵守原有的各类保护消费者权利的法律法规,更要注意对消费者隐私的保护问题。在西方国家这类法律有美国的《电信隐私法》、欧盟的《欧盟数据保护指令》等。我国目前这方面的相关法律法规还不健全,这也导致了我国企业在西方国家的一些网络营销受到抵制。

E 知识

《中华人民共和国消费者权益保护法》

目前我国对网络消费者的权益保护使用的是《中华人民共和国消费者权益保护法》,该法案规定了在网络营销中供应商缔约前的义务、消费者解除合同的权利、消费者的知情权与退货权等交易双方的基本权利义务关系。

(3) 网络安全法。网络安全法是针对网络正常安全运行的法律法规,主要是针对网络攻击、病毒传播等威胁网络安全的行为制定的。美国1996年通过了《国家信息基础设施保护法》,把攻击美国信息基础设施的活动确定为犯罪行为,并要追究刑事责任。我国也在1997年修订的新刑法中增加了计算机犯罪条款,将非法入侵计算机系统、破坏计算机系统功能以及制作传播计算机破坏程序定性为犯罪行为。

2. 关于网络营销法律法规的在线资源

企业可以通过咨询律师了解与网络营销相关的法律法规,同时也可以充分利用网络在线资源来寻求相关信息。目前有关网络营销法律法规的在线资源有中国电子商务法律网(www.chinaeclaw.com)、法律引擎(www.legalengine.com)等。其中,中国电子商务法律网是我国第一家专业的电子商务法律网站。该网站已经成为政府电子商务立法与调研的窗口、学术界交流的平台、企业界解决世界问题及反映立法呼声的重要渠道。通过中国电子商务法律网可以获得三大类信息:电子商务法律的最新动态、合同范本与案例编选等网站自主编辑的信息和网站原创内容。法律引擎是一个全面的法律在线资源,包括大量的法律法规信息,当然也包括大量的网络营销法律法规内容。

2.3.3 社会道德文化制度

道德是社会意识形态之一,是一定社会调整人们之间以及个人与社会之间关系的行为规范的总和。网络营销道德是调整网络营销企业与所有利益相关者之间关系的行为规范的总和,是法律以外的另一个维持市场正常运行的机制。道德是由一定的社会经济基础所决定的,并为社会经济基础服务。网络营销道德规范同其他的道德问题一样,不存在一个放之四海而皆准的标准,人群的不同、文化的差异、处于不同团体的人们对网络营销道德规范的理解不尽相同。但是,每种道德约束的提出都是依据一定的社会环境、人群文化、历史阶段的,这个特定的时期、特定的环境是可以被群体内的成员接受并一致遵守的。网络营销道德对网络营销的约束力量体现在它对每一个参与网络营销成员的规范作用上。道德不像法律那样具有强制约束力,所以更多强调成员的自律和自我约束。网络营销道德在支持网络营销发展中存在一个矛盾:网络营销充分利用了互联网技术而使其面对全球市场,就意味着要面对全球范围内各种不同的环境,而不同环境下的网络营销道德是不同的,甚至彼此之间产生冲突,比如在网上沟通过程中,若给客户发送荷花底纹的电子便签,在中国会被认为是高雅、纯洁,使客户心情愉悦;而在日本则会让客户非常反感,因为荷花在日本被认为是死亡之花。如何协调各种不同文化下的伦理道德问题成为网络营销面向全球市场要解决的一个重要问题。

E 视点

美国布鲁金斯计算机伦理协会的十条戒律

华盛顿的布鲁金斯计算机伦理协会为计算机用户、程序员、系统设计师制定了十条戒律作为网络营销活动中的道德规范,具体内容是:

一、你不应该用计算机去伤害他人。

二、你不应该去影响他人的计算机工作。

三、你不应该去窥探他人的计算机文件。

四、你不应该用计算机去偷盗。

五、你不应该用计算机去做假证。

六、你不应该拷贝或使用你没有购买的软件。

七、你不应该使用他人的计算机资源,除非你得到了准许。

八、你不应该剽窃他人的精神产品。

九、你应该注意你正在写入的程序和你正在设计的系统的社会效应。

十、你应该始终注意,你使用计算机的时候,是在进一步加强你对你的人类同胞的理解和尊敬。

2.4 网络营销的配套服务市场基础

有了良好的技术支持与市场制度保证并不意味着网络营销就万事无忧了,网络营销要充分发挥其效力,还需要网上支付服务、物流服务、第三方认证服务及保险服务等一系列的配套服务做基础。

2.4.1 网上支付服务

网络营销的实现必须完成产品由网络营销企业向消费者转移和货款由消费者向网络营销企业转移两个价值转移交接过程,而且这两者在时间和空间上是分离的。前者依靠物流服务系统,后者则需要有完善的网络营销支付系统。网上支付是在网络交易过程中,针对消费者与商家之间的债权债务关系,利用电子货币工具实现交易清算并完成相关的货币支付过程。网上支付过程涉及网络营销商、客户、银行、金融机构和第三方认证管理部门等多方的安全商务互动。

1. 网上支付系统

网上支付系统由四个主要部分构成,其结构如图 2-5 所示。

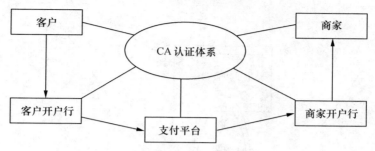

图 2-5　网上支付系统

资料来源:孟丽莎.网络营销[M].郑州:河南人民出版社,2005.

(1) 支付主体。网上支付主体是参与网上支付的个人与组织,包括客户、商家、银行三方。

(2) 支付平台。支付平台完成电子货币在客户与商家之间的交易。网上支付平台一般为交互型的,快速完成通信,并由一定的安全措施保障交易方的信息、电子货币安全。目前在网络营销中消费者常接触到的网上支付平台有支付宝、财付通、银联电子支付、快钱等。

(3) 支付工具。是指网上支付过程中交易双方清偿债权债务关系所使用的具体方式,主要表现为电子货币形式。

(4) CA 信用体系。CA 认证是确保网上支付安全有序进行的第三方认证体系。其通过向网上支付各方主体发放数字证书来确认各自的真实身份,同时也负责发放公共密钥,提供数字签名。

网上支付系统要商家、客户、银行和第三方认证机构的共同参与,系统中任何一个环节的缺失都会导致支付无法正常完成。

2. 常见的网络支付方式

目前常见的网络支付方式主要有以下几种。

(1) 电子现金方式支付。电子现金是以电子化数字形式存在的现金货币。利用电子现金方式进行网上支付的过程分为五个步骤。

第一步:开立账号,购买电子现金。客户可以通过在线方式或在银行柜台向发行电子现金的银行申请开立账号,并以存入货币的方式来购买电子现金。

第二步:形成数字货币。银行利用电子现金软件把顾客账号内的现金分成若干成包"硬币",并产生随机号码,每个随机号码对应一个成包"硬币",随机号码与银行电子签字一起便形成了数字型电子现金。

第三步:提取电子现金。利用电子现金软件,客户从电子现金发行银行提取出电子现金并存在硬盘上。

第四步:电子现金交易。客户与商家洽谈,通过网络进行交易,签订合同,使用电子现金结算相关费用。

第五步:电子现金结算。接收到电子现金的商家向银行发送电子现金,银行将电子现金所代表的货币现金支付给商家。电子现金的支付过程可用图 2-6 表示。

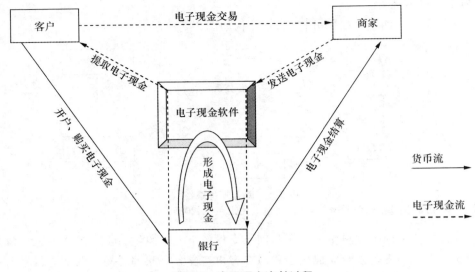

图 2-6 电子现金支付过程

资料来源:孟丽莎.网络营销[M].郑州:河南人民出版社,2005.

(2) 信用卡支付。使用信用卡进行网上支付是最常见的网上支付方式。信用卡支付完成需要通过安全电子交易(Secure Electronic Transaction,SET)协议,即客户通过网络将自己的信用卡卡号和密码加密后发送银行进行支付。在支付过程中需要对客户、商家的身份进行认证并验证付款要求的合法性。

(3) 网上银行支付。网上银行是随着互联网的发展而新兴起的银行服务方式,是指银行将传统服务业务利用互联网向客户提供,包括开户、销户、网上支付、转账、对账、企业及个人信贷、信息查询等服务。利用网上银行进行网上支付,客户首先登录个人网上银行,通过电子密钥、交易码等安全保障措施将款项通过网上银行支付到第三方交易平台,在商家完成发货将商品转移到消费者手中之后,消费者确认交易完成,第三方交易平台将货款支付给商家。

(4) 电子支票支付。电子支票实质上是纸张支票的电子数字化形式,保有了纸张支票支付的优点,利用数字传递将货款从客户账户转移到商家账户。电子支票支付是通过专用网络及一套完整的用户识别、标准报文、数据验证等规范化协议来完成数据传输的。用电子支票支付,事务处理费用较低,而且银行也能为参与网上交易的商户提供标准化的资金信息,故而是目前最有效率的支付手段之一。

根据支票处理的类型,电子支票可以分为两类:一类是借记支票,即债权人向银行发出支付指令向债务人收款的划拨;另一类是贷记支票,即债务人向银行发出支付指令向债权人付款的划拨。电子借记支票的流转过程包括:① 出票人和持票人达成购销协议并选择使用电子支票支付;② 出票人通过网络向持票人发出电子支票;③ 持票人将电子支票寄送持票人开户银行索付;④ 持票人开户银行通过票据清算中心将电子支票寄送出票人开户银行;⑤ 出票人开户银行通过票据清算中心将资金划转到持票人开户银行;⑥ 电子贷记支票的流转与借记支票类似,方向相反(如图2-7所示)。

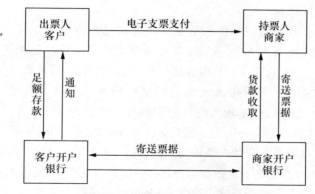

图 2-7 电子借记支票流转过程

资料来源:孟丽莎.网络营销[M].郑州:河南人民出版社,2005.

2.4.2 物流服务

网络营销的模式使得在商品交易过程中产品转移和资金转移发生分离,物流与商流分离,其中物流服务是保证商品快速、安全、正确地从商家向客户转移的重要支持系统。高效的物流服务对网络营销企业意义重大,因为就目前中国网络营销发展状态来看,物流服务已经成为网络营销的瓶颈。尽管国家政策强调发展物流产业,但是由于我国物流发展时间短,尚未形成完善的产业结构,出现了物流速度慢、服务水平低下、物流费用相对较高等问题。

物流服务是网络营销实现的重要基础,同时,物流服务是网络营销概念体系的重要组成部分,物流和网络营销相互促进发展。其对网络营销的支持体现在完成网络营销的线下产品实体转移过程。网络营销物流服务的相关内容将在本书第 8 章中介绍。

2.4.3 第三方认证服务

网络营销市场参与者众多,企业资质相差悬殊,如何在网络市场上赢得消费者信任是各个网络营销企业的一个重要任务。传统的企业信誉主要通过良好的品牌建立获取,这种方法同样可以在网络营销中应用,但是只对实力强大、已经具有一定品牌效果的企业效果明显。对于大多数中小企业而言,网络品牌的建立与维持要求大量的资源投入成为其品牌建设的约束条件。一个更简单易行的方法是企业充分利用第三方认证信用中介,通过知名的第三方中介机构的认证,借助信用中介公司的信誉保障获取消费者的信任。目前世界上比较权威的第三方认证机构有 TrustE 体系、BBBonline 体系等,我国目前的第三方认证信用机构中比较典型的是红盾 315 网和中国互联网信用评价中心等。在这些认证体系中,信用中介负责制定电子商务公司在网络营销中应该遵循的标准,电子商务公司向信用公司提出认证申请后,信用中介依据制定的标准对其进行审核,认证通过后在申请认证的电子商务网站放置相应标志,各信用机构的标志如图 2-8 所示。

TrustE的安全隐私标志

BBBonline在线标志

itrust的信用评级标志

可信网站标志

图 2-8 常见第三方认证标志

1. 权威第三方认证机构

TrustE 是一个非营利组织,它的任务是通过改善信息披露机制来建立消费者对互联网的信任。它提供一个"隐私政策模板",帮助企业迅速建立隐私政策。达到 TrustE 要求的企业可以申请加入成为其会员,获得 TrustE 专用的信任标志,以此增加消费者对于在线交易的信心。这个项目的成员已包括 IBM、美国在线、《纽约时报》、雅虎等多家知名企业,而且还在迅速增加。TrustE 在信用认证方面已产生较大的社会影响力。

BBBonline(Better Business Bureau)是美国促进良好商业顾问局的附属机构,是一个由大量中小企业组织成为会员并赞助的非营利私人机构,其通过提供商业公司的信用报告来帮助消费者进行购买决策。BBBonline 每年应请求发送数百万份这样的报告,每年要对成千上万的消费者询问做出回答。它也提供类似 TrustE 的认证功能。符合 BBBonline 标准的企业可以在其网站上展示 BBBonline 标志,消费者可以通过点击 BBBonline 的标志,立即获得 BBBonline 关于该企业的信用报告。

我国的第三方网上认证机构中比较典型的是红盾 315 网。它是依附于全国各个地区的工商行政管理局的网上认证机构,例如,北京红盾是北京市工商行政管理局下属的一个要求经营性网站备案登记的网上认证机构。企业通过红盾 315 网认证后,在登记的经营性网站首页显著的位置上会标示红盾的标志,点击后也可以阅读有关的认证内容,如网站名称、公司地址、注册资本、业务范围和法人代表等。

2. 第三方认证机构的作用

第三方认证机构作为网络营销实现的重要支持系统,其在网络营销过程中起到保障交易安全、提供信誉支持、监督网络营销企业等作用。

对网站风险管理是消费者和商业合作伙伴在运用互联网进行交易时主要关心的问题。国外第三方认证主要是围绕提供交易处理完整性、企业的商业政策、数据安全和数据秘密四个方面的认证。不同的认证机构提供不同的认证服务,具有不同的权威性。企业网站通过其认证就佩带其认证标志。这些标志能够证明企业网站的信誉、信息传输的安全性、信息存储的安全性。

电子商务依托信息技术的发展而拥有了强大的生命力。所以在该领域往往会涉及许多超前的甚至是不可预测的一系列风险亟待有效管理,而在法律上还找不到现成的条文保护电子商务受风险危害的对象,这样,受害对象还可能要承担由于法律滞后所造成的风险。在这种法律法规制度不完善的情况下,依靠第三方认证机构来担任仲裁角色进行相应的裁决可以规避或降低因立法滞后所带来的风险。

2.4.4 保险服务

企业信誉和网络购物风险是目前网络营销发展的又一制约因素,企业要想实现网络营销的成功需要有良好的信誉支持,同时还应尽可能地降低消费者和企业的网络营销风险。网络营销保险服务对完善网络营销风险管理具有重要作用。保险服务可以降低消费者网上交易的风险,为企业进行网络营销提供支持。网络营销保险服务包括网络交易平台技术安全保险、产品或服务质量保险、交易安全性保险及物流保险等几个方面。

1. 网络营销技术风险与保险服务

企业进行网络营销需要建立营销网站,应用计算机网络技术。在网络营销过程中,企业的营销网站是存在一定的技术风险的,这可能是由于企业内部技术能力及管理问题带来的,同时还要面临网络病毒、黑客攻击等风险问题。这些风险会影响到企业进行网络营销的信息保密措施、交易的可进行性以及企业对网络营销的可控性,使得网络营销无法顺利完成,造成损失。针对这些风险,网络保险服务提供者可以提供相应的保险服务,在欧美发达国家,针对网络营销技术风险设计的网络保险服务包含了病毒感染、黑客侵扰、网上诈骗甚至恐怖活动。这些保险服务可以有效地转移网络营销的技术风险,使得消费者和企业两方面都具有更加安全的交易环境。

2. 网络营销产品或服务质量风险及保险服务

企业进行网络营销最终是要向消费者提供产品或服务,那么对于消费者而言,企业通过网络营销提供的产品或服务质量是否合格仍是他们主要关心的问题。对于企业而言,提供优质的产品或服务是其获得网络营销成功的关键因素之一,然而这并不意味着消费者会完全相信网络营销企业的产品或服务质量,同时由于企业的生产经营活动中可能出现的失误,难免会出现一定比例的低质量产品。对于消费者而言,网络购物的产品或服务风险是存在的,而且一旦出现低质量产品,对消费者和企业双方都会造成较大损失。所以,在网络营销活动中,企业可以利用网络营销产品或服务质量保险服务来转移这些风险。这一类型的保险服务针对上述可能出现的产品或服务质量风险,为消费者提供合理的保险服务,降低消费者买到低质量产品后的损失,进而提高了消费者对网络营销的信任感。

3. 网络营销交易安全风险及保险服务

这里说的交易安全风险是指在网络营销的线上交易过程中存在的风险,主要是指网络支付过程中存在的风险。由于网络支付涉及企业、消费者、银行及认证机构多方关系,因此其存在的风险也是多样化的,而且对于消费者而言支付风险是最大的网络购物风险,这涉及自己的货币资金安全、网络银行账户安全等问题。交易安全风险的产生可能是由于多方之间的操作协调不当,也可能是受到他人的攻击、诈骗等。针对交易安全风险,网络保险商提供的保险服务一般为网络受攻击险、网络诈骗险等,对于网络交易过程中某方的操作失误造成的损失不提供保险服务。例如,金山公司推出了网购敢赔险来保护用户的网购过程。

4. 网络营销物流风险及保险服务

网络营销的另一个重要环节是物流配送,物流活动在实现网络营销的产品实体转移的过程中存在一定的风险,包括产品安全、配送时间等问题。在现代网络营销发展过程中,物流的作用已非常明显,物流服务的发展直接影响网络营销的发展。但目前网络营销的物流过程中常常出现产品损坏、丢件、无法按时送达等问题,这些问题会给消费者带来一定的损失。针对物流风险,网络保险商提供的保险服务包括物流损件、丢件以及退货运费险等。

E 视点

网购敢赔险

网购敢赔险是由金山网络联合中国人保财产保险公司(PICC)联合打造的"金山网购敢赔险服务"。用户在进行网络购物的过程中,只要在使用金山毒霸或是猎豹浏览器的情况下,被钓鱼网站、病毒木马等手段骗取财物,即可向金山网络申请赔偿,金山毒霸会提供全年最高 8 000 + 48 360 元的赔付额度,让网购过程更加保险。

案例讨论

凡客诚品网络营销的成功

凡客诚品(VANCL),由卓越网创始人陈年创办于2007年,产品涵盖男装、女装、童装、鞋、家居、配饰、化妆品七大类(见图2-9)。自2007年10月,凡客诚品以自有品牌网上销售的模式进入市场以来,企业已经发展为中国服装行业网络营销的领头羊。凡客诚品创始人、董事长兼CEO陈年认为,只有用户体验造就的品牌认同,才是最好的品牌实践。五年来,凡客诚品用心关注用户需求,不断以微创新方式提升客户体验,推出了当面验货、无条件试穿、30天内无条件退换货、POS机刷卡等服务,极大地提升了用户体验与品牌美誉度,积累了大量的忠实用户和良好的口碑。

随着产品种类的不断丰富,以及对用户体验的关注,凡客诚品在中国服装电子商务领域的品牌影响力与日俱增,已经成为中国网民购买服饰的第一选择。全球著名会计师事务所德勤审计后认为:过去三年,凡客诚品是亚太地区成长最快的品牌。艾瑞咨询《2009—2010年中国服装网络购物研究报告》显示,凡客诚品在自主销售式服装B2C网站中排名第一。

凡客诚品抢占市场时以大学生为主要目标客户,充分利用大学生的购物习惯和消费心理,精心打造企业品牌,充分利用网络营销优势满足大学生的服装需求。据统计,在网购用户中,大专及以上学历用户高达85%,诸如淘宝、卓越、当当等网站在大学生人群中已经广为人知。大学生群体因每天面对电脑的时间较长,其购物理念开始发生转变,逐步接受并喜爱上网络购物。

凡客诚品进行网络营销时充分利用了各种宣传推广策略,迅速将自己打造为中国知名互联网品牌。凡客诚品的成功在一定程度上可以说是依赖于其利用的各种完善的服务体系,在凡客诚品的网站上,消费者可以看到中国电子商务诚信单位、中国服装协会会员、网上交易保障中心的标志(见图2-10),以确保消费者在通过凡客诚品营销网站购物时放心进行交易。

图2-9 凡客诚品网站首页

图2-10 凡客诚品的第三方认证机构标志

在支付方式支持上，凡客诚品网络营销站点支持货到付款，这为部分存在网络购物迟疑的消费者提供了心理保障，同时，货到付款也为缺乏网络支付方式的消费者提供了网络购物的条件。凡客诚品的特别之处在于支持礼品卡支付方式，这种方式更具网络促销的效果。当然，进行网络营销、网上销售实现支付时，凡客诚品也支持网上银行支付方式。凡客诚品目前还支持利用传统的邮政汇款的方式完成支付业务。凡客诚品支持的支付方式如图2-11所示。

图2-11　凡客诚品支持的支付方式

在物流配送上，凡客诚品支持送货方式和送货时间选择，以最大限度地满足消费者的需求（见图2-12）。凡客诚品采用自由物流与外包物流相结合的方式完成物流配送服务。采用这种方式，企业可以控制物流职能，保证供货的准确和及时，保证服务质量和维持长期的客户关系。

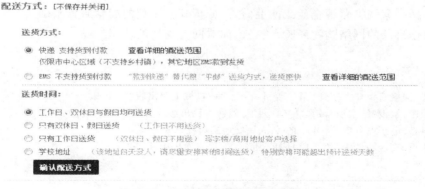

图2-12　凡客诚品的物流配送支持

问题

1. 凡客诚品网络营销的成功有哪些值得借鉴的宝贵经验？

2. 凡客诚品的网络营销是在哪些实现基础上取得成功的？

本章小结

1. 网络营销的实现基础包括技术基础、消费者观念基础、制度基础及配套服务市场基础。企业要想成功进行网络营销，必须要充分合理地分析利用各种现实基础条件。

2. 网络营销的技术基础有TCP/IP协议技术，域名系统及解析技术，营销网站的建设、运营与推广技术。技术基础的利用需要企业具有专业的计算机网络技术人员，保证网络营销在技术上可行。

3. 随着社会经济的发展，消费者更希望可以快速、安全、高效地取得商品信息，完成交易，满足自己的需求。这种观念的变化为网络营销的实现提供了强大的消费者观念基础。

4. 国家经济、法律制度会影响网络营销的发展前景。充分了解国家相关的经济、法律制度，可以保证网络营销的实施与发展能够适应社会需求，适应社会制度的要求。

5. 网络营销的实现需要网上支付服务、物流服务、第三方认证服务和保险服务等配套服务市场来协助完成。通过网上支付系统完成交易中的货款转移，通过物流服务完成产品实体的转移，通过第三方认证服务和保险服务来维系网络营销的可信度等。

思考与实践

1. 理论基础

（1）什么是TCP/IP协议？TCP/IP协议具有什么作用？

（2）企业营销站点的建设方式有哪几种？

（3）当前消费者购买心理存在哪些变化趋势？

（4）哪些制度会影响到网络营销的实施？如何影响？

（5）网络营销的配套服务基础有哪些？

（6）物流服务是如何支持网络营销实施的？

2. 知识应用

（1）对域名http://lib.chd.edu.cn和http://sfg.act.qq.com/进行解析。

（2）选择一家网络营销企业或网上商店，分析其应用到的配套服务基础。

（3）根据自己的网络购物经验，谈一谈你对网上支付的认识。

参考文献

[1] 段建.网络营销技术基础(第二版)[M].北京：机械工业出版社，2009.

[2] 邵荣昭，解俊贤.市场营销学[M].西安：陕西人民出版社，2005.

[3] 任科社.电子商务概论[M].北京：人民交通出版社，2007.

[4] 董千里.高级物流学(第二版)[M].北京：人民交通出版社，2009.

第3章 网络营销市场分析

引导案例

"天下第一团"——奔驰 Smart 网络团购

如果你认为网上团购还是仅仅买两张便宜电影票、换几张餐厅代金券,那你就落伍了。随着网购的发展,不仅家电、家居产品进入了团购目录,就连奔驰汽车也加入了"战团"。

Smart 是梅赛德斯-奔驰汽车公司(以下简称奔驰)与手表业巨头 Swatch 公司合作的产物。其名称中的 S 代表了斯沃奇,m 代表了戴姆勒公司,art 是英文艺术的意思,代表了双方合作的艺术性,而 Smart 车名本身就有聪明伶俐的意思,也契合了公司的设计理念。Smart 希望锁定城市年轻人,男女均可,其特点是追逐自我个性,有社会责任感和环保意识,并具有一定的消费及购买能力。

2010 年 9 月 9 日,奔驰与淘宝网联手,在聚划算平台推出了这个"13.5 万圆你奔驰梦"活动(见图 3-1)。整个网络营销活动分为三个部分:

(1) 团·Smart:利用淘宝团购平台聚划算进行 Smart 汽车团购,用户以网上支付 999 元定金的方式参与团购 Smart 指定车型汽车,参与人数达到 200 人即组团成功,用户即可以 7 折价格购买。

(2) 秒·Smart:借助电子商务平台热门话题"秒杀"来提升整体活动人气,增加专题互动性,秒杀产品为 Smart 车模及 Smart 汽车,秒杀价格为 1 元。

(3) 秀·Smart:联合淘宝网特有卖家和店铺资源,邀请时尚 Top 卖家拍摄城市艺术风格照片(照片包括 Smart 汽车、店铺模特、产品及城市艺术风格背景),并在活动期间将照片放置在专题内进行大众票选。

团·Smart 2010 年 9 月 9 日开始,团购周期为 21 天,9 月 30 日截止团购报名。如果在 9 月 30 日之前就达到 200 人参团,活动即提前结束。而活动开始后仅用时 3 小时 24 分,205 辆奔驰 Smart 汽车就全部团购售出,总销售额为 2 767.5 万元。业内人士介绍,2009 年,奔驰 Smart 进入中国,一年销售量不过 500 多辆,而这次网上团购一下子就销出了 205 辆,相当于 Smart 在中国半年的销量,团购威力可见一斑。

同时,秒·Smart 活动在 9 月 10 日秒杀奔驰 Smart 车模 1:87,共 100 件;9 月 17 日秒杀奔驰 Smart 车模 1:43,共 50 件,9 月 25 日秒杀奔驰 Smart 汽车,共一辆。

这次活动也成功地吸引了网友的参与和围观,其中活动迷你站 pv:9 月 6 日为 6.6 万,9 月 12 日为 16.4 万;聚划算静态团购页面:峰值 9 月 9 日 pv232965,uv196571;聚划算宝贝详情页面:峰值9月10日pv19532,uv15377。

图 3-1 奔驰 Smart 团购页面

奔驰作为汽车业的一大巨头,竟然也将其触角伸向网络市场,这足以说明网络市场的巨大魅力,而这场"天下第一团"营销活动的结果无论是销量还是口碑都让人不得不感叹网络的神奇力量。那么网络市场何以有如此神力呢?

3.1 网络市场的基本知识

3.1.1 网络市场的内涵

网络市场是以现代信息技术为支撑,以互联网为媒介,以信息瞬间形成、即时传播、实时互动、高度共享为特征的交易组织形式。

传统意义上的市场是指商品买卖交易的场所,是把货物的买主和卖主正式组织在一起进行交易的实体场所。网络市场则是由生产者、中间商、顾客等市场主体汇聚在互联网上形成的商业沟通及交易的虚拟市场空间。

从网络市场交易的方式和范围看,网络市场经历了三个发展阶段:

第一阶段是生产者内部的网络市场,其基本特征是工业界内部为缩短业务流程和降低交易成本所采用电子数据交换系统所形成的网络市场。

第二阶段是国内的或全球的生产者网络市场和顾客网络市场。其基本特征是企业在互联网上建立一个站点,将企业的产品信息发布在网上,供所有顾客浏览,或销售数字化产品,或通过网上产品信息的发布来推动实体化商品的销售。如果从市场交易方式的角度讲,这一阶段也可称为"在线浏览、离线交易"的网络市场阶段。

第三阶段是信息化、数字化、电子化的网络市场。这是网络市场发展的最高阶段,其基本特征是:虽然网络市场的范围没有发生实质性的变化,但网络市场交易方式却发生了根本性的变化,即由"在线浏览、离线交易"演变成了"在线浏览、在线交易"。这一阶段的最终到来取决于以电子货币及电子货币支付系统的开发、应用、标准化及其安全性、可靠性。

3.1.2 网络市场的特点

互联网已经成为销售商品或提供服务的重要渠道,从市场运作的机制来看,网络市场具有如下基本特征。

1. 经营范围不受空间制约

传统市场的经营范围难以避免地受到了很多限制。然而，网络创造了一个即时全球社区，它消除了不同国界的企业交易的时间和地域障碍，市场的地理区隔变得模糊甚至消失。互联网上的任何企业都是一个真正意义上的跨国企业，网络营销为企业开创了面对全球的行销橱窗，在全球范围内，只要有网络存在的区域和地方，企业就可以直接与顾客进行各种商务活动，增加了营销机会。这种特点，为中小型企业跻身国际贸易创造了一个良好的条件，所以经济学专家说，互联网使世界的经济从某种程度上讲站在了同一起跑线上，给了发展中国家一个崭新的契机。在这种巨大的优势面前，许多国内的企业选择了加入网络行业，开展全球性营销活动。

2. 经营时间不受限制

任何传统市场都有营业时间限制，即便个别企业进行24小时营业，可是其带来的附加成本十分巨大，而且在大部分类型的企业中往往收效甚微。而企业从事网络营销活动，时间的概念被赋予新的含义，不再有白天黑夜的区别，企业可以每天24小时进行各种营销活动，发布信息、签订合同、进行交易和提供服务。顾客也可以随时在网上寻找自己所需要的信息及服务，自助咨询、下订单和采购，无需人工干预，只需利用计算机自动完成即可，这方便了顾客的购买，特别是对于平时工作繁忙、无暇购物的人来说有很大的吸引力。

3. 无实体商铺成本

相对于依靠优越的地理位置和华丽的装潢来吸引顾客的传统经营方式来说，网络营销不需要开设店面、进行装潢、摆放样品和招募大量服务人员，这无疑可为商家节约大量的资金成本。如卓越网、当当网等，它们并没有真实的零售网点，没有大批量的销售人员，但通过互联网，这些网上商店的商品被销往全国各地甚至国外。

4. 无库存经营模式

企业在网络市场中无需将商品陈列出来以供顾客选择，只需在网页出示货物图片和相关数据以供选择，在接到顾客订单后，再向制造的厂家订货，这样一来，店家不会因为存货而增加成本。特别是随着社会的发展，消费需求向个性化的趋势发展，网络市场上一对一的定制服务将更普遍，那就更无需进行商品的存储了。

5. 营销环节精简

在网络平台上，企业及产品资讯可迅速发布、及时更新，并向目标顾客传递，而顾客也可以由原来的被动接收转变为主动参与，顾客不必等待企业的帮助，就可以自行查询所需产品的信息，还可以根据自己的需求自行下订单，有效促成即时交易的实现。此外，营销人员还能够借助联机网络所固有的互动功能，鼓励顾客参与产品更新换代，让顾客选择颜色、装运方式，在定制、销售产品的过程中，满足顾客的特殊要求。顾客参与越多，企业售出产品的几率就越大。

总之，对现代企业而言，网络市场具有传统的实体化市场不具有的特点，这些特点正是网络市场的优势。利用网络市场来实现企业的目标价值是企业现在和未来的选择。

3.1.3　网络市场的类型

通常情况下，网络营销企业并不能满足所有网络顾客的所有需求，他们必须对网络市场加以分类，然后针对不同类型市场的顾客需求特点，制定不同的营销策略。根据不同的分类标准,可以将网络市场分为不同的类型。

1. 根据参与市场交易的主体性质划分

按参与市场交易的主体性质划分,可以将网络市场分为组织市场和顾客市场。

组织市场与顾客市场有着很大的区别。

第一,交易目的。个人购买者通常购买商品供自己消费,因此由个人购买者组成的网络市场被称为顾客市场。而那些企业组织、政府部门及其他非营利组织购买商品通常都是供组织消费或者进行再生产,它们所组成的网络市场被称为组织市场。

第二,交易过程。组织购买时首先提出购买意向并进行询价,在确定购买意向后就着手进行谈判或者通过招标确定价格,并签订正式合同,然后双方着手具体交易,进行货物交接和货款结算。可以看出,组织市场交易过程比较规范,注重交易风险的控制和交易理性。而顾客市场中,顾客购买一般通过信息告示来寻找满足自己需求的产品,购买过程比较简单,主要是现场交易、口头要约形式,强调的是快捷性,不注重交易过程的规范性。网络交易由于标准制式交易界面以及支付的信用形式,在一定程度上,使得顾客购买行为规范化程度有很大的提高。

第三,交易数量金额。组织市场每次交易的数量比较大,交易金额也比较大;而顾客的购买属于零星购买,交易的数量、金额都比较小。

第四,交易透明度。组织市场的交易由于双方掌握信息都比较充分,双方都处在交易平等地位;而在顾客市场,顾客由于精力和时间限制,不可能掌握充分信息,即使掌握大量信息也因精力不够无法全部处理,因此交易的透明度不够。

第五,交易支付方式。组织市场的交易主要通过银行进行结算,通过合同来约束交易的完成;而顾客市场的交易主要以现款现货交易居多。然而,电子虚拟市场的发展将大大改善顾客市场中交易透明度不够的问题,包括交易实现中的支付手段由原来的现金支付转为依赖信用支付方式。

2. 根据电子商务模式划分

根据电子商务模式划分,可以把网络市场分为 B2B、B2C、C2C、B2G 等市场类型。

(1) B2B。B2B(Business to Business,在英文中 2 的发音同 to 一样,下同)是企业与企业之间通过互联网进行产品、服务及信息的交换。从企业间电子商务系统所针对的企业间商务业务类型来看,目前的企业间电子商务系统又可分为针对国际贸易业务的国际电子商务系统、针对一般商务过程的电子商务系统、针对支付和清算过程的电子银行系统。企业间电子商务的实施在带动企业成本下降的同时扩大了企业收入来源。它能够为企业带来很多优势,如采购和库存成本的降低、周转时间的减少以及市场机会的扩大。

(2) B2C。B2C(Business to Customer)是企业对顾客的电子商务模式。这种形式的电子商务一般以网络零售业为主,主要借助于互联网开展在线销售活动。B2C 模式是我国最早产生的电子商务模式,以 8848 网上商城正式运营为标志。B2C 电子商务网站由三个基本部分组成:为顾客提供在线购物场所的商场网站,负责为顾客所购商品进行配送的配送系统,负责顾客身份的确认及货款结算的银行及认证系统。

(3) C2C。C2C(Consumer to Consumer)是顾客对顾客的交易模式,其特点类似于现实商务世界中的跳蚤市场。其构成要素,除了包括买卖双方外,还包括电子交易平台供应商,也即类似于现实中的跳蚤市场场地提供者和管理员。在 C2C 模式中,电子交易平台供应商发挥着举足轻重的作用。

(4) B2G。B2G(Business to Government)即企业与政府之间通过网络进行交易活动的运作模式,比如电子通关、电子报税等。B2G 是新近出现的电子商务模式,它的概念是商业和政府机关能用中央网站来交换数据并且彼此做生意,通常比它们离开网络更加有效。

3. 根据网络市场的地理范围划分

根据网络市场的地理范围,可以把网络市场划分为区域市场、国内市场和国际市场。商品在地区范围内流通形成区域市场,区域市场一般是在经济区域的基础上形成的。区域市场又可分为本地市场和外地市场、城市市场和农村市场、沿海市场和内陆及民族地区市场等。国内市场则是在主权国家的范围内建立起来的,在国内市场(包括区域市场)上币制是统一的,指导商品流通的宏观调控目标及其效果也应该协调。国际市场是在国际分工的基础上形成的,是商品在世界范围内流通的市场,与国内区域市场不同,国际市场上商品不完全是按照商品自由流通组织交换的,只有在若干个国内市场建立了自由贸易区的基础上,才能在国际市场上实现商品的自由流通。

3.2 网络市场细分

市场细分概念是由美国营销学家温德尔·史密斯于 20 世纪 50 年代中期首先提出的。它强调企业要根据购买者需求的不同,对市场进行细分,进而将具有某种共同需求特性的一部分市场作为目标市场,并努力满足这部分需求,最大限度地提高经济效益。

网络环境下,顾客的需求发生了很大的变化,顾客需求的个性逐渐增强,差异性也日渐突出。而随着生产工具和技术的不断改善,产品的品种、种类也极大丰富,为满足顾客新的需求奠定了基础。为了在复杂的环境下、激烈的竞争中占有一席之地,提高自身的经济效益,企业进行市场细分更为必要。

网络市场细分是指企业在调查研究的基础上,依据网络顾客的需求、购买动机与习惯爱好等的差异性,把网络顾客划分成不同类型的消费群体。这样,网络市场就可以分成若干个细分市场,每个细分市场都由需求和愿望大体相同的顾客组成。在同一细分市场内部,顾客需求大致相同;不同细分市场之间,则存在着明显的差异性。企业可以根据自身的条件,选择适当的细分市场为目标市场,并依此拟定企业的最佳网络营销方案和策略。

3.2.1 网络市场细分的作用

网络市场是一个综合体,是多层次、多元化的消费需求的集合体,是任何企业都不能独自满足的。网络市场细分可以为企业认识网络市场、研究网络市场从而选定网络目标市场提供依据。具体来说,网络市场细分有以下几方面的作用:

1. 有利于企业发掘市场机会,开拓新市场

通过网络市场细分,企业可以深入地了解网络市场消费群体的不同需求,寻找目前市场的空白点,并综合分析各子市场的竞争状况和潜在购买力,结合企业自身实力,发现新的市场机会,开拓新的市场。

2. 有利于企业资源优化配置,取得最佳营销效果

任何一个企业的人力、物力、资金等资源都是有限的。通过细分市场,企业可以了解不同细分市场消费群体对产品的需求状况、购买能力及同行竞争者的情况。这样,企业可以根据各

个细分市场的外部环境与本企业的经营实力进行反复权衡比较,从而选择对自己最有利的市场,将企业营销预算在不同细分市场上进行合理的分配,把资源用于适当的地方,避免企业资源的浪费,取得最佳营销效果。

3. 有利于准确制订和调整营销方案,增强企业应变能力

通过网络市场细分,市场变得相对小而具体了,消费群体的需求也更清晰了,同一细分市场中顾客有着许多共性,企业可以制定有针对性的营销策略,从而保证营销活动的成功实施。此外,在网络细分市场上,市场信息获取和反馈比较及时,企业可以比较容易和快速地了解与掌握各细分市场消费群体需求的变化,以及对营销措施的反应,从而相应地制定和调整营销策略,使企业在复杂的网络市场中具有较强的应变能力。

3.2.2 网络市场细分标准

网络市场细分的基础是网络消费群体需求的差异性,它是根据一定的标准区别不同需求的过程,是一种存大异求小同的市场分类方法。该方法不是对网络产品进行分类,而是对同种网络产品需求各异的消费群体进行分类,是识别具有不同需要的消费群体的活动。

由于当前网络交易的两大主要模式 B2C、B2B 所针对的网络消费群体,即网络顾客和网络企业,需求差异明显,因此其划分标准重点也有所不同。

1. B2C 市场细分标准

在 B2C 市场上,市场是由以满足生活消费为目的的顾客构成的,由于引起顾客需求差异性的因素很多,在实际操作中,企业一般综合运用多种标准来细分市场,而不是单一采用某一标准。概括起来,B2C 市场细分的标准主要有四类,即地理因素、人口因素、心理因素、行为因素。

(1) 地理因素。按地理因素细分,就是按网络顾客所在的地理位置、气候、人口密度和城乡的情况等因素来细分市场。互联网这个全球性的网络,虽然打破了常规地理区域的限制,但是处在不同地理环境下的顾客,对于同一类产品往往会有不同的需要和偏好。例如,卓越网站分上海、广州、北京等分站,45 个城市送货,其在北京分为五环内与五环外,上海分为中心区与郊区。一般来说,地理因素具有较大的稳定性,与其他因素相比,容易辨别分析,然而地理因素毕竟是静态因素,不容易划分得很详细,原因是生活在同一地理位置的顾客仍然会存在很大的需求差异。进行市场细分时还必须综合考虑其他因素,方能准确地进行市场细分。

(2) 人口因素。按人口因素细分,就是按人口统计因素,如年龄、性别、家庭规模、家庭生命周期、收入、职业、教育程度、宗教、种族、国籍等为基础细分市场。顾客需求、偏好与人口统计变量有很密切的关系,例如:一般地说,儿童需要玩具、食品、童装、儿童读物;老年人需要营养品与医疗保健用品等;女性是服装、鞋帽、化妆品消费的主力军;男士对于车品、电子产品更加敏感和热衷;单身人士比两口、三口之家网购的频率要高得多;高档服装、名贵化妆品、高级珠宝等消费品只有收入水平很高的顾客才可能经常购买;等等。人口统计变量较容易衡量,有关数据也相对较容易获取,由此构成了企业经常以它作为市场细分标准的重要原因。

(3) 心理因素。受社会阶层、生活方式、个性特点等心理因素的影响,顾客往往有不同的购买心理,从而形成了不同的消费需求。例如:有的顾客追求时尚、时髦;有的顾客追求社会地位;有的顾客追求朴素大方;有的顾客追求个性。顾客的心理统计信息有助于细分市场的定义和描述,帮助企业设计符合顾客心理特征的产品表述和展示。例如:个性烫画服饰网站为年轻人设计更加夸张、色彩鲜明、诉求与众不同的 T 恤,吸引追求个性的年轻人。

（4）行为因素。行为细分行为变量是构成市场细分的最佳途径。网络顾客的购买行为因素包括购买时机与购买方式、寻求利益、产品或服务的使用用户状况及对品牌的忠诚程度等因素。购买时机与方式：从购买时间来说，有一定的购买习惯，如礼品在节日期间买得多，其他时间买得少；购买方式可分为集中购买和分散购买等。企业也可利用这些典型特征合理安排产品的促销活动。行为因素是有效建立细分市场的最好出发点。

网络营销条件下，顾客个性化需求的日益突出，导致网络市场细分更"细"市场的难度也有所增大。传统的细分市场标准也不能完全奏效，具体表现在细分的标准发生变化以及细分的程度有所不同等方面。例如：除了上述一些传统的细分标准之外，企业还可按照是否上网、上网能力、上网时间等新的细分标准对目标顾客进行分类。

2．B2B 市场细分标准

许多用来细分 B2C 市场的标准，同样可用于细分 B2B 市场。但由于生产者和消费者在购买动机与行为上存在差别，所以，除了运用前述 B2C 市场细分标准外，还可用其他标准来细分 B2B 市场。网络企业市场细分标准有以下几个方面：

（1）最终用户。依据产品的最终用户细分企业用户群，在于强调某个产品在某个行业的最终用途。不同的使用者，对同一产品和服务追求的利益不同。如图 3-2 所示，我国著名的电子商务运营商阿里巴巴把服务的顾客分成不同的类别，例如，在大的类别中分为采购、销售、代理、合作四种，按用户的不同，设计和开发出不同结构的服务模块，制定不同的营销策略，从而使网站结构更合理，更能全面展示服务的企业及产品，以满足不同用户的需要和提供相应的售前、售中、售后服务。

（2）用户规模。在 B2B 市场中，大顾客数量少，但每次购买量往往很大；而中小顾客数量多，但每次购买量很小。用户规模不同，企业的营销组合方案也应该有所区别。网络营销中，借助顾客数据库，就可以对企业的用户按照采购数量实行分类管理，制定不同的营销策略。例如：中国鞋业互联网，该网站的服务对象主要是温州地区的企业，因为温州是中国的鞋都，有大量的制鞋及相关产业的企业，规模大的知名企业和为数众多的中小企业的需求模式不同，因此可以根据这一特征进行划分，为不同规模的企业制订相应的营销推广方案。

（3）行业特征。行业特征是网络企业市场细分的重要标准。网络企业按行业分为机械及工业制品、化工、商业服务、农业、电子电工、纺织、皮革、计算机和软件等 30 个行业。不同行业产业，其规模及相应的产业链等特征鲜明，因此需要针对其特征制定差异化的营销策略。

2F 工业品

					品牌商城
机械	紧固件 泵 阀 风机 轴承	电工电气	电动机 PLC 电缆 开关		
设备	食品设备 农业机械 服装设备	电子	LED IC 连接器 电容器		[活动] 机械设备 自主品牌发布会
机床	数控刀具 刀片 铣刀 车刀	照明工业	LED灯具 节能灯 太阳能		[活动] 手动工具 铸就低碳环保生活
五金	手动工具 磨具 组合工具 刀	仪器	卡尺 衡器 万用表 专用仪器	热点	[活动] 安防监控因为专业所以安全
安防监控	监控摄像机 警示灯 门禁	劳保用品	防护手套 防护服 灭火器	创业	没厂房没店铺,2000元创业2年赚700万
3M	霍尼韦尔 飞利浦 突破 博世	ABB	固帅 世达 福禄克 欧姆龙	商机	放弃月入过万,自主创业拿100万订单 载重机械超过450公斤需要国家报检吗

3F 服装服饰

					人气推荐
女装	摆装 T恤 牛仔 衬衫 休闲裤	男装	牛仔 休闲裤 T恤 衬衫 针织		最新爆款 潮海短袖牛仔衬衫
童装	童T恤 原产地 童裙 童套装	内衣	袜子 内搭 文胸 睡衣 背心		潮爆美搭 出游吸晴招来好桃花
夏款	明星款 童发装 品质货 品牌T	优品汇	新品 爆款 一手货 外贸款		欧美夏日8款美衣 营造疯狂销量
鞋靴	女鞋 童鞋 男鞋 凉拖 帆布鞋	箱包	爆款 女包 男包 钱包 真皮包		女装产地促销 广东潮流女装 淘宝店主货源
配饰	爆款 帽子 腰带 丝巾 鞋底	运动	经络保健 帐篷 运动T恤 瑜伽		织里产地直供 广东品质童装 青岛外贸童装
热门	单鞋 潮包 布包包 速干 泳衣	特色	大码 情侣 亲子 孕妇 中老年		内衣春夏爆款 鞋靴新款爆款 箱包新款爆款

4F 家居百货

					热点导购
百货	2元店 创意 地摊 义乌 包邮	钟表	手表 闹钟 打火机 手电 伞		15元内新奇爆款 掘露创意商机
茶具	玻璃杯 马克杯 杯子 茶具套装	拖把	拖把 好神拖 牙刷 压缩袋		网购1-10元新奇特 利润翻10倍
餐具	饭盒 果盘 勺 餐垫 刀叉	收纳频道	收纳名 收纳盒 衣架		50元以下搞怪创意品 分秒售空
应季家电	空净 电风扇 电热水壶	小家电	榨汁机 插卡音箱 电磁炉	[百货]	收纳清洁源头货,全场包邮,开抢喽!
家纺	四件套 夏凉被 蚊帐 凉席	家具	电脑桌 简易衣柜 鞋架 搁板	[家纺]	产地最强音 寻找家纺一手货
软饰	毛巾 浴巾 坐垫 桌布 抱枕	家装	厨卫架 台灯 墙贴 水龙头 锁	[美妆]	魔法狂欢季人气王,淘掌柜冲冠必备
美容	品牌馆 护肤 面膜 彩妆 美甲	零食	坚果 糖果 婚庆巧克力 饼干		厨房天天特价 春夏热销收纳 墙纸墙贴特惠
母婴	婴儿背带 婴童车 隔尿 奶嘴	茶饮	婚庆红酒 春茶 奶酪 调味品		美妆免费拿样 美妆代理加盟 家纺品牌馆
日化	洗发水 洗衣液 洗衣粉 手工皂	养生	枸杞 红枣 食用菌 保健品		家电免费拿样 食品品牌库 家纺产地好货

5F 小商品

					热销排行
3C数码	一手好货 国产手机 充电器	创意礼品	地摊 挂件 十字绣 相框		夏季必备车饰 厂家源头供货 189324个
消费电子	平板电脑 MP3 U盘 耳机	材质礼品	树脂 水晶 布艺 木质		新奇特礼品好货源, 爆款展销 78956个
数码配件	苹果配件 移动电源 鼠标	玩具	毛绒 益智 产地货 模型		赚在夏季的优质发饰! 5540件
饰品	发饰 手链 项链 衣饰 新品馆	汽车内饰	遮阳挡 夏季坐垫 香水		太阳镜新品首发,300%利润打
风格	韩风 欧美 民族风 银饰	汽车电子	GPS 行车记录仪 吸尘器		摆摊利润高 12款1-5元仿真蜡烛
文具	圆珠笔 记事本 相册 笔袋	办公文教	太阳镜 镜框 画板 书籍		儿童节必进货 8元义乌新奇笔筒

6F 商务服务

					热门服务			
广告	制作 品牌策划 户外广告	物流	货代 国际海运 国际快递		阿里物流节,发货5.6折,就是5月6日			
工商认证	注册香港公司 商标注册	商旅展会	展览会 交易会 特价机票		80后小伙创业只用两招,年销售达300万!			
运营服务	旺铺模板 旺铺装修	培训	管理培训 职业培训 语言培训		原单服装批发 如何分辨名牌尾货的真假			
设计	新年挂历 包装 海报 宣传品	招聘	人员招聘 招聘岗位 在家兼职	阿里物流	查询线路	我要发货
翻译	英语 日语 法语 德语 韩语	咨询	投资咨询 代办签证 市场调研	运单跟踪	国际货代	贷款服务
进出口代理	全套代理 单证服务	中介	房产 留学 人才 劳务输出	工商注册	网站制作	人员招聘

图 3-2 按行业细分的阿里巴巴销售页面

3.2.3 网络市场细分的原则

实现网络市场细分,并不是简单地根据某一标准把消费群体视为需求相同或不同,更不是用多个细分变量的组合机械地创造市场。为了确保网络市场细分的科学性、有效性,在进行网络市场细分时必须遵循一定的原则。

(1) 可衡量性。可衡量性是指细分的市场必须是可以识别和衡量的,即细分出来的市场不仅范围比较清晰,而且也能大致判断出该市场的大小。另外,用来划分网络细分市场大小和购买力的特性程度的变量,应该是能够加以测定或者推算的。否则,细分的市场将因无法界定和度量而难以描述,市场细分也就失去意义了。此外,还必须注意各项细分变量间的相关性及重叠性。

(2) 可实现性。可实现性是指对于那些可供企业选择的网络细分市场,企业能够有效地到达并为之服务的程度。企业利用现有的人、财、物和技术资源条件,通过适当的网络营销组合可以达到占领目标市场的目的。这一方面是指企业能够通过一定的媒体把产品信息传递给细分市场的顾客,另一方面是指产品经过一定的渠道能够达到该细分市场。对企业难以接近的网络市场进行细分毫无意义。

(3) 可盈利性。网络细分市场的规模要大到足够获利的程度,值得为之设计一套独立的网络营销规划;同时,这部分网络细分市场具有一定的发展潜力,可以保证企业网络销售未来的长期稳定利润。

(4) 稳定性。网络细分市场必须在一定时期内保持相对稳定,以使企业制定较长期的营销策略,有效地开拓并占领该目标市场,获取预期收益。若细分市场变化过快,将会增加企业的经营风险和损失。

3.2.4 网络市场细分的步骤

运用一系列的细分变量可以把一个网络市场划分为多个网络细分市场。确定主要细分市场的基本程序包括以下四个基本步骤。

1. 市场调查

对总体网络进行市场调查。调研人员通过与网络顾客进行网下交流,或者网上意见交换收集信息,并将网络顾客分成若干个专题小组,以便了解他们的动机、态度和行为。调查的内容包括:对产品属性及其重要性等级的评价;对品牌知名度和品牌等级的评价;使用产品的方式;对产品类别的态度;人口变量、心理变量和宣传媒体变量。

2. 确定细分变量,整理并分析数据

这一阶段是在第一步的基础上对每个细分市场中的顾客特征进行深入分析,从而在数量和性质层面上理解顾客需求。研究人员可用因子分析法分析资料,剔除相关性很大的变量,然后用集群分析法划分出一些差异最大的细分市场。

3. 市场细分

根据网络顾客不同的态度、行为、人口变量、心理变量和一般消费习惯划分出若干个群体。由于采用了集群分析,每个群体内部的相似性已经达到最大,而不同群体之间的差异性也达到了显著水平。企业同时可根据主要的不同特征给每个网络细分市场命名。

4. 细分市场评估和选择

企业运用科学的定性和定量方法分析数据,对已经选择出的各个细分市场的规模、竞争状况及变化趋势等方面加以分析、测量和评价,并根据测评结果决定营销策略。需要区分两种情况:如果分析细分市场后,发现市场情况不理想,企业可能放弃这一市场;如果市场营销机会多,需求和潜在利润令人满意,企业可根据细分结果提出不同的目标市场营销策略。

3.3 网络目标市场的选择

经过市场细分之后,企业面临许多不同细分市场的机会。所谓网络目标市场,是指网络企业在网络市场细分的基础上,结合自身优势及时对外部环境做出判断,在细分后的市场中进行识别、挑选、评价、选择以作为企业经营方向而开拓的特定市场。也就是说,企业通过各种努力能满足顾客的需要。

选择最适合本企业实际情况的目标市场,这是进行网络营销的一个非常重要的战略决策。它主要解决企业在网络市场中满足谁的需要、向谁提供产品和服务的问题。只有在网络市场中找准了"为谁服务"这一目标,才能有效地制定网络营销策略。

3.3.1 网络目标市场评估

网络目标市场选择的恰当与否,直接关系到企业的经营成果及市场占有率,而且还直接影响到企业的生存与发展。因此,在对网络市场进行细分之后,要对各细分市场进行评估,分析各细分市场的价值是否值得开拓。一般而言,企业考虑要进入的目标市场,应具备以下几个标准或条件。

1. 有一定的规模和发展潜力

细分市场的足够规模是企业从中获利的保证,如果市场规模狭小或者趋于萎缩状态,企业进入后难以获得发展,此时,应审慎考虑,不宜轻易进入。同时,其规模也要适应企业本身的大小,不能一味追求大市场,否则,常会使企业力有不逮,这在现实中一般表现为:大企业对过小的细分市场不屑一顾,而小企业不敢打大市场的主意。因此,网络营销人员必须评估网络细分市场的规模大小对企业是否适当。同时,在信息时代,事物的发展速度极快,网络营销企业也应考虑市场本身的成长性带来的影响。

2. 竞争者未完全控制

企业应尽量选择那些竞争相对较弱、竞争者比较弱的市场作为目标市场。如果某个细分市场已经有了众多的、强大的或者竞争意识强烈的竞争者,那么企业要进入该细分市场就会十分困难。

3. 符合企业发展目标

即使网络细分市场的各项条件都十分符合,也得配合企业成立网站的目标,一个与企业长期目标相冲突的网络细分市场是不应该列为目标市场的;此外,在配合企业目标的同时,还应考虑网站所拥有的资源是否能在细分市场内保持竞争优势,否则网站的经营会力不从心、捉襟见肘。

4. 企业具有市场应对能力

细分市场的评估中还应考虑一些其他因素,例如网络细分市场内竞争者的挑战、供应商和网络顾客议价能力的影响、替代性产品和潜在进入者的威胁。这时,企业是否有能力采取积极措施应对则非常重要,例如:抢占市场占有率,借此降低成本,达成规模效应;以先入者优势创建强势的品牌形象;以虚拟社区和个性化服务等提高网友对网站的忠诚度;通过差异化策略和增值服务来突出本企业产品或服务的特色,吸引网络顾客购买。

由于不存在可以使所有网络顾客满意的产品或服务,网络营销企业针对特殊顾客群体的营销策略就显得更加重要,所以,网络市场细分和目标市场选择是网络营销成功的关键。

3.3.2 网络目标市场模式选择

在评估不同的细分市场之后,网络营销人员往往会发现有不止一个网络细分市场可进入。这时,企业到底该进入哪些网络细分市场,需要根据市场覆盖策略来做出选择。可供选择的市场覆盖策略模式有五种,如图 3-3 所示。

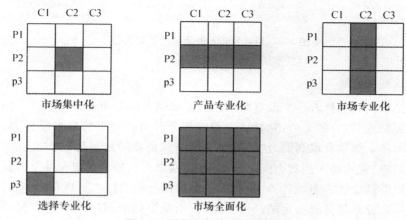

图 3-3 网络目标市场模式选择

1. 市场集中化

这是一种最简单的网络目标市场选择模式,企业只选择一个网络细分市场集中营销,集中资源生产单一的产品,供应单一的网络顾客群体。企业通过密集营销,易于了解本网络细分市场的需要,便于树立品牌形象,建立巩固的市场地位。另外,企业通过生产、销售和促销的专业化分工,可以获得许多比较经济利益。然而,市场集中化相对于其他网络目标市场选择模式有更大的风险。因为其产品或服务比较单一,当企业在该网络细分市场上失利时,整个网络营销就会受到致命的打击。

2. 产品专业化

企业集中生产一种产品,并向各类网络顾客销售这种产品。例如,格力集团在创立之初专注于空调的设计、生产与销售,通过这种产品专业化战略其很快在市场上树立起了空调制造的专业形象。然而采取这种战略的企业要特别注意产品的不断研发,并紧随市场动向。否则,在更具优势或价格更低廉的替代品出现时,企业会遭受巨大的打击。

3. 市场专业化

指企业专门为满足某个网络顾客群体的各种需要而服务。企业专门为一个单一的网络顾客群体服务,容易在这群顾客中获得良好的声誉,并成为这个顾客群体所需各种新产品的销售代理商。采用这种覆盖策略的企业的风险来源于总体顾客群购买能力的降低和市场规模的缩小。在服装行业中这种策略的应用很广泛,比如 Best Seller 旗下的四个品牌 ONLY、VERO MO-DA、JACK JONES 和 SELECTED 就是分别针对年轻女性、职业女性、年轻男性和职业男性四个不同群体进行设计、生产与销售的(见图 3-4)。

图 3-4　Best Seller 分品牌的销售页面

资料来源:http://www.bestseller.com.cn/index.htm

4. 选择专业化

这种模式是指企业选择若干个没有联系的产品或网络细分市场进行经营。因为每个网络细分市场都有可能盈利,分散了公司的风险,即使某个网络细分市场失去吸引力,企业仍可在其他网络细分市场上继续获取利润,从而增加了网络营销成功的可能性。这也是现代企业较为倾向的一种策略,尤其是一些实力强的企业集团,通常会在经营稳定期涉足其他行业。但为了发挥品牌的价值和企业本来的优势,企业通常会选择与其主打产品具有某一相同点的产品。采用这种模式的企业必须具有一定的经营实力,否则难以同时照顾几个没有相互关联的网络细分市场。

5. 市场全面化

指企业生产多种产品满足各种网络顾客群体的需求。显然,只有实力强大的公司才能采用市场全面化战略。例如可口可乐公司在饮料市场采用的就是这样的策略。对于采用市场全面化策略的企业而言,在进行网络营销组合策略的制定和实施过程中,还可以进一步采取无差异市场营销或差异市场营销来达到覆盖整个市场的目的。

3.3.3　网络目标市场营销策略

针对网络目标市场,企业通常采用以下四种营销策略。

1. 无差异性营销

无差异性营销即无差别性营销策略、同一性营销策略。其特点是用一种产品,采用一种市场营销组合,试图在整个市场上满足尽可能多的顾客需要,集中力量为之服务。这种营销策略的优点是由于经营品种少、批量大,可以节省细分费用,降低成本,提高利润率。但是,采用这种策略也有其缺点:一是容易引起激烈竞争,使公司获利机会减少;二是公司容易忽视小的细分市场的潜在需求。

2. 差异性营销

差异性营销即选择性市场营销策略、非同一性市场策略。这种策略是企业对市场进行细分、推出多种产品、针对各个不同的细分市场运用不同的市场营销组合、满足多个目标市场顾客需要的策略。采用这种策略的企业主要着眼于顾客需求的异质性,试图把原有的市场按顾客的一定特性进行细分,然后根据各个子市场的不同需求和爱好,推出各种与其相适应的产品,采用与其相适应的市场营销组合分别予以满足。在消费需求变化迅速、竞争激烈的当代,大多数企业都积极推行这种策略,其优点主要表现在:有利于满足不同顾客的需求;有利于企业开拓网络市场,扩大销售,提高市场占有率和经济效益;有利于提高市场应变能力。差异性营销在创造较高销售额的同时,也增大了营销成本、生产成本、管理成本、库存成本、产品改良成本及促销成本,使产品价格上升,失去竞争优势。

3. 密集性营销

密集性营销即集中性市场营销策略。这种策略是指企业在市场细分过程中集中所有力量,以一个或少数几个细分市场为目标市场,运用全部市场营销组合为一个或几个细分市场服务。这种策略的优点是:企业可深入了解特定细分市场的需求,提供较佳服务,有利于提高企业的地位和信誉;实行专业化经营,有利于降低成本。只要网络目标市场选择恰当,集中营销策略常常能为企业建立坚强的立足点,使企业获得更多的经济效益。这种营销策略也存在不足之处,主要是企业将所有力量集中于某一细分市场,当市场顾客需求发生变化或者面临较强竞争者时,企业的应变能力差,经营风险很大,可能陷入经营困境,甚至倒闭。

4. 个性化一对一营销

个性化一对一营销,是指企业将每一个网络顾客都看作一个单独的目标市场,根据每一个个性顾客的特定需求安排一套个性化的网络营销组合策略,以吸引更多的顾客。在电子信息时代,企业可以充分利用新技术和网络技术——特制电脑数据库、机器人生产以及互联网上的电子信箱。电子邮件的即时传递信息,使企业的个性化营销成为可能,实现了在买方与卖方信息交互基础上的"一对一"或"点对点"的定制模式。现今的消费市场,小至书籍、贺卡、装饰品、化妆品、衣服,大至电器、自行车、轿车、电脑、建筑物、商品房,都出现了由顾客自行设计、个别下订单的按个别需求定制的营销方式。这种营销方式已经成为网络营销的主要趋势。然而,网络企业实施这种营销策略需要满足以下条件:每个网络顾客需求有着较大的差异,而且他们有着强烈的满足其个性化需求的要求;具有同种个性化需求的顾客具有足够大的规模;企业具备开展个性化营销的条件;个性化营销对于交换双方而言都有符合经济效益的要求。

以上四种策略各有利弊,各自适用于不同的情况。

3.3.4 网络目标市场策略选择的影响因素

企业在选择网络目标市场策略时,必须全面考虑各种因素,权衡得失,慎重决策,而影响网络目标市场策略选择的因素有宏观因素和微观因素两个方面。

1. 宏观因素

(1) 人口因素。网络市场由有购买欲望并有购买能力的人群组成,因此上网人群的数量决定了网络市场的规模。企业应当特别重视网络人口的增长情况,以及网络人口在网络上购物的欲望和结构,在网络人口的年龄、性别、职业、受教育程度、消费心理等方面进行有效的市场分析。

(2) 经济因素。在网络人口数量确定的情况下,单位人口的购买力,就成为影响甚至决定网络市场规模大小的主要因素。这就需要企业在选择网络目标市场时,充分分析网络市场上不同层次的顾客的消费水平,消费水平主要体现在网络顾客的收入水平、支出占收入的份额、支出结构和支出结构的变化趋势。

(3) 网络营销的基本环境及其发展趋势。企业在选择网络目标市场时,还应考虑网络营销的基本环境,主要包括进行网络营销的基础设施、技术水平、支付手段及相关法律法规。例如,网络线路的长短、覆盖面的大小、可靠性的高低、传递速度的快慢以及带宽的程度都对网络营销的应用有着重要的影响;在网络营销的应用发展过程中,如果网络营销技术不能有效地解决安全、保密等问题,不能为用户提供安全的保障空间,那么用户对网络营销的应用就可能停留在某一发展阶段和水平上;如果电子支付未能形成一定的规模,或应用范围非常有限,不能有效地实现网上支付,那么网络营销就不能完全实现,网络营销的应用就无法走向成熟;电子合同的签订、数字签名的法律效力、经济纠纷的解决、对网上欺诈及犯罪的惩罚依据等,都需要一个完整健全的法律法规体系加以认定、规范和保证。此外,网络营销作为未来营销的一个主要方式,能否得以实现,在多长的时期内得以实现,会达到一个什么样的发展水平,不仅取决于以上四个方面的因素,还取决于网络营销市场的发展状况,取决于网络营销市场交易主体和客体的范围、规模和水平。

2. 微观因素

(1) 企业的实力。企业的实力主要体现在企业的网络技术水平、管理水平、资金储备、人才储备、网络设备先进性和网络营销能力等方面。如果企业在这些方面都很强大,那么完全可以采用无差异性营销策略和差异性营销策略去面向整个市场。但是,如果企业自身资源和营销能力有限,无力将主体市场作为其营销目标,就应该适当放弃一些市场,采用以某一个细分市场作为营销目标的密集性营销策略;否则,一味地强调扩大市场面,就会如同蛇吞象一般,使得企业因无法照顾到那么大的市场而降低自身的竞争力,甚至面临无法正常运营的局面。

(2) 网络产品的特征和市场类似度。网络产品的特征主要是指产品的类似程度,即产品的市场是否类似。如果企业所经营的产品具有相似或相同的特征,即顾客在需求和购买方面具有一致性,那么就具有相似的市场,可以采用无差异性营销策略;如果相反,企业经营的产品特征具有较大的差异性,面对的市场不同,则宜采用差异性或密集性营销策略。

(3) 网络产品生命周期。网络产品在其生命周期中的不同阶段面临的市场不同,竞争也不同,应该采取相应的策略。在产品初入市场处于成长期阶段时,产品单一,面对的竞争者少,网络企业可采取无差异性营销策略;产品进入成熟期后,市场竞争加剧,网络企业必须将市场细分,将一部分市场作为营销目标,采取差异性营销策略。

(4) 竞争状况。竞争是所有商业活动者必须面临的问题,但在商业活动中竞争状态是不断变化的,企业在选择网络目标市场时,应该考虑传统市场上与自己相关企业的状况,尽可能与这些企业配合。

(5) 公众因素。网络本质上说是一种媒体,受公众舆论影响非常大。公众指网络使用者,既包括顾客、网民等群众团体,也包括诸如政府、中介以及传媒机构等。网络营销活动必将受到公众的关注、监督和制约,所以企业在选择网络营销目标时不得不考虑这些制约因素;否则,这些制约因素必将影响企业网络营销的效果。

3.4 网络市场定位

3.4.1 网络市场定位的含义与原则

网络市场定位是指网络营销企业为产品或服务确定某些方面的市场地位,使本企业的品牌在目标市场顾客中形成某种区别于竞争者的形象,更好地适应消费需求,巩固顾客关系。在同类产品或服务项目较多、供应竞争比较激烈的情况下,企业向目标市场推出的产品或服务项目,就需要进行市场定位。价格、档次是市场定位基本参数的两大方面。同时,不同的产品和服务可以采用更具体的参数或技术标准,如价格、使用成本、质价比和保值性、质量、功能、外观、使用方法和售后服务等。

有效的市场定位离不开企业的重点定位战略,也就是说企业应该着力去宣传一些对其目标市场将产生最大震动的差异。例如,强调用料质量,强调功能齐全,强调价格低廉,等等。然而,对企业来说,并非所有能给目标市场带来震动的产品差异化都是有意义的或者是有价值的,也不是说能产生最大市场震动的差异就是最优选择,这是因为,每一种差异在可能增加顾客利益的同时,都可能增加企业成本。所以,企业必须谨慎选择能使其与竞争者相区别的途径。有效的用于定位的差异化应该满足下列原则:

(1) 重要性,该差异化能向相当数量的网络顾客让渡较高价值的利益;

(2) 明晰性,该差异化是其他企业所没有的,或者是该企业以一种突出、明晰的方式提供的;

(3) 优越性,该差异化明显优于通过其他途径而获得相同的利益;

(4) 可接受性,该差异化能够被网络顾客理解和接受,是顾客看得见的,在网络时代,信息传递的便利使得企业与顾客之间能够更好地沟通;

(5) 独特性,该差异化至少在短期内是其竞争者难以模仿的,能够保证企业一定时期的竞争优势;

(6) 可实现性,网络顾客有能力购买该差异化,例如,高端或特色产品或服务的推出通常会导致企业成本的上升及其引发的价格上升,这时就必须考虑到市场上是否有足够的具备该购买能力的网络顾客;

(7) 盈利性,企业通过该差异化可获得较高的利润。

3.4.2 网络市场定位的方法

1. 特色定位

指一个企业定位于自己的规模、历史等特色。例如,那些才进入网络营销行列的企业,或者是生产不太适宜在网络上销售的产品(如军火)的企业,在网站内容和服务方面可以将企业网站定位为手册宣传型的站点形象(如图3-5所示),而那些本来就是与娱乐有关的企业可以将网站定位为娱乐型站点。

2. 利益定位

把产品定位在能为网络顾客提供某一特定利益方面。单从企业网站(作为一种产品)的角度来讲,大部分工业品的生产企业可以通过网站提供售前、售中和售后服务,实现网上业务进度跟踪,这时的网站从服务项目上定位于利益,如联邦快递公司的网站就是这样。

图 3-5 湖南兵器工业集团页面

3. 使用/应用定位

将产品定位于最适合干什么或者应用在什么领域上。例如,时下热门的去哪儿网、携程网等专攻旅游机票行业,就是典型的使用/应用定位(见图 3-6)。

图 3-6 去哪儿网的使用/应用定位

4. 使用者定位

将产品定位于专门适合某一类人使用。例如,开辟一个只适合成人访问的网站,或者只适宜少儿访问的网站。摇篮网是全球最大的中文母婴门户网站之一,从营养保健、智力开发到情感培养等多方面,为年轻的父母、准备做父母的夫妇提供从母亲怀孕到孩子六岁期间各个方面的知识和产品信息(见图 3-7)。

图 3-7 适合年轻父母访问的摇篮网

5. 竞争者定位

把自己的产品定位成在某一方面比某个竞争者的产品要更好些。

6. 产品类别定位

将自己的产品定位在某个引人注目的产品类别上。例如,有很多食品销售网站,为了吸引网络顾客的光顾,常常从信息内容的角度出发把网站定位为食物制作教育网站,也有的定位为娱乐(搞笑)网站。

7. 质量/价格定位

这也就是我们常说的性价比,即把产品定位在最好质量/最低价格上,这通常是不同层次的顾客共同追求的特性。

3.4.3 网络市场定位的策略

网络市场竞争性定位作为一种竞争战略,显示了一种产品或一家企业同类似的产品或企业之间的竞争关系。定位方式不同,竞争态势也不同,主要的定位方式有以下几种:

1. 避强定位

这是一种避开强有力的竞争者的市场定位。对新进入某一市场的企业来说,如果市场上已经有实力很强、顾客认可度高的一家企业,那么推出与其相似的产品或服务往往不利于打开市场。这时采用避强定位的优点是:能够迅速地在网络市场上站稳脚跟,并能在网络顾客或用户心目中迅速树立起一种形象。由于这种定位方式市场风险较小,成功率较高,常常为多数企业所采用。例如,对手定位在质量上乘上,自己就定位在价格低廉上。在360进入杀毒软件行业时就以终身免费为亮点成功争取到了自己的顾客。

2. 对抗性定位

这是一种与在网络市场上占据支配地位的亦即最强的竞争者"对着干"的定位方式。企业试图提供与竞争者同等甚至优于竞争者的产品或服务,以期占领较佳的市场位置。例如,可口可乐和百事可乐长期实行针锋相对的营销策略,二者在竞争中相互促进和提升市场份额。显然,这种定位有时会产生危险,但不少企业认为能够激励自己奋发上进,一旦成功就会取得巨大的市场优势。实行对抗性定位,必须知己知彼,尤其应清醒地估计自己的实力,不一定试图压垮对方,只要能够平分秋色就是巨大的成功。

3. 填空补缺式定位

这是一种企业寻找市场上尚无人重视或未被竞争对手控制的位置,使自己推出的产品能适应这一潜在目标市场的需要的策略。例如,腾讯公司推出的"移动QQ"服务,开创了移动通信与互联网的合作新领域——移动QQ。通常在两种情况下适用这种策略:一是这部分潜在市场,即营销机会没有被发现,在这种情况下企业容易取得成功;二是许多企业发现了这部分潜在市场,但无力去占领,在这种情况下需要有足够的实力才能获得成功。

4. 求新定位

也称创新定位,即寻找新的尚未被占领但有潜在市场需求的位置,填补市场上的空缺,生产市场上没有的、具备某种特色的产品。微软公司当年就是看到了计算机商业软件的空白,依靠开发商业软件确立了其在IT行业不可动摇的地位。采用这种定位方法时,企业必须明确求新定位的产品是否在技术上和经济上有足够的支持,有没有足够的市场容量以维持企业持续的盈利。

5. 重新定位

市场定位很难百发百中,在定位失败后,企业需要对销路少、市场反应差的产品进行二次定位。这种重新定位旨在摆脱困境,重新获得增长与活力。这种困境可能是企业决策失误引起的,也可能是对手有力反击或出现新的强有力竞争者而造成的。不过,也有重新定位并非因为已经陷入困境,而是因为产品意外地扩大了销售范围引起的。

实行市场定位应与产品差异化结合起来。定位要符合网络顾客的心理特征与行为方式,只有这样才能产生共振,强化产品在网络顾客心目中的位置。例如,茶叶营销网站把自己定位在提供源远流长的茶文化基地的位置上,就很容易吸引那些热衷于品茶的网络顾客。

案例讨论

魅达网进军中国内地奢侈品网购市场

优众、佳品网、银泰、走秀网等老牌奢侈品购物网站的成功,催生出中国内地奢侈品网购市场的迅速发展。唯品会、呼哈网等奢侈品购物网站后起之秀,让电子商务领域内的奢侈品网购市场更是成为众商家眼中的聚财之地。新浪、京东商城亦迅速出击,推出新浪尚品会和京东商城旗下的360Top奢侈品购物网站。

主打欧洲当季奢侈品折扣的魅达网(见图3-8),以充满欧式前沿时尚的魅力吸引国内的高端买家。魅达网糅合了视频、电子杂志等新颖的用户购买体验模式,让在魅达网消费的用户充分享受到时尚达尊之魅。

图 3-8 定位为奢侈品销售平台的魅达网

总体定位

欧洲品牌在大中华地区最大的网上直销平台。

目标顾客群

18—30岁的网络购物用户,他们的消费代表着当前的流行潮流,并势必引领今后的潮流趋势。

产品定位

国际一线品质,中产阶级合理消费。魅达网销售的不单单是一件件服饰,而是体现着一种潮流时尚理念,宣扬一种积极乐观的现代生活方式。

市场效应

雄厚的资金实力,广泛的欧洲时尚界人脉,各大品牌的官方合作,独家代理的渠道优势,让魅达网拥有最前沿的欧洲时尚品牌信息和通畅便捷的采购渠道,能够在短时间内将各大品牌的当季款、最新款、经典款、限量款全球同步到魅达网在线销售平台,让国内顾客能最快、最全面地了解最新的欧洲时尚资讯,购买到最中意、最超值的欧洲时尚奢华服饰。

问题

1. 你认为魅达网所确定的目标顾客群是否合理?为什么?
2. 如果你是魅达网的营销顾问,你会采取什么样的方式抓住目标市场?

本章小结

1. 网络市场是以现代信息技术为支撑,以互联网为媒介,以离散的、无中心的、多元网状的立体结构和运作模式为特征,信息瞬间形成、即时传播、实时互动、高度共享的人机界面构成的交易组织形式。
2. 网络市场细分是指企业在调查研究的基础上,依据网络顾客的需求、购买动机与习惯爱好等的差异性,把网络市场划分成不同类型的消费群体。
3. 网络市场细分应以可盈利性、可实现性、可衡量性为原则。
4. 网络市场细分的方法主要有:完全无细分、完全细分、按一个影响需求因素细分、按两个以上影响需求因素细分。
5. 可供选择的市场覆盖策略模式有:市场集中化、产品专业化、市场专业化、选择专业化、市场全面化。
6. 网络市场定位方法有:特色定位、利益定位、使用/应用定位、使用者定位、竞争者定位、产品类别定位、质量/价格定位。

思考与实践

1. 理论基础

(1) 网络市场有哪些组成部分?这些组成部分和实体市场有什么异同?
(2) 网络市场有哪些特点?分别举例说明。
(3) 网络市场细分有哪些作用?
(4) 网络市场细分的步骤是什么?
(5) 选择目标市场时应考虑哪些因素?

2. 知识应用

选择一个网络购物网站,观察其是如何进行市场细分的,以及这种市场细分有无缺陷。如果由你来建立这个网站,你将怎样进行市场细分?

参考文献

[1] 宋文官,姜何,华迎.网络营销[M].北京:清华大学出版社,2008.
[2] 胡革.网络营销:工具+理论+实战[M].北京:清华大学出版社,2010.
[3] 钟秀红.电子商务应用[M].北京:清华大学出版社,2011.

[4]陆川.网络营销实务[M].北京:高等教育出版社,2008.
[5]濮小金,司志刚.新编电子商务营销技术[M].北京:中国水利水电出版社,2011.
[6]许萍.论网络市场的特征及其发展趋势[J].淮北职业技术学院学报,2007,(3).
[7]佚名.腾讯优秀网络营销案例回放[J].广告人,2007,(3).
[8]邹璘.网络营销与传统营销的整合研究[J].商业经济,2011,(1).
[9]刘建昌.网络营销:理论·方法·应用[M].北京:北京交通大学出版社,2010.
[10]候扬扬.浅谈我国网络市场特征与顾客购买行为[J].湖南农机,2011,(1).

第 4 章 网络营销顾客行为分析

引导案例

"趣多多曲奇人追捕令"互动促销

营销背景

腾讯——中国网民上网第一站——于 2010 年 3 月 5 日达到了同时在线人数 1 亿人,远远超过了 CCTV 新闻联播时间段的覆盖人数。其中,中国 30 岁以下的年轻网民占 60%,与趣多多的目标顾客群高度重合。2010 年,趣多多选择腾讯作为主要网络合作伙伴,深入年轻人群的在线生活。

营销策略与亮点

腾讯充分了解网友的兴趣热点,为品牌搭建了一个"趣多多曲奇人追捕令"的在线互动平台,为网友提供与曲奇人斗智斗勇的趣味体验,如果最终成功改造曲奇人,可获得品牌指定的限量版虚拟形象。同时,在腾讯平台海量曝光这一活动,并通过稳固的好友关系链迅速扩散传播(见图 4-1)。

(1) 海量覆盖:充分整合 QQ 聊天工具、SNS 社区 Qzone 日志、领取 Qzone 挂件、设置 QQ 秀虚拟形象等分享方式,实现覆盖用户的指数级增长。

(2) 深度互动:采用当下最热门的"偷菜"、"抢车位"等互抢机制,强化顾客对产品特性美味巧克力豆的认知度和偏好度。

(3) 线上线下整合促销:突破传统 Pincode 促销的单一模式,创意性地将 Pincode 与游戏机制深度结合,通过充满惊喜的游戏特权和丰富的奖励有效拉动品牌的线下销售。

营销效果与市场反馈

1. 品牌互动传播总体效果

品牌总曝光:3 733 386 544(37 亿次关注)

活动网站流量:11 818 583(1 181 万)

活动网站独立用户数:5 785 528(计划参与人数 300 万,超越顾客期待将近 1 倍)

日均新增参与用户数:4.41 万人

来到活动页面的用户 83.9% 参与了活动,活动的吸引力前所未有。

2. 超高的用户黏性树立互动活动典范

活动页面每会话停留时长 208.09 秒(用户黏着度在同类活动中表现优异,是均值的 5 倍)。活动后期,停留时长接近 300 秒,根据活动的流程,接近 5 分钟的时间,完全可以完成一遍完整的抢豆以及兑换操作,且随着活动的进行,时长缓慢增加,显示了用户对活动的认可和黏性。

3. 腾讯好友关系链传播力量

80.75%的新增用户来自腾讯好友关系链的传播。参与用户之间共发生抢豆行为2435万次,腾讯网友的活跃互动积极性再次创造纪录。

4. 品牌制定奖励广受欢迎,品牌信息传播主动扩散

307万人次成功兑换曲奇人QQ秀;60万人使用趣多多品牌QQ秀作为自己的虚拟形象。品牌形象1220万次直接传播。其中,品牌壁纸下载数:441万;品牌铃声下载数:412万;品牌笑话下载数:367万。

5. 达成前所未有的销售促进效果

286万人输入323万次Pincode,以每包产品市场价4元计算,至少直接拉动销售1294万元。

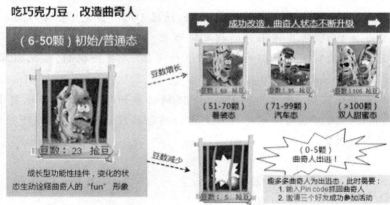

图4-1 在腾讯开展的"趣多多曲奇人追捕令"活动

资料来源:http://www.17emarketing.com/2011/0222/6431.html

对网络顾客来说,趣多多俨然已经不再单纯是一个饼干了,这种与顾客之间的深度互动,既有趣也十分有力。在这个全新的时代,成功的网络营销要求我们了解网络顾客的根本诉求,

分析其行为特征,准确把握沟通渠道。以顾客为中心来规划企业行为无疑成了这个全新时代的制胜法门。

4.1 网络顾客概述

4.1.1 网络顾客的内涵

网络顾客是指通过互联网在电子商务市场中进行消费和购物等活动的顾客人群。

人类学家很早以前就提出,人类将有一新科技,能够对社会关系产生转变性的影响。互联网便是这一造就社会地震的新技术,它扰乱了企业与顾客的关系。这一新科技降低了信息收集、处理、传播的成本,增加了顾客力量,此时传统上顾客与企业间的失衡将被扭转。因此,任何有兴趣、有动机的顾客都能担任那个过去可能需要庞大资源和组织力的角色。

网络营销企业竞争是一种以顾客为焦点的竞争。顾客心理变化和行为的变化要求我们的营销策略必须针对这种变化而变化。概括地说,这种变化主要体现在以下几个方面。

1. 个性消费的复归

在过去相当长的时间里,工商业都是将顾客作为单独的个体进行服务的。在这个时期内,个性消费是主流。只是到了近代,标准化和工业化的生产方式才使顾客的个性被淹没在大量低成本、单一化的产品洪流中;同时,在短缺经济或近乎垄断的市场中,顾客可以挑选的产品不多,个性难免被压抑。

然而,消费品市场发展到今天,多数产品无论在品种还是数量上都已极为丰富,现实条件已初步具备。顾客能够以个人心理愿望为基础挑选和购买产品或服务。而在网络营销中,顾客的主导权更是体现得淋漓尽致,网络的便利使得顾客成了数以万计的选择的决策人,而网络顾客足不出户,不受时间和空间的限制,就能了解与商品有关的一切信息,尽情比对,并不断发现新奇有趣或是更加匹配其需求的产品。凭借着网络的极大优越性,网络顾客不仅能做出选择,而且还渴望选择。从理论上看,没有哪两个顾客的心理是完全一致的,每个顾客都是一个细分市场,个性化消费正在也必将再度成为消费的主流。

2. 对产品有关信息的了解更主动

在人们的生活中,需要的产品成千上万,顾客不可能对于每一个产品都具备足够的专业知识去鉴别和评估。在传统市场中,顾客的这种知识缺乏,大部分是由销售者的专业介绍与推荐来弥补的,然而这种推荐常常使顾客产生一种不信任感,因为销售者对于顾客的引导不可避免地具有其主观目的性;而这种情形,在网络市场中似乎有了新的解决方式。在网络市场中,销售者通常会以详细的信息对其产品进行描述,各种参数一览无余,顾客在信息的客观性和选择的主动性上满意度大大提高。网络给予了我们极速获取和处理信息的"神力",这时的网络顾客,不再满足于被介绍、被推荐,取而代之的,是他们希望通过自己对于该类产品的了解而做出自己的判断,这时,其购买行为的第一步就是学习。当然,这种现象之所以出现部分原因在于,网络市场中备选产品的增多而给顾客带来的购买的风险感。现实中尤其突出的例子就是在一些价格较高的耐用消费品(如电脑)的购买上,顾客会主动通过各种可能的途径获取与产品有关的信息并进行分析比较。这些分析也许不够准确和充分,但顾客却可从中获得心理上的平衡,降低风险感和购买后后悔的可能,增加对产品的信任和争取心理上的满足感。

3. 消费心理稳定性减小,产品更新淘汰快

现代社会科技和经济都在飞速发展,新生事物不断涌现。顾客心理受这种趋势带动,稳定性降低,过去一件产品流行十几年的现象已极罕见。而现在产品更新换代速度极快,品种花式层出不穷。人们对于一件产品的使用终结,不再意味着它使用价值的消失,更多时候,我们更换产品是由于新功能的出现、替代品的出现甚至仅仅因为新鲜感的丧失。尤其在网络时代,信息的流通速度之快使人们对于流行的追求有了更坚实的科技基础。这直接导致了产品生命周期不断缩短,产品生命周期的缩短反过来又会促使顾客心理转换速度更进一步加快。例如,电视机在中国由黑白发展为彩色经历了十几年的时间,但现在每年都有采用新技术、增加新功能的电视机出现,以配合某些顾客求新、求变的需求。

4. 对消费便利性的需求与对购物乐趣的追求并存

网络消费最初吸引人们的注意力时打出的旗号非便利莫属。在网上选择产品不需"真刀真枪",这对很多顾客来说是对时间和劳动成本的极大节约,现代社会人们的工作压力普遍增大,对很多忙碌的顾客来说,这种节约是很大的诱惑。特别是对于需求和品牌选择都相对稳定的产品,这一点尤为突出。

然而另外一些可供支配时间较多的顾客,不仅需要以购物来打发时间、寻找乐趣,而且也能从其购物过程中减少所谓的孤独感。这一点在一些自由职业者或家庭妇女中表现突出。因此他们愿意多花时间和体力进行购物,而前提必须是购物能为他们带来乐趣,能满足其心理需求。这两种相反的心理将在今后较长的时间内并存和发展。

综上所述,可以看出信息时代的一种新的市场的实质,权力就掌握在握鼠标的人手中。顾客可能在任何时候进入网站获取信息以及产品,具体的行动只不过是一次点击而已。网络营销者必须时时刻刻关注顾客的需求与动向,许多潜在的顾客可能只是因为一个信息或是一张图片而正想要离开或是进入你的网站。

4.1.2 网络顾客的类型

根据数字媒体评估公司和麦肯锡公司对网络用户所做的调查,网络顾客可以分成以下五类。

1. 简单型

简单型的顾客需要的是直接、方便的网上购物。他们通常只花少量时间上网,但他们所进行的网上交易却占了一半。网络销售者必须为这一类型的顾客提供真正的便利,让他们有充分的理由觉得在你的网站上购买产品将会节约更多的时间,合理的搜索分类、简单的操作、快捷的物流都将有可能吸引这类顾客。

2. 冲浪型

冲浪型的顾客约占网民人数的8%,而他们在网上花费的时间却占了32%,并且他们访问的网页是其他网民的四倍。冲浪型顾客对整个网络系统较之其他类型的顾客了解得更多,因此他们对常更新、具有创新设计特征的网站会更感兴趣。

3. 接入型

接入型的顾客是刚接触网络的新手,约占网民人数的36%,他们喜欢网上聊天和发送免费问候卡,但很少购物。那些有着著名传统品牌的企业应对这群人保持足够的重视,因为网络新手们更愿意相信生活中他们所熟悉的品牌以降低这一全新购买方式所带来的风险。

4. 议价型

议价型顾客约占网民人数的8%,他们有强烈的在交易中获胜的愿望,购买便宜产品是他们的一种本能,著名的易趣网站半数以上的顾客都属于议价型,他们喜欢讨价还价,同时各类促销信息都会吸引他们的目光。

5. 定期型和运动型

定期型和运动型的顾客通常会浏览特定的网站内容。定期型顾客常常访问新闻和商务网站,而运动型顾客则喜欢运动和娱乐网站,选择在产品的相关领域投放可能会引起顾客注意的广告往往会吸引到这类特定的顾客群。

4.1.3 网络顾客的特征

在网上,顾客群体的特征主要体现在以下四个方面。

1. 年轻好胜,但缺乏耐心

根据《第29次中国互联网发展状况统计报告》的数据(见图4-2),中国和美国虽然在政治、经济、文化以及科技各方面有很大差距,但是美国使用网络购物最多的年龄层均集中于18—45岁,而中国的情况是18—33岁年龄层的人使用网络购物的比例显著高于其他年龄层,从这里可以看出,中国大部分网络顾客都是年轻人,这类人群比较缺乏耐心,在他们搜索信息时,经常比较注重搜索所花费的时间,如果连接、传输速度比较慢,他们一般会马上离开这个站点。

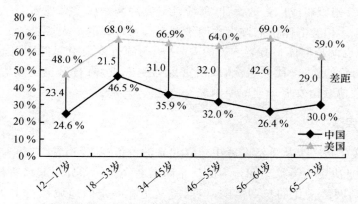

图4-2 中国、美国不同年龄的网民使用网络购物的比例
资料来源:中国数据来源于中国互联网信息中心,美国数据来源于PEW。

2. 自我意识强烈

目前大多数网络顾客均具有较高的知识水平且年纪较轻,他们大多拥有自己独立的见解和想法,对自己的判断能力也比较自负,不愿意接受决策中的过多干涉。所以他们的具体要求独特性强,而且变化多端,个性也越来越明显。因此,从事网络营销的企业应想办法满足其独特的需求,尊重他们的意见和建议,而不是用大众化的标准来寻找大批的顾客。

3. 头脑冷静,擅长理性分析

与实体店购物相比,网络的虚拟性在一定程度上减少了冲动购物的出现。网络顾客可以在数以万计的产品中比较筛选,不会轻易受舆论左右,对各种产品的宣传有较强的判断能力,这时,影响其购买的外在因素影响力减弱,更多的顾客会根据其内在需要而选择产品,因此从事网络营销的企业应该加强信息的组织和管理,加强企业自身文化的建设,以诚信待人。

4. 喜好新鲜事物,有强烈的求知欲

由于网络的信息共享性,越来越多的网络顾客可以在网上获得所需的各类信息,这也使他们的爱好越发广泛,无论对新闻、股票市场还是网上娱乐都具有浓厚的兴趣,对未知的领域也报以永不知疲倦的好奇心。

网络顾客的这些特征,对于企业网络营销的决策和实施都是十分重要的。网络营销企业想要吸引顾客,保持持续的竞争力,就必须对本地区、本国以及全世界的网络用户情况进行分析,了解他们的特点,制定相应的对策。

4.2 网络顾客购买决策的影响因素

4.2.1 社会因素

(1) 角色。在社会中的"角色"主要是指周遭人对某人的职业、职位或身份所应具备行为方式的期待。一个人的角色会影响其消费行为。例如,大学生或者刚步入社会的青年可能会对品牌折扣十分感兴趣。

(2) 家庭。在很多情况下,购买行为是以家庭为单位进行决策的,例如家具的选购、房子的装潢等。另外,有些产品类型就是针对整个家庭的使用来设计的,例如色拉油、洗洁精等。所以,这类产品的营销策略或广告的设计,就应针对家庭购买决策来规划。

(3) 相关群体。相关群体指能够影响网络顾客购买行为的个人或集体。相关群体内往往存在"意见领袖",也就是群体中有影响力的人,这些人的行为会引起群体内追随者、崇拜者的效仿。那些网上消费的演员、社会名流、政治家因为受人崇拜,自然也就成为网络顾客的"意见领袖",这也是微博营销发展迅速的原因之一。

4.2.2 文化因素

(1) 文化。文化指人类从生活实践中建立起来的价值观念、道德、理想和其他有意义的象征的综合体;文化是决定人类欲望和行为的基本因素。文化的差异引起消费行为的差异,每一个网络顾客都受到网络文化的长期熏陶,但同时又是在一定的地域社会文化环境中成长的。地域社会文化环境依然对网络顾客的消费行为产生重要的影响。比如,中国的网络顾客具有注重礼节的特点,过节的时候大多数子女都会为父母采购礼品,这和西方网民是有区别的。不过应当注意到的是,网络交流正在使文化的差异缩小。

(2) 亚文化。在网络文化中又包含若干不同亚文化群,这些亚文化往往在更深层次上影响着网络顾客的购买行为。亚文化主要有以下四个方面的内容:

民族亚文化群。网络顾客来自不同的民族,每个民族都在漫长的历史发展过程中形成了独特的风俗习惯和文化传统。

宗教亚文化群。网络顾客分属于不同的宗教,每种宗教都有自己的教规或戒律。

种族亚文化群。网络顾客有不同的种族,不同的种族有不同的生活习惯和文化传统。

地理亚文化群。世界上处于不同地理位置的各个国家、同一国家内处于不同地理位置的各个省份和市县的网络顾客都有着不同的文化和生活习惯。

4.2.3 个人因素

(1) 职业。职业会影响一个人在生活中关注的重点,从而影响其消费行为。例如,信息人员会对电子计算机零件感兴趣,而平面设计专家则可能会购买一些美工用具或设计书刊。另外,职务也会影响消费习惯:高级主管因为要经常出席正式会议等场合,则需要买一些名牌西装。

(2) 经济情况。经济情况决定了购买能力,不论顾客对于产品的喜好如何,最终其购买的产品一定是在其购买能力范围内的,在这时,不同经济情况的人会在其进行决策时考虑不同的侧重点。例如,经济较充裕的顾客,购买电脑时可能会比较重视电脑的性能指标和外观等多个方面,而经济能力有限的顾客则更重视其性价比和基本功能是否齐全。

(3) 生活形态。我们常以 AIO 来描述一个人的生活形态。所谓的 AIO 包括活动(Activity)、兴趣(Interest)和选择(Option)。生活形态会影响一个人的购买决策。例如,一个喜欢旅游的人可能会关注机票促销信息;一个常上酒吧的人就比较可能购买一些突显个性化的服装饰品等。

(4) 性格。性格较谨慎保守者,往往十分关注在线支付的安全性和物流过程的稳妥性,并且他们通常不愿意因为网络购物而暴露隐私。

(5) 年龄。人们在不同的年龄段会对不同的商品感兴趣,而且其购买力也不同,例如,小朋友喜欢玩具小汽车,但成年人则对跑车或越野车感兴趣。

(6) 家庭生命周期。每个人都会经历不同的家庭阶段,我们称其为家庭生命周期,其包括下列的可能阶段:年轻单身、年轻已婚、年轻满巢、年轻单亲、中年单身、中年满巢、中年单亲、中年空巢、年长单亲、年长空巢等。在不同的家庭生命周期阶段,顾客会对不同的产品产生兴趣。例如,年长单身常常关心医疗产品,而年轻满巢会对儿童用品等产生兴趣。

4.2.4 心理因素

(1) 动机。当一个人的需求达到足够的强度水平时,就成了其动机。心理学家马斯洛将人类的需求依等级排列,提出需求层次理论:生理需求、安全需求、社会需求、尊严需求、自我实现需求。而赫兹伯格提出了双因素理论,将人类的动机分为维持因素和激励因素。维持因素用以预防不满足因子,激励因素则用以提供满足因子。

(2) 知觉。我们可以用"信息输入"来说明知觉。总之,任何视觉、听觉、嗅觉、触觉等刺激,经过人类的筛选、解释、组织、整合后,都会形成知觉。人们对知觉的处理,具有下列三种倾向:选择性注意、选择性扭曲、选择性记忆。

(3) 学习。所谓学习,是经由累积的经验来改变其行为的过程。典型的学习过程为:① 线索;② 驱力;③ 反应;④ 增强;⑤ 记忆保留。网络营销人员没办法创造驱力,但可以掌握线索,所以应该增加线索的频率,以协助顾客进入学习的过程。

(4) 能力。这里所指的能力主要有两类:学习能力和知识能力。例如,对于产品技术的知识,以及应用该产品的能力,其实都会影响顾客的购买决策。

(5) 态度。所谓态度,是说明一个人对某事物或观念的长久抱持的正面或负面评价、情绪感觉或行动倾向。态度具有较低的稳定性,所以网络营销人员可借由了解顾客的态度、观念,以营销方式让顾客改变决策心理,同时网络营销企业也应借此修正产品,来满足顾客的预期。

4.3 网络顾客购买行为分析

4.3.1 网络顾客购买动机

所谓动机,是指推动人们进行活动的内部原动力,即激励人们行为的原因。动机分为两类:一类是需求动机,例如肚子饿了需要食物,天冷了需要衣物;另一类是心理动机,它是由人们的感知、认识、意志、感情等引发的动机。人们的消费需要都是由购买动机引起的。网络顾客的购买动机,是指在网络购买活动中,能使网络顾客产生购买行为的某些内在驱动力。网络营销企业只有了解了顾客的购买动机,才能准确预测顾客的购买行为,制定有效的促销措施。

1. 网络顾客的需求动机

网络顾客的需求动机是指由需求引起的购买动机。要研究网络顾客的购买行为,首先必须要研究网络顾客的需求动机。在网络购物活动中,顾客主要存在以下三个方面的需求动机:

(1) 方便型动机。方便型动机是为了减少劳动力与心理上的支出而出现的需求动机。上网购物不仅可以节省顾客往返商场、挑选商品和排队等候交款的时间,还可以免去他们在实体商户购物的体能消耗。由此可见,网络购物可以方便顾客的购买,减少购买过程的麻烦(网络购物基本上都采取送货上门的形式),减少顾客的劳动强度,节省体力,这些都可以满足顾客求得方便的动机。

(2) 低价型动机。低价型动机是顾客追求产品低价格的一种消费动机。网上购物之所以具有生命力,其中一个重要的原因就是网上销售的产品价格普遍低廉。由于通过网络销售产品,中间环节少,库存成本低,所以其售价往往会比实体商铺价格低廉,许多网络顾客就是看中网上购物的这一点采取网络购物的。因此,低价定位策略也是网络营销过程中十分有效的一种策略。淘宝商城每年11月11日(光棍节)全场五折的低价促销活动,就是针对持此类动机顾客的典型策略(见图 4-3)。

图 4-3　淘宝商城的低价促销

（3）表现型动机。表现型动机是指顾客购买产品来达到宣扬自我、夸耀自我的一种消费动机。这种消费动机因个性不同而出现较大的差异性，有些顾客的表现型动机十分微弱，有些顾客的表现型动机比较强烈。目前，网络顾客多以年轻、高学历用户为主，年轻人通常追求标新立异，强调个性，而不愿落入"大众化"，"与众不同"的消费心理较"追求流行"更为强烈。网上提供的产品包括很多新颖的产品，即新产品或时尚类产品，并且这些产品一般来说是在本地传统市场中暂时无法买到或不容易买到的产品，因此，网络购物能比较容易地实现他们的这一要求，即可以实现他们展示自己的个性和与众不同品位的需要。

2. 网络顾客的心理动机

心理动机是由人们的认识、感情、意志等心理过程而引起的购买动机。网络顾客购买行为的心理动机主要体现在理智动机、感情动机和信任动机三个方面。

（1）理智动机。理智动机具有客观性、周密性和控制性的特点。这种购买动机是顾客在反复比较各销售网站的产品后才产生的。因此，这种购买动机比较理智、客观，很少受外界气氛的影响。在顾客需要购买价值较高的高档产品时容易产生理智动机的购买。

（2）感情动机。感情动机是由人们的情绪和感情所引起的购买动机。这种动机可分为两种类型：一种是由于人们喜欢、满意、快乐、好奇而引起的购买动机，它具有冲动性、不稳定的特点；另一种是由于人们的道德感、美感、群体感而引起的购买动机，它具有稳定性和深刻性的特点。

（3）信任动机。信任动机是顾客由于对特定的网站、广告、品牌、产品等的特殊信任与偏好而重复、习惯性地进行购买的一种动机。这通常是由于品牌的知名度、企业良好的信誉、贴心的服务等因素产生的。由信任动机产生的购买行为，通常十分忠诚，一般网络顾客在做出购买决策时心目中已经确定了购买目标，并能够在购买时克服和排除其他同类产品的吸引及干扰，按原计划购买产品。具有信任动机的网络顾客，往往是某一站点忠实的浏览者。信任动机在现实中的实例很多，比如很多网络顾客定期浏览淘宝的聚划算页面或者某个团购网站，就是出于信任动机。而淘宝网的信用评价机制，也就是考虑到了顾客这一方面的需求。

4.3.2 网络顾客购买决策的参与者

顾客的购买活动主要涉及五种角色的参与，顾客自身可能扮演以下角色中的一种或几种。

（1）发起者：首先提出购买某种产品或服务的人。

（2）影响者：有形或无形地影响最后购买决策的人。

（3）决定者：最后决定整个购买意向的人，在是否买、买什么、买多少、什么时候买、在哪买等方面能够做出完全或部分的最终决策。

（4）购买者：实际执行购买决策的人。直接与卖方谈交易条件，进行付款和产品的交收等。

（5）使用者：实际使用或消费所购产品或服务的人。

顾客的购买一般以个人或家庭为单位，大部分时候以上五种角色分别由几个人担任，如住宅、耐用消费品及贵重物品等的购买。在以上五种角色中，决定者是最重要的，也是网络营销人员最为关注的，他直接决定该购买过程各方面的内容，故网络营销人员要懂得辨认某项购买决策的决定者。比如，男性一般是电子类、机电类、烟酒类等的购买决定者；女性一般是化妆品、家庭日用消费品、厨房用品、婴幼儿用品、服装等的购买决定者；高档耐用消费品，如汽车、住房等则由多人协商决定。教育、旅游、储蓄等服务类产品也由多人共同决定。

对顾客购买决策参与者的分析,使得企业能根据家庭各成员在购买决策过程担任的角色进行有针对性的营销活动。

4.3.3　网络顾客行为类型

1. 复杂的购买行为

当网络顾客购买比较贵重的、不常购买的产品时,会全身心地投入到购买当中,因为这些产品往往意义重大且有一定的风险。如果再加上这类产品品牌很多,差别明显,网络顾客就会经历一种复杂的购买行为。他们会在网站间游荡,大量获取有关产品质量、功能、物流、售后、价格等方面的信息,通过"学习"与该产品有关的知识来提升自己的选择能力,然后再在不同的商家或同一商家的不同产品中挑选出合适的成交。

网络顾客中这样类型的有很多,这是由于以下几个原因:① 网络的廉价使用性、空间无限性为网络顾客提供了良好的学习环境和充足的决策资料;② 通过自己对需要购买产品有关信息的了解和学习,网络顾客可基本消除在现实世界中购买时对销售人员的不信任感;③ 网络顾客以年轻人为主,这类人群对事物存在普遍的好奇感,追求产品的新功能和新特性且购买能力有限,这时大量的信息搜索与比对往往是他们的选择。对于购买这种类型产品的网络顾客,企业必须了解其学习过程的规律;同时,制定各种策略,宣传与该产品有关的知识、产品的有关属性等;还要设法让网络顾客知道和确信本企业的品牌特征及优势,并逐步建立起信任感。

2. 减少失调感的购买行为

有些产品虽然购买决策的风险大、价值高或者对使用者的利益影响很大,但品牌之间差别不大。对于这类产品,网络顾客是在不同网站随便看看,简单了解一下,便决定购买了。购买决策的重点依据是产品的价格和实际获得的便利程度,哪家的产品价格较便宜,购买方便易得,就买哪家的。例如,顾客欲在短租网站上求租,通常在基本条件相似时,只关心价格和交通的便利。

3. 简单的购买行为

价格低廉而又经常需要的产品,如果各品牌之间差异很小,网络顾客又比较熟悉,一般不会多花时间选择。例如,顾客想要购买一本杂志,由于其平时已经存在一定的阅读偏好,只要找到该杂志就不需要再挑三拣四。对于购买这类产品的网络顾客,企业可用各种价格优惠和其他营业推广方式鼓励顾客试用、购买和重购。由于顾客并不看重品牌,通常只是被动地去收集信息,企业要特别注意如何给网络顾客留下深刻印象。例如,在网络广告中突出视觉符号和形象,利用多媒体技术加强广告的效果,在网络上经常开展各种促销活动,还可以给产品加上某种特色或色彩,突出产品的文化特色。同时,购物的便利性通常可以为商家培养忠诚的顾客。

4. 多样性的购买行为

对于那些产品价格低、对顾客利益影响不大,但是品牌之间差异较大的产品,网络顾客往往购买时采用低度投入,经常变换购物品牌,即寻求多样化的购买行为。这种类型的购买行为在食品和家居用品的购买上比较常见,例如,顾客需要购买一瓶沐浴乳,他往往不会在挑选中花费太多时间,而是经常会在下次购买时换一种品种,但不一定是因为对上次购买不满意,而是为了寻求新产品。面对这种购买行为,企业应该生产多种风格的同类产品,甚至可以采用多品牌的产品策略;从网络销售渠道策略上,采用多渠道促销,增加产品与顾客的见面机会;为了吸引顾客,低价格、免费试用、赠券、折扣及有关内容的广告等促销方式都是不错的选择。

4.3.4 网络顾客购买决策行为

根据网络顾客购买决策过程,以及当前网络顾客行为的发展情况,现阶段网络顾客主要面临三类重要的决策行为:网络渠道选择行为、网络顾客信息搜寻行为、网络顾客购买行为。

1. 网络渠道选择行为

渠道选择是指顾客在购买决策过程中如何评价各种可用的渠道(如信息渠道、购买渠道,包括传统的和网络的)并从中做出选择。

举例来说,顾客为满足自身信息需求,需要从各种信息渠道(如参考群体、报纸、电视、宣传册、网络等)中选择一种或多种以收集和获取信息。网络渠道选择行为重点关注的是顾客如何评价、选择使用网络渠道,也可以进一步细化到研究某个具体网站,依据的理论主要为技术接受模型。需要指出的是,网络渠道选择行为研究中一般不特别区分到底网络是作为信息渠道还是购买渠道,而是把信息搜寻作为购买决策的一个组成部分,即网络渠道选择行为包括信息渠道选择和购买渠道选择。

2. 网络顾客信息搜寻行为

网络顾客信息搜寻行为是指顾客为完成某一购买任务而付诸的从网络市场中获取信息的行动。市场营销的本质是企业与顾客之间的信息传播和交换,如果没有信息交换,交易也就是无本之源。在线购物的持续成功将取决于顾客在其购买决策中利用网络的程度,尤其是利用网络获取产品信息的程度,因为顾客的网络信息搜寻行为能够提高其满意度并增强其在线购买的意向。

获取信息是顾客使用网络的首要目的,网络的快速发展,一方面为顾客提供了低成本、快捷、丰富的信息来源,另一方面也产生了如下许多问题。

(1) 信息质量下降。信息量快速增长并且未加以管理控制,使得信息提供商疲于维护资料,造成网络上的信息过时、不完整甚至不正确。

(2) 信息过载。信息的快速扩散造成网络上充斥着海量而且可能重复的信息,网络顾客需要花费许多额外的精力去分析、判断和过滤所找到的资料。

(3) 网络迷航。互联网通过超链接的方式连接到不同的文件和页面,这种非线性的浏览方式常使网络顾客迷失在庞大的网络空间中,不但失去方向,也不知道目前的位置。

基于这些因素,网络顾客信息搜寻行为已经成为网络顾客行为研究的重要课题之一。

3. 网络顾客购买行为

在线购买行为指的是通过网络购买产品或服务的过程。网络已经成为产品信息的重要来源,但是还存在一些因素阻碍着顾客从信息搜寻发展为网上购买,而网络顾客的购买行为可能是在线销售商最为关心的问题。尽管网络销售增长率非常高,但是也有证据表明,有很多有购买意向的顾客在搜索访问零售商的网站后,却最终放弃了购买。研究网络顾客购买行为,发现影响网络顾客购买行为的因素及其作用机制,对于改进网站技术和营销策略有重要意义。

E 经典

宝洁公司网络营销举措：顾客社区网络

为了深入了解顾客的习惯和兴趣，消费品巨头宝洁公司在雅虎的健康频道创建了一个针对女性顾客的社会化互动社区 http://capessa.yahoo.com，让女性用户在上面交流分享诸如保健、生活、事业等各种话题。

宝洁公司发言人称：该社区的目的不是销售宝洁产品，而是希望借此更好地了解顾客的需求和习惯，以推出更能满足其需求的产品。宝洁公司一直以来都是市场营销领袖，尤其通过电台及电视媒体的营销渠道与顾客保持紧密的接触。在网络营销方面，宝洁公司建立了诸如 Home Made Simple 这样提供实用知识的网站，还在 Myspace 上为不同的品牌开辟专门的主页空间等。

分析师认为，宝洁公司推出女性顾客社区这一营销方式是明智的举措，因为传统市场营销市场正在被网络营销蚕食而呈衰退态势，宝洁公司因此努力通过网络渠道和方式推广自己的产品，并借此与顾客建立起长期关系。

市场营销越来越趋向于和顾客进行互动沟通，而不只是单纯地传递信息，而社会化网络浪潮下的网络营销正是实现互动和深入沟通的极好方式。这一点，宝洁公司这个营销巨头显然已经意识到了。

资料来源：http://www.ldyx.cn/articleview/2007-4-24/article_view_1411.htm

4.4 网络顾客购买过程分析

网络消费的购买决策过程是一个复杂的心理认识和决策行为形成及购买行为实现的过程，这一过程受到来自网络顾客自身、在线产品、购物环境等内外因素的多重影响。从结果来看，只表现为购买或不购买，但实质上这一复杂的过程要经历如图4-4所示的五个阶段。

4.4.1 确认需要

网络顾客需求的确认是整个网络购买的起点。需求构成了顾客的购买动机，这是顾客购买过程中不可缺少的基本前提。只有当顾客对某一产品产生了兴趣时，才会想要购买。如若不具备这一基本前提，顾客也就无法做出购买决定。

顾客的需求受内外部各种因素的影响。例如，人们想吃某种食品，不一定是由于饥饿，而可能是由于闻到了食品诱人的香味而产生的食欲。对于网络营销来说，目前诱发需求的动因只能局限于视觉和听觉。随着网络技术的不断发展，顾客的购买行为日趋理性化，简单的文字、图片和视频的刺激已经不再是唤起顾客需求的主导因素，而顾客的自身需要这一内在因素逐渐成为顾客需求的决定性因素。

从这方面讲，网络营销想要吸引顾客具有相当大的难度。商家被动迎合顾客的要求行不

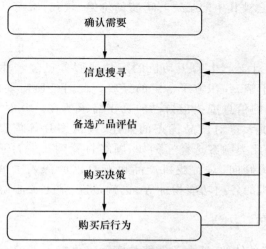

图 4-4　网络顾客购买过程

通,这就要求从事网络营销的企业或中介商注意了解与自己产品有关的实际需求和潜在需求,了解这些需求在不同时间的不同程度,了解这些需求是由哪些刺激因素诱发的,进而巧妙地设计促销手段去吸引更多的顾客浏览网页,诱导他们的需求欲望。

4.4.2　信息搜寻

在购买过程中,顾客收集信息的渠道主要有两个,即内部渠道和外部渠道。内部渠道是指顾客个人以往所保留的市场信息,包括顾客以往购买商品的实际经验、对市场的观察等;外部渠道则是指顾客可以从外界收集信息的通道。在网络环境下,由于信息技术的快速发展和信息爆炸时代的来临,外部信息的来源与传统环境下相比有明显扩大的趋势。

一般来说,在传统的购买过程中,顾客通常是在被动的状况下进行信息收集的。与传统购买时信息的收集状况不同,网络顾客的信息收集带有较强的主动性。这就要求网络营销企业掌握顾客的信息渠道,并采用适当的方式给予顾客其所需要的信息,这种推广方式对企业来说既能达到效用的最大化也能降低推广成本。

不同的网络顾客,对于信息的需求有着不同的层次,主要有以下三个模式:

1. 普通信息需求

这一类信息需求的产生基础是顾客对其产生购买动机的产品或服务并没有深入的了解,也没有建立其严格的评判标准,只是对该产品或服务的类型或品牌产生了倾向。此时,顾客对于锁定的产品或服务有了一定的期许,比如对价格、售后、质量、品牌等各方面的期待。在这种情况下,网络营销企业应通过适当的渠道加强对产品或服务优势的宣传,加强顾客对于该产品或服务的兴趣。例如,一个顾客决定在某一图书销售网站上购买一些图书,在他对产品还没有详尽了解的情况下,网站上的一些促销信息和畅销排名等很可能影响他的购买倾向。

2. 有限的信息需求

处于有限信息需求模式的顾客,对感兴趣的产品或服务已经产生了特定的评判标准,但还没有确定对网络商家或品牌的倾向。此时网络顾客会更有针对性地收集信息,例如,顾客打算上网购买一件正装,此时他已经对产品的类型有了比较严格的要求,在对特定类型的产品进行信息的收集后,可能最后会被其中的某一套正装的价格、款式、质地、精美图片等吸引,并选择购买。

3. 精确的信息需求

在这种模式下,顾客对于产生购买动机的产品或服务已经产生了明确的购买倾向,对其已经有了较为深入的了解,并积累了一定的经验。此时他所需要的是更精确的产品和服务信息,他会从这些详细的信息中找出自己的真正需求所在。此时他所需要的信息也是最少的。因此网站除了提供大量对产品优点的描述、宣传图片等信息之外,还应该提供产品和服务的本质信息,以供此类顾客选择。例如,顾客打算购买一台三星的游戏机,他已经对这个品牌有了很强的购买倾向,对游戏机产品也有自己的深入了解,他对此类游戏机的需求信息可能集中于游戏机的各项功能指标等,也就是说,他更关心游戏机的性能参数信息。

4.4.3 备选产品评估

顾客需求的满足是有条件的,这个条件就是实际支付能力。没有实际支付能力的购买欲望只是空中楼阁,不可能导致实际的购买。为了使消费需求与自己的购买能力相匹配,评估选择是购买过程中必不可少的环节。顾客对各条渠道汇集而来的资料进行比较、分析、研究,了解各种产品的特点和性能,从中选择最为满意的一种。一般说来,顾客的综合评估主要考虑产品的功能、可靠性、性能、样式、价格和售后服务等。顾客购买评估过程见图4-5。

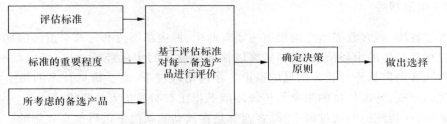

图4-5 顾客购买评估过程

网上购物不直接接触实物。顾客对网上产品的比较依赖于厂商对产品的描述,包括文字的描述和图片的描述。网络营销企业对自己的产品描述不充分,就不能吸引众多的顾客。而如果对产品的描述过分夸张,甚至带有虚假的成分,则可能永久地失去顾客。

4.4.4 购买决策

网络顾客在完成对产品的比较选择之后,便进入到购买决策阶段。与传统的购买方式相比,网络顾客的购买决策有许多独特的特点。首先,网络顾客理智动机所占比重较大,而感情动机的比重较小。其次,网络购买受外界影响较小,大部分的购买决策是自己做出的或是与家人商量后做出的。最后,网上购物的决策行为较之传统的购买决策要快得多。

网络顾客在进行产品购买决策时,一般必须具备三个条件:第一,对厂商有信任感;第二,对支付有安全感;第三,对产品有好感。所以,树立企业形象,改进货款支付办法和商品邮寄办法,全面提高产品质量,是每一个参与网络营销的企业必须重点抓好的三项工作。这三项工作抓好了,才能促使顾客毫不犹豫地做出购买决策。

4.4.5 购买后行为

顾客购买产品后,往往会通过使用,对自己的购买选择进行检验和反省,重新考虑这种购买是否正确、效用是否理想以及服务是否周到等问题。这种购买后评价不仅决定了顾客今后的购买动向,也在很大程度上影响着其他潜在顾客的购买行为。因此企业及时地知悉并认真研究顾客的反馈也就成了提高自身竞争力、最大限度地占领市场的重要手段之一。

互联网为网络营销企业收集顾客购买后评价提供了得天独厚的优势。方便、快捷、便宜的电子邮件紧紧连接着企业和顾客。企业可以在订单的后边附上一张意见表。顾客购买产品的同时,就可以同时填写自己对企业、产品及整个销售过程的评价。企业从网络上收集到这些评价之后,通过计算机的分析、归纳,可以迅速找出工作中的缺陷和不足,及时了解顾客的意见和建议,随时改进自己的产品性能和售后服务。现代营销所研究的购买过程是无止境的,真正优秀高质量的营销应该是循环并向上延伸的,这就要求在每一次购买过程之间确立一个结点,对于企业来说是优良的售后服务,对于顾客来说就是购买后评价体系。网络营销企业应该及时收集顾客的反馈信息,通过对评价信息的分析归纳,找到自身的不足,随时改进自己的产品性能和服务品质。

案例讨论

999感冒灵"不就是一场'感冒'吗"活动案例

冬季感冒频发,是感冒药需求旺季,各大品牌掀起市场争夺战。999感冒灵作为名列中国感冒药市场销量第一的领导品牌,紧跟市场发展,充分洞察顾客需求,将沟通策略从之前的单纯产品功能诉求转变成"温暖、关爱"的情感诉求。999感冒灵不仅带给顾客高质量、安全有效的药品,更具有影响力的公益行动回馈社会,回报大众,其"温暖、关爱"的品牌形象更是深入人心。

999感冒灵在以往的宣传中更侧重于权威形象塑造及公益事件的传播,虽然其"温暖、关爱"的品牌形象深入人心,但品牌的高姿态难以拉近与顾客之间的距离,缺乏亲和力。

腾讯QQ,是中国网民首选的网络沟通方式,覆盖上亿用户,海量曝光,主打大众市场,帮助广告主迅速提升品牌知名度;腾讯泛关系链营销突破了传统市场营销模式,倾听顾客声音,和顾客沟通互动,促进顾客对品牌的了解和偏好,使品牌信息在活跃的关系链网络中得以几何式传播。腾讯网携手999感冒灵,丰富扩大了999感冒灵的关爱诉求,从感冒关爱延展至生活中的关爱,引发大众情感共鸣,拉近了品牌与顾客的距离,天然的社区关系链构建顾客间自然的关爱传播,引发千万顾客见证品牌的"温暖、关爱"理念,建立了良好的品牌联想,增加了品牌认同感!

有别于以往医药品牌宣传的严肃庄严感,此次活动利用话题营造"生活化"、"亲民感"的差异化品牌宣传,借助于腾讯整合营销平台和天然关系链,带来海量用户的响应和参与,利用社会热点话题(如生活中的各种烦、工作不给力、心情没人懂、失恋没人疼等),引发网友聚焦大众关爱需求(见图4-6)。999感冒灵基于腾讯广泛关系链平台,搭建品牌关爱机制,针对网友的情感需求,精准传递品牌关怀,让顾客感同身受,加深品牌印象,提升认同感!

图4-6 999感冒灵活动页面

媒体表现

1. 话题聚焦——你是否曾经这样"感冒"过
- 海量曝光,引发用户情感共鸣,发表感冒心情倾诉
- 引发大众情感共鸣,提升品牌曝光率,增加品牌好感

(1) 通过腾讯顾客端广告覆盖海量用户,帮助品牌活动告知和引流,提升活动影响力。
(2) 利用焦点话题讨论诱发用户情感需求,引出品牌关爱概念。
(3) 超过8万用户主动发表"感冒"心情,呼应品牌关怀。

2. 植入品牌关爱——不就是一场"感冒"吗?很快就好
- 对相应用户情感需求,发送品牌关爱卡
- 借助个性化、针对性的情感关怀,提升用户好感,引发情感共鸣

(1) 更精准、个性化的品牌关爱卡。
(2) 183万人在活动期间送出超过1 197万次感冒关怀,999感冒灵"暖暖的,很贴心"品牌内涵得到极大的传播。

3. 关系链"病毒"传播
- 通过关系链分享,引爆好友圈话题关注和参与,迅速提升活动人气
- 借助于腾讯天然的泛关系链,通过邀请链接参加活动的人数多达22万

(1) 8万网友与空间好友分享999感冒灵广告视频。
(2) 5.5万篇活动分享日志。
(3) 9.2万人邀请好友关注活动。

营销效果与市场反馈

369万关注（广告总点击）；279万活动网站总流量；229万独立用户（页面总UV）；183万用户主动发送关爱（深度参加）；1 197万次的感冒关怀（关怀卡发送）；82.15%的活动PV和UV的惊人转化率。

资料来源：http://www.17emarketing.com/2011/0222/6407.html

问题

1. 你认为999感冒灵此次网络营销策略能否真正带动线下销售？
2. 此次营销活动能够在网络上得到巨大反响主要是哪些原因？

本章小结

1. 网络顾客是指通过互联网在电子商务市场中进行消费和购物等活动的顾客人群。
2. 顾客群体的特征表现：年轻好胜，但缺乏耐心；自我意识强烈；头脑冷静，擅长理性分析；喜好新鲜事物，有强烈的求知欲。
3. 网络购买者的购买动机基本上可以分为两大类：需求动机（方便型动机、低价型动机、表现型动机）和心理动机（理智动机、感情动机、信任动机）。
4. 网络顾客行为类型：复杂的购买行为，减少失调感的购买行为，简单的购买行为，多样性的购买行为。
5. 网络顾客购买决策行为：网络渠道选择行为，网络顾客信息搜寻行为，网络顾客购买行为。
6. 网络顾客购买决策过程：确认需要，信息搜寻，备选产品评估，购买决策，购买后行为。

思考与实践

1. 理论基础

（1）分析网络顾客与传统顾客的不同。
（2）举例说明网络顾客的类型。
（3）网络顾客购买决策中有哪些参与者？你认为其中哪个角色起决定性作用？
（4）网络顾客购买过程是什么样的？试举例说明。

2. 知识应用

（1）选择自己或是别人的一次网购经验，分析该次购物的动机。
（2）调查周围人的10—20次网购的信息来源并分类。

参考文献

[1] 姜旭平.网络整合营销传播[M].北京：清华大学出版社,2007.
[2] 裴思远.网络顾客行为研究：综述与评析[J].中外企业家,2010,(4).
[3] 扶秀红.网络营销环境下的顾客忠诚[J].合作经济与科技,2011,(11).
[4] 陈璐,王晓容.网络顾客行为研究综述[J].东方企业文化,2011,(8).
[5] 刘光乾.基于效用理论的网络顾客行为分析[J].企业经济,2010,(12).
[6] 顾幼瑾.网络环境下顾客决策过程分析[J].中国市场,2009,(26).

[7] 周蓓.网络顾客的购买过程分析[J].现代商业,2008,(23).
[8] 倪清燃,张根荣.网络顾客购买行为分析[J].经济师,2008,(2).
[9] http://www.17emarketing.com/2011/0222/6431.html
[10] http://club.99bill.com/viewthread.php?tid=1205
[11] http://www.ldyx.cn/articleview/2007-4-24/article_view_1411.htm
[12] http://www.17emarketing.com/2011/0222/6407.html

第5章 网络营销市场调研

引导案例

淘宝主要类目成交网络调研数据分析

2011年年初,由淘宝营销策划部门对淘宝2010年的主要类目的成交量进行了网络调研。调研结果总结如下:受2011年春节假期影响,2010年淘宝全网环比增速放缓,但商城成交量仍增长了两位数,增速明显大于集市,且成交额份额进一步扩大。其中,"女装/女士精品"在淘宝各平台的交易份额处于首位(均占到10%),"手机、男装、美容护肤、家用电器、箱包皮具"也均在各平台中排名前十强。2010年集市成交额Top 10类目中,环比下降的类目分别是"女装/女士精品"、"男装"和"电脑硬件",分别下跌8.9%、15.5%、11.2%;其他各类目同比增幅在16.3%至303.2%之间。2010年商城成交额Top 10类目中,环比下降的类目分别是"女装/女士精品"、"男装"和"笔记本电脑",分别下跌19.7%、16.5%、1.1%;其他各类目同比增幅在11倍至58倍之间。

淘宝网通过对2010年主要类目的网络调研可以为淘宝的营销策略提供参考,有助于修订淘宝的网络发展战略,也为学习本章的网络营销市场调研奠定了典型的案例基础。本章将对网络营销市场调研进行详细的阐述,以供读者了解案例中所体现出的网络营销市场调研的作用和价值。

5.1 网络营销市场调研概述

5.1.1 网络营销市场调研的含义

市场调研是网络营销活动最关键、最基础的环节。国际商会(International Chamber of Commerce, ICC)和中国市场研究协会(China Marketing Research Association, CMRA)认为,网络营销市场调研是为实现信息目的而进行研究的过程,包括将相应问题所需的信息具体化、设计信息收集的方法、管理并实施数据收集过程、分析研究结果、得出结论并确定其含义等。主要包括定量研究、定性研究、零售研究、媒介和广告研究、商业和工业研究、对少数民族和特殊群体的研究、民意调研以及桌面研究等。

因此,网络营销市场调研是指利用网络发掘和了解顾客需要、市场机会、竞争对手、行业潮流、分销渠道以及战略合作伙伴等方面的情况,系统地进行营销信息的收集、整理、分析和研究的过程。网络营销市场调研是网络营销的出发点,其目的在于了解目标市场消费者的需求特性,了解特定市场商品与服务的发展趋势,了解竞争对手的市场策略,了解市场环境变化情况等,从而为企业制定网络营销的战略和策略提供依据。

理解网络营销市场调研的概念应注意把握以下几点:

(1) 网络营销市场调研并非对市场营销中的所有问题盲目进行调研,而是指为了某项网络营销决策所进行的调研。

(2) 网络营销市场调研是具体的网络营销决策的重要环节和前提。

(3) 网络营销市场调研是一个系统,包括对有关资料进行系统的收集、整理、分析、研究、反馈和报告的过程。

5.1.2 网络营销市场调研的特点

网络营销市场调研是利用网络这种新兴的媒体,针对特定的营销环境进行的营销调研活动。相对于传统的营销调研,网络营销市场调研具有以下几个特点:

1. 及时性

(1) 网络问卷的发布和收回较快捷,还可以根据问卷的回答情况及时调整问卷的相关内容,使得问卷本身的有效性得以提高。

(2) 网络问卷在回收的同时就可以自动进行数据的汇总、统计和分析。图 5-1 为问卷星调研网网络问卷分析总结。

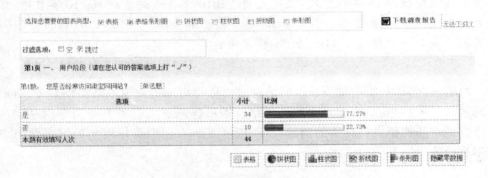

图 5-1 问卷星调研网网络问卷分析总结示意图

资料来源:http://www.sojump.com/report/741202.aspx

(3) 网络信息容量大,信息传播速度快,可以通过网络快速得到二手资料。

2. 经济性

(1) 实施网络营销市场调研只需要一部互联网接入终端即可,通过站点发布电子调研问卷,无需印刷和邮寄问卷,由网民自愿填写。

(2) 网络的广域性和普及性,使调研者不受地域和时间的限制,大大节省了调研费用。

(3) 网络营销市场调研过程中最繁重、关键的信息采集和录入工作分布在众多网络用户终端上完成,可以无人值守而不间断地接受调研表的填写。

(4) 信息的检验和处理由计算机来完成,无需专门的人员,在降低调研费用的同时,也提高了调研资料统计的准确性。

3. 交互性

传统市场营销调研只能提供固定的问卷,不能充分表达被调研者的意见。网络营销市场调研中,被调研者的参与性大大增强,被调研者可对企业的产品和相关方面提出更多的意见或建议,调研者可以根据被调研者的看法和建议及时修改问卷,并且通过设立电子公告牌、在线讨论、发送电子邮件、召集网络小组访谈等方式,更多地了解消费者的信息。

4. 吸引性

网络营销市场调研可以利用网络的特点来吸引更多的人加入。网络的图文及超文本特点可以用来展示产品或介绍服务内容,还可以加入声音、视频,顾客可在网站上随时播放,从而使调研变得更有吸引力。如舒肤佳在 2012 年母亲节之际,通过腾讯 QQ 游戏做了题为"从今天起陪孩子多玩一小时"的网络调研,极大地吸引了网民参与到调研中(见图 5-2)。

图 5-2　舒肤佳网络市场调研示意图

资料来源:http://sfg.act.qq.com

5. 局限性

进行网络营销市场调研,样本选择的代表性难以控制,也无法检验其真实性,许多时候往往无法知道网络后面的真实特征,甚至可能出现一个人多次填写同一问卷的情况,这会导致调研结果可信度降低。因此,可检验和可控制的样本具有一定的局限性,主要包括调研内容和对象的局限性。

目前,我国上网的消费者人数有限,且主要集中于教育程度较高的年轻人和大中城市。图 5-3、图 5-4 以 2011—2012 年的网民性别、年龄差别来说明进行网络营销市场调研在内容和对象上存在一定的局限性。

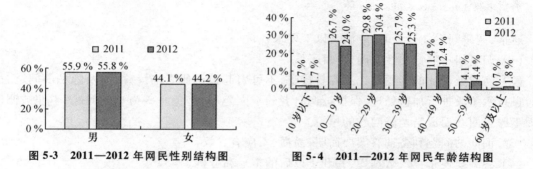

图 5-3　2011—2012 年网民性别结构图　　图 5-4　2011—2012 年网民年龄结构图

资料来源:中国网络信息中心.中国网络发展状况统计报告[R].2013.

截至 2012 年 12 月,我国网民中男性比例为 55.8%,比女性高出 11.6 个百分点,网民性别比例与 2011 年相比基本保持稳定。2012 年,网民中 40—49 岁人群占比明显提升,较 2011 年年底上升了 1 个百分点,达到 12.4%;20—29 岁网民增长速度较慢,上升了 0.6 个百分点;30—39 岁网民增长速度略有下降。10 岁以下、50—59 岁网民比例与 2011 年年底相比基本保持稳定。所以,有些调研内容及调研对象还不适宜进行网络营销市场调研。

因此,与传统市场营销调研的特点相比,网络营销市场调研的特点主要凸显在调研时效的技术性、调研费用的经济性、调研过程的交互性、调研内容的吸引性等优势上,但也存在可检验性和可控制性差、调研内容和对象存在一定的限制性等不足。

5.2 网络营销市场调研原则与方法

5.2.1 网络营销市场调研基本原则

利用网络进行营销调研是一种非常有效的方式,这已成为诸多企业的共识,并且在具体的营销工作中被广泛采用。目前,有很多企业在网站上设置在线调研表,用以收集用户反馈的信息。在线调研常用于产品调研、消费者行为调研、顾客意见调研、品牌形象调研等方面,是获得第一手资料的有效工具。提高在线调研的效果,是开展网络营销市场调研的关键。在网络营销市场调研中,应遵循以下原则。

1. 在线调研问卷设计合理

在线调研问卷应该主题明确、简洁明了,所有的问题要容易被调研者正确理解和回答,并且要便于对调研结果进行处理。这是问卷设计应遵循的基本原则。比如,图 5-5 就符合网络调研问卷设计的合理性要求。

图 5-5　爱调网问卷设计的合理性示意图

资料来源:http://www.idiaoyan.cn

通常,调研问卷在设计时,应满足以下要求:

(1) 调研问卷的目的性明确,一目了然。

(2) 问卷上设计的问题要让人容易接受,不可引起被调研者的反感;涉及隐私的问题,最好通过技术手段进行加密处理,保护被调研者的个人隐私;避免一些为难的问题,不使被调研者因不愿意回答而退出调研问卷的填写。

(3) 询问的问题和备选答案要简明、易懂,不应有异议。

(4) 答案要便于存入数据库,并利于以后的整理和分析。

(5) 尽量减少无效问卷,提醒被调研者对遗漏的项目或明显超出正常范围的内容进行完善。

2. 网站设计具有吸引力

网络营销和网络调研最重要的就是将顾客的注意力从其他公司的网站上吸引并转移到本公司的网站上来。在没有硝烟的"眼球争夺战"中取胜,是整个网络营销或网络调研工作的开始。网站来访人数的多少,直接影响到调研参与者的数量,进而影响到调研结果的可信度。在设计问卷内容时,要传递出"您的意见对我们很重要"的理念,让被调研者感觉到填写问卷就像是帮助了自己所关心的人,这样往往有助于提高问卷的回收率。当然,要想参与者的人数多,也需要有力的宣传和推广,将网络调研与适当激励相结合,必要时也可与访问量大的网站合作。现在,有很多调研网站推出了填写问卷就可以获得资金回报,或者通过回答问卷上的问题获得一定量的积分,然后兑换奖品的活动,吸引了众多上网者的参与。如图5-6所示,为了吸引上网者参与网上调研,舒肤佳以"儿时玩的游戏"作为吸引点。

图5-6 舒肤佳"儿时玩的游戏"网上调研示意图

资料来源:http://sfg.act.qq.com/parentingshow/default

3. 问卷设计有效原则

网络营销市场调研问卷设计时提醒被调研者对遗漏的项目或者明显有缺陷的内容进行完善,不要花费了时间和精力填写问卷,却因疏忽致使问卷无效。

4. 隐私保护声明

公民有保护个人信息的权利,网络营销市场调研在设计调研问卷时,要让用户了解调研的目的,并在网站明显位置声明参与者的个人信息不会被公开或用于其他任何场合。图5-7为问卷星SNS在线用户个人隐私的声明。

5. 避免滥用网络营销市场调研功能

调研信息也向用户透露出企业的某种动向,使得市场调研具有一定的营销功能,但应该将网络营销市场调研与网络营销严格区别开,如果以网络营销市场调研的名义收集用户个人信

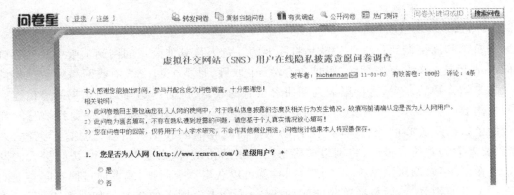

图 5-7　问卷星 SNS 在线用户个人隐私的声明示意图

资料来源：http://www.sojump.com/jq/575367.aspx

息开展所谓的数据库营销或个性化营销,不仅将严重损害企业在消费者心目中的声誉,同时也将对合法的网络营销市场调研产生不利的影响。

6. 尽量降低样本分布不均衡的影响

样本分布不均衡表现在用户的年龄、职业、教育程度、地理分布以及不同网站的特定用户群体等方面,因此,在进行网络营销市场调研时,要对网站的用户结构有一定的了解,尤其在样本数量不是很大的情况下,了解用户结构更为重要。

7. 奖项设置合理

为了刺激参与者的积极性,网络营销市场调研问卷调研机构一般会提供一定的奖励措施,这样同一个用户多次填写调研问卷的现象时有发生,即使在技术上设定限制条件,也很难彻底杜绝。合理设置奖项有助于减少不真实的问卷。健力宝为网络营销市场调研设立的奖项如图 5-8 所示。

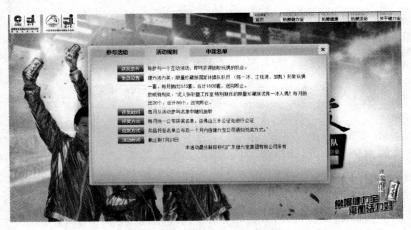

图 5-8　健力宝网络调研奖项示意图

资料来源：http://124.172.250.237/jianlibao2012

8. 采用多种网络营销市场调研手段

在网站上设置在线调研问卷是最基本的调研方式,但不能受此局限。常用的网络营销市场调研手段除了在线调研问卷外,还有电子邮件调研、对访问者的随机抽样调研、固定样本调研等。根据调研目的和预算,可同时采用多种网络营销市场调研手段,力争以最少的投入取得尽可能多的有价值的信息。

在实施网络营销市场调研的过程中,要以诚实守信的态度对待,遵守国家相关法律法规,这样网络营销市场调研才能真正起作用,才能为网络营销的进一步开展打下基础。

5.2.2 网络营销市场调研方法

网络营销市场调研方法一般分为两类:一类是直接收集资料的方法,即由调研人员直接在网络上搜索第一手资料;第二类是间接收集资料的方法,即在网络上收集他人编辑与整理的资料。

1. 网络营销直接调研

网络营销直接调研指的是为了特定的目的在网络上收集一手资料或信息的过程。

根据采用调研方法的不同,可以分为网络问卷调研法、专题讨论法和网络观察法,常用的网络直接调研方法是网络问卷调研法和专题讨论法。

(1) 网络问卷调研法。网络问卷调研法是将问卷在网络上发布,被调研对象通过互联网完成问卷调研。图5-9为手机淘宝的网络调研问卷。网络问卷调研法根据不同情况可以分为不同的类型。

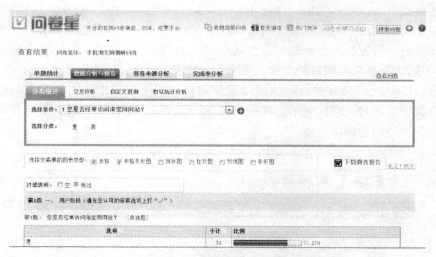

图 5-9 手机淘宝的网络调研问卷示意图

资料来源:http://www.sojump.com/report/741202.aspx

首先,按照调研者组织调研样本的行为,网络问卷调研法可以分为主动调研法和被动调研法。主动调研法,即调研者主动组织调研样本,完成统计调研的方法。例如,通过给被调研者发送电子邮件的形式将调研问卷发给一些特定的网络用户,由用户填写后以电子邮件的形式再反馈给调研者。这种方式的好处是可以有选择地控制被调研者,缺点是有侵犯个人隐私之嫌。被动调研法是指调研者被动地等待调研样本造访,完成统计调研的方法,例如,将问卷放置在站点上等待访问者访问时填写。这种方式的好处是填写者一般是自愿的,缺点是无法核对问卷填写者的真实情况。

其次,按网络调研采用的技术可以分为站点法、电子邮件法、随机 IP 法和视频会议法等。

站点法是将调研问卷的HTML文件附加在一个或几个网络站点的Web上,由浏览这些站点的网络用户在此Web上回答调研问题的方法。站点法属于被动调研法,这是目前出现的网络营销市场调研的基本方法,也将成为近期网络营销市场调研的主要方法。

电子邮件的调研问卷是一份简单的电子邮件,并按照已知的电子邮件地址分发出去,被访者回答完毕后将问卷回复给调研机构。使用电子邮件法进行调研,应注意以下几点:第一,尽量使用标题和副标题,不要滥用多种字体,尽量使电子邮件简单明了,易于阅读。第二,首先传递最重要的信息。主要的信息和重点应安排在第一屏可以看到的范围内。第三,把文件标题作为邮件主题。主题是收件人首先可以看到的,如果主题富有吸引力,能激发兴趣,就能促使其打开电子邮件。这一点非常重要,应倍加关注。第四,邮件越短越好。在使用传统市场营销手段时,有的推销文章越长越有说服力,电子邮件则不同。这是因为电子邮件信息的处理方法不同于印刷资料,尤其是当有一大堆电子邮件需要整理时。调研者必须了解这一新兴媒体的特点,尽量节约收件人的上网时间。

随机IP法是以产生一批随机IP地址作为抽样样本的调研方法。随机IP法属于主动调研法,其理论基础是随机抽样。利用该方法可以进行纯随机抽样,也可以依据一定的标志排队进行分层抽样和分段抽样。

视频会议法(Computer Assisted Web Interviewing,CAWI)是基于Web的计算机辅助访问,是将分散在不同地域的被调研者通过网络视频会议功能虚拟地组织起来,在主持人的引导下讨论调研问题的调研方法。这种调研方法属于主动调研法,其原理与传统调研法中的专家调研法相似,不同之处是参与调研的专家不必实际地聚集在一起,而是分散在任何可以连通国际网络的地方,如家中、办公室等,因此,网络视频调研会议的组织比传统的专家调研法简单得多。视频会议法适合对关键问题的定性调研研究。如图5-10所示,好视通手机视频会议系统就可以运用到网络问卷调研法中。

图5-10 好视通手机视频会议系统示意图

资料来源:http://www.haoshitong.com

（2）专题讨论法。专题讨论法可通过 Usenet 新闻组（Newsgroup）、QQ 聊天工具、电子公告牌（BBS）讨论组或邮件列表（Mailing List）讨论组进行。如图 5-11 所示，腾讯公司开发的 QQ 聊天工具就非常适合网络专题的讨论。

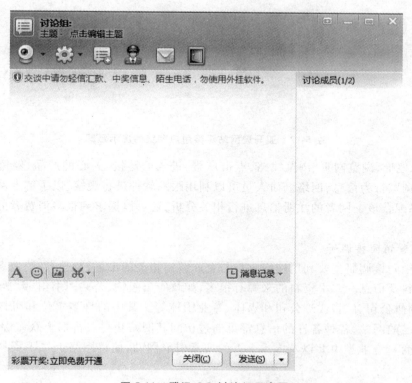

图 5-11　腾讯 QQ 讨论组示意图

资料来源：http://www.qq.com

开展在线专题讨论一般有以下几个步骤：第一，确定要调研的目标市场；第二，识别目标市场中要加以调研的讨论组；第三，确定可以讨论或准备讨论的具体话题；第四，登录相应的讨论组，通过过滤系统发现有用的信息，或创建新的话题，让大家讨论，从而获得有用的信息。

具体地说，目标市场的确定可根据 Usenet 新闻组、QQ 聊天工具、电子公告牌讨论组或邮件列表讨论组的分层话题选择，也可向讨论组的参与者查询其他相关名录。还应注意查阅讨论组上的 FAQ（常见问题解答），以便确定能否根据名录进行市场调研。网络调研企业要及时跟踪和参与 Usenet 新闻组和电子公告牌，这样有助于获取一些问卷调研无法发现的问题，因为问卷调研是从企业角度出发考虑问题，而 Usenet 新闻组和电子公告牌是用户自发的感受和体会，其传达的信息也是最接近市场和最客观的，但其缺点是信息不够规范，需专业人员进行整理和挖掘。

（3）网络观察法。网络观察法，是指由调研人员直接或通过软件分析工具，观察被调研对象的行为，并加以记录而获取信息的一种方法。例如，亚马逊通过对用户浏览过的产品进行归纳，为用户提供参考，如图 5-12 所示。

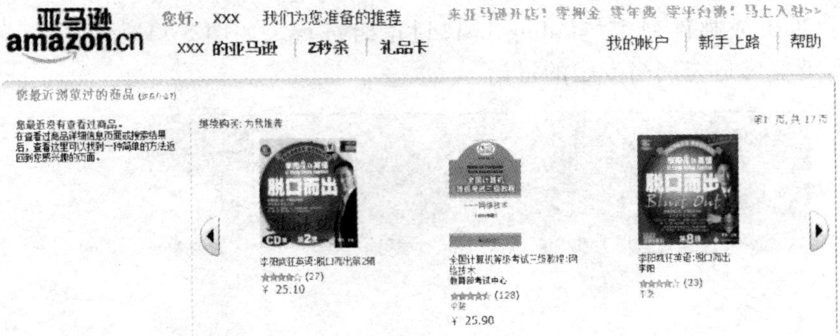

图 5-12　亚马逊网站观察用户浏览情况示意图

对于 IP 地址、浏览网页、浏览线路、点击广告、进入的链接、关心的产品、停留的时间等消费者的网页浏览行为信息，网络调研人员可以利用跟踪软件进行观察，以了解上网者的很多消费行为，如果配合该上网者的注册信息进行相关分析，还可以探求到很多消费者的消费心理和消费需求。

2．网络营销间接调研

网络营销间接调研主要利用网络收集与企业营销相关的市场、竞争者、消费者以及宏观环境等二手资料及信息。二手资料的来源有很多，如政府出版物、公共图书馆、大学图书馆、贸易协会、市场调研公司、广告代理公司和媒体、专业团体等。其中的许多单位和机构都已在网络上建立了自己的网站，各种各样的信息都可通过访问其网站获得。再加上众多综合型 ICP（网络内容提供商）、专业型 ICP 以及成千上万的搜索引擎网站，使得网络上二手资料的收集非常方便。

在网络上查找资料主要通过以下几种方法：利用搜索引擎；访问相关的网站，如各种专题性或综合性网站；利用相关的网络数据库。

（1）利用搜索引擎查找资料。搜索引擎是网络上使用最普遍的网络信息检索工具，比较著名的搜索引擎如表 5-1 所示。目前，几乎所有的搜索引擎都有两种检索功能：主题分类检索和关键词检索。① 主题分类检索。主题分类检索即通过各搜索引擎的主题分类目录（Web Directory）查找信息。主题分类目录是这样建成的：搜索引擎把搜集到的信息资源按照一定的主题分门别类建立目录，先建一级目录，一级目录下面包含二级目录，二级目录下面包含三级目录……如此下去，建立一层层具有概念包含关系的目录。② 关键词检索。用户通过输入关键词来查找所需信息的方法，称为关键词检索法。这种方法方便直接，十分灵活，既可以使用布尔算符、位置算符、截词符等组合关键词，也可以缩小和限定检索的范围、语言、地区、数据类型、时间等。关键词检索可对满足选定条件的资源进行准确定位。使用关键词检索查找资料一般分三步：第一，明确检索目标，分析检索课题，确定几个能反映课题主题的核心词作为关键词，包括它的同义词、近义词、缩写或全称等。第二，采用一定的逻辑关系组配关键词，输入搜索引擎检索框，点击检索按钮，即可获得想要的结果。第三，如果检索效果不理想，可调整检索策略，结果太多的，可进行适当的限制，结果太少的，可扩大检索的范围，取消某些限制，直到获得满意的结果。

表 5-1 著名的搜索引擎

LOGO	搜索引擎名称	网址
Ask	Ask 搜索引擎	http://www.ask.com
WebCrawler	Web Grawler 搜索引擎	http://www.webcrawler.com
LYCOS	Lycos 搜索引擎	http://www.lycos.com
Google 谷歌	谷歌搜索引擎	http://www.google.com
Baidu 百度	百度搜索引擎	http://www.baidu.com
YAHOO! 中国雅虎	雅虎中国搜索引擎	http://www.yahoo.com.cn
SINA 新浪	新浪搜索引擎	http://www.sina.com.cn
搜狐 SOHU.com	搜狐搜索引擎	http://www.sohu.com

（2）利用相关的网络数据库查找资料。网络数据库有付费和免费两种。在国外,市场调研用的商情数据库一般都是付费的。我国的数据库业近几年有了较大的发展,出现了几个 Web 版的数据库,但多数是文献信息型的数据库。图 5-13 为中国统计局每年编写的统计年鉴,将我国各行业的数据进行统计分析,以备研究使用。

图 5-13 统计年鉴示意图

资料来源：中华人民共和国统计局网站。

目前国际上影响较大的几个主要商情数据库检索系统如表 5-2 所示。

表 5-2 常用的著名商情数据库检索系统

LOGO	系统名称	网址
	DIALOG 系统	http://www.dialog.com
	ORBIT 系统	http://www.questel.orbit.com
	STN 系统	http://www.stn.com
	DATA-STAR 系统	http://datastarweb.com
	DJN/RS 系统	http://www.dowjones.com

5.3 网络营销市场调研流程与应用

5.3.1 网络营销市场调研基本流程

网络营销市场调研与传统的市场营销调研一样,应遵循一定的步骤,以保证调研的质量。与传统市场营销调研过程所不同的是,网络营销市场调研的基本步骤如图 5-14 所示。

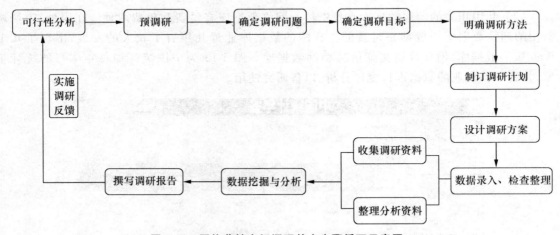

图 5-14 网络营销市场调研基本步骤循环示意图

1. 可行性分析

网络通信技术的突飞猛进使得资料收集方法迅速发展。互联网没有时空和地域的限制,因此网络市场调研可以在全国甚至全球进行。同时,收集信息的方法也很简单,直接在网络递交或下载即可。这与传统市场调研收集资料的方式有很大的区别。

2. 预调研

预调研又称探测性调研。当企业对需要研究的问题和范围不明确,无法确定应该调研哪些内容时,可以采用探测性调研来找出症结所在,然后再做进一步的研究,以明确调研对象,确定调研重点,选择调研方法,寻找调研时机。由此可见,预调研只是收集一些有关资料,以确定问题所在,至于问题应该如何解决,则有待于进一步的调研研究。预调研回答的是"可以做什么"的问题,也即"投石问路"。预调研一般通过搜集二手资料或者请教专家,或参照以往发生的类似实例来进行。

例如,中粮集团和我买网为推出一款"好丽友薯愿香烤原味薯片",在免费试用网上进行免费领取活动,这种免费领取试用实质上就是网络预调研(见图 5-15)。

图 5-15 中粮集团网络预调研示意图

资料来源:http://www.triers.cn

3. 确定调研问题

在调研的问题方面,与传统市场营销调研不同的是,网络营销市场调研要确定需要什么信息;确定消费者对新产品的消费偏好和购买意向;确定现有广告活动的效果;确定某品牌需求的价格弹性等。确定调研问题是实现调研目标的前提条件之一,同时也是问卷设计不可或缺的基础,如图 5-16 所示。

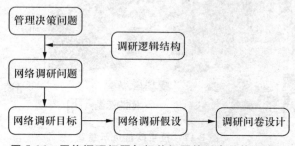

图 5-16 网络调研问题与相关问题的组合结构示意图

4. 确定调研目标

网络营销市场调研目标是用尽可能准确的语言叙述的、指明所需要信息的陈述书。其作用是只要获取目标里所指出的信息之后,调研目的就一定能实现。

一般情况下,网络营销市场调研目标由调研问题、建立假设、调研范围或界限三个步骤组成:

(1) 调研问题。调研问题指明了决策者所需要的信息,调研问题问的是,要想实现调研目的需要哪些具体信息,如果调研问题能在调研中得到解答,那么该信息就应该对决策者有帮助。

（2）建立假设。假设是对调研问题各种不同的回答，可能是调研问题的正确答案。调研的目标之一就是证实或证伪这些可能的假设。确立假设能帮助把调研问题变得更准确。

（3）调研范围或界限。调研范围或界限用来明确指出调研的范围，与调研界限有关的另一个问题是调研结果的准确度。这要依赖于调研目标，投资越高，要求调研精度越高。

5．明确调研方法

对于网络营销市场调研方法的确定，依据调研范围、调研方式的不同，有市场普查、抽样调研、典型调研、访问法、观察法、试用法等不同的方法，使用哪种调研方法，要本着调研成本最小化的原则，以调研目标作为出发点，依据具体调研情况确定。

经常使用的网络营调研方法有：专题讨论法、问卷调研法和实验法。

（1）专题讨论法是借用 Usenet 新闻组、邮件列表讨论组和网络论坛的形式进行的。

（2）问卷调研法可以使用电子邮件分送和在网站上刊登等形式。

（3）实验法则是选择多个可比的主体组，分别赋予不同的实验方案，控制外部变量，并检查所观察到的差异是否具有统计上的显著性。这种方法与传统的市场调研所采用的原理是一致的，只是手段和内容有差别。

例如，拉手网是中国内地最大的团购网站之一（见图5-17），2010年6月，拉手网和中央电视台信息部等一些新闻媒体单位联合推出"中国首届网络购物测试"活动，结果发现在配送等环节存在着明显的地区差异。

图5-17　拉手网首页示意图

资料来源：http://www.lashou.com

6．制订调研计划

制定调研计划，就要求对政治、经济、文化、科技等宏观环境和竞争者、消费者、供应商、潜在的消费者、潜在的竞争者等微观环境进行背景分析，以确定调研的目的。依据不同的调研目的，确定调研的内容和方法，从而采取不同的调研进度。

7．设计调研方案

调研对象不同，所采用的调研方式和方案也不同，一般而言，有以下几种调研方案可供选择。

（1）在线问卷：其特点是制作简单、分发迅速、回收方便。但要注意问卷的设计水平。

(2)交互式电脑辅助电话访谈系统:是利用一种软件程序在电脑辅助电话访谈系统上设计问卷结构并在网络上传输。互联网服务器直接与数据库连接,对收集到的被访者答案直接进行储存。

(3)网络营销市场调研软件系统:是专门为网络营销市场调研设计的问卷链接及传输软件。包括整体问卷设计、网络服务器、数据库和数据传输程序。

(4)抽样方案:要确定抽样单位、样本规模和抽样程序。

(5)联系方法:采取网络交流的形式,如电子邮件传输问卷、参加网络论坛等。

8. 数据录入、检查、整理

若在录入过程中,没有实行双机录入的措施,在录入完成之后,就有必要对数据进行全面的整理检查。数据整理主要是尽可能地处理错误或不合理的信息以及进行一致性检查。虽然经过回收问卷、编码过程以及录入的重重检查,但是数据的整理过程是使用计算机进行的,因此对数据的矫正将更为彻底。图5-18为数据收集、整理以及分析的关系示意图。

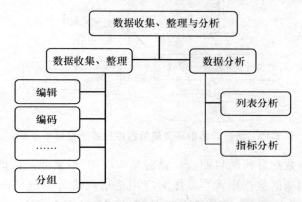

图 5-18 数据收集、整理以及分析的关系示意图

数据整理是对数据进行的最后一道检查程序,这一步完成后,数据应该是"整齐、干净的",数据整理可使用 SPSS 或 SAS 统计软件进行,可以很方便地找出超出选项范围、极端值或逻辑上不一样的数据。通常的做法是首先对所有变量进行频数的计算,对连续性的变量进行均值、标准差、最小值、最大值等统计分析,超出范围的数据和极端数值很容易检查出来。然后进入下一步,对数据进行统计处理分析。

例如,某公司要了解各国对某一国际品牌的看法,只需在一些著名的全球性广告站点发布广告,把链接指向公司的调研表就行了,而无需像传统的市场调研那样,在各国找不同的代理分别实施。诸如此类的调研如果利用传统的方式进行其难度是无法想象的。

在问卷回答中访问者经常会有意无意地漏掉一些信息,这可通过在页面中嵌入脚本或 CGI 程序进行实时监控。如果访问者遗漏了问卷上的一些内容,其程序会拒绝递交调研表或者验证后重发给访问者要求补填。最终,访问者会收到证实问卷已完成的公告。在线问卷的缺点是无法保证问卷上所填信息的真实性。

9. 数据挖掘与分析

收集信息后要做的是分析信息,这一步非常关键。"答案不在信息中,而在调研人员的头脑中。"调研人员如何从数据中挖掘出与调研目标相关的信息,直接影响到最终的结果。要使用一些数据分析技术,如交叉列表分析技术、概括技术、综合指标分析和动态分析等。目前国际上较为通用的分析软件有 SPSS、SAS 等。网络信息的一大特征是即时呈现，而且很多竞争者还可能从一些知名的商业网站上看到同样的信息，因此分析信息能力相当重要，它能使企业在动态的变化中捕捉到商机。

设计一个网络营销的调研挖掘系统需要考虑的因素主要有：系统功能及工具的完备性和相对独立性，数据库的数据存取能力及对数据模型的支持能力，基于 Web 3.0 的发布和表现能力，系统体系结构的可扩展性，用户界面的友好性。图 5-19 是典型的网络营销市场调研数据挖掘系统。

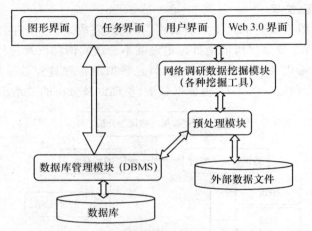

图 5-19　网络营销市场调研数据挖掘系统框架示意图

网络营销市场调研数据分析的目的就是针对具体应用，抽取商业数据库的有关部分，对它进行加工、运算，得到期望的数据形式。具体的应用是指网络营销市场调研的具体目的，如价格定位、购买行为模式、广告效果、产品供求状况、市场容量、市场占有率、商品销售趋势、企业目标市场和竞争对手等调研。

常用的调研数据分析工具有时间序列分析、相关分析、回归分析、判别分析、聚类分析、单变量分析、两个变量及多变量分析、卡方分析等。

10．撰写调研报告

调研报告的撰写是整个调研活动的最后一个阶段。报告不是数据和资料的简单堆砌，调研人员不能把大量的数字和复杂的统计技术扔到管理人员面前，否则就失去了调研的价值。正确的做法是把与网络营销关键决策有关的主要调研结果报告出来，并以调研报告所应具备的正规结构写作。对一些"举手之劳"式的简单调研，可以实施互动的形式公布统计的结果，效果会更佳。

调研报告是调研人员对某种事物或某个问题进行深入细致的调研后，经过认真分析研究而写成的一种书面报告。调研报告的意义体现了调研工作的最终成果以及从感性认识到理性认识的飞跃。要撰写好调研报告，就必须了解调研报告的特点，掌握调研报告撰写的步骤和方法，使调研报告在实际工作和理论研究中发挥应有的作用。

调研报告一般由标题、概要、正文、结尾、附件等几部分构成。

11．实施调研反馈

为了检验网络营销市场调研结果的可行性与实际的客观性，需要对网络营销市场调研形成的调研报告进行反馈,使网络营销市场调研的过程形成一个闭合循环,不断补充完善网络营销市场调研的各个环节。如中国网络信息中心建立了网络研究微博,以取得和广大网络用户之间的互动,不断地完善中国网络信息中心的建设,如图 5-20 所示。

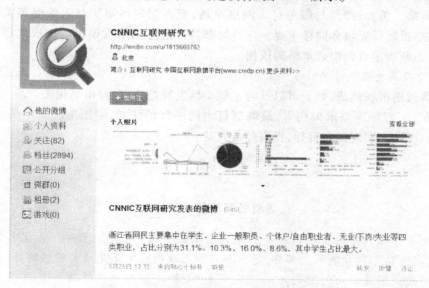

图 5-20　中国网络信息中心网络研究微博示意图

资料来源:2011 年中国网络信息中心年度报告。

5.3.2　网络营销市场调研结果应用

网络营销市场调研对于企业策略制定参考、产品宣传辅助、营销活动推广、市场宣传拓展、网络品牌传播、网站推广等方面均起到积极的推动作用。

网络营销市场调研是开展网络营销的基础性工作,在网络营销中扮演着重要的角色,具体体现在以下几个方面:

1. 运用于企业发现网络潜在市场机会

行业市场情况瞬息万变,环境变化更是难以预测,旧的产品会退出市场,新的产品将会流行,激烈的竞争给企业打入市场带来困难,同时也给企业带来了机遇。企业通过网络营销市场调研,可以了解产品的潜在市场和销售量的大小,了解顾客的意见、消费偏好、购买能力等,据此进行分析,确定其目标市场,分析市场销售形势和竞争态度,作为发展市场机会、确定企业发展方向的重要依据。

2. 运用于企业产品与服务更新

随着网络市场的不断发展,网络顾客的需求千变万化,使得网络市场竞争日趋激烈,新产品与服务层出不穷,网络企业产品与服务更新换代越来越快,通过网络营销市场调研,可以了解网络企业产品与服务现在的处境,以便调整不当的营销策略。

3. 运用于企业制定市场营销组合策略

网络市场的情况错综复杂,有时难以推理,因为现象也会掩盖问题的本质。例如,某网络产品与服务在南方深受顾客青睐,可在北方却销售不畅,通过网络营销市场调研可以指出问题所在,或许是因南北方顾客的需求差异所致,或许……只有找到原因,才能制定出网络产品与服务营销策略。又如,网络产品与服务的价格不仅取决于产品的成本,还受供求关系、竞争对手的价格、经济大环境、价格弹性等多因素的影响。毫不夸张地说,网络市场上产品的价格是瞬息万变的,通过网络营销市场调研,企业可以及时地掌握市场上产品与服务的价格态势,灵活调整价格策略。再如,产品与服务打入网络市场,能否制定出切实有效的促销策略至关重要,销售渠道是否畅通无阻亦同样重要。这一切都需要通过网络营销市场调研来提供市场信息,作为网络企业制定营销组合策略的依据。

4. 运用于提高企业竞争力

通过网络营销市场调研,企业可以及时了解市场发展趋势,掌握市场相关产品与服务的信息和供求情况,了解顾客需求偏向等,最终制订出网络营销计划,组织生产新产品,提供新服务,提高企业竞争力,实现盈利目标,提高经济效益。

案例讨论

思科公司网络调研

思科公司是全球领先的互联网解决方案供应商。今天,网络作为一个平台成为商业、教育、政府和家庭通信不可或缺的一部分,思科公司的互联网技术正是这些网络的基础。

思科公司是美国最成功的公司之一。它于1984年由斯坦福大学的一对教授夫妇创办,1986年生产第一台路由器,让不同类型的网络可以可靠地互相联结,掀起了一场通信革命。思科公司每年投入40多亿美元进行技术研发。

自1990年上市以来,思科公司的年收入已从6 900万美元上升到2007财年的349亿美元。目前,思科公司在全球范围内的员工超过了63 000名。

思科公司于1994年进入中国市场,目前在中国拥有员工超过2 300人,分别从事销售、客户支持和服务、研发、业务流程运营和IT服务外包、思科融资及制造等工作领域。思科公司在中国设立了13个业务分支机构,并在上海建立了一个大型研发中心。

思科公司在2008年度《财富》全球最佳企业雇主中排名第六位,在2007年《财富》美国500强中排名第77位,并第八次当选《财富》全球最受尊敬的企业。思科公司还获得了《商业周刊》"2007年全球品牌百强"第18名的殊荣。2011年,思科公司在世界500强排行榜中排名第215位,营业收入400.4亿美元,年增长10.9%,净利率19.4%。

通过图5-21可以看到思科公司对网络调研的重视程度,在首页最引人注意的图片播放位置邀请网站的访问者参与问卷的调查。在思科公司的问卷中,思科公司主要向访问者询问了下列信息:

(1)多长时间访问一次思科官网(Cisco.com)?

(2)是如何得知Cisco.com的?[例如网络搜索引擎,思科公司合作伙伴,在线广告,报纸,社交网站(如Facebook、Blogs、Twitter)]

(3)今天访问Cisco.com的主要目的是什么?(比如了解思科公司的产品或服务,购买思科公司的产品或服务,查找思科公司合作伙伴,寻求客户支持,了解培训或活动,管理我的Cisco.com个人资料)

(4)客户如何描述其在Cisco.com上查找具体信息的体验。

(5)评价思科公司网站的设计和外观、内容的数量、内容的质量、信息的覆盖面、信息的条理性、导航的便利性、良好的访问者支持、内容的时效性等。

（6）同时，思科公司还通过网络问卷向访客询问其通常通过哪种途径访问Cisco.com；是否出于休闲或工作目的使用一些社交网站，访问它们的频率；经常访问的其他高科技网站，以及喜欢那些网站的原因。

图5-21 思科中国首页

点评

思科公司通过网络调研问卷的方式统计网站访问者，这是通过传统的纸质问卷几乎无法进行的工作，通过网络和问卷的结合，思科公司可以从中了解到访问者的来源、访问者的需求和目的、访问者对网站的评价、访问者获取思科公司信息的途径，以及相关的社交网站和科技网站的调查。

通过对网站访问者回馈的问卷内容的分析，思科公司就更能把握信息的传播途径、网站的接受程度、网站内容是否有待提高或需要整理，以及社交网站的影响和访问者爱好的其他科技网站。这些信息对于思科公司了解访问者的信息、改善网站的质量、提供顾客需要而原来网站上又缺少的信息、广告的最佳传播途径和建设网站方面的参考样板等都具有积极的作用。

资料来源：整理自 http://www.Cisco.com

问题

1. 结合思科公司网络调研案例，请阐述网络调研与纸质问卷调研的区别，并说明哪类调研在调研成本上优势更明显，为什么。
2. 通过思科公司的网络调研，在设计网络调研的过程中，应该遵循哪些设计原则？问卷设计的过程有哪些？可采用哪些设计方法？

本章小结

1. 网络营销市场调研的概念是指为实现信息目的而进行研究的过程，包括将相应问题所需的信息具体化、设计信息收集的方法、管理并实施数据收集过程、分析研究结果、得出结论并确定其含义等。对概念的把握除了从调研的目的、手段等方面进行理解以外，还可以与传统的调研概念进行比较理解。

2. 网络营销市场调研具有及时性、经济性、交互性、吸引性、局限性等特点，体现出与传统市场营销调研的区别。

3. 网络营销市场调研过程中要遵循一定的原则，包括调研问卷设计要合理，要具有吸引力和有效性，要保护个人隐私，避免滥用网络营销市场调研功能，降低样本分布不均衡的影响，奖项设置要合理，采取多种不同的营销调研手段以保证调研过程的顺利进行。

4. 在网络营销市场调研过程中,可以采用直接调研法和间接调研法。网络问卷调研法、专题讨论法和网络观察法属于直接调研法;利用搜索引擎、访问相关的网站,用相关的网络数据库等属于间接调研法。

5. 网络营销市场调研的流程包含从可行性分析开始到调研反馈为止的11个步骤,对实现企业策略制定参考、产品宣传辅助、营销活动推广、市场宣传拓展、网络品牌传播、网站推广等方面均起到积极的推动作用。

思考与实践

1. 理论基础

(1) 简述网络营销市场调研的概念以及含义。
(2) 网络营销市场调研的特点有哪些?
(3) 在网络营销市场调研的过程中,应该遵循哪些原则?
(4) 常用的网络营销市场调研方法有哪些?
(5) 网络营销市场调研的结果主要有哪些用途?

2. 知识应用

(1) 结合本章所学的网络营销市场调研的理论知识,以宝洁公司为例,设计一个网络营销市场调研的调查问卷,问卷中要体现本章网络营销市场调研的特点和设计原则。
(2) 对于网络营销市场调研的运用,除了本章所提及的以外,你认为还有哪些运用范围?

参考文献

[1] 刘向晖.网络营销导论[M].北京:清华大学出版社,2005.
[2] 胡介埙.市场营销调研(第二版)[M].大连:东北财经大学出版社,2011.
[3] 谭嫄嫄,朱和平.基于网络展开设计调研的可行性分析[J].株洲工学院学报,2006,(11).
[4] 蔡继荣.市场营销调研学[M].广州:中山大学出版社,2009.
[5] 冯英键.网络营销基础与实践[M].北京:清华大学出版社,2002.
[6] 孔伟成.网络营销学[M].杭州:浙江大学出版社,2002.
[7] 中国网络信息中心.中国网络发展状况统计报告[R].2011.
[8] 小卡尔·麦克丹尼尔.当代市场调研(第8版)[M].北京:机械工业出版社,2000.
[9] 李少华,雷培莉.市场调查与数据分析[M].北京:经济管理出版社,2001.
[10] 李幸丽,杜培军等.面向商业的网络调研数据挖掘系统设计[J].计算机工程与设计,2007,(2).
[11] 刘苗,王维兵.网络调研的新模式——问卷在线设计系统与积分系统的整合[J].经济论坛,2008 (18).
[12] 刘祎洋,瞿彭志等.聚类分析在网络调研中的应用研究[J].经济师,2008,(11).
[13] 威廉·G.齐克芒德,巴里·J.巴宾.营销调研精要(第四版)[M].清华大学出版社,2011.
[14] http://www.sojump.com/report/741202.aspx
[15] http://ty.playcool.com/load
[16] http://www.amazon.cn
[17] http://www.qq.com http://www.marketingman.net

第 2 篇 策略篇

在网络营销中,传统的 4P 营销策略依然重要,产品、价格、渠道与促销依然是获取顾客的根本,网络用户对企业开展网络营销绩效的评价也是基于上述关键领域。但是电子商务环境下,4P 策略正在向 4R、4V 过渡,企业必须为网络用户提供更具差异化、功能化、附加价值和能引起共鸣的产品和服务。**本篇是网络营销的核心**。第 6 章重点讲述了网络营销产品的内涵、特征、生命周期,以及在不同生命周期阶段应采用的营销策略,网络营销产品包装策略以及网络环境下新产品构思与概念形成、研制、试销、上市等阶段的具体策略;第 7 章主要介绍了可供网络营销企业选择的定价方法、定价过程中应注意的影响因素、具体的定价策略以及吸引顾客的报价模式等;第 8 章主要介绍了网络营销过程中直接和间接两大渠道、中间商在渠道建设中的作用与影响、网络营销物流渠道体系的选择等内容;第 9 章介绍了时下流行的网络营销策略,主要有网络广告促销、搜索引擎促销、微博营销、网络口碑营销、"病毒式"营销、网络团购促销等。

第 6 章　网络营销产品策略

引导案例

戴尔公司的定制营销

戴尔公司的奇迹在于它利用现代信息技术支持企业的生产，以顾客化定制进行定制营销，实现顾客导向的快速运筹，具体体现在生产环节上就是，戴尔公司通过国际互联网和企业间内联网等技术以电子速度对顾客订单做出反应，当订单传至该公司信息中心时，由公司控制中心将订单分解为子任务，并通过国际互联网和企业间内联网分派给各个独立制造商，各制造商按照收到的电子订单进行配件生产组装，最终按照戴尔公司控制中心的时间表来供货。这个过程一旦获得由世界各地发来的源源不断的订单，就会循环不停、往复周转，形成规模化、产业化生产。定制营销重建了企业的价值流，能快速准确地把握顾客需求的特点，并以最快的速度生产出产品和服务，相对于大规模生产企业制造出的有限产品组合，确实物有所值，真正实现了用"平民的价格"享受到了"贵族的产品"。戴尔的 Premier 个性化产品定制方案如图 6-1 所示。

图 6-1　戴尔的 Premier 个性化产品定制方案

资料来源：http://premier.dell.com/

6.1 网络营销产品概述

6.1.1 网络营销产品的概念

市场经济条件下,企业持续经营的核心是产品。现代营销学认为产品是向市场提供的能满足人们某种需要的任何东西,包括无形服务和有形物品。它具有两方面的特点:首先,产品并不仅仅是具有物质实体的物品,还包括能够满足人们某种需要的劳务与信息,如咨询、运输、安装修配服务、存储服务、保险、网络音乐、网络新闻、金融服务等。其次,产品不仅仅是具有一定用途和形状的实物本身,还包括随实物出售时所提供的服务。

在传统市场营销中,都是厂商拉动顾客,由厂商设计、制造、定价促销等,即使产品是针对顾客需求而生产的,产品的设计、包装、促销方式等方面也是由厂商"一包到底",最终顾客只能被动等待他们"所需"的产品。在网络营销活动中,顾客个性化需求更加突出,并且借助于网络的优势,购物的主动性、选择性也大大加强,顾客的个性化需求更加易于实现。因此,网络营销的产品概念不应再停留在"企业能为顾客提供什么"上,而应关注"顾客需要什么,顾客想要得到什么",真正以顾客需求为导向。基于此,网络营销产品的概念可以概括为:网络营销活动中,顾客所期望的能满足自己需求的所有有形实物和无形服务的总称。

6.1.2 网络营销产品的整体层次

在传统市场营销中,产品满足的主要是顾客的一般性需求,因此产品相应地分成三个层次,即核心产品、有形产品和附加产品三个层次。传统产品中的三个层次在网络营销产品中仍然起着重要作用,但产品设计和开发的主体地位已经从企业转向顾客,企业在设计和开发产品时还必须满足顾客的个性化需求,因此网络营销产品的整体概念在传统产品中的三个层次(核心产品、有形产品和附加产品)上还需要更加重视两个层次,即期望产品层次和潜在产品层次,如图6-2所示。

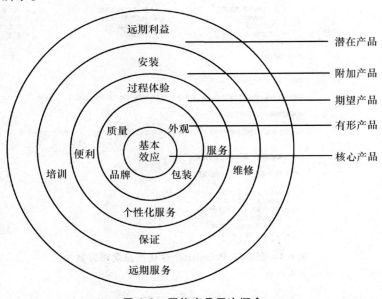

图6-2 网络产品层次概念

1. 核心产品层

核心利益是指产品能够提供给顾客的基本效用或益处,是顾客真正想要购买的基本效用或益处,核心产品是产品整体的中心。企业网络营销在这一层次中的目标是揭示隐藏在产品中的各种特征,并出售利益。由于网络营销是一种以顾客为中心的营销,因此企业在设计和开发产品核心利益时要从顾客的需求角度出发,以实现顾客最大利益为目标。

2. 有形产品层

核心产品必须通过一定的载体表现出来,这个层次就是有形产品。它包括质量水平、特色、品牌和包装等方面。首先,由于网络交易的非接触性,顾客难以对网络中的有形产品进行感官判别,产品质量是顾客考虑的主要要素,也是网络营销企业需要展示的重要信息。其次,因不受地域限制,产品的供给异常丰富,同类产品竞争激烈,网络营销企业只有在产品样式、款式上下工夫,特色鲜明才能被顾客关注。再次,必须注重产品的品牌,因为网络顾客对产品的认识和选择主要是依赖品牌。最后,网络营销的产品一般需要配送,范围是全球性的,因此包装必须标准化,而且要适宜全球运输。

3. 附加产品层

附加产品是指由产品的生产者或经营者为购买者提供的附加服务。在网络营销中,对于物质产品来说,附加产品层次要注意提供令顾客满意的保证、送货、安装、售后服务等。如网络营销企业可以在提供无理由退换货物的承诺、快捷的物流配送、免费的上门安装调试以及24小时在线客服支持等方面下工夫,在最大限度地提高顾客满意度的基础上实现自身的竞争优势。

4. 期望产品层

期望产品是指顾客在购买该产品时期望能得到的东西。如顾客在购买产品前对所购产品的质量、使用方便程度、特点等方面的期望值在产品上的反映就是期望产品。在网络营销中,顾客处于主导地位,消费呈现出个性化的特征,不同的顾客可能对产品的要求不一样,因此产品的设计和开发必须满足顾客这种个性化的消费需求。为满足这种需求,对于物质类产品,要求企业的设计、生产和供应等环节必须实行柔性化的生产及管理。如戴尔公司为满足顾客对自己购买电脑的期望,允许顾客通过互联网在网上组装和设计自己满意的电脑(硬件配置、软件配置、价格),然后以订单方式送到戴尔公司的生产部门进行生产,并由配送公司将电脑送给顾客。对于无形产品如服务、软件等,要求企业能根据顾客的需要来提供服务。如许多软件在销售给顾客后,允许顾客通过技术支持和服务对产品进行二次开发,以满足顾客独特的需要。

5. 潜在产品层

潜在产品是指由企业提供能满足顾客潜在需求的产品层次,主要是指产品的增值服务。在高新技术发展日益迅猛的时代,有许多潜在需求和利益还没有被顾客认识到,这需要企业通过引导和支持,更好地满足顾客的潜在需求。

6.1.3 网络营销产品的特征

在网络营销中,顾客无法像传统市场营销那样,最先接触产品的外观和实体,而是首先接触到网络信息,无论网络提供的信息多么翔实,都无法代替顾客接触产品实体时的真实感受,结果是顾客缺乏安全感而顾虑重重,这会使其谨慎地做出购买决策,因而决策的周期就会延长。特别是当顾客通过网络购买过产品而感觉非常不满意之后,就有可能完全放弃这种购买方式。因此,网络营销对企业提出了更高的要求。与传统实体销售产品相比,网络营销产品还具有一些特殊需求。

1. 产品性质规范化

网络的虚拟性使得顾客可以突破时间和空间的限制实现远程购物或远程订购,但却无法使顾客完全重复在传统市场营销中已经习惯了的购买过程和形式,无法产生感官直接接触产品所得到的感受,进行充分的挑选、评估与比较。因此,适合在网上营销的产品一般属于规范性强、产品之间差别小的产品或非选购品,顾客可以从网上获得这类产品的信息,根据这些信息就能确定和评价产品质量,如书籍、电脑、手机、名牌产品等。还有一些无形产品主要指通过网络看得到、听得到或想象得到的产品,一般包括IT类产品、远程服务产品、信息类产品等。

2. 产品质量标准化

标准化产品的特点在于产品质量有明确统一的指标。只要能够确定某个产品的型号,顾客就可以在网上方便地查到关于这个产品标准的所有信息,确定这个产品的功能、特性等质量指标。当顾客购买非标准化产品时,会存在色差、质量等一系列问题,从而导致一系列的质量纠纷。而标准化网络产品即使发生产品质量纠纷,由于有统一的衡量标准,问题相对容易明确,也易于售后服务工作的开展,对企业和顾客都较为有利。为了增强顾客的信心,网络上的产品必须能保持很稳定的质量。

3. 产品式样多样化

网络市场的全球性,使得产品在网上销售面对的是全球性市场。因此,通过互联网对各个国家和地区精心营销的产品要符合该国家或地区的风俗习惯、宗教信仰等。同时,由于网络顾客的个性化需求日益增多,网络营销产品的式样还必须考虑顾客的国籍、民族、教育水平、收入水平、消费习惯、兴趣爱好等人文因素差异,尽可能地满足顾客的个性化需求。

4. 产品品牌重要化

在网络营销中,一方面,要在网络浩如烟海的信息中获得浏览者的注意,只有拥有明确醒目的品牌,才能增加被选择的概率;另一方面,顾客在网上无法感知实物的品质,难以判别优劣,而品牌的背后是企业的诚信,品牌就是质量的保证,因此网络顾客对品牌比较关心,故在网络营销中,产品的实物品牌与网上品牌同样重要,制造商与经销商的品牌同样重要。

5. 产品价格低廉化

互联网作为信息传递工具,在发展初期是采用共享和免费策略发展而来的。一方面,网络顾客比较认同网络产品价格低廉的特性;另一方面,由于通过互联网进行销售减少了流通环节,其成本低于其他渠道的产品。因此,一般情况下,在网上销售产品都应该采用低于实体销售价格的方式来定价。低价是对网络顾客最具有吸引力的因素之一。需要注意的是,网络定价的低廉是以本身销售成本降低为基础的,但这不等于说网络产品就一定都是低价位产品,产品价位的高低除受到供求关系约束以外,还受到企业信誉、产品品牌和企业定价策略等多种因素的影响。

6. 产品包装专业化

作为通过互联网经营的针对全球市场的产品,其包装必须适合网络营销的销售要求。

对于无形产品,如通过网络传送的软件、游戏、信息等本身可以通过网络直接传递,可以没有任何实物包装,但要注意做好产品界面的包装,使顾客不仅使用方便,更能在购买和使用产品过程中感到身心愉悦。实体产品,除了重视传统包装的特征外,由于网络营销中产品配送的地域广泛,还要求包装既能有效保护商品,又便于携带搬运,以确保运输过程的便捷性和安全性。

6.1.4 网络营销产品的分类

从目前国内外的情况看,在网络上销售的产品,可以分为两大类:实体产品和虚体产品。

由上述网络营销产品的网上适应性可以看出,网络营销产品范围已经越来越广,从实体的一般用品扩展到了软件、音乐、视频以及某些远程医疗、远程教育等服务层面。我们有必要对网络营销产品进行分类,了解其各自的特点。

1. 按产品的性质和形态分类

按产品的性质和形态分类,网络营销产品可以分为实体产品和虚体产品两大类(即有形产品和无形产品),如表6-1所示。

表6-1 网络实体产品与虚体产品

产品形态	产品品种	产品	
实体产品	普通产品	消费品、工业品、农业产品等实体产品	
虚体产品	数字化产品	电脑软件、手机软件、电子游戏、电子图书、电子新闻、电子报刊、研究报告、论文等	
	网络服务	普通服务	远程医疗、法律救助、航空火车订票、入场券预定、饭店、旅游服务预约、医院预约挂号、网络交友、电脑游戏等
		信息咨询服务	法律咨询、医药咨询、股市行情分析、金融咨询、资料库检索等

有具体物理形状的物质产品均可以划归为实体产品,如书籍、电子产品、生活用品、化妆品、食品等。网络营销中的实体产品销售与传统销售有所不同,顾客不能够亲自体验,仅仅是通过企业的主页考察产品的各个性能指标并选择;交货方式也从面对面的交货改为邮寄或者送货上门。图6-3为京东商城的全部产品分类,可以看出该商城提供的大部分产品是实体产品。

网上销售的虚体产品一般还可以分为两大类,即数字化产品和网络服务。数字化产品是网上零售最成功的产品,它可以将其内容数字化,直接在网上以电子形式传递给顾客,而不再需要某种物质形式和特定的包装。它跨越时空,突出体现了网上销售的优势,所以生命力强大。网络服务可以分为普通服务与信息咨询服务两种,这是根据所获信息的专业性来分类的。通过网络这种媒体,顾客能够尽快地得到所需要的服务,免除了排队等候的时间成本。同时,顾客能够得到更多更快的信息,享受到网络提供的各种娱乐方式。顾客上网的最大需求就是寻求对自己有用的信息,网络是一种最好的媒体选择,信息服务正好提供了满足这种需求的机会。

图 6-3 京东商城的产品分类

资料来源：http://www.jd.com/

2. 按产品的数字化程度分类

按照产品的数字化程度分类，网络营销产品可以分为数字化产品、可数字化产品、描述数字化之产品、标准化产品，如表6-2所示。

表 6-2 网络营销产品按数字化程度分类

产品分类	特点	举例
数字化产品	本身以数字化形式存在，可以提供在线试用，降低不确定性，节省物流成本	计算机软件、图库、数据库等
可数字化产品	容易数字化的产品，降低交易成本	电子书、电子杂志、电子报刊等
描述数字化之产品	就其规格进行描述实现数字化	套装旅游、汽车、电子产品等
标准化产品	不能数字化，也不能直观描述	钻石、珠宝等

根据数字化的观点，那些数字化程度越高的产品越适合在网上进行销售。但在实际情况中，那些无法数字化或者数字化程度很低的产品却占据着很大的市场份额。

6.1.5 网络营销产品的生命周期

产品生命周期的长短主要取决于市场的需求和新产品的更新换代过程。网络营销产品仍然遵循传统市场营销理论当中产品生命周期的划分方式，即网络营销产品生命周期划分为四个阶段：投入期、成长期、成熟期和衰退期。网络营销产品的特殊性，如技术的更新换代和信息的进一步对称化，使得网络营销产品在生命周期的不同阶段有不同的特点，不同阶段采取的营销策略也有差异，如表6-3所示。

表 6-3　不同产品生命周期的市场特征和营销策略

生命周期	市场特征	营销策略
投入期	不为顾客所了解,需求有限,销量很少,增长缓慢;生产批量小,制造成本高,销售费用高,销售价格也偏高;市场上竞争者很少。	尽可能快地向顾客提供足够的信息或搜索信息的渠道,让顾客能够快速了解关于该产品的特点以及优势所在。
成长期	产品已经基本定型,顾客对产品已经熟悉并接受,销售量迅速上升,产品成本下降,利润不断增加。但是,在这一阶段竞争者大量涌入,竞争趋向激烈。	利用互联网自由开放和全球化的特点,强化产品的市场地位,树立产品形象,建立品牌偏好,针对竞争者的情况,适时采用产品差异化策略,扬长避短,突出自身优势。
成熟期	产品的工艺、性能较为稳定完善,质量相对稳定,产品被大多数顾客接受,市场趋于饱和,销售量增幅缓慢,并呈下降趋势。成熟期后期,市场上产品出现过剩,竞争加剧,价格竞争激烈,销售费用不断提高,产品销售量和利润开始下滑,消费需求开始转移。	利用互联网的信息交互性了解顾客的产品满意度和潜在需求状态;对现有产品进行恰当调整,最大限度地满足顾客的个性化需求。同时,利用互联网的开放性,发掘新的产品特性,开拓新的市场需求,并且利用互联网渠道的高效率来控制营销费用,尽可能获得最大利润。
衰退期	产品销售量急剧下降,甚至出现积压;同时,替代品逐渐占领市场,市场竞争突出表现为价格竞争。	利用互联网尽快销售完库存产品,如在衰退期可以利用互联网拍卖市场拍卖库存产品,尽可能减少损失,收回资金。

6.2　网络营销产品组合策略

6.2.1　网络产品组合的概念

网络产品是一个复合的、多维的、整体的概念,企业要根据市场需求和自身能力条件,确定网络经营的规模和范围。企业利用网络向网络目标市场上提供的所有产品、服务或业务的组合搭配就是网络产品组合。与传统市场营销学一样,产品组合通常由产品线和产品项目构成,即根据企业现实情况、营销决策,将若干条产品线中的若干种产品项目按照一定比例进行搭配。

产品线是指产品组合中所有产品根据某一分类标准划分成的产品大类。产品组合中的产品可以依据产品功能上相似、消费上具有连带性、供给相同的顾客群、有相像的分销渠道、属于同一价格范围进行分类。产品项目是指每一产品大类中所包括的每一种产品,即产品组合中各种不同品种、档次、质量、价格或其他属性的特定产品。

在网络营销活动当中,为了满足顾客的需要,同时扩大销售,降低风险,往往要销售多种产品,这就意味着企业提供给目标市场的产品一般不是单一的,而是若干种产品、品牌、包装、服务等构成的产品组合。企业要想在竞争中脱颖而出,不但要在产品的品牌、包装、服务和配送等方面做出决策,而且要从整体上对产品组合、产品线和产品项目做出决策。如上海麦考林国际邮购有限公司(简称麦考林),是著名的网络购物网站,主要经营麦考林服饰、首饰、家居用品、健康用品、宠物用品等多种商品。其产品组合策略如图 6-4 所示。

图 6-4 麦考林网站的产品组合策略

6.2.2 网络产品组合决策

借助网络的特性,网络营销可以做到"零库存"、"先销售、后生产"、"虚拟店铺",企业可以比较灵活地从产品组合的广度、深度和关联度等方面对产品组合进行调整。

1. 产品组合的广度

产品组合的广度,也称为宽度,主要反映企业网络营销活动中所涉及的产品或业务面的宽窄问题,是指企业内有多少条不同的生产线,多则称之为宽,少则称之为窄。

2. 产品组合的深度

产品组合的深度,反映企业在网络营销活动中所经营的产品项目内容的多少,是指每一产品线上平均拥有的产品品种数,或每条产品线内不同规格的产品项目的数量,多则称之为长,少则称之为短。从实际情况来看,产品组合的深度指的是网络顾客在网页上能够看到的产品品种数、不同规格的产品项目的数量。

3. 产品组合的关联度

产品组合的关联度则是指各条产品线在生产条件、分销渠道、最终用途等方面相互关联的程度。

企业产品组合选择和评价的依据是:有利于促进销售和增加企业的总利润。要从上述三个要素入手,考虑企业的综合实力以及经营战略,进行适合企业发展的网络产品组合决策。这时要考虑的因素有:企业的生产条件,即资金占用情况、技术水平、设备状况、原材料供应情况等;市场需求量和市场需求的增长量;市场竞争状况。

一般来说,拥有自己的网站的部分企业,对于产品组合的决策主要侧重于传统的产品组合决策。而另一部分企业,如淘宝、京东商城、当当网等许多类似零售的网站类型的企业,在其产品组合决策时要着重于产品组合深度、广度的控制,一般来说,要选择那些知名度高、信誉好的品牌,使各产品线更加适应越来越广泛的顾客需要,吸引顾客,扩大销售量。

6.2.3 网络产品组合策略

企业在调整自己的产品组合时,根据情况的不同,可选择以下三种策略。

1. 产品组合扩充策略

产品组合扩充策略主要包括增加企业网络营销产品组合的宽度或深度,从而增加产品组合的长度等策略。具体来讲,增加产品组合宽度就是在原有的产品组合中增加一个或几个产品线,扩大企业网络营销产品的范围。增加产品组合宽度的决策有助于扩大企业网络营销的范围,可以充分发挥企业各项资源的潜力,提高效益,降低风险。增加产品组合的深度是指在原有产品线内增加新的产品项目,它可以使产品丰满充实,可以迎合网络顾客的不同需要和爱好,以吸引更多的顾客,从而占领同类产品的更多细分市场。如淘宝是 C2C 个人网上交易平台和平台型 B2C 电子商务服务商,淘宝的商品项目从汽车、电脑到服饰、家居用品,分类齐全,除此之外还设置了网络游戏装备交易区、虚拟货币交易区等,创造了网络最大销售量的奇迹,如图 6-5 所示。

图 6-5　分类齐全的淘宝网

2. 产品组合缩减策略

产品组合缩减策略是指将那些获利很少甚至没有利润的产品大类或产品项目从产品组合中剔除。这样能够使企业将各项资源、原材料等合理利用在获利较多或有潜力的产品大类和产品项目上。如旅游公司,在其产品经过评价之后,某些获利少、耗费大的旅游线路,将会被取消,这会表现为网站产品介绍中产品的项目有所减少。

3. 产品线延伸策略

突破企业网络营销原有经营档次的范围,使产品线加长的策略就是产品线延伸策略,它实际上是一种实现产品组合扩充策略的重要途径。一般来说,根据企业经营战略的不同,产品线延伸策略可以有不同的选择。

(1) 向上延伸策略。向上延伸策略是指企业从只经营低档产品,逐步增加中档、高档产品。向上延伸可提高企业及现有产品的声望。顾客购买产品,不但取得了产品的所有权及其附加的当期收益,而且获得了各种远期收益。但是采取向上延伸策略,也要冒一定风险,如可能引起生产高档产品的竞争者进入低档产品市场进行反攻;未来的顾客可能不相信企业能生产高档产品;企业的销售代理商和经销商可能没有能力经营高档产品导致高档产品难以推广。

(2) 向下延伸策略。与向上延伸策略相反,向下延伸策略是指经营或生产高档产品的企业逐步增加一些较低档次的产品。如果企业生产经营的高档产品由于种种原因,不能再提高销售增长速度,而且企业具备生产经营低档产品的条件,这时可增加一些较低档的产品。向下延伸也可吸引受经济条件限制的顾客,扩大企业的市场规模。如总资产和年销售额都曾创造过世界第一的美国通用汽车公司的网站上不仅销售新车,同时还提供旧车交易。想购买二手车者,可进入标有"经 GM 认可确保质量的二手车"字样的网页进行选择。另外,随着网上金融服务体系的逐步建立,网络银行的业务也会由传统的银行业务,延伸到电信、税务、水电、交通等行业,为普通用户提供代收电话费、传呼费、水电费、税费、交通罚款等代理业务。企业在采取向下延伸策略时,会遇到一些风险,诸如企业原来生产高档产品,后来增加低档产品,这样就可能使名牌产品的质量形象受到损害。所以,低档产品最好用新的商标。

(3) 双向延伸策略。有些经营中档产品的企业,在一定条件下,逐渐向高档和低挡两个方向延伸,称为双向延伸策略。双向延伸可使企业同时获得上述两种延伸所产生的效果。需要说明的是,对于开展网络营销的企业来说,产品不但包括要出售的货物,还包括各种服务、各种商业过程,以及配套的信息服务,因此双向延伸也不仅仅是增加传统意义上的高档或低档产品,而是要在产品的各个组成部分中进行延伸。例如,企业可以为每个产品的客户制订一种相应的服务方案,包括送货服务方式、安装和培训服务以及维修服务等,以增加服务的价值;可以为所有顾客提供一系列可增值的信息,如供应商的生产能力、产品前景预测、产品设计、保修、交易和送货条款等。通过这些不同的延伸策略,可以最终达到提高产品的附加值和市场占有率的目的。采取双向延伸策略可以同时具有向上延伸及向下延伸决策的优点,一方面,向上延伸可提升公司形象,另一方面,向下延伸可使消费者容易接纳新产品。但是采取该决策的风险是可能同时具有向上延伸和向下延伸决策所带来的风险,易造成品牌形象混淆,而且公司同时多方向发展,资源能力是否能支持是一个很值得考虑的问题。

由于网络市场的特殊性,企业网络产品线的延伸虽然要和企业市场的发展相结合,但是,就网络市场本身而言,产品线的延伸意味着网络市场定位的调整,需要仔细分析不同策略的利弊。

6.3 网络营销包装策略

网络产品在最终到达顾客手中时不可能是裸露的,这就需要包装。"包"即包裹,"装"即装饰。产品包装是产品实体的重要组成部分,通常是指对某一品牌产品制作容器或包装物及对其进行设计装潢的一系列活动。同时,作为产品策略的重要组成部分,产品包装是营销的无声推销员,是市场竞争的有利武器。

6.3.1 网络产品包装的作用和特征

1. 网络产品包装的作用

(1) 产品包装具有保护产品的作用。这一作用是包装最基本的作用,它在产品的运输和销售过程中起到防止或减少意外损坏的作用。

(2) 宣传、美化产品。通过对包装的颜色及图案的精心设计,可以使产品得到美化,同时也可起到宣传产品的作用。

(3) 提高产品身价。设计典雅、图案精美、做工精细的产品包装,与优质产品相配合,可以使产品的身价得到大幅度的提高。

(4) 便于携带、运输和使用。在大多数情况下,裸产品不便于携带、运输和使用。通过包装可以使产品增加便于携带、方便运输和使用的功能。

2. 网络产品包装的特征

一般而言,网络产品包装主要是针对网络实体产品而言的,网络实体产品包装与传统市场营销中的产品包装相比既有共性,也有其特殊性。

（1）在包装展示方面。对于网络实体产品的包装,并不是仅仅在网站上展示原有产品的包装图案,而是要充分利用网络和多媒体技术,包括图片、动画、音响、交互工具等,通过整合化的信息载体给顾客造成强烈的视觉冲击和心灵震撼,强化消费信心,刺激购买欲望。

（2）在包装工具方面。网页也是实体产品的包装工具。精良和专业的网页设计,如同制作精美的印刷品,会大大刺激顾客(访问者)的购买欲望。逻辑清晰的产品目录或创意独特的广告能使顾客在一定程度上对有关的产品形成一种好感,即使不购买,也必然对这些产品形成一定程度的认同。利用网页引人入胜的图形界面和多媒体特性,企业可以全方位地将产品的外观、性能、品质以及产品的内部结构一层层解剖出来,使顾客对产品有一个客观、冷静、不受外界干扰的理性了解。

6.3.2 网络产品包装的层次

网络产品的包装可以分为三个层次,即使用包装、销售包装和储运包装。

（1）使用包装。是指直接用于包装产品的容器或器物,如牛奶盒子、香烟纸盒等。使用包装的主要作用是方便顾客的使用。网络营销中,同样需要对其进行精细设计,使其符合产品的特点、性质以及目标顾客需求偏好等。

（2）销售包装。是指能够保护使用包装、方便销售甚至促进销售的包装物,如酒瓶外的包装纸盒等。销售包装通常会被顾客在购买产品后、使用产品前或是产品完全消耗完之后抛弃。由于销售包装这一特点及网络营销的无店铺销售形式,包装用于促销的作用已经减弱,这就意味着企业可以省略华美精致的销售包装,实现降低营销成本、降低价格的目的,从而增加产品在网络营销中的优势,让利于顾客,实现双赢。

（3）储运包装。是指用于产品储存和运输过程中的包装物。较之传统店铺,网络营销对产品的储存、运输以及配送有着更高的要求,这是由跨地区营销决定的。例如,传统市场营销中,产品分销遵循从批发到零售的模式,产品物流量常常是由多渐少,对大批量产品的包装要求较多。而网络营销中,产品分销单件小批日渐增多,对单件小批产品的外包装提出了更高的要求。

聚美优品的产品三层次包装如图6-6所示。

6.3.3 网络产品包装策略

合理的产品包装策略,对企业的产品营销活动有着十分重要的影响。在网络营销中,虚体产品在产品形式上与实体产品有很大区别,其包装主要强调销售界面的美化和与用户的交互性方面。例如,对游戏和应用软件而言,提供友好的界面对产品的销售非常重要。对实体产品而言,其包装策略与传统市场营销是一致的。主要包括以下几种:

（1）同一包装策略。也叫类似包装策略、产品线包装策略。是指企业对质量档次类同的产品在包装上采用相同或相似的颜色、图案、形状等。这一策略的优点是,使顾客容易注意到这是同一企业的产品,加深印象,同时降减少包装设计成本,有利于新产品上市。

（2）等级包装策略。企业将产品按照质量、性能等分为不同的等级,采用与之价值等级对应的包装,从而迎合不同顾客的心理需求,这便是等级包装策略。

（3）复用包装策略。是指采用包装物能够再次使用或者在一定时间内持续使用的包装策略,如屈臣氏里的饼干一般用非常精美的盒子包装,而这些盒子通常可以进行再利用。这种包装有助于引发顾客的兴趣,促进其重复购买。

（4）配套包装策略。是指将相互关联或成套的多种产品纳入一个包装容器内,同时出售。

图 6-6 聚美优品的产品包装

资料来源：http://www.jumei.com/activity_guarantee.html?from=footer#bold_consignment

如屈臣氏将同一品牌、同一功能的洗发露、润发露放到同一个包装袋里。这样能在无形中给顾客暗示，有助于扩大销售，同时方便顾客使用、携带。

（5）附赠品包装策略。网络营销中，通常有企业在包装中放置小礼品给顾客，如购买衣服赠送饰品、购买化妆品赠送小样等。这种附赠品包装策略能够提高顾客的购买欲望并得到顾客的好评，扩大企业品牌的知名度、影响力。

6.4 网络营销的新产品开发

6.4.1 网络营销新产品的概念

市场营销学中所说的新产品，是从产品的整体概念来理解的。任何产品只要能给顾客带来某种新的满足和新的利益，都可以看作新产品。新产品包括：

（1）全新产品，指市场上从未出现过的，运用了新概念、新技术、新工艺制成的产品。如付费电子报刊、电子书籍以及电子游戏。

（2）革新产品，指在原有产品的基础上，部分采用新技术或新材料制作的产品，一般性能有所提升。如微软公司的办公软件，从 Office 97 已经升级到 Office 2013。

（3）改进新产品，指在材料、结构、款式、包装等方面对原产品进行改进。

（4）仿制新产品，又称企业创新产品，指企业仿制市场上已有的产品，并进行创新，标上自己的品牌而形成的产品，如腾讯 QQ、微博。

（5）新进入产品，首次在网络上进行销售的产品，均可称为新产品。如生活用品、电子产品、某些咨询服务等首次在网上进行销售时，均可称为新进入市场的网络新产品。

对网络市场而言，第一次出现的产品即可称为网络市场的新产品。因此，网络营销中新产品的范围进一步扩大了。

6.4.2 网络营销新产品的开发策略

在网络时代，由于信息和知识的共享，科学技术扩散的速度加快，企业的竞争从原来简单依靠产品的竞争转为拥有不断开发新产品能力的竞争。企业在进行网络营销新产品的开发时，要注意以下几个方面：① 随着时间的推移，传统的优势产业，如汽车、电视机、计算机等领域内值得投资并切实可行的新技术微乎其微，企业需要适应网络时代的需求构思和开发未来产品。② 市场竞争愈发激烈导致市场不断分裂，企业新产品不能选择整个市场为目标市场，应该将目标对准较小的细分市场。③ 新产品更新换代的速度越来越快，企业需要采用计算机辅助设计和合作开发，加快进行产品概念试验及先进的市场营销规划等，才能抢占先机取得优势。④ 企业面对的是全球化的市场，要有国际化创新理念。要利用互联网的全球性与快速性，结合企业的实际情况，选择最优新产品开发策略。

与传统新产品开发一样，网络营销新产品开发策略也有下面几种类型，但策略制定的环境和操作方法不一样，下面分别予以分析。

（1）开发新产品，即向网络市场推出一种全新新产品。在网上，第一个网站创建软件、调制解调器、购物代理商、搜索引擎都属于这一类。与传统市场营销相同，全新新产品的开发通常需要投入大量的资金，而且需要具有足够的需求潜力，企业承担的风险也较大。这种策略一般主要由创新公司采用。同时，网络经济使得市场需求、顾客观念与消费心理发生了极大的转变，因此，如果有很好的产品构思和服务理念，就会吸引更多的风险投资资金进入网络市场，从而使得产品概念成为现实。

（2）新产品线，即使得企业首次进入某一现有市场的新产品。互联网的技术扩散速度非常快，利用互联网迅速模仿和研制开发出已有产品是一条捷径，只有新产品尽快形成新产品线，才能先发制人，占取优势，但因为新产品开发速度非常快，所以这种策略只能作为一种对抗的防御性策略。

（3）现有产品线外新增加的产品，即补充企业现有产品线的新产品。由于市场不断细分，市场需求差异性增大，因此这种新产品策略是一个比较有效的策略。首先，它能满足不同层次的差异性需求；其次，它能以较低风险进行新产品开发，因为它是在已成功产品上进行的再开发。

（4）现有产品的改良品或更新，即提供改善了的功能或较大感知价值并且替换现有产品的新产品。在网络营销中，由于顾客可以在更大范围内挑选产品，因此顾客具有很大的选择权。企业在顾客需求层次日益提高的驱动下，必须不断改进现有产品并进行升级换代，否则很容易被市场抛弃。目前,产品的信息化、智能化和网络化是必须考虑的,如电视机的数字化和上网功能。

(5)降低成本的产品,即提供同样功能但成本较低的新产品。网络时代的顾客虽然注重个性化消费,但个性化消费不等于是高档次消费。个性化消费意味着顾客根据自己的个人情况包括收入、地位、家庭以及爱好等来确定自己的需要,因此顾客消费意识更趋向于理性化,更强调产品给顾客带来的价值,同时包括所花费的代价。在网络营销中,产品的价格总的来说呈下降趋势,因此提供相同功能但成本更低的产品更能满足日益成熟的市场需求。

(6)重定位产品,即以新的市场或细分市场为目标市场的现有产品。这种策略是网络营销初期可以考虑的,因为网络营销面对的是更加广泛的市场空间,企业可以突破时空限制以有限的营销费用去占领更多的市场。在全球的广大市场上,企业重新定位产品,可以取得更多的市场机会。例如,国内的中档家电产品通过互联网进入国际上其他发展中地区市场,可以将产品重新定位为高档产品。

企业网络营销产品策略中采取哪一种具体的新产品开发方式,可以根据企业的实际情况决定。但结合网络营销的市场特点和互联网的特点,开发新市场的新产品是企业竞争的核心。对于相对成熟的企业采用后面几种新产品策略是一种短期稳妥策略,但不能作为企业长期的新产品开发策略。

6.4.3 网络营销新产品的开发流程

网络营销中新产品的开发过程与传统市场营销相比,有其共同点,也有其不同之处。通常,新产品的开发过程由八个阶段构成,即形成构思、筛选构思、形成产品概念、制定营销战略、进行商业分析、研究试制、市场试销、正式投放市场。由于网络市场的不断深入开发,过程中的各个阶段都有所变化,从而导致了网络营销新产品开发阶段的侧重点各有不同,本书从网络营销新产品构思与概念形成、研制、试销与上市三个角度着重进行介绍。

1. 网络营销新产品构思与概念形成

网络营销的一个重要特征是与顾客的交互性,它可以通过网络信息技术来记录、评价和控制营销活动,掌握市场需求情况。同时,顾客的参与也使得新产品构思与概念形成过程有了本质的区别。新产品的构思可以有多种来源,可以是顾客、科学家、竞争者、公司销售人员、中间商和高层管理者,但最主要的来源还是依靠顾客来引导产品的构思。

在产品开发中,企业可以利用网络征集顾客对产品设计的构想,然后迅速地向顾客提供产品的结构、性能等各方面的资料,并进行市场调查;顾客可以及时将意见反馈给企业,从而提高企业开发新产品的速度,降低企业开发新产品的成本。企业还可以利用网络电视会议等工具与其他公司协作共同开发新产品,以提高企业的竞争力和灵活性,减少企业本身开发新产品的复杂性和创新风险。

2. 网络营销新产品研制

在网络营销中,顾客可以全程参与概念形成后的产品研制和开发工作,顾客参与新产品研制与开发不再是简单被动地接受测试和表达感受,而是主动参与、协助产品的研制与开发工作。与此同时,与企业关联的供应商和经销商也可以直接参与新产品的研制与开发。通过互联网,企业可以与供应商、经销商和顾客进行双向沟通和交流,可以最大限度地提高新产品研制与开发的速度。戴尔公司采用的定制生产、大众汽车采用的网上试驾与性能比较订货,都是企业以顾客需求为主导进行新产品研制与生产的例子。

3. 网络营销新产品试销与上市

通过网络营销来推动新产品试销与上市是一种有效的策略和途径。网络市场作为新兴市场，顾客群体一般具有很强的好奇心和消费领导性，比较愿意尝试新的产品。因此，通过网络营销来推动新产品试销与上市，是比较好的策略和方式。但要注意的是，网络顾客群体还有一定的局限性，目前的消费意向比较单一，所以并不是任何一种新产品都适合在网上试销和推广。一般对于与技术相关的新产品，在网上试销和推广效果比较理想。这种方式一方面可以比较有效地覆盖目标市场，另一方面可以利用网络与顾客直接进行沟通和交互，有利于顾客了解新产品的性能，还可以帮助企业对新产品进行改进。

通过互联网，企业还可以迅速建立和更改产品项目，并应用互联网对产品项目进行虚拟推广，从而高速度、低成本地实现对产品项目及营销方案的调研和改进，并使企业的产品设计、生产、销售和服务等各个营销环节能共享信息，互相交流，促使产品开发从各方面满足顾客需要，最大限度地让顾客满意。例如，企业可以展示尚未试制的虚拟产品，而不用像传统市场营销活动中那样，要试制一小批样品，从而降低了新产品开发的费用和风险。

案例讨论

材料一：京东商城的产品与服务

京东商城是中国B2C市场最大的3C网购专业平台，是中国电子商务领域最受消费者欢迎和最具影响力的电子商务网站之一（见图6-7）。京东商城目前拥有遍及全国各地的2 500万注册用户，近6 000家供应商，在线销售家电、数码通信、电脑、家居百货、服装服饰、母婴、图书、食品等11大类数万个品牌百万种优质商品，日订单处理量超过30万单，网站日均PV超过5 000万。2010年，京东商城跃升为中国首家规模超过百亿的网络零售企业，连续六年增长率均超过200%，现占据中国网络零售市场份额的35.6%，连续十个季度蝉联行业头名。

图6-7 3C网购专业平台——京东商城

资料来源：http://www.jd.com/

3C网购专业平台

作为中国B2C市场最大的3C网购专业平台，京东商城无论在访问量、点击率、销售量还是在业内知名度和影响力上,在国内3C网购专业平台中都首屈一指。2007年,京东商城销售额超过3亿元人民币,而在2008年,京东商城的销售额突破10亿元人民币,达到13.6亿元。京东商城的飞速发展和良好前景赢得了国际著名风险投资基金的青睐。2007年,京东商城迎来了第一笔风险投资,这无疑为京东商城的迅猛发展注入了一支强心剂。伴随着京东商城的超速发展,京东商城将为合作伙伴提供更广阔的发展平台,为广大用户提供便利可靠的高品质网购专业平台。

商品种类

相较于同类电子商务网站,京东商城拥有更为丰富的商品种类,并凭借更具竞争力的价格和逐渐完善的物流配送体系等各项优势,赢得市场占有率多年稳居行业首位的骄人成绩。

未来,京东商城将坚持以"产品、价格、服务"为中心的发展战略,不断增强信息系统、产品操作和物流技术三大核心竞争力,始终以服务、创新和消费者价值最大化为发展目标,不仅将自己打造成国内最具价值的B2C电子商务网站,更要成为中国3C电子商务领域的翘楚,引领高品质时尚生活。

零元团购

2010年12月23日,京东商城团购频道正式上线,京东商城注册用户均可直接参与团购。目前该公司提供的团购服务主要以餐饮美食、娱乐休闲活动和非京东商品的实物团购为主,春节后将正式推出京东商城在售商品团购,各个类别均有产品参与。京东商城团购频道的推出,标志着中国电子商务巨头正式涉足团购领域,该领域将面临全新洗牌。

据了解,京东商城团购频道每周一至周五每天均会推出一款团购商品。对于非实物商品,已售数量达成团购数量后,消费者即会收到手机短信和邮件优惠码;而实物商品,在达成团购数量后,京东商城会将商品直接送到消费者手中,京东商城采购的商品还奉行"211限时达"极速物流标准,保证商品24小时内送达。京东商城团购负责人向赛迪网透露,该网站的团购频道将陆续推出极具挑战性的低价商品,一些商品将会以零元开团,消费者仅需支付快递费用即可拥有,零元团购将成为京东商城的特色团购项目,长期推出。

图书频道

京东商城图书频道悄然上线,与手机数码、电脑办公商品等并列于京东产品大分类。这也意味着京东商城将与当当、卓越等B2C展开更为激烈的竞争。

据悉,京东商城试运行销售的图书商品将涵盖文艺、社科、经管励志、教育考试、科技、生活、少儿7大品类39个大分类超过10万种。人民出版社、人民文学出版社、商务印书馆、机械工业出版社、中华书局、中信出版社等国内出版巨头与京东商城展开深入合作。

另据了解,为配合图书销售,京东商城进一步扩大货到付款的范围,全国500多个城市将支持图书类商品的货到付款,未来这一范围还会进一步扩大。同时,京东商城还会继续加速图书单品的完善,预计图书品类将迅速扩张到25万种。

材料二:京东商城的电子书平台搭建

下面是来自N次方网站的一则简讯:

2012年2月14日消息,京东商城将于下周一正式推出电子书平台,将来将推出移动客户端软件。京东商城电子书只做内容平台,不会推出终端设备。

据悉,京东商城电子书营业首期上线图书种类超过8万种,品类包括电子书、数字期刊、多媒体电子书,协作供给商超过 200 家。

京东商城的电子书平台将成为全体开放战略的主要构成局部,京东商城方面计划对资本、内容整合营销,在产业链上游将同业界主流的内容供应商合作,包括出版社、图书公司、版权公司、作家等;下游将同硬件厂商合作,同步推出支撑各类移动硬件设备的阅读客户端,包括手机、平板电脑、手持阅读器等。

据透漏,在推出电子书平台之后,京东商城还计划于 2012 年下半年推出数字音乐业务。2011 年 12 月 21 日,当当网上线电子书平台"数字书刊",还将推出针对苹果 iOS 系统和谷歌安卓系统的终端应用软件。此外,当当电子书硬件终端将于本年第一季度推出。

资料来源:www.n-mediapower.com

问题
1. 试总结、分析京东商城的产品策略。
2. 请分析京东商城能够取得成功的原因。

本章小结

1. 网络营销产品的概念可以概括为:网络营销活动中,顾客所期望的能满足自己需求的所有有形实物和无形服务的总称。网络营销产品的整体概念包括核心产品、有形产品、附加产品、期望产品和潜在产品五个层次。

2. 网络营销产品有性质规范化、质量标准化、式样多样化、品牌重要化、价格低廉化及包装专业化等主要特征。

3. 网络营销产品生命周期划分为四个阶段:投入期、成长期、成熟期和衰退期。不同时期网络市场的特征与适用的营销策略相对有所区别,企业在选用时,应当注意产品所处的阶段,分别制定营销策略。

4. 企业利用网络向网络目标市场提供的所有产品、服务或业务的组合搭配就是网络产品组合。与传统市场营销学一样,网络产品组合通常由产品线和产品项目构成,需要根据企业现实情况做出营销决策。

5. 产品包装有三个层次,即使用包装、销售包装和储运包装。网络营销产品包装策略主要有同一包装、等级包装、复用包装、配套包装、附赠品包装等。

6. 任何产品只要能给顾客带来某种新的满足和新的利益,都可以看作网络新产品。由于网络市场的不断深入开发,网络营销新产品开发过程的各个阶段都有所变化,从而导致了网络营销新产品开发阶段的侧重点有所不同,本书侧重于网络营销新产品构思与概念形成、研制、试销与上市三个阶段。

思考与实践

1. 理论基础
(1) 如何理解网络产品的整体概念?
(2) 试述网络产品生命周期各阶段的特点和营销策略。
(3) 试述网络产品的特点及其与传统意义上产品的区别。
(4) 试述网络新产品开发的步骤及其关键点。

2. 知识运用

目前我国网上商城的发展日益迅猛,出现了京东商城、1号店、苏宁易购、银泰网、淘宝等众多网上商城。请总结这些商城的产品策略,分析其相同点与不同点,并以此分析我国现阶段网络营销产品策略的现状与展望。

参考文献

[1] 周贺来.网络营销使用教程[M].北京:机械工业出版社,2010.

[2] 朱瑞庭.网络营销[M].北京:高等教育出版社,2009.

[3] 赵文清.网络营销基础[M].北京:人民邮电出版社,2011.

[4] 陆川.网络营销实务[M].北京:高等教育出版社,2008.

[5] 李琳娜.网络营销与策划[M].武汉:武汉理工大学出版社,2006.

[6] 刘晓敏.网络营销理论与实务[M].北京:北京理工大学出版社,2009.

[7] 张卫东.网络营销:策划与管理[M].北京:电子工业出版社,2012.

[8] www.n-mediapower.com

[9] http://www.jd.com/

第 7 章 网络营销定价策略

引导案例

Priceline 的自我定价系统

Priceline 是美国一家基于 C2B 商业模式的旅游服务网站。打开 Priceline 网站,最直观的可选项目就是"机票"、"酒店"、"租车"、"旅游保险"。Priceline 属于典型的网络经纪,它为买卖双方提供一个信息平台,以便交易,同时提取一定的佣金。对于希望按照某一种住宿条件或者某一指定品牌入住的客人,Priceline 也提供传统的酒店预订服务,顾客可以根据图片、说明、地图和客户评论来选择他们想要的酒店,并且按照公布的价格付款。作为典型的网络经纪商,让 Priceline 取得巨大商业优势的就是其发明的"Name your own price"(自我定价)系统(见图 7-1)。自我定价是经济学中价格与价值相互关系原理的延伸解读,即产品的价值和使用价值可以通过价格体现出来,但是产品越接近保质期,它的使用价值就越小,理论上达到保质期时点之时,产品的使用价值就会变为零。具体到机票或者酒店行业,就是越临近登机或者入住时间,机票和酒店客房的实际价值就越小,而一旦飞机起飞或者客房空置超过夜里 24 点,其使用价值便会为零。这种自我定价系统商业模式,允许消费者通过网络向 Priceline 网站就某种商品或服务报出自己愿意支付的价格,由 Priceline 负责从自己的数据库或供应商网络中寻找愿意以消费者所定的价格出售该种产品的供应商。

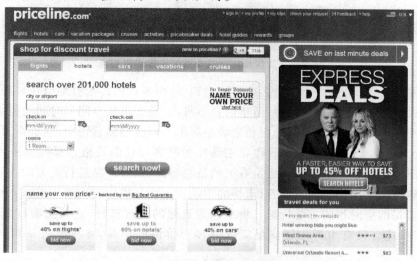

图 7-1 Priceline 的自我定价系统

Priceline 所创立的自我定价系统十几年来一直是独树一帜,被认为是网络时代营销模式的一场变革,而 Priceline 则在发明并运用这一模式的过程中迅速成长。

资料来源:整理自 http://baike.baidu.com/view/3227249.htm

7.1 网络营销定价概述

价格是企业进行竞争的重要手段,关系到经营利润、经营目标的实现。在网络营销组合中,与产品、渠道和促销相比,价格是企业促进销售、获取效益的关键因素。企业在定价时,既要考虑自身情况,如经营目标、资源配置以及资金运用情况,又要考虑顾客对产品的需求以及对价格的接受程度。定价时,一般具有买卖双方双向决策的特征。

7.1.1 网络营销价格的内涵

产品价值决定价格,价格是价值的货币表现。产品价格构成的四个要素为:生产成本、流通费用、国家税金和企业利润。西方经济学和营销学通常将价格定义为"顾客为得到一单位产品或劳务而必须支付的货币数量单位",也是产品或劳务的提供者为其提供的产品或服务所收取的费用。网络营销价格是指在网络营销过程中买卖双方成交的价格。

企业的销售收入与盈利水平直接受产品价格高低的影响。产品价格对顾客的购买心理有着重要影响,当价格在顾客能够接受的区间内变化时,企业能够运用不同的定价策略,将价格定到最优水平;但如果价格超过顾客所能够接受的心理界限,顾客就很容易改变已定的购物计划。

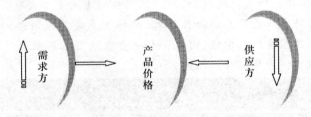

图 7-2 网络营销产品价格的决定因素变迁

在理解网络营销价格的内涵时,必须要注意到,网络时代的需求方地位在显著提升。在传统的营销模式下,需求方特别是顾客,由于信息不对称,并受市场空间和时间的阻隔,在议价方面不得不处于一种被动地位,从属于企业来满足需求。而在网络营销中,这种不对等的买卖关系大为改观(见图 7-2)。网络的开放性和主动性为顾客理性的价格选择提供了可能,顾客可以在全球范围内迅速收集到与购买决策有关的信息,对价格及产品进行充分的比较,因此顾客对价格的敏感性大大增强。这意味着,市场的主动权不再是供应方而是需求方,由需求引导的市场资源配置是网络时代的重要特征。价格作为资源的配置杠杆,它的主动权是由需求方把握和决定的,供应方只有生产出能满足需求方理想价值的产品,才可能占领市场,获得发展机会。

7.1.2 网络产品价格特征

网络产品价格主要呈现透明化、全球性、低价位、逆向化、弹性化等特征,如图 7-3 所示。

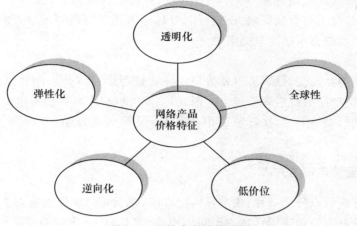

图 7-3 网络产品价格特征

1．透明化

在网络营销过程中,由于互联网的交互性以及获取信息的及时性、低成本化,顾客拥有更加丰富的信息资料,这就使得网络营销产品价格有透明化的特征。顾客可以通过浏览各个公司网站、某些 C2C 网站以及专业报价网站,来全面掌握同类产品的不同价格信息,甚至是同一产品在不同地区或不同零售店的价格信息。另外,还有类似大众点评网的网站,提供各个企业的价格信息、产品服务评价以及各个类型的排行,顾客可以做到对产品的价格心中有数,能够选择符合自己需要、价格与质量又相匹配的产品。

2．全球性

当产品的来源或销售渠道是在国内,或者说是在一定区域范围内时,就可以采用传统的定价方法。而当企业面对的是全球市场,即企业的目标市场是不同国家、地区时,网络市场的顾客可以不用考虑国家或地区的差距,在世界各地通过互联网进行直接购买,这就要求网络营销产品定价时必须考虑全球性市场范围的变化给定价带来的影响。

3．低价位

网络产品的定价一般低于实体市场中产品的定价,这是由于网络营销的产品从采购到销售减少了许多中间环节费用,相关广告费用、公关费用等都较低,产品可以通过邮寄方式直接到达顾客的手中。另外,互联网使用者的主导观念是,网上的信息是免费的、开放的、自由的,企业应当注意到互联网的免费原则与间接收益原则。同时,互联网的发展从诸多方面帮助企业降低了成本费用,从而使企业的降价空间变大。

4．逆向化

逆向化也称为顾客主导化,指的是顾客根据自己的需求,通过充分地分析市场信息来选择购买或者指定生产自己满意的产品或服务,并以最小代价来获得这些产品或服务。简单地说,就是顾客的价值最大化,顾客以最小成本获得最大收益。顾客主导定价的策略主要有:顾客定制生产定价和拍卖市场定价。根据调查分析,由顾客主导定价的产品并不比由企业主导定价的产品获取的利润低。根据国外拍卖网站易趣网的分析统计,在网上拍卖定价产品,只有20%的产品拍卖价格低于卖者的预期价格,50%的产品拍卖价格略高于卖者的预期价格,剩下30%的产品拍卖价格与卖者的预期价格相吻合,在所有拍卖成交产品中有95%的产品成交价格使卖主比较满意。因此,顾客主导定价是一种双赢的发展策略,既能更好地满足顾客的需求,同时企业的收益又不会受到影响,而且可以对目标市场了解得更充分,使企业的经营生产和产品研制开发更加符合市场竞争的需要。

5. 弹性化

由于网络营销的互动性,顾客可以就价格与企业进行协商,同时,顾客可以完全做到货比多家,这就使得网络产品的价格弹性很大。因此,企业可以根据顾客的需求以及顾客的消费心理,区别定价。同时,企业应当及时监测市场动态,了解市场行情,及时调整本企业产品的价格。

7.1.3 网络营销定价的方法

传统的定价方法可以分为三种:成本导向定价法、需求导向定价法和竞争导向定价法。传统市场营销定价的基本原理也同样适用于网络市场,但是,在网络营销环境中,由于网上信息的公开性以及网络定价中需求方的地位不断上升,从企业的角度以成本为导向来确定产品价格的定价法将逐渐被淡化,而以需求为导向来确定价格的方法将成为企业确定价格的主要方法。同时,竞争导向定价法中的投标定价法和拍卖定价法将不断被强化。因此我们主要讨论后两种。

1. 需求导向定价法

需求导向定价法是指企业在制定产品价格时,主要根据市场需求的大小和顾客的反应,分别确定产品价格。在网络市场上,通过网络顾客跟踪系统,企业可以实时关注顾客的需求,时刻注意潜在顾客的需求变化,以保持企业网站向着顾客需要的方向发展。需求导向定价的各类方法在网络营销中得到了充分的应用。

(1) 认知定价法。所谓认知价值,是指顾客对某种产品的价值的主观评判,它与产品的实际价值常常发生偏离。认知定价法是指企业以顾客对产品价值的理解度为定价依据。也就是企业对某样产品进行定价时,不是企业自身想卖多少钱,而是考虑顾客认为此产品值多少钱,或者愿意花多少钱来购买。采用这种定价方法的关键是获得顾客对有关产品价值认知和理解的准确资料。在网络营销中企业可以据此有效地提高对价值评估的准确性。因为,利用互联网的互动性和快捷性,企业可以及时准确地掌握和了解顾客的预期价格,进而确定产品的价格,避免了因定价过高而影响销量,或定价过低使企业盈利减少的不利现象的出现。

(2) 需求差异定价法。根据不同的市场需求制定不同的产品价格,是定价中极普遍的一种定价法。这种定价的基础是顾客心理的差异、产品式样的差异、出售时间和地点的差异等。在网络市场中,企业可以通过网站的统计资料和顾客的互动交流,较为准确和动态地把握顾客差异性需求,避免出现定价发生误差或过时的问题。此外,在传统市场营销中,价格的确定往往忽视了顾客的个性化和多样化需求,而主要依据几个简单的固定标准来确定。在网络营销中,对于同种产品来说,企业可根据不同顾客的不同需求,让顾客来自行设计产品,实现完全定制化的设计和生产,并依次确定产品的价格,更好地满足顾客个性化和多样化的需求。

（3）逆向定价法。逆向定价法是指企业依据顾客能够接受的最终销售价格，计算出自己从事经营的成本和利润后，逆向推算出产品的批发价和出厂价。这种定价方法不以实际成本为主要依据，而是以市场需求为定价出发点，力求价格能为顾客所接受。在网络环境中，顾客可以通过网站提出可以接受的价格，企业根据顾客的价格提供柔性的产品设计和生产方案供顾客选择，当顾客认同确认后，企业就可以组织生产和销售。所有这一切都是顾客在企业服务器程序的导引下完成的，并不需要专门的人员，因此交易成本非常低廉。国外的许多公司，如美国通用汽车公司，顾客在其网站上通过有关导引系统可以自行设计和组装自己需要的汽车。顾客首先确定可以接受价格的标准，然后系统根据价格的限定从中显示满足顾客要求式样的汽车，顾客还可以进行适当的修改，公司最终生产的产品恰好能满足顾客对价格和性能的要求。

2. 竞争导向定价法

竞争导向定价法是以市场上竞争者的类似产品的价格作为本企业产品定价的参照系的一种定价方法。在互联网上，企业会将服务体系和价格等信息公开在其网站上，这就为注意竞争对手的价格提供了方便。企业可以随时掌握竞争者的价格变动，及时调整自己的竞争策略，时刻保持产品的价格优势。因此网络市场的价格竞争从深度和广度上都远远超越了传统市场。目前主要有两种方法：一是招标投标定价法，二是拍卖定价法。

（1）招标投标定价法。招标投标定价法是招标单位通过网络发布招标公告，由投标单位进行投标，进而择优成交的一种定价方法。招标投标定价法充分体现了"公开、公平、竞争、效益"的原则。对于招标单位来说，招标投标定价法不仅降低了招标成本，节省了时间，更重要的是扩大了投标单位的选择范围，从而使企业能在更大范围内进行最优选择。对于投标单位来说，招标投标定价法不仅增加了投标的营销机会，而且使企业能获得更加公平的竞争环境，为企业的发展创造了良机。招标投标定价法一般适用于大型工程买卖和承包、产品或劳务贸易等项目。例如，中石化集团通过网上采购，在短短的8个月当中，吸引网络供应商1 700多家，网上累计成交金额达34.8亿元，节约采购资金1.87亿元。

（2）拍卖定价法。拍卖定价法是传统市场中常用的一种定价方法。它是指拍卖行受卖方委托，在特定场所公开叫卖，引导多个买方报价，利用买方竞争求购的心理，从中选择最高价格的一种定价方法。网上拍卖是利用网络对传统拍卖进行的成功创新。网络提供了一个交易平台，它不仅改变了传统拍卖的低效率，同时还大大降低了交易成本。目前，许多拍卖行开始在网上进行有益的尝试，一些网上商店也以拍卖的方式来销售产品，如易趣、淘宝（见图7-4）。网上拍卖的产品也已经从古董、珍品、工艺品以及大宗商品扩展到其他任何一种产品，无论是谁，无论他身在何地，只要能上网，就可以在网上竞拍任何物品，并且可以随时交易。互联网将拍卖这种贵族化的交易方式变成了平民交易，也使得拍卖定价法在网络营销中得到了较快的发展。

图 7-4　淘宝专业拍卖平台——拍卖会

7.2　影响网络营销定价的因素

与传统市场营销相同,影响网络营销中产品定价的一般因素包括企业内在因素、市场需求因素、竞争因素、顾客心理因素、国际市场价格因素等。不同的是,在网络营销环境下,这些影响因素的影响方式、程度及具体内容可能会发生变化。

7.2.1　企业内在因素

影响企业产品定价的企业内在因素主要包括:企业自身因素、企业定价目标和企业产品因素等。

1. 企业自身因素

主要包括企业的经济实力和经营能力两方面。

所谓经济实力,是指企业的有形资产(设备、资金、厂房等)与无形资产(商标、商誉、专利技术等)的总和。经济实力是企业定价的物质支柱,经济实力越强的企业在定价时越能占据主动。

经营能力,是指企业的经营观念与经营战略,这当然还包括企业经营人员的素质高低。网络营销是关系营销时代,企业应当及时把握新的营销理念,在此基础上进行定价。企业定价时受经营战略的限制与制约,这主要表现为在定价目标的指导下进行产品定价。

2. 企业定价目标

企业的定价目标是指企业通过制定产品价格所希望达到的目标。它是企业选择定价策略与制定价格的依据。不同企业有不同的定价目标,同一企业在不同发展阶段也有不同的定价目标。虽然网络营销中企业对价格的控制程度下降,但是这并不意味着企业完全放弃对价格的管理,企业的价格策略一定要同企业经营目标一致,选择合理的网络定价模式。

(1) 以维持企业的生存为目标。由于网络的开放性,无论是实体企业还是个人都可以参与到网络的销售活动中,因此造成了网络竞争十分激烈的场面,甚至很多网站经营的产品远远超过网络市场的需求,出现了生存危机。为确保网站继续运营或使存货尽快出手,这些企业通常选择保本价或低价策略,并希望网络目标市场的需求随着价格的降低而大幅度增加。有的甚至向网络市场提供大量低价或免费的产品,以求在迅猛发展的网络虚拟市场中寻求立足机会。

(2)以获取当前最大利润为目标。一般来说,需求价格弹性较大的产品能够做到薄利多销,从而选择制定低价格来获得利润最大化;同时,对那些需求价格弹性较小的产品则应选择高价策略来满足企业目标。例如,有些企业依仗它们能够向网络市场提供一些独具特色的产品,考虑到产品生命周期可能较短,或者企业希望能使当期利润最大化,在估计需求和成本的基础上,选择实施高价策略,使之能产生最大的当期利润、现金流量或投资报酬率。这样的定价目标称为当期利润最大化目标。

(3)以市场占有率最大化为目标。这主要是指某些企业以获得某一产品市场最高占有率、赢得该产品市场绝对竞争优势为目标,从而制定尽可能低的价格。网络虚拟市场是一个发展潜力巨大的市场,各行各业都认准了这一点,都希望在市场还处于成长阶段时就抢占有利地位,为此有些企业想通过定价来取得控制网络市场的地位,使市场占有率最大化。很明显,在这些企业的心目中,较低的价格能够赢得网络顾客的青睐;扩大生产规模,降低生产成本;低利润甚至没有利润的行业经营状况,会使没有进入网络市场的企业望而却步。然而实行这一种定价目标的企业需满足以下条件:首先,产品的需求价格弹性较大,低价能够扩大市场份额占有率,同时阻止现有或潜在竞争对手;其次,该产品规模经济效益明显,产品成本会随销量增加而下降,利润却会上升;最后,企业能够承担短期内低价造成的经济损失。

(4)以应付和防止竞争为目标。为了实现阻止竞争者进入自己的市场的目标,某些企业采取低价或者高价的策略,但这一目标可能会导致价格战或是国际间价格纠纷的产生,在制定策略时要考虑各方面因素,遵守市场规则、遵守法律法规。

(5)以产品质量最优化为目标。有的企业,尤其是高技术领域内的一些领头企业,为了保持技术上的领先地位和长期的竞争优势,不得不投入大量的资金从事产品研究和基础研究。从财务原因出发,它们往往采用高价定价的策略。这种维护产品领先质量的定价目标称为产品质量最优化的定价目标。确定这种目标的企业,相信产品质量是赢得市场的根本因素。

3. 企业产品因素

企业产品因素包括产品生命周期、产品质量、产品成本三个方面的因素。

产品处于不同的生命周期,企业面对的市场环境也不同,相应地采取的价格策略也不尽相同。产品处于投入期时,由于成本费用高,又要考虑需求情况,定价时应当认真分析。成长期销售量增加,成本下降,但竞争又加剧,应当制定适当的价格水平。成熟期时,应当采用竞争性的低水平价格来维持企业的市场份额。在衰退期,企业可以大幅度降低产品的价格,来收回资金。

产品质量是区分产品价值的重要因素。在网络营销中,顾客无法直接感受产品的质量,故企业应当对产品质量进行保证,要实行分级定价和优质定价。

产品成本是制定价格的基础。即使是在网络市场上,企业也不能随心所欲地制定价格。一个产品的最高价格取决于市场需求,最低价格则取决于这种产品的成本费用。从长远来看,任何产品的销售价格都必须高于成本费用,只有这样,才能以销售收入来抵偿生产成本和经营费用,否则就无法经营。企业采用低价或免费的策略来占领网络市场是有条件的,那就是网络销售的产品份额占企业总销售的比例很低;企业具有强大的实力;实行的时间较短,达到既定目标以后就要调整定价。总体说来,企业制定价格时必须估算成本。

7.2.2 市场需求因素

企业在成本价格以上能把产品价格定多高,主要取决于网络市场的价格承受能力,而价格承受能力主要是由需求的水平来控制的,主要通过需求量、需求能力、需求程度、需求弹性等反映出来。当市场价格偏高时,会刺激需求量下降。而企业则会因高价的吸引增加供给量,使市场出现供给大于需求的状况,产品发生积压,企业之间竞争加剧,结果迫使价格下降。当市场价格偏低时,低价会导致购买量的增加,但企业会因价格低利润少而减少供给量,使市场出现供给小于需求的状况,购买者之间的竞争加剧,价格上涨。依据这种供求的规律,当市场需求小于市场供给时,产品定较低的价格;当市场需求大于市场供给时,产品定较高的价格。

市场需求能力主要是指顾客的支付能力。企业在制定价格时,必须将顾客的收入水平和支付能力充分考虑进去,使产品价格能被特定服务的那部分顾客接受,价格水平高出顾客的承受能力,产品就要被顾客拒绝,价格的制定就是失败的。

需求程度是指顾客想获取某种产品的愿望程度。如果顾客对某种产品的需求比较迫切,则会对价格不太敏感,产品价格可定得高些;反之,可定得低些。

产品需求的价格弹性理论对企业制定产品价格有重要的参考价值。一般说来,对需求富有弹性的产品,可通过采取较低价格,刺激需求量的大幅度增加,达到增加盈利的目的;对需求弹性小的产品,则采用较高价格往往能增加企业的利润。对诸如网络中销售的书籍、CD等弹性充足的产品,适当调低价格,就可广泛吸引顾客,扩大销售,获得较多的利润,但调高价格要慎重;对网络定制生产的产品,由于其弹性不足,企业在保证质量的前提下,适当调高价格,既可增加利润,又不至于对销售产生太大影响。

7.2.3 竞争因素

竞争因素对价格的影响,主要考虑产品的供求关系及变化趋势、竞争对手的产品定价目标和定价策略以及变化趋势等。网络市场上的竞争是最直接、最激烈的竞争。网络营销是在信息共享、顾客消费知识丰富且追求实利的条件下开展的。竞争者如果提供的是相同的产品,则定价只能根据竞争者的定价来决定;而如果提供的是相似的产品,则定价只能依照产品的实际价值差异,对比竞争者的价格进行。企业应该及时掌握竞争者定价与价格变动的有关信息,并做出明智的反应。在实际营销过程中,以竞争者为主的定价方法主要有三种:一是低于竞争者的价格;二是与竞争者同价;三是高于竞争者的价格。在大多数网络购物的网站上,经常会将网站的服务体系和价格等信息公开申明,这就为了解竞争者的价格策略提供了方便,能够让企业随时掌握竞争者的价格变动,调整自己的竞争策略,时刻保持同类产品的相对价格优势。

7.2.4 顾客心理因素

在网络中,顾客处于交易的主动方,他们付出货币是希望交换能带给他们最大利益的产品,因此企业在进行定价时必须要考虑顾客心理因素。顾客心理因素对价格有三方面的影响:第一,逆反购买。一种是由于"便宜没好货"的心理暗示导致的,另一种是由于政治局势、社会安定发生变化时引起的逆反购买。第二,期望价格。指的是顾客根据产品给自己提供的效用大小来判断该产品的价格,一般是在一定区间内。如果高于或低于该范围,就会产生不好的影响。第三,价值观念变化。新产品出现时,会导致顾客对同类产品的价值观念下降,从而使产品跌价;或者由于收入的提高,人们对奢侈品的定义改变,从而导致购买高价物品的行为。

7.2.5 国际市场价格因素

企业当前面对的是全球性网络市场,不能以统一市场策略来面对差异性极大的全球性市场,必须采用全球化和本地化相结合的原则进行市场定价。在早期互联网开展商业应用时,许多网站采用收费方式想直接从互联网盈利,结果被证明是失败的。雅虎公司则是从为网上用户提供免费的检索站点起步,逐步拓展为门户站点,到现在拓展到电子商务领域,一步一步获得成功,它成功的主要原因就是它遵循了互联网的免费原则和间接收益原则。

7.3 常用网络营销定价策略

随着网络经济的发展,为了适应网络环境,很多传统市场营销的定价策略在网络营销中得到应用,同时也得到了创新,一些新的适合于网络环境的定价指导思想、新的定价策略也开始出现,从而使得企业可以多种价格手段面对新的环境。下面对近几年来网络市场中出现的一些新的定价策略进行探讨。

7.3.1 个性化定制定价策略

定制生产就是按照顾客需求进行生产,以满足网络时代顾客个性化的需求。定制定价策略是在企业能实行定制生产的基础上,利用网络技术和辅助设计软件,帮助顾客选择配置或者自行设计能满足自己需求的个性化产品,同时承担自己愿意付出的价格成本。戴尔公司的顾客可以通过其网页了解本型号产品的基本配置和基本功能,根据实际需要和在能承担的价格内,配置出自己最满意的产品。在配置电脑的同时,顾客也相应地选择了自己认为价格合适的产品,因此对产品价格有比较透明的认识,增加了企业在顾客面前的信用。目前这种允许顾客定制定价订货的尝试还只是在初步阶段,顾客只能在有限的范围内进行挑选,还不能完全要求企业满足自己所有的个性化需求。

7.3.2 使用定价策略

这一策略是针对类似租赁、按使用次数进行定价的方式。所谓使用定价,就是顾客通过互联网注册后可以直接使用某公司产品,顾客只需要根据使用次数进行付费,而不需要完全购买该产品。使用定价策略的优点是,节省顾客购买产品、安装产品、处置产品的麻烦,还可以节省不必要的开销;同时,为企业节省生产和包装费用。这一策略主要针对数字化程度较高、能够通过互联网进行传送的产品。

例如,我国的用友软件公司推出网络财务软件,用户在网上注册后在网上直接处理账务,而无需购买软件和担心软件的升级、维护等非常麻烦的事情(见图7-5)。但需要注意的是,某些产品如音乐、电影等,目前许多网站都是免费下载,故数字化的产品不能够一概而论。

图 7-5 用友软件注册后可提供多项下载服务
资料来源：http://www.scufida.com/html/service/fflr/

7.3.3 拍卖竞价策略

网上拍卖是目前发展得比较快的领域，经济学认为市场要形成最合理的价格，拍卖竞价是最合理的方式。如淘宝是 C2C 的个人网上交易平台，也是我国最大的拍卖网站。网上拍卖使顾客通过互联网轮流公开竞价，在规定时间内价高者赢得。根据供求关系，网上拍卖竞价方式有下面几种：

（1）竞价拍卖。竞价拍卖一般用于二手货、收藏品的拍卖，也可以用于普通产品。

（2）竞价拍买。是由顾客提出价格范围求购产品，由商家出价，顾客与出价最低或最接近的商家成交。

（3）集体竞价。这是普通顾客利用互联网进行集体议价从而购买产品或服务的竞价方式。提出这一模式的是美国著名的 Priceline 公司。

上述拍卖竞价方式是最市场化的方法。随着互联网市场的发展，将有越来越多的产品会通过互联网拍卖竞价。采用网上拍卖竞价的产品，可以是一些库存积压产品，也可以是企业的一些新产品，通过拍卖展示起到促销作用。许多企业将产品以低廉价格在网上拍卖，以吸引消费者的关注，如康柏公司将其推出的新产品——计算机，通过网易网站进行拍卖，结果拍卖价格比公司预定价格还要高。但同时也让康柏公司感到很担心，因为这样会影响产品的推广效果。

7.3.4 免费价格策略

在传统的市场营销环境下，企业采用免费价格策略的目的主要是促销和推广产品，一般是短期和临时性的。但在网络营销中，免费价格策略不仅是一种促销策略，而且还是网络企业广泛采用的产品和服务定价策略。免费价格策略是指网络营销企业将产品和服务以零价格的形式提供给顾客使用，以达到某种经营目的的策略。互联网上最早出现的免费产品是网景的浏

览器,随后越来越多的产品,如电影、音乐、视频、电子书等,都开始采取免费价格策略。免费价格策略的主要形式有:

(1)产品和服务完全免费,包括各个环节均免费。
(2)产品和服务实行限制免费,这主要是指次数的限制。
(3)产品和服务实行部分免费,如当下某些文献、在线小说等,需要支付一定的费用。
(4)产品和服务实行捆绑式免费,某些产品或服务购买时免费获得其他产品或服务。

这一策略能够使企业扩大其知名度。当然,并不是所有的产品都适合免费价格策略,应该满足以下特征:易于数字化,实现零成本配送;无形化,通过数字技术进行传输;零制造成本,是指开发成功后只需复制就可以实现无限制的生产;成长性,利于企业占领市场;冲击性,对市场产生一定的冲击;间接收益,通过其他渠道获取利益。360所提供的多项永久免费服务如图7-6所示。

图7-6　360所提供的多项永久免费服务

7.3.5　自动调价、议价策略

由于网络使信息交换传播的速度大大提高,网上价格随时都可能受到很多因素的冲击,所以在网上应建立价格自动调节系统,根据时间、季节的变动,工厂库存情况,市场供需情况,竞争产品价格变动,促销活动,以及其他同类企业的价格变动等情况,在计算最大盈利基础上设立自动调价系统,对实际价格进行调整,同时还可以开展市场调查,以及时获得有关信息来对价格进行自动的调整。智能型网上议价就给顾客创造了一个在网上直接协商价格的环境,以满足其心理需要。网络企业可以提供能让顾客准确表达其需求意愿和对产品性能的预期的区域或者系统。在议价过程中,顾客可以利用该系统,根据产品的不同性能和品质对价格进行"微调"。同时,还应辅助以价格监测系统,使自动调价系统得到全面的控制,以避免其受到错误干扰而做出错误指令。这类定价充分表现了网络营销比传统市场营销更人性化的一面。在这种定价方式下,产品的价格不是固定的。它又表现在如下两个方面:一是对特定的产品,顾客可以通过电子邮件和企业议价,有的网站专门设立了价格讨论区,并在网上通过智能化议价系统直接议价;二是顾客可以提出自己对产品的要求,并给出可以接受的价格,企业可以在考虑顾客信用、产品供求的基础上,根据顾客对产品服务的不同要求,与顾客就价格进行讨论,协商制定出相应的价格,直至为顾客定制该产品。

7.4 网络营销报价策略

7.4.1 报价模式

企业在制定出适合自身情况的价格之后,还要考虑报价策略,这是因为不同的报价模式可能导致产品在推向市场时有不同的反应,对产品价值实现也有很大的影响。通常采用的报价模式主要有以下几种:

1. 固定报价

固定报价即一口价,指的是产品价格由企业在网站上标明之后便不可浮动,顾客与企业只能以该价格成交。

2. 统一报价

统一报价是指企业统一制定其产品的价格。无论在网上销售还是通过传统市场营销渠道销售,无论在企业网站还是在零售商网站上出售,均采用统一报价。这种网上网下统一报价的最大优点就是,保证整体市场运作规范,避免市场上的价格混乱,对顾客的最终购买提供最大的清晰度和方便。同时这种模式也使得企业较容易把握和控制在整个渠道中的利润。其缺点是不能反映因销售方式不同而导致的成本差异。这种报价方法适用于顾客比较熟悉的商品。

3. 区间报价

区间报价是指企业对产品价格做出区间范围限定,顾客可以在范围内与企业讨价还价。这种方法可以使用在对产品系列的报价上,企业针对一个产品系列制定出区间价格,顾客利用企业所提供的信息对产品系列中的某个产品项目提出一个自己能接受的价格,取得企业认同后成交。

4. 分解报价

分解报价是指将产品的组成部分分开标明,这一报价模式能够使顾客了解价格形成过程与形成要素,从而对产品产生信任,并采取购买行为。需要注意的是,网络营销中企业没必要对分解价格进行加总,加总工作应由顾客自己完成。例如,如果对于有物流费用的产品,就可以采取"产品价格+物流费用"的分解报价方法。

5. 比较报价

网上商店在标示某件产品价格时常常标示出会员价、市场价、折扣价、优惠价、折扣率、原价、节省金额等信息,以帮助顾客比较决策。这是网上商店通常采取的一种报价方法。有些商务网站还提供比较购物服务,顾客只要把有关产品信息输入搜索栏,网站就可以按照由低到高或由高到低的顺序或在一定价格范围内搜索出所有同一产品的不同标价,供顾客比较购物。这也为企业了解竞争者的产品定价水平提供了方便,使企业能够随时掌握竞争者的价格变动,调整自己的价格策略,以保持同类产品的相对价格优势。

6. 不公开报价

企业将产品网上销售链接到零售合作伙伴的网站,不直接公开产品的价格,从而让定价以及直接的营销风险由零售商来承担。

7. 分步报价

分布报价与传统市场营销中的讨价还价类似,是指企业不通过网络传递任何产品的价格信息,而是与有意购买者在传统的议价中完成交易。

8. 自动出价

自动出价是指在竞买过程中,竞买方选择自动出价工具并输入愿意支付的最高金额后,计算机会按系统的设定以最小的加价幅度出价。这使得买方能以尽可能低的价格买到想买的产品,而最高出价金额只有在其他买家也出到这个价格后才会显示出来。

7.4.2 个性化报价策略

个性化报价策略也称为差异化报价策略,是指企业利用互联网的互动性与顾客的个性化需求特征,对同一种产品制定不同价格的一种策略。顾客的个性化需求,比如根据产品功能、款式、样式、颜色等的不同,愿意支付不同的价格,是企业进行个性化报价的基础;网络的互动性能够使企业及时获得顾客的需求信息,使个性化报价从而差异化销售成为可能。在网络营销条件下,网络为企业满足这种个性化需求提供了强有力的技术支持,企业在技术条件允许的前提下,可以最大限度地为顾客提供"一对一"的个性化产品与服务。显然,个性化产品与服务的成本和其他影响价格的因素会有很大不同。

7.4.3 特殊品报价策略

特殊品是特定品牌或具有特色的产品,或为特定顾客群专门供应的物品,如高档乐器、名牌钟表、供收藏的邮票和古董等。在网络营销中,对特殊品的报价可以根据该产品在网上的需求状况来制定。一般来说,特殊品有稀缺性和垄断性的特点,所以,当某种产品有其特殊需求时,几乎不用考虑竞争因素,只要认真分析需求状况,制定出合适的价格就可以了。在网络营销中,具有典型意义的特殊品主要有两种类型:一种是创意独特的新产品("炒新"),它利用网络沟通的广泛性、便利性,满足了那些品位独特、需求特殊的顾客的需要;另一种是有特殊收藏价值的产品("炒旧"),如古董、纪念物、邮票、文物或其他有收藏价值的产品。对于这些产品,企业可以考虑采用网上拍卖或其他定价策略。

7.4.4 网络营销报价系统

网络营销报价系统是针对网络营销而言的,能够提供自动调价、智能议价的报价系统。企业在网络营销中如果不能及时监测到产品市场的变动,就不能快速、有效地做出调价反应,从而会失去市场地位。

网络营销有其专门的、完整的报价系统,主要包括两个系统:一是自动调价系统,能够根据季节变动、市场供求状况、竞争产品价格以及企业自身经营发展方向等其他因素对实际价格进行调整,使价格能够控制在最大盈利点上。二是智能型议价系统,主要是针对那些需要在网上进行价格协商的企业而设计的,能够使企业与顾客进行及时、方便的交流,充分进行产品议价。百度白金助手就是一个专门的调价平台,如图7-7所示。

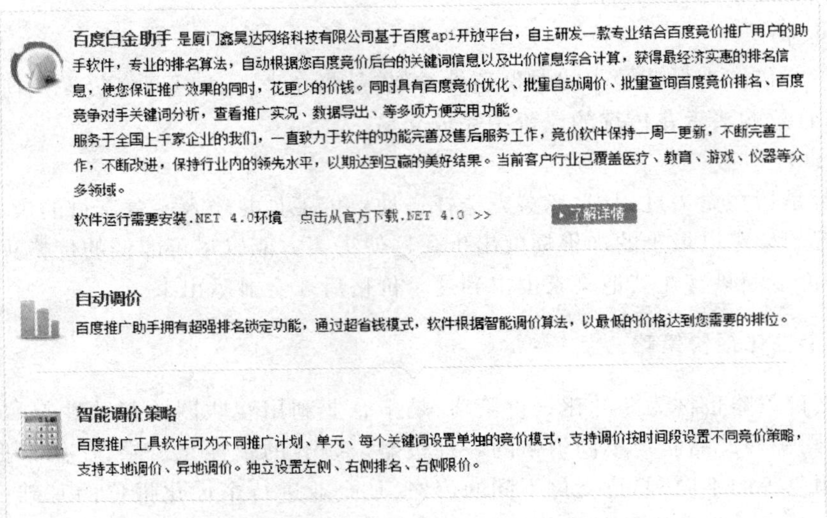

百度白金助手 是厦门鑫昊达网络科技有限公司基于百度api开放平台,自主研发一款专业结合百度竞价推广用户的助手软件,专业的排名算法,自动根据您百度竞价后台的关键词信息以及出价信息综合计算,获得最经济实惠的排名信息,使您保证推广效果的同时,花更少的钱。同时具有百度竞价优化、批量自动调价、批量查询百度竞价排名、百度竞争对手关键词分析,查看推广实况、数据导出、等多项方便实用功能。

服务于全国上千家企业的我们,一直致力于软件的功能完善及售后服务工作,竞价软件保持一周一更新,不断完善工作,不断改进,保持行业内的领先水平,以期达到互赢的美好结果。当前客户行业已覆盖医疗、教育、游戏、仪器等众多领域。

软件运行需要安装.NET 4.0环境 点击从官方下载.NET 4.0 >>   ▶了解详情

自动调价
百度推广助手拥有超强排名锁定功能,通过超省钱模式,软件根据智能调价算法,以最低的价格达到您需要的排位。

智能调价策略
百度推广工具软件可为不同推广计划、单元、每个关键词设置单独的竞价模式,支持调价按时间段设置不同竞价策略,支持本地调价、异地调价。独立设置左侧、右侧排名、右侧底价。

图 7-7　百度白金助手——专业的调价平台

案例讨论

亚马逊公司实施差别定价实验的失败

亚马逊公司实施差别定价实验的背景

1994年,当时在华尔街管理着一家对冲基金的杰夫·贝佐斯在西雅图创建了亚马逊公司(以下简称亚马逊),该公司从1995年7月开始正式营业,1997年5月公开发行股票上市,从1996年夏天开始,亚马逊极其成功地实施了联属网络营销战略。在数十万家联属网站的支持下,亚马逊迅速崛起成为网上销售的第一品牌,到1999年10月,亚马逊的市值达到了280亿美元,超过了西尔斯和凯玛特两大零售巨人的市值之和。亚马逊的成功可以用以下数字来说明:

根据PC Data Online的数据,亚马逊是2000年3月最热门的网上零售目的地,共有1 480万独立访问者,独立的消费者也达到了120万人。亚马逊当月完成的销售额相当于排名第二位的CD Now和排名第三位的Ticketmaster完成的销售额的总和。2000年,亚马逊已经成为互联网上最大的图书、唱片和影视碟片的零售商,它经营的其他产品类别还包括玩具、电器、家居用品、软件、游戏等,品种达1 800万种之多,此外,亚马逊还提供在线拍卖业务和免费的电子贺卡服务。

但是,亚马逊的经营也暴露出不小的问题。虽然亚马逊的业务在快速扩张,亏损额却也在不断增加。亚马逊的经营危机也反映在它的股票市场表现上。亚马逊的股票价格自1999年12月10日创下历史高点106.6875美元后持续下跌,到2000年8月10日,已经跌至30.438美元。在业务扩张方面,亚马逊也开始遭遇到一些老牌门户网站——美国在线、雅虎等——的有力竞争。

在这一背景下,亚马逊迫切需要实现盈利,而最可靠的盈利项目是它经营最久的图书、音乐唱片和影视碟片,实际上,在2000年第二季度亚马逊就已经从这三种产品上获得了1 000万美元的营业利润。

亚马逊的差别定价实验

　　作为一个缺少行业背景的新兴的网络零售商,亚马逊不具有巴诺公司那样卓越的物流能力,也不具备雅虎等门户网站那样大的访问流量,亚马逊最有价值的资产就是它拥有的2 300万注册用户,亚马逊必须设法从这些注册用户身上实现尽可能多的利润。因为网上销售并不能增加市场对产品的总的需求量,为提高在主营产品上的盈利,亚马逊在2000年9月中旬开始了著名的差别定价实验。亚马逊选择了68种DVD碟片进行动态定价实验,实验当中,亚马逊根据潜在客户的人口统计资料、在亚马逊的购物历史、上网行为以及上网使用的软件系统确定对这68种碟片的报价水平。例如,名为《泰特斯》的碟片对新顾客的报价为22.74美元,而对那些对该碟片表现出兴趣的老顾客的报价则为26.24美元。通过这一定价策略,部分顾客付出了比其他顾客更高的价格,亚马逊因此提高了销售的毛利率,但是好景不长,这一差别定价策略实施不到一个月,就有细心的顾客发现了这一秘密,通过在名为DVD Talk(www.dvd-talk.com)的音乐爱好者社区的交流,成百上千的DVD消费者知道了此事,那些付出高价的顾客当然怨声载道,纷纷在网上以激烈的言辞对亚马逊的做法进行口诛笔伐,有人甚至公开表示以后绝不会在亚马逊购买任何东西。更不巧的是,由于亚马逊前不久才公布了它对顾客在网站上的购物习惯和行为进行了跟踪和记录,因此,这次事件曝光后,顾客和媒体开始怀疑亚马逊是否利用其收集的顾客资料作为其价格调整的依据,这样的猜测让亚马逊的价格事件与敏感的网络隐私问题联系在了一起。

　　为挽回日益凸显的不利影响,亚马逊的首席执行官杰夫·贝佐斯只好亲自出马做危机公关,他指出,亚马逊的价格调整是随机进行的,与顾客是谁没有关系,价格实验的目的仅仅是测试顾客对不同折扣的反应,亚马逊"无论过去、现在还是未来,都不会利用顾客的人口资料进行动态定价"。杰夫·贝佐斯为这次的事件给顾客造成的困扰向其公开表示了道歉。不仅如此,亚马逊还试图用实际行动挽回人心,亚马逊答应给所有在价格测试期间购买这68部DVD的顾客以最大的折扣,据不完全统计,至少有6 896名没有以最低折扣价购得DVD的顾客获得了亚马逊退还的差价。

　　至此,亚马逊的价格实验以完全失败而告终,亚马逊不仅在经济上蒙受了损失,而且其声誉也受到了严重的损害。

　　资料来源:陈月波.网络营销与案例评析[M].北京:中国财政经济出版社,2008.

问题

1. 请分析亚马逊价格实验失败的原因。
2. 请结合亚马逊价格实验分析网络定价过程中应当注意的问题。

本章小结

　　1. 网络营销价格是指在网络营销过程中买卖双方成交的价格。在理解网络营销价格的内涵时,必须要注意到,网络时代的需求方地位在显著提升。网络产品价格主要呈现透明化、全球性、低价位、逆向化、弹性化等特征。

　　2. 网络营销中的企业仍然属于市场中的企业,但是更加注重需求导向定价法、竞争导向定价法的应用。

　　3. 与传统市场营销相同,影响网络营销中产品定价的一般因素包括企业内在因素、市场需求因素、竞争因素、顾客心理因素、国际市场价格因素等。

4. 企业的定价目标是指企业通过制定产品价格所希望达到的目标。网络营销环境下的企业定价目标主要有：以维持企业的生存为目标，以获取当前最高利润为目标，以市场占有率最大化为目标，以应付和防止竞争为目标，以产品质量最优化为目标。

5. 网络营销中常使用的定价策略有：个性化定制定价策略、使用定价策略、拍卖竞价策略、免费价格策略以及自动调价、议价策略。

6. 企业选择了定价策略后，还应当确定报价模式，常用的报价模式主要有固定报价、统一报价、区间报价、分解报价、比较报价、不公开报价、分步报价、自动出价。另外还应当关注个性化报价策略和特殊品报价策略。

思考与实践

1. 理论基础

（1）网络营销中，影响产品定价的主要因素有哪些？

（2）网络营销中，企业的定价目标有什么不同？

（3）网络营销定价策略都有哪些？与传统定价策略有什么不同？

（4）网络营销中常用的定价方法有哪些？

2. 知识运用

（1）价格水平的高低不仅关系到企业的盈利，同时也关系到消费者的利益。如何进行产品定价？实际网络经济中的价格又是怎样确定的？在 CPI 波动十分明显的情况下，网络营销中的产品价格又会受到怎样的影响？

（2）试分析影响网络营销中产品定价的因素，以及在金融危机前后我国网络产品价格的变化情况。

参考文献

[1] 孟丽莎. 网络营销[M]. 郑州：河南人民出版社，2005.
[2] 张涛. 网络营销[M]. 广州：广东高等教育出版社，2006.
[3] 赵文清. 网络营销基础[M]. 北京：人民邮电出版社，2011.
[4] 陆川. 网络营销实务[M]. 北京：高等教育出版社，2008.
[5] 李琳娜. 网络营销与策划[M]. 武汉：武汉理工大学出版社，2006.
[6] 孔伟成，陈水芬. 网络营销[M]. 北京：高等教育出版社，2002.
[7] 张卫东. 网络营销：策划与管理[M]. 北京：电子工业出版社，2012.
[8] 胡革. 网络营销：工具+理论+实战[M]. 北京：清华大学出版社，2010.

第8章 网络营销渠道策略

引导案例

麦考林的配送体系

麦考林拥有完备的物流体系：麦网支持邮递、EMS、快递送货等多种送货方式，可满足用户的不同送货需要。从2010年开始，麦考林先后在上海、北京、广州、成都等电子商务重点发展区域设立了仓库，分仓投入运营后，覆盖了东北、华北、华南、西南以及华中的部分地区。另外，在江苏吴江还兴建了超过12万平方米的运营中心。运营中心启动后，麦考林的仓库将可容纳60万SKU，每天最大发包量可达13万单。目前麦考林的当日发货率超过99%，差错率小于0.01%。发货中心配送的能力，遥遥领先于大多数B2C电子商务网站。

麦考林从2011年起又进行了多次配送提速，启动空中运输、陆路航班、一日两配等多项措施，从下单到送至顾客手中，北上广可次日达，省会城市2.3天，全国平均2.8天。除速度提升外，麦考林还在全国1 050个城市实现了货到付款、上门退货退现金。在全国重点城市推出了夜间送货、POS机刷卡等，此外，便利店自提业务也在计划中。

为了加深顾客的品牌记忆，麦考林还形成了独特的配送文化，开发短信系统通知顾客配送进程；北上广深推出卡通快递员；送顾客环保袋，替顾客倒垃圾等。

2012年，麦考林宣布已建立电子商务物流分享平台，希望能和其他电子商务企业分享这一平台，帮助行业降低成本。目前麦考林无论是仓储分拣，还是配送体验，在优化后都达到了行业领先水准。

资料来源：http://finance.qq.com/a/20120312/007282.htm

一个好的物流渠道能够提高企业的效率，使企业获得更大的利益。本章将介绍网络营销渠道的基本概念、基本功能、常见分类等知识。

8.1 网络营销渠道概述

8.1.1 网络营销渠道的概念

营销渠道是指与提供产品或服务以供使用或消费这一过程有关的一整套相互依存的机构，涉及信息沟通、资金转移和事物转移等。

网络营销渠道是借助互联网将产品从生产者转移到消费者的中间环节,一方面,它要为消费者提供产品信息,方便消费者进行选择;另一方面,在消费者选择产品后要能完成一手交钱一手交货的交易手续,当然,交钱和交货不一定要同时进行。

随着互联网的飞速发展,网络销售范围越来越广,网络渠道销售占整个销售额的比重也越来越大,但由于消费者的购买习惯、地域局限性,以及相关产品对网络的适应性等诸多方面的限制原因,在未来的很长一段时间内,企业不可能以网络营销渠道全面取代传统市场营销渠道。对于某些企业来说,网络营销是其主要的销售方式,但对于另外一些企业,利用传统市场营销渠道才能扩大生产经营。对于这些以传统市场营销渠道为主的企业,应当利用互联网,实现网络营销渠道扩大知名度、实现积极抢占市场的辅助作用。

8.1.2 网络营销渠道的特点

1. 用途多元化

传统的营销渠道的作用较为单一,仅仅是产品从生产者向消费者转移的一个通道。除此之外,没有从渠道中获得任何其他的东西。这种分销渠道的畅通,一方面依赖于产品自身的品质,另一方面则主要依赖于广告的宣传和资金的流转情况。与传统的营销渠道相比,网络营销渠道的用途则是多方面的。首先,网络营销渠道是信息发布的渠道。可以通过网络营销渠道将企业概况以及产品的种类、质量、价格等详细直观地告诉消费者。其次,网络营销渠道是销售产品、提供服务的快捷途径。消费者可以通过网络营销渠道浏览产品、快速付款以及查看物流情况。最后,网络营销渠道是企业间洽谈业务、开展商务活动的场所,也是进行客户技术培训和售后服务的理想园地。

2. 结构简单化

在传统市场营销渠道中,中间商是其重要的组成部分。根据中间商的有无情况,传统市场营销渠道可以分为直接渠道和间接渠道。中间商之所以在营销渠道中占重要地位,是因为利用中间商能够在广泛提供产品和进入目标市场方面发挥最高的效用。中间商凭借其业务往来关系、经验、专业化和规模经营,提供给企业的利润通常高于自营商店所能获取的利润。但互联网的发展和商业应用,使得传统市场营销中间商凭借地域原因获取的优势被互联网的虚拟性取代,同时互联网高效率的信息交换,改变着过去传统市场营销渠道的诸多环节,将错综复杂的迂回关系简化为单一直接关系。互联网的发展改变了营销渠道的结构。

网络营销渠道也可分为直接分销渠道和间接分销渠道。但与传统的营销渠道相比,网络营销渠道的结构要简单得多。网络的直接分销渠道和传统的直接分销渠道都是零级分销渠道,这方面没有大的区别;而对于间接分销渠道而言,网络营销中只有一级分销渠道,即只有一个信息中间商(商务中心)来沟通买卖双方的信息,不存在多个批发商和零售商的情况,所以也就不存在多级分销渠道。

减少或消除中间环节,由迂回变为直接,是网络营销渠道的最大特点,充分利用好这一特点可以大大降低营销成本,提高营销效率,方便消费者,树立企业形象。

3. 交易成本节约化

网络营销渠道的结构比较简单,无论是直销渠道还是间接渠道,都大大减少了流通环节,有效地降低了交易成本。

通过网络直接营销渠道,网络销售企业可以通过互联网直接受理世界各地传来的订单,然后直接将货物寄给购买者。这种方法所需的费用仅仅是网络销售企业雇用的管理员的工资与上网费用,人员的差旅费和外地仓储费用都不需要了。

另外,网络间接销售渠道的网络商品交易中心能够通过网络强大的信息传递功能,完全承担起信息中介机构、批发商、零售商的作用。这样使得间接销售的层次降到了最低,从而使产品流通的费用降到了最低限度。

4. 功能多元化

一个完善的网络营销渠道应有三大功能:订货功能、结算功能和配送功能。

(1) 订货功能。它一方面可以为消费者提供产品信息,同时可以方便企业获取消费者的需求信息,以求达到供求平衡。一个完善的订货系统,可以最大限度地降低库存,减少销售费用。2012年5月18日,小米公司新产品小米手机青春版正式上线,售价仅1499元,正式接受预定后,报名人数很快超过75万人,但是官方在5月18日开放购买的时候仅限量供应15万台!可见,网上订货系统发展潜力巨大。

(2) 结算功能。消费者在购买产品后,有多种方式进行付款,因此企业应有多种结算方式。目前流行的在线支付方式主要有电子信用卡、电子借记卡、电话、传真、邮件、电子现金、第三方交易、电子支票等。其中,第三方交易是指企业和消费者协商好之后,由一家联机财务公司从消费者的账户中取款,然后再到企业的账户上存款。例如,我国利用支付宝公司平台的结算方式就是一种第三方交易。电子借记卡主要是利用银行提供的网上银行的支付功能,消费者与企业达成协议后,直接进行支付的手段。而网下付款结算方式主要有:邮局汇款、货到付款、银行转账等传统方式。

(3) 配送功能。对于网络营销中的虚体产品,即服务、软件、视频、音频等可以直接通过网络进行购买、下载,实现快速、直接的配送。对于实体产品配送,要涉及运输和仓储的问题。我国近几年兴起的诸多物流公司,例如EMS、顺丰速运、申通快递、圆通快递、宅急送等,都能够提供比较专业的物流配送服务。还有某些公司自营的物流子公司,也是比较好的例证。良好的配送系统是支持网络销售业务的基本环节,同时也能够促进电子商务整体的大发展、大繁荣。

我国目前的送货方式主要有两种:一是提供上门服务,主要是依赖快递公司,货到付款;另一种是利用邮政系统进行邮寄。

8.1.3 网络营销渠道的类型

利用互联网的信息交互特点,网上直销市场得到大力发展。网络营销渠道可以分为直接营销渠道和间接营销渠道两大类。

一类是通过互联网实现的从生产者到消费(使用)者的网络直接营销渠道(简称网络直销),这时不再需要传统中间商来构成通达消费者的迂回渠道,需要的可能是为直销渠道提供服务的中介机构,如提供货物运输配送服务的专业配送企业、提供货款网上结算服务的网上银行、提供产品信息发布和网站建设的ISP和电子商务服务商等。网上直销渠道的建立,使得生产者和最终消费者直接连接或沟通成为现实。

另一类是通过融入互联网技术后的中间商机构提供网络间接营销渠道。传统中间商由于融合了互联网技术,大大提高了自身的交易效率、专门化程度和规模经济效益。同时,新兴的中间商也对传统中间商产生了冲击,如美国零售业巨头沃尔玛为抵抗互联网对其零售市场的侵蚀,在2000年1月开始在互联网上开设网上商店。互联网的新型间接网络营销渠道与传统间接分销渠道有着很大的不同,传统间接分销渠道可能有多个中间环节,如一级批发商、二级批发商、零售商,而网络间接营销渠道最多只需要一个中间环节。

传统分销渠道与网络分销渠道的分类如图 8-1 和图 8-2 所示。

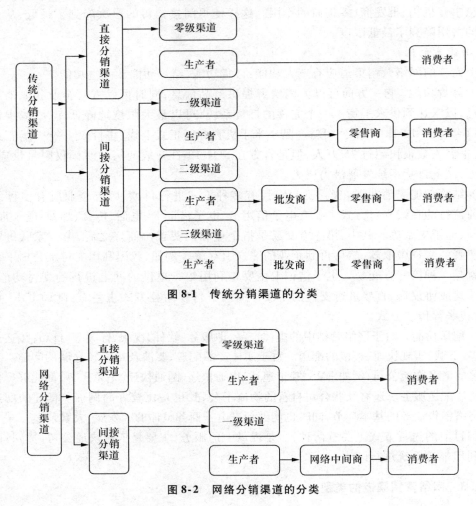

图 8-1 传统分销渠道的分类

图 8-2 网络分销渠道的分类

8.2 网络营销直销渠道

8.2.1 网络直销的概念

网络直销与传统直接分销渠道一样,都没有中间商。网络直销同样也要具有上述营销渠道中的订货功能、支付功能和配送功能。与传统直接分销渠道不一样的是,生产企业可以通过建设网络营销网站,让顾客直接从网站进行订货。通过与一些电子商务服务机构如网上银行合作,可以通过网站直接提供支付结算功能,简化了过去资金流转的问题。至于配送方面,网络直销可以利用互联网技术来构造有效的物流系统,也可以通过互联网与一些专业物流企业进行合作,建立有效的物流体系。

8.2.2 网络直销的交易过程

网络直销的交易过程,如图 8-3 所示,可以分为以下几个步骤:

(1) 消费者进入互联网,查阅企业的网页。

(2) 消费者通过购物对话框填写购货信息,包括姓名、地址、所购产品名称、数量、规格和价格。

(3) 消费者选择支付方式,如信用卡、电子货币、电子支票、借记卡等。

(4) 企业的客户服务器检查支付方服务器,确认汇款额是否认可。

(5) 企业的客户服务器确认消费者付款后,通知销售部门发货。

(6) 消费者的开户银行将支付款项的信息传递给信用卡公司,信用卡公司发给消费者收费单。

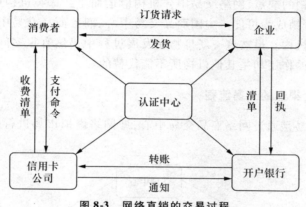

图 8-3 网络直销的交易过程

8.2.3 网络直销的优缺点

与传统直接分销渠道相比,网络直销有许多更具竞争优势的地方。

第一,互联网的交互性使得信息的传递从过去的单向变为双向沟通,加快了信息的传播速度,提高了其使用效率。

第二,网络直销可以提供更加便捷的相关服务。一是企业可以通过互联网提供支付服务,顾客可以直接在网上订货和付款,然后就等着送货上门,这一切大大方便了顾客。二是生产者可以通过网络营销渠道为顾客提供售后服务和技术支持,特别是对于一些技术性比较强的行业如 IT 业,提供网上远程技术支持和培训服务,企业可以以最小的成本为顾客服务,方便顾客。

第三,网络直销减少了过去传统直接分销渠道的中间环节,提高了效率,有助于降低成本。例如,根据订单生产、定制生产,可以实现零库存管理,减少库存堆积从而减少存货成本;另外能够减少推销员、营业员的相关费用,减少广告、宣传等大额资金支出,最大限度地控制销售费用。

第四,在降低了成本后,企业就能够以较低的市场价格销售产品,使得顾客能够买到大大低于现实市场价格的产品,扩大销售。

第五,网络直销使企业能够及时了解用户对产品的意见、要求和建议,从而使企业针对这些意见、要求和建议向顾客提供技术服务,解决疑难问题,提高产品质量,改善企业经营管理。

当然,网络直销也有其自身的缺点。由于越来越多的企业和商家在互联网上建站,使顾客处于无所适从的尴尬境地,面对大量分散的域名,网络顾客很难有耐心一个个去访问一般的企业主页。特别是对于一些不知名的小企业,大部分网络顾客不愿意在此浪费时间,或者只是"路过"时走马观花地看一眼。据有关资料介绍,我国目前建立的众多企业网站,除个别行业和部分特殊企业外,大部分网站访问者寥寥,营销数额不大。为解决这个问题,必须从两方面入手:一方面要尽快组建具有高水平的专门服务于商务活动的网络信息服务点;另一方面要从间接分销渠道中寻找解决办法。

8.3 网络营销中介渠道

8.3.1 网络中介渠道的概念

为了克服网络直销的缺点,网络交易中介机构应运而生。这类机构成为连接买卖双方的枢纽,使得网络间接分销成为可能。中国商品交易中心、商务商品交易中心、中国国际商务中心等都属于这类中介机构。虽然这一新事物在发展过程中仍然有很多问题需要解决,但其在未来虚拟网络市场中的作用却是其他机构所不能代替的。

8.3.2 网络中介渠道的交易流程

网络中介渠道交易是通过网络商品交易中心,即网络虚拟市场进行的商品交易。其交易流程如图8-4所示。

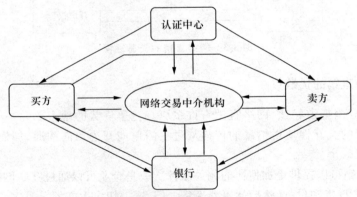

图8-4 网络中介渠道交易流程

(1)买卖双方将各自的供求信息提交网络交易中介机构,网络交易中介机构通过信息发布服务向参与者提供大量详细的交易数据和市场信息。

(2)买卖双方根据网络交易中介机构提供的信息,选择自己的贸易伙伴。网络交易中介机构从中撮合,促使买卖双方签订合同。

(3)买方在网络交易中介机构指定的银行办理转账付款手续。

(4)网络交易中介机构在各地的配送部门将卖方货物送交买方。

8.3.3 网络营销中间商

1. 网络营销中间商的概念与类型

中间商是指在企业与消费者之间参与商品交易业务、促使买卖行为发生和实现、具有法人资格的经济组织和个人。

由于网络信息资源丰富,信息处理速度快,企业与消费者面对众多的网站和大量的信息资源时常常感到茫然。此外,企业对于大多数实体产品的分销网络的搭建,却难以实现。在此情况下,出现了许多基于网络提供信息服务中介功能的新型网络营销中间商,可称之为电子中间商(Cybermediaries)。下面分类介绍这种以信息服务为核心的电子中间商。

(1) 目录服务。利用互联网上目录化的 Web 网站提供菜单驱动进行检索,现在这种服务是免费的,将来可能会收取一定的费用。现在有三种目录服务:第一种是通用目录(如雅虎),可以对各种不同网站进行检索,所包含的网站分类按层次组织在一起;第二种是商业目录(如互联网商店目录),提供各种商业 Web 网站的索引,类似于以前的"工业指南"手册;第三种是专业目录,针对某个领域或主题建立 Web 网站。目录服务的收入主要来源于为消费者提供互联网广告服务。

(2) 搜索引擎。与目录服务不同,门户网站(如新浪、搜狐等)提供搜索引擎为用户提供基于关键词的检索服务,门户网站利用大型数据库分类存储各种网站介绍和页面内容。门户网站不允许用户直接浏览数据库,但允许用户向数据库添加条目。

(3) 虚拟商业街。虚拟商业街是指在一个网站内连接两个或更多的商业网站。虚拟商业街与目录服务的区别是,虚拟商业街定位于某一地理位置及某一特定类型的生产者和零售商,在虚拟商业街销售各种商品,提供不同服务(其交易流程见图 8-5)。网站的主要收入来源依靠其他商业网站对其的租用。例如,新浪开设的电子商务服务中,就提供网上专卖店店面出租服务。

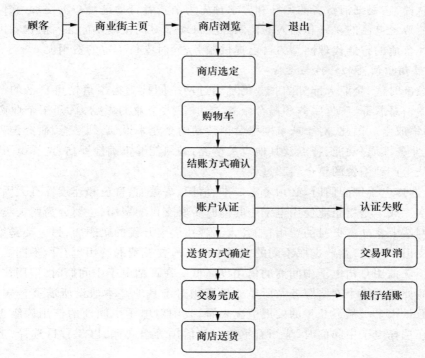

图 8-5 虚拟商业街交易流程

（4）网上出版。由于网络信息传输及时而且具有交互性，网络出版网站可以提供大量有趣且有用的信息给消费者，目前出现的联机报纸、联机杂志均属于此类型。由于内容丰富而且基本上免费，此类网站访问量特别大，因此出版商利用网站做广告或提供产品目录，并根据广告访问次数进行收费。

（5）虚拟零售店（网上商店）。虚拟零售店不同于虚拟商业街，虚拟零售店拥有自己的货物清单并直接销售产品给消费者。通常这些虚拟零售店是专业性的，定位于某类产品，它们直接从生产者进货，然后折价销售给消费者（如亚马逊网上书店）。

（6）网站评估。消费者在访问企业网站时，由于内容繁多、网站庞杂，往往显得束手无策，不知应该访问哪一个网站。提供网站评估的网站，可以帮助消费者根据以往数据评估等级，选择合适的网站访问。通常一些目录服务和门户网站也提供一些网站评估服务。

（7）电子支付。电子商务要求在网络上交易的同时，实现买方与卖方之间的授权支付。许多中介服务网站对各种电子支付手段提供支持并对每笔交易收取一定佣金来维持运转。目前，我国的商业银行纷纷在网络上提供电子支付服务。

（8）虚拟交易市场和交换网络。虚拟交易市场提供一个虚拟场所，任何符合条件的商品都可以在虚拟市场网站上进行展示并销售，消费者可以在网站中任意选择和购买，网站主持者收取一定的管理费用。如我国对外贸易与经济合作部主持的网络市场网站——中国商品交易市场——就属于此类型。当人们想要通过交换产品或服务来实现等价交换而不用现金时，交换网络就可以提供此以货易货的虚拟交易市场。

（9）智能代理。随着网络的飞速发展，消费者在纷繁复杂的网站中难以选择。智能代理是这样一种软件，它根据消费者的偏好和要求预先为消费者自动进行初次搜索，软件在搜索时还可以根据消费者自己的喜好和别人的搜索经验自动学习优化搜索标准。消费者可以根据自己的需要选择合适的智能代理网站为自己提供服务，同时支付一定的费用。

2. 网络营销中间商的评估与选择

在网络经济时代，企业大部分的业务仍是通过网络间接销售渠道销售自己的产品。通过电子中间商的信息服务、广告服务和撮合服务，能够扩大企业的影响力，开拓企业产品的销售空间，降低销售成本。因此，对于从事网络营销活动的企业来说，必须熟悉、研究国内外电子中间商的类型、业务性质、功能、特点及其他有关情况，必须能够正确地评估、选择电子中间商，顺利完成产品从生产到消费的整个转移过程。

在评估、选择电子中间商时，必须考虑成本、信用、覆盖面、特色和连续性五大因素。

（1）成本。成本是指企业使用电子中间商时所要支付的费用，主要分为两大类：一类是在电子中间商网站上建立主页时的费用，如各大品牌在淘宝开设的旗舰店；另一类是维持正常运行时的成本支出。通常，企业选取不同的电子中间商所要花费的费用也有所不同。

（2）信用。信用是指电子中间商的信用度高低。在评估电子中间商时，信用往往被忽略。通过电子中间商建立一个网络服务站所需的投资相对于其他基本建设所需资金较少，因而信息服务商的数量很多。从近几年的发展情况来看，我国对电子中间商的信用评级也在不断的完善当中。在选择电子中间商时，应当看重他们的信用等级高低，以免盲目选择，造成不必要的损失。

（3）覆盖面。覆盖面指网站能够影响到的市场区域，即网络宣传所能够波及的地区和人数。对于企业来说，并不是覆盖面越大越好，还要看市场覆盖面是否合理、有效，是否能够最终给企业带来经济效益。要根据企业的实际情况、经营能力来选择电子中间商覆盖面的范围大小。

（4）特色。电子中间商的总体规模、财力、文化素质影响着网站站点的设计与更新,并表现出不同的特色。这种特色也将影响网站的访问群。企业应研究这些访问群的特点、购买习惯、频率等,进而选择不同的电子中间商。

（5）连续性。企业必须考虑与电子中间商的关系,必须选择具有连续性的网站,同时让电子中间商将本企业的产品放在经营的主要位置,使网络营销持续稳定地运行,以在消费者中建立品牌信誉、服务信誉。

8.4 网络营销物流渠道

8.4.1 网络营销中的物流

1. 物流与网络营销的关系

一个完善的网络营销渠道应有三大功能:订货功能、结算功能和配送功能。消费者只有看到购买的产品时,才能够正确评估产品的质量、性能。因此,在具体建设网络营销渠道时,关键就是建立快速有效、完善的配送系统。

（1）物流是网络营销的基石。与传统市场营销相同,无论是生产、销售还是回收等各个环节都需要物流的支撑。生产是产品流通之本,无论是采购原材料、半成品供应还是部分余料、可重复利用物资、废弃物都需要有快速有效的物流支撑。在销售过程中,如何能够在正确的时间把正确的产品送到正确的地点,也是完善的物流系统才能解决的问题。可见,整个经营过程实际上就是系列化的物流活动。合理化、现代化的物流,通过降低费用从而降低成本、优化库存结构、减少资金占压、缩短生产周期,保障了现代化生产的高效进行。相反,缺少现代化物流,生产将难以顺利进行,无论网络营销是多么便捷的贸易形式,都将是无米之炊。

（2）物流是实现网络营销的保证。在商流活动中,产品所有权从购销合同签订的那一刻起,便由卖方转移到买方,而产品实体并没有因此而移动。在传统的交易过程中,除了非实物交割的期货交易,一般的商流都必须伴随相应的物流活动,即按照买方的需求将产品实体由卖方以适当的方式、途径向买方转移。而在网络营销下,消费者通过上网点击购物,完成了产品所有权的交割过程,即商流过程。但网络营销的活动并未结束,在这个流程中,"送货",即卖方办理寄送手续、由快递公司等进行寄送、买方签收的过程,是与物流分不开的。物流,是实现网络营销的重要环节和基本保证,只有快速、准确、有效的物流才能缩减交易活动的时间,同时提高企业的知名度、扩大影响力,使企业获得更大的消费群体。

2. 现代物流的特点

为配合网络营销的顺利实施,不管是依靠自己的物流系统,还是利用外部的专业物流服务公司,基于互联网技术的现代物流系统一般都具有下面一些特点:

（1）网络化。现代互联网的发展无疑引起了物流的历史性革命,当今世界全球网络资源的可用性及网络技术的普及为物流的网络化提供了良好的外部环境,物流网络化不可阻挡。另外,由于物流的网络化,消费者能够通过互联网控制货物的送货过程,能够了解到货物最近送达的地方。目前,我国大多数物流公司网站都能够输入邮寄单据上的编号来查询物流信息。

（2）智能化。这是物流自动化、信息化的一种高层次应用。物流作业过程涉及大量的运筹和决策，如库存水平的确定、运输（搬运）路径的选择、自动导向车的运行轨迹和作业控制、自动分拣机的运行、物流配送中心经营管理的决策支持等问题都需要借助于智能的系统才能解决。在物流自动化的进程中，物流智能化是不可回避的技术难题。好在专家系统、机器人等相关技术在国际上已经有比较成熟的研究成果。为了提高物流现代化的水平，物流的智能化已经成为网络营销下物流发展的一个新趋势。

（3）消费者直接驱动。对于专业性公司，物流系统中的物流启动和运转都是围绕服务消费者而进行的。物流的启动是消费者的送货订单，消费者的需求是货物的及时送货上门。所以，现在的物流系统，都采用现代化的信息系统技术来保证物流中的信息畅通，提高物流效率。

（4）全面服务性。随着产品种类越来越广泛复杂和物流业发展的专业性，物流服务的内涵应该进行扩展。以前货物送递只送到门口，现在要延展到桌面。特别是对于电子产品，很多消费者都需要安装。此外，还有代收款服务。

8.4.2 网络营销中物流渠道的模式

网络营销物流渠道的具体实施有多种模式可以选择。完整的网络营销应该完成商流、物流、信息流和资金流四方面，在商流、信息流、资金流都可以在网上进行的情况下，物流体系的建立应该被看作网络营销的核心业务之一。网络营销物流渠道体系可以有以下几种组建模式。

1．自营物流

企业可以搭建自营物流渠道模式。企业下设物流部门或单设物流子公司，以完成营销活动中的物流环节。但是必须要考虑企业的物流管理能力，否则，只是有硬件，也是无法经营的。随着我国物流理论与物流教育的发展，越来越多的高校开设了物流管理专业的本科专业与硕士点。国内的物流师资格认证考试也开始初具规模，国内的物流人才开始慢慢补充。但同时，目前国内的有关企业内部从事物流管理人员的综合素质不高，面对复杂多样的物流问题，经常是凭借经验或者说是主观的考虑来解决问题，造成了企业自营物流一大亟待解决的问题，导致国内只有少量企业有能力建立自己的物流系统。苏宁易购的配送服务如图8-6所示。

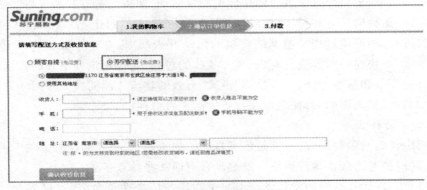

图8-6 苏宁易购的配送服务

2．外包物流（第三方物流）

现代物流理论认为，现代物流服务的核心目标是在物流过程中以最低的综合成本满足消费者需求。第三方物流企业所追求的最高境界应该体现为物流企业对于其所面对的可控资源与可利用资源进行最大限度的合理化开发与利用。这种合理化表现为物流企业对自身物流能力的客观评估与正确定位,对外部环境与市场需求的深刻理解与合理预期,对企业自身发展方向与发展时机的准确把握,使物流企业能够将可控资源与潜在可利用资源进行有机融合,并在市场运作中以各类有效措施使上述两种资源始终处于相互协调、相互支持的动态平衡状态,使之成为推动和促进物流企业实现其总体发展战略目标的重要原动力。企业选取外包物流有如下优势:

(1) 能够降低成本,提高运作效率。对于企业来说,不管是否从事网络营销,自营物流都会有很多隐性成本。如果把物流的隐性成本核算出来,把外包与自营的物流总成本加以对比的话,一般来说外包物流的成本是相对低廉的。另外,供应链通过生产企业内部、外部及流通企业的整体协作,大大缩短了产品的流通周期,加快了物流配送的速度,并将产品按消费者的需求生产出来,快速送到消费者手中。

(2) 提高市场信息获取能力,改进对消费者服务的水平。现代企业均把消费者奉为上帝,而消费者要求提供产品的前置时间越短越好。为此,网络营销企业与第三方物流公司进行供应链的优化组合,使物流服务功能系列化;在传统的储存、运输、流通加工服务的基础上,增加市场调查与预测、采购及订单处理、配送、物流咨询、物流解决方案的选择与规划、库存控制的策略建议、贷款的回收与结算、教育培训等增值服务。这种快速、高质量的服务,必然会塑造企业的良好形象,提高企业的信誉,提高消费者的满意程度,使产品的市场占有率提高、消费者剧增。

(3) 增加企业柔性。外包物流服务可以使企业集中力量于自己的核心能力,扬长避短,且有利于企业的柔性化发展。

3. 物流联盟

物流联盟指货主企业选择少数稳定且有较多业务往来的物流公司形成长期互利的、全方位的合作关系,如中国物流企业网(见图 8-7)。货主企业与物流企业优势互补,要素双向或多向流动,相互信任、共担风险、共享收益。

物流联盟一方面有助于货主企业的产品迅速进入市场,提高竞争力,占领较大市场份额;另一方面使物流企业有了稳定的资源。当然,物流联盟的长期性、稳定性会使货主企业改变物流服务供应商的行为变得困难,货主企业必须对今后过度依赖某个供应商的局面有所考虑。

图 8-7 物流配送联盟网站——中国物流企业网

8.4.3 影响网络营销物流模式选择的因素

对于投身于网络营销的企业,在物流配送方面除了采取传统的自营方式之外,还可考虑逐渐规范的外包模式或寻找理想的物流企业建立物流联盟。企业到底选择何种物流模式,需综合考虑以下几方面的因素。

1. 企业规模和实力

大中型企业在资金充裕的情况下可以建立自己的物流配送体系,"量体裁衣",制订适合本企业的物流需求计划,保证物流服务的高质量。同时,过剩的物流网络资源还可以提供给其他企业。小型企业受资金、人员及核心业务的限制,物流管理效率低下,则适合将物流配送业务交予第三方专业物流代理公司。目前国内大多数经营网络购销企业的规模较小,许多都采用外包物流的形式。另外,物流管理水平低的大中型企业,还可以采用外协物流或组建物流联盟,如联合利华与友谊集团储运公司的合作。

2. 核心与非核心业务

按照供应链的理论,将不是自己核心业务的物流管理外包给从事该业务的专业公司去做。这样从原材料供应到生产,再到产品的销售等各个环节的各种职能,都是由在同一领域具有专长或核心竞争力的专业公司互相协调和配合来完成的,这样所形成的供应链具有最大的竞争力。

3. 目标消费者的空间分布

一般来说,营销活动的销售网点都是按照销售区域来配置的,一般在一个特定区域的市场设立一个配送中心,负责向若干个销售网点送货。销售网点向配送中心订货和补货,配送中心则在规定的时限内将货物送达。但是,由于网络营销的目标消费者可能在地理分布上是十分分散的,要求送货的地点也不集中,致使企业无法经济合理地组织送货。因此,目标消费者的空间分布就决定了网络营销必须对不同区域采取不同的分销方式。

4. 产品的特性

不同的产品有不同的消费特点和流通特点,故而需要不同的物流方式。完全数字化的产品与不能数字化的产品在物流配送上是完全不同的;对于普通产品与贵重物品,采用的物流配送方式也是不同的。企业在选择时应当考虑自身产品的特点,分层次、分类别进行物流配送,以节省物流费用、提高物流效率。

5. 服务技能

不同类型的企业,如 ISP/ICP、传统零售商店、传统批发企业、制造企业等均有条件开展网络营销,但不同的企业对商流、物流、信息流、资金流的组织和服务技能是有差异的。从物流的角度来看,传统的零售商、批发商的物流能力要优于纯粹的网络企业,也优于一般的制造商,但从商流、信息流和资金流的角度来看可能正好相反。因此,制定正确的物流模式,就要根据企业服务技术和能力的不同,扬长避短,发挥各自的优势,形成各具特色的企业物流新模式。

6. 物流成本的控制与管理

网络营销的物流具有多品种、小批量、多批次、短周期的特点,很难单独考虑物流的经济规模,因而会有较高的物流成本。因此,企业必须扩大在特定的销售区域内的销售规模,以降低物流成本,而能不能有效降低物流成本,就成了选择网络营销中物流模式的重要指标和主要影响因素。

8.5 网络营销渠道建设

8.5.1 企业网络营销渠道的选择

作为一种新型的市场形式,网络虚拟市场同样存在一个营销渠道的选择问题。对于从事网络营销的企业来说,熟悉网络营销渠道的结构,分析研究不同网络营销渠道的特点,合理地选择网络营销渠道,不仅有利于企业的产品顺利完成从生产领域到消费领域的转移,促进产品销售,而且有利于使企业获得整体网络营销上的成功。

在西方众多企业的网络营销活动中,选择营销渠道的最佳方案是双道法。所谓双道法,是指企业同时使用网络直销渠道和网络中介销售渠道,以达到销售量最大的目的。尤其在买方市场为主导的情况下,通过两条渠道销售产品比通过单一渠道更容易实现"市场渗透"。

1. 建立企业的网络直销渠道

目前,许多企业的网站访问者不多,有些企业的网络营销收效也不大,但是却不能据此就断言企业在网络建站的时机尚不成熟。网络直销的优点是多方面的,也许一些优势暂时还难以显现,但随着时间的推移,企业的新老消费者会逐渐认识并利用它。企业建立自己的网站,一方面为自己打开了一个对外开放的窗口,另一方面也建立了自己的网络直销渠道。企业在互联网上建站,如国外的亚马逊以及国内的青岛海尔集团、东方网景网上书店的实践,都说明企业上网建站大有可为,建站越早,受益越早。不仅如此,一旦企业的网页和信息服务商链接,如与外经贸部政府网站链接,其宣传作用更不可估量,不仅可以覆盖全国,而且可以传播到全世界,这种优势是任何传统的广告宣传都不能比的。对于中小企业而言,网上建站更具有优势,因为在网络上所有企业都是平等的,只要网页制作精美,信息经常更换,一定会有越来越多的消费者光顾。

2. 选择网络中介销售渠道

企业除利用自己的网站进行网络直销外,还可积极利用网络中介渠道销售自己的产品,通过电子中间商的信息服务、广告服务与撮合服务,扩大企业的影响,开拓企业产品的销售领域,降低销售成本。因此,对于从事网络营销活动的企业来说,必须熟悉、研究国内外电子中间商的类型、业务性质、功能、特点及其他有关情况,以便能够正确地选择电子中间商,顺利地完成产品从生产到消费的整个转移过程。

8.5.2 网络营销物流渠道结构的选择

对消费者产生有益影响的物流服务潜力直接与物流渠道的结构设计有关,而无论各地市场情况如何,现行物流渠道结构呈现三种形式可供选择:物流分层结构系统、物流直接结构系统和物流复合灵活结构系统。

1. 物流分层结构系统

所谓物流分层结构系统,就是指产品从原产地到最终终点的移动是通过企业分级设施的安排进行的。它意味着在供应链上各个环节储存一定的合理库存。

典型的物流分层结构系统是利用散货仓库与集装仓库进行的,散货仓库通常从许多供应商处接收大批物资,然后根据消费者的要求对存货进行分类和配送。集装仓库以相反的方式运作,拥有不同地理位置工厂的生产商通常要求集装发运,它允许厂商用一张票据在单程存货中将所有货物混合运送给消费者。物流分层结构系统通过对仓库分门别类而获得与大批量运送相同的集装经济性,根据消费者的要求迅速调配来达到专业化高服务质量。图8-6描述了典型的分层结构物流。

图 8-8　物流分层结构系统

2．物流直接结构系统

物流直接结构系统,就是指从一个或有限数量的中央仓库,直接将产品运送到消费者目的地的物流运作。直接结构系统通常不具有支持分层结构系统所必需的潜在物流数量界限的集装工作量,它通常采用价格杠杆和信息技术来迅速处理消费者订货,从而获取更大的经济效益。在物流直接结构系统中,供应商直接向消费者发运,减少中间环节,缩短在地理空间上与消费者的距离,它通常用于生产商在原材料、部件的供应过程中。在经济合理的基础上,物流管理者通常要求采用直接送货的形式,这样可以减少库存和对中间产品的管理,但又常常面临高运输成本和物流控制困难等问题。这些问题现在通过通信手段的改进和采用先进运输技术等得到了一定程度的解决。大多数企业现在把分层结构系统与直接结构系统进行简单的组合,形成一个更高效率的物流结构系统,见图8-9。

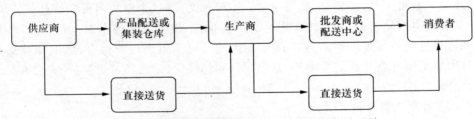

图 8-9　分层结构与直接结构相结合送货的物流系统

3．物流复合灵活结构系统

理想的物流运作系统是将分层运送和直接运送的优势结合在一起的结构系统。企业希望各阶段库存量尽可能少,库存分布趋于科学合理,高风险和高成本的物品应贮藏于中央位置仓库中,以便直接发运给消费者。高质量的服务和合理的经济效益决定了采用什么样的物流渠道结构。例如,汽车制造商通常采用一种灵活物流战略来配送部件。周转率和需求变化大的部件,一般都放置于中央仓库;周转率和需求量少的部件通常储存在一个便于服务全球消费者的地方。

交货时间要求迅速的零部件通常储存在距分销商较近的地方。每一个企业都会面临处理独特消费者的情况,并利用一种与众不同的灵活物流战略来取得竞争优势。事先建立灵活的物流规则和决策程序,根据不同的情况分别采用不同的策略和结构,是复合灵活结构系统的特征。其结构内容见图8-10。

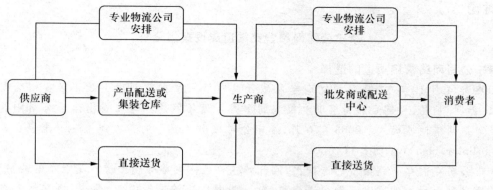

图 8-10 物流复合灵活结构系统

8.5.3 网络营销物流渠道的优化与整合

电子商务是现代服务业中的重要产业,人流、物流、资金流、信息流"四流合一"是对电子商务核心价值链的概括。在全球信息化大势所趋的影响下,各国的电子商务不断地改进和完善,更加注重电子商务与物流供应链之间的对接。传统的第三方物流供应商提供的物流服务一般只包括运输、仓储管理、配送等,根本无法满足电子商务对物流运输速度及效率的要求。据最新数据统计,2011 年 11 月 11 日,淘宝商城一日的成交量就达 20 亿元,而如此庞大的交易量当然少不了物流的辅助,恰恰需要一个能快速反映市场对原材料供给和运输要求的物流体系。

1. 强化信息化技术与电子商务之间直接的耦合

随着网络信息技术的发达和电子商务贸易规模的不断发展,越来越多的电子商务企业看到了网络信息技术发展所带来的便利和利润空间。较发达的信息技术的应用和较高的电子商务的普及无可厚非是物流发展的基本条件,物流的供应链整合也依赖于信息技术与电子商务。当前我国物流信息化水平整体较低,电子商务企业信息化程度整体也不高。因此,我国物流企业要想迅速发展壮大、抢占市场,不得不依靠集成信息技术的大力支持,只有这样才能将卖方的产品安全、及时、准确地送达买方指定地点,让消费者在最短的时间内得到他所需要的产品信息,同时也使得物流实现了区域共享、全球物流信息一体化的目的。

2. 建立跨区域的物流信息化共享平台,加快新型物流人才的培养

理想的物流是各个物流环节信息流的整合与共享,以达到最快、最有效率地为消费者或企业提供物流信息服务。我国今后的物流发展应更加注重利用互联网的力量建立一个公共信息的平台,实现跨区域的物流信息资源共享,使得整个物流信息能解决从卖方、中间托运人到买方、物流供应商资源的整条供应链过程的问题,并且提供最佳方案。此外,物流的发展需要大量新型物流人才,目前我国物流人才相对匮乏,各大高校要加大力度培养高素质的物流和供应链管理人才,打造一支适应现代物流产业发展水平的物流管理队伍,提升我国物流产业的整体水平。

案例讨论

李宁公司网络营销渠道建设案例分析

李宁公司网络营销渠道的选择

2008年4月10日,李宁公司在淘宝商城开设的第一家直营网店上线。接着相继在新浪商城、逛街网、拍拍、易趣上通过直营和授权的形式开设了网店。可以看出李宁公司刚开始选择的渠道是网络商城模式。2008年6月,李宁公司推出了自己的官方商城——李宁官方商城(www.e-lining.com)(见图8-11)。

李宁公司在网络营销渠道的选择上,刚开始在自己对网络营销渠道不是很了解的情况下,主要是通过利用现有的网络营销渠道资源,对一些网络店铺进行授权、整合,将其纳入自己的渠道范畴内,同时也积极在各大商城上开设了自己的网络直营店铺,接着在此基础上推出了自己的网络直销平台。可见李宁公司在网络营销渠道模式的选择上刚开始是网络商城的模式,接着又是网络直销的模式。

图8-11 李宁官方商城

李宁公司网络营销渠道的实施

1. 网络商城模式实施

2008年年初,李宁公司在涉水电子商务之前做的一项调研结果显示:淘宝上的李宁牌产品的网店已达700余家,而2007年李宁公司产品在淘宝上的销售流水已达5 000万元。在此环境下,李宁公司于2008年4月开始在淘宝商城上开设自己的直营店铺,接着通过直营和授权的方式开设了多家网络店铺。

(1)李宁官方直营店铺。包括李宁官方商城、李宁淘宝官方网店、李宁淘宝官方折扣店、李宁官方拍拍店。

(2)李宁官方授权店。包括李宁淘宝五洲商城、李宁淘宝古星专卖店、李宁淘宝古星折扣店、李宁易趣古星专卖店、逛街网李宁专卖店、新浪李宁专卖店等授权店。

2. 网络直销渠道的实施

随着我国服装行业网络直销的兴起,在网络经济环境下,网络消费者对服装的个性化需求快速提升。李宁公司于2008年6月推出了李宁官方商城。

(1)网站建设。网站是服装企业通向互联网的大门,网络消费者在网上购买服装时是通过网络来了解服装企业的信息,通过文字、图片和视频来了解服装产品的相关特性,网站建设者应该重视消费者在观赏网站时的视觉和心理感受,以及服装产品图片的色彩、搭配等。

进入李宁官方商城后,人们可以看到,在用色上主要是黑白红的组合,给人以购买的冲动。顶部导航条依次是首页、我的李宁、主题活动、产品地带、兑换礼品、特价区、企业 VIP,其网站结构按功能系统划分如图 8-12 所示。

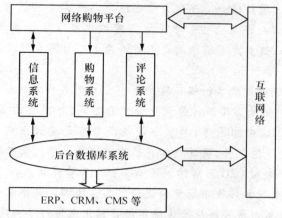

图 8-12　李宁官方商城结构图

（2）功能系统的实现。① 信息系统。信息系统主要是用于李宁公司和服装产品的信息发布、活动公告、消费者信息采集等。通过网站的信息系统,网站获得了网络消费者的个人注册信息,并在线向消费者推广了企业开展的各种优惠活动内容等,从而在美化网站前台系统的基础上,完成了信息的流通和对消费者信息的采集。② 购物系统。主要是提供给消费者服装产品、方式等信息,记录购物车信息,以及让消费者选择支付和配送方式。购物系统是服装企业实施网络直销的核心部分,网络消费者在进入到购物系统后,吸引消费者的首先是其服装产品的色彩和款式,所以此时服装的图片布局和效果都非常重要。③ 数据库系统。主要是有机记录系统传递的信息,并与外部接口（银行系统、认证机构、物流配送中心）连接,同时将实时数据传送至企业内部各个系统,供企业实施相应的内部管理、客户资源管理等。

李宁公司网络营销渠道的支付和配送方式

1. 支付方式

李宁公司官方网店的支付方式有三种:网银在线、快钱、支付宝。

2. 配送方式

申通快递、顺风快递、EMS。快递的选择由李宁公司与快递公司签订的线路为依据进行安排,申通快递优先,如遇前者无法到达区域则由 EMS 送达。

李宁公司网络营销渠道的管理

1. 网络渠道推广

（1）和门户网站的合作。李宁公司在网易首页上投放的旗帜广告直接连接到官方网店,并和新浪合作开设李宁俱乐部板块。

（2）通过搜索引擎推广。李宁公司购买了谷歌的相关关键词的广告。例如,在谷歌搜索"李宁",李宁公司的官方直营店就排在第一位。

（3）通过主题活动方式。在李宁公司的官方网店里面有个栏目是主题活动,这里会不定期地举办一些活动,例如,注册会员送500积分、购买奥尼尔的战靴赠送"大鲨鱼"玩偶等。

2. 渠道协调

为了更好地协调网络营销渠道和传统市场营销渠道之间的关系,李宁公司主要做了以下几件事情:

(1) 在销售的商品上进行区分。李宁公司在线下各专卖店的销售以正价新品为主,而在专门的打折店中以销售库存产品为主。李宁官方商城主要以正价新品的推荐和限量产品为主,包括明星签名的产品,这些产品瞄准的是少数消费者。而淘宝商城的网店则进行一部分库存产品的销售。

(2) 网络渠道和传统渠道产品价格一致。李宁公司把各种网店纳入自己的价格体系中。在B2C方面,李宁公司沿用地面渠道与经销商合作的方式,与网上的B2C平台签约授权李宁公司的产品销售;对于C2C中的网店,李宁公司虽没有与之签订正式的授权协议,但通过供货、产品服务以及培训的优惠条件,将其纳入自己的价格体系中。据李宁公司电子商务部相关人士介绍,目前已有400余家C2C网店纳入了李宁公司的管理体系。

(3) 整顿网络营销渠道和传统市场营销渠道。为了协调好网络营销渠道和传统市场营销渠道之间的关系,李宁公司对很多网店及传统市场营销渠道进行了一次整顿,目的是杜绝线下经销商、制造商违规出货。

问题

1. 请结合李宁公司特色网络渠道的设计,分析渠道策略在整个营销组合策略中的地位。
2. 请结合李宁公司特色物流营销的优点,分析网络营销中的物流重要性。

本章小结

1. 营销渠道是指与提供产品或服务以供使用或消费这一过程有关的一整套相互依存的机构,它涉及信息沟通、资金转移和事物转移等。其特点主要有:用途多元化、结构简单化、交易成本节约化和功能多元化。

2. 根据互联网的信息交互特点,网络营销渠道可以分为两大类:一类是通过互联网实现的从生产者到消费(使用)者的网络直接营销渠道(简称网上直销),另一类是通过融入互联网技术后的中间商机构提供网络间接营销渠道。了解不同类型的交易过程并合理选择,有利于企业的产品顺利完成从生产到消费的转移,促进产品销售,并有利于企业获得整体网络营销上的成功。

3. 中间商是指在企业与消费者之间参与产品交易业务、促使买卖行为发生和实现、具有法人资格的经济组织和个人。在评估、选择电子中间商时,必须考虑成本、信用、覆盖面、特色和连续性五大因素。

4. 网络营销物流渠道体系可以有以下几种组建模式:自营物流、外包物流(第三方物流)、物流联盟,企业应当结合自身特点进行选择。

5. 现行物流渠道结构有三种形式可供选择:物流分层结构系统、物流直接结构系统和物流复合灵活结构系统。要从强化信息化技术与电子商务之间直接的耦合、建立跨区域的物流信息化共享平台、加快新型物流人才的培养等方面对网络营销物流渠道进行优化与整合。

思考与实践

1. 理论基础

(1) 网络营销渠道有什么特点？如何对其进行分类？

(2) 网络直销渠道的优缺点是什么？网络中介渠道的优缺点是什么？

(3) 试简述网络直销渠道与网络中介渠道的流程。

(4) 网络营销中的物流有什么特点？有哪些模式可供选择？

(5) 如何对网络营销中的物流渠道进行优化整合？

2. 知识运用

(1) 通过搜集资料考察海尔公司的网络营销渠道建设及实施近况，分析其特点与优势。

(2) 结合本章所学知识，思考电子商务的迅猛发展给物流业的发展带来的限制，以及两者之间的交互影响情况。考虑如何更好地实现物流与电子商务的完美结合。

参考文献

[1] 孟丽莎.网络营销[M].郑州:河南人民出版社,2005.
[2] 张涛.网络营销[M].广州:广东高等教育出版社,2006.
[3] 赵文清.网络营销基础[M].北京:人民邮电出版社,2011.
[4] 李琳娜.网络营销与策划[M].武汉:武汉理工大学出版社,2006.
[5] 孔伟成,陈水芬.网络营销[M].北京:高等教育出版社,2002.
[6] 张卫东.网络营销:策划与管理[M].北京:电子工业出版社,2012.
[7] 杨静,符少玲.我国电子商务环境下的物流配送模式[J].经济论坛,2005,(9).
[8] 丛缨缨.电子商务环境下物流问题研究[D].沈阳:东北财经大学出版社,2006.

第9章 网络营销促销策略

引导案例

戴尔的微博营销

长期以来,戴尔都是通过自己的官方网站进行产品直销的,新产品、促销活动等信息仅在企业网站上公布,影响范围有限。

2007年,为了进一步扩大营销范围,戴尔确立了微博多样化战略:首先在Twitter上注册了许多账号,发布四种信息,即公司新闻、打折信息、博客账户、社区账户,每个账号都有专门的内容,其中非常重要的内容就是打折促销的信息;其次,在新浪微博上(戴尔促销的新浪微博如图9-1所示),戴尔中国是2011年3月7日上线的,戴尔客服用轻松活泼的方式和客户唠家常,分享最新的促销信息,并时不时搞一些互动活动。戴尔为在微博上发布的信息设定了两条标准:第一,无论任何信息都要有价值;第二,要及时互动反馈。

图9-1 戴尔促销的新浪微博网页

同时，戴尔对微博管理的人员和组织架构进行了规范化调整。戴尔在Twitter和新浪微博上的每个官方账号背后都有一个综合团队。每个账号有一个负责人，但是团队成员是跨部门的。通常，账号由所涉及领域业务的员工来负责，销售部、技术支持和客户服务部门的成员也会参与进来，以便客户有任何问题时，这些工作人员都能够及时解答，确保和客户之间的双向沟通。

戴尔还确定了对于微博平台的考核准则，分为短期和中长期两种。短期考核准则为发帖的数量和质量、粉丝人数、评价、参与度、账号的整体影响力，以及微博带来的业务量（适合于某些账号）。中期则衡量微博是否帮助戴尔改进了在网上的声誉。从长期来说，戴尔很关注这个平台是否能帮助公司和客户更好地沟通、为客户更好地服务，是否能帮助戴尔实现整体业务目标。

通过微博，戴尔可以与全球各地的各类客户进行交流，并满足他们的需求。借助此途径，戴尔在全球创造了巨额营业额（以2008—2009年为例，戴尔通过在Twitter发布广告链接，增加了600万美元的销售收入）。

案例中体现了戴尔通过微博促销的良好效果，本章将重点介绍包括微博促销在内的六种主要网络营销促销策略。

9.1 网络营销促销概述

9.1.1 网络营销促销的内涵

1. 网络营销促销的含义

促销是指企业利用多种方式和手段来支持企业的各种市场营销活动，而网络营销促销是指利用现代化的网络技术，向网络虚拟市场传递有关产品和劳务的信息，以激发市场需求，引起消费者购买欲望和购买行为的各种活动的总称。网络营销促销是网络营销中极为重要的一项内容，具有很强的现实意义。网络营销促销的主要方式有广告促销、搜索引擎营销、微博营销、网络口碑营销、网络"病毒式"营销、网络团购促销等。

网络营销促销突出表现为以下三个明显的特点：
（1）通过网络技术传递产品和劳务的存在、性能、功效及特征等信息；
（2）在虚拟市场进行；
（3）将所有企业推向了一个统一的市场。

2. 网络营销促销与传统促销的区别

虽然网络营销促销属于促销的一种，但是和传统促销又有很多不同之处。传统促销和网络营销促销的作用都是让消费者认识产品，引起消费者的注意和兴趣，激发他们的购买欲望，并最终实现其购买行为。但由于互联网强大的通信能力和覆盖面等特点，网络营销促销在时间和空间、信息沟通方式、消费群体和消费行为上与传统的促销活动相比都发生了较大的变化，具体如表9-1所示。

表 9-1　网络营销促销与传统促销的区别

项目	传统促销	网络营销促销
时间和空间	地理半径有限、时间有限	全球范围、任何时间
信息沟通方式	单向、迟缓、面对面	双向、快捷、互不见面
消费群体	大众	网络购物者
消费行为	脱离生产和商业流通	直接参与生产和商业流通循环

对于网络营销促销,一方面应当站在全新的角度去认识这一新型的促销方式;另一方面则应通过与传统促销的比较去体会两者之间的差别,吸收传统促销方式的整体设计思想,采取行之有效的促销技巧。

3. 网络营销促销的作用

网络营销促销的作用主要表现在以下五个方面:

(1) 信息告知。网络营销促销能够把一个企业的产品、服务、价格等信息传递给目标公众,引起他们的注意,这是网络营销促销最直接也是最基本的作用。图 9-2 所示为肯德基在人人网登录页面发布的促销信息,目的是告知顾客"15 元起豪华午餐系列"新加入了双层烤肉堡套餐及该套餐所含项目。

图 9-2　肯德基网络营销促销广告

(2) 说服诱导。网络营销促销的目的在于通过各种有效的方式,解除目标公众对产品或服务的疑虑,说服目标公众坚定购买决心。例如,在同类产品中,许多产品往往只有细致的差别,使消费者难以察觉。企业通过网络促销活动,宣传自己产品的特点,使消费者认识到本企业的产品可能给他们带来的特殊效用和利益,进而通过比较,乐于购买本企业的产品,达到促销目的。图 9-3 所示为 E 人 E 本在新华网发布的广告,广告简要说明了该产品的特点,点击"了解详情"后,会详细介绍该产品手写输入后显示输入者原字体且辨认速度快的特征,具有说服诱导的功能。

图 9-3　E 人 E 本宣传广告

(3) 激发需求。广大受众都能看到网络广告,通过点击便可轻松了解产品信息。具有吸引力的网络营销促销手段,可以发掘潜在消费者,扩大销量。图 9-4 所示为雅士利奶粉的买赠及优惠活动的信息,实际上是诱导消费者购买或多购买。

图 9-4　雅士利网络营销促销活动信息

（4）稳定销售。一个企业的产品销售量,可能因为市场地位不稳等原因,时高时低,波动很大,这时企业通过适当的网络营销促销活动,树立良好的产品形象和企业形象,往往有可能改变消费者对本企业产品的认识,使更多的用户形成对本企业产品的偏爱,达到稳定销售量的目的。如广药集团加多宝凉茶通过在官方网站和各大门户网站投放"圆梦大学、爱心传承"公益活动广告,较好地维持了在凉茶市场的知名度和市场份额,同时也进一步巩固和提升了企业形象（见图 9-5）。

图 9-5　加多宝凉茶公益活动页面

（5）反馈作用。网络营销促销能够通过电子邮件等方式及时地收集、汇总消费者的需求和意见,迅速反馈给企业管理层。网络营销促销所获得的信息基本上都是文字资料,信息准确,可靠性强,对企业经营决策具有较大的参考价值,有利于企业的成长和发展。

E 经典

星巴克《自然醒》音乐专辑微信之旅

全球领先的专业咖啡公司星巴克携手腾讯,于 2012 年正式推出星巴克官方微信账号,为广大微信用户、星巴克粉丝创建一种全新的人际互动和交往方式。而星巴克的这一举动有望引领其他企业纷纷加入到微信的世界中。

星巴克企业发展战略向来注重数字媒体与社交媒体,并一直走在科技与时尚的前沿。由腾讯研制开发的微信现在全球已有超过 3 亿的注册用户,主要以城市的年轻人为主。

2012 年 8 月 28 日至 9 月 30 日,用户登录微信,通过扫描 QR 码,即可将"星巴克中国"加为好友。用户只需向"星巴克中国"发送一个表情符号,星巴克就会立刻回复,用户即刻享有星巴克《自然醒》音乐专辑。

一直以来,星巴克致力于提供最优质的咖啡和服务,营造独特的星巴克体验,将遍布全球各地的星巴克门店打造成家和办公室之外最为适宜的生活空间。在星巴克看来,微信代表着一种生活方式,不但为人们提供丰富的聊天模式,更拉近了人和人之间的距离。星巴克微信账号,是秉承星巴克"连接彼此"企业文化内涵、促进人们真诚交流,并随时随地带来美好生活新体验和"星"乐趣的最好方式。

《自然醒》音乐专辑微信之旅活动结束之后,星巴克还将一如既往地坚持其数字化发展策略,致力于拓宽社交媒体网络,继续与微信开展战略高度的合作,打造亲时尚的前沿品牌形象。

资料来源:http://www.jingdaily.com/cn/?p=19493

9.1.2 网络营销促销的实施程序

网络营销促销的实施程序一般分为六个步骤,如图9-6所示。

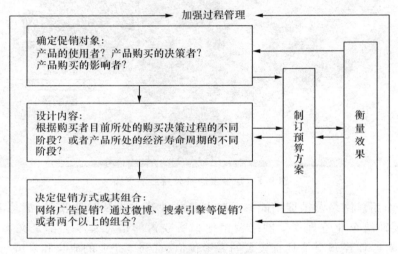

图9-6 网络营销促销的实施过程

1. 确定促销对象

网络营销促销对象是针对可能在网络虚拟市场上产生购买行为的消费者群体提出来的。随着网络的迅速普及,这一群体在不断扩大。这一群体主要包括三部分人员:产品的使用者,产品购买的决策者,产品购买的影响者。

(1)产品的使用者。指实际使用或消费产品的人。实际的需求构成了这些消费者购买的直接动因。抓住这一部分消费者,网络销售就有了稳定的市场。

(2)产品购买的决策者。指实际决定购买产品的人。在许多情况下,产品的使用者和购买决策者是一致的,在虚拟市场上更是如此。因为大部分的上网者都有独立的决策能力,也有一定的经济收入。但在另外一些情况下,产品的购买决策者和使用者则是分离的。如婴儿用品,产品的使用者毫无疑问是婴儿,但购买的决策者却是婴儿的母亲或其他有关的成年人。所以,网络营销促销同样应当把购买决策者放在重要的位置上。

(3)产品购买的影响者。指在看法或建议上对最终购买决策可以产生一定影响的人。在低值易耗日用品的购买决策中,产品购买的影响者的影响力较小;但在高价耐用消费品的购买决策中,购买影响者的影响力较大,这是因为对高价耐用消费品的购买,购买者往往比较谨慎,希望广泛征求相关意见后再做决定。

2. 设计内容

网络营销促销的最终目标是引起购买行为,这个最终目标要通过设计具体的信息内容来实现。消费者的购买过程是一个复杂的、多阶段的过程,促销内容应根据购买者目前所处的购买决策过程的不同阶段和产品所处的经济寿命周期的不同阶段来决定。一般来讲,一项产品完成试制定型后,从投入市场到退出市场,大体上要经历四个阶段:投入期、成长期、成熟期和衰退期。在新产品刚刚投入市场的开始阶段,消费者对该产品还非常生疏,促销活动的内容应侧重于宣传产品的特点,引起消费者的注意。当产品在市场上已有了一定的影响力,促销活动的内容则需要偏重于唤起消费者的购买欲望;同时,还需要创造品牌的知名度。当产品进入成熟阶段后,市场竞争变得十分激烈,促销活动的内容除了针对产品本身的宣传外,还需要对企业形象做大量的宣传工作,树立消费者对企业产品的信心。在产品的衰退阶段,促销活动的重点在于与消费者进行密切的感情沟通,通过各种让利促销活动,延长产品的生命周期。

3. 决定促销方式或其组合

促销组合是一个非常复杂的问题。网络营销促销活动可以通过网络广告、微博、搜索引擎等方法展开。但由于企业的产品种类不同,销售对象不同,促销方法与产品种类和销售对象之间会产生多种网络营销促销的组合方式。企业应当根据各种促销方法各自的特点和优势,根据自己产品的市场情况、消费者情况,扬长避短,合理组合,以达到最佳促销效果。

网络广告促销主要实施"推战略",其主要功能是将企业的产品推向市场,获得广大消费者的认可。网络站点促销、"病毒式"营销等主要实施"拉战略",其主要功能是将消费者牢牢地吸引过来,保持稳定的市场份额。

一般说来,日用消费品,如化妆品、食品饮料、家用电器等,网络广告促销的效果比较好。而大型机械产品、专用品则不同。在产品的成长期,应侧重于网络广告促销,宣传产品的新性能、新特点。在产品的成熟期,则应加强自身站点的建设,注重口碑营销,树立企业形象,巩固已有市场。企业应当根据自身网络营销促销的能力确定几种网络营销促销方法配合使用的比例。

4. 制订预算方案

网络营销促销实施过程中,企业感到最困难的是预算方案的制订。在互联网上促销,是一个新问题。价格、条件等都需要在实践中不断学习、比较和体会,不断地总结经验。只有这样,才可能用有限的精力和有限的资金收到尽可能好的效果,做到事半功倍。在制订预算方案时需要考虑以下内容:

(1) 网络营销促销的方法及组合的办法。选择不同的信息服务站点,宣传价格可能悬殊极大。这好比在不同的电视台上做广告。在中央电视台做广告的价格远远高于在地方电视台做广告的价格。自己设立站点宣传价格最低,但宣传的覆盖面可能最小。所以,企业应当认真比较投放站点的服务质量和服务价格,从中筛选适合本企业的、质量与价格匹配的信息服务站点。

(2) 网络营销促销的目标,是树立企业形象,宣传产品,还是宣传售后服务?确定了这些目标,再来策划投放内容的多少,包括文案的数量、图形的多少、色彩的复杂程度;投放时间的长短、频率和密度;广告宣传的位置、内容更换的时间间隔以及效果检测的方法等。这些细节确定好了,对整体的投资数额就有了预算的依据,与信息服务站点谈判就有了一定的把握。

（3）影响的是哪个群体、哪个阶层？是国外的还是国内的？因为在服务对象上，各个站点有较大的差别。有的站点侧重于中青年，有的站点侧重于学术界，有的站点侧重于产品消费者。一般来讲，侧重于学术交流的站点的服务费用较低，专门从事产品推销的站点的服务费用较高，而某些综合性的网络站点费用最高。在宣传范围上，单纯使用中文促销的费用较低，使用中英文促销则费用较高。企业促销人员应当熟知自己产品的销售对象和销售范围，根据自己的产品选择适当的促销形式。

5. 衡量效果

网络营销促销的实施过程到了这一阶段，必须对已经执行的促销内容进行评价，衡量一下促销的实际效果是否达到了预期的促销目标。对促销效果的评价主要依赖于两个方面的数据。一方面，要充分利用互联网上的统计软件，及时对促销活动的好坏做出统计。这些数据包括主页访问人次、点击次数、千人广告成本等。因为网络宣传不像报纸或电视那样，难以确认实际阅读和观看的人数。在网上，企业可以很容易地统计出你的站点的访问人数，也可以很容易地统计广告的阅览人数，甚至可以告诉访问者他是第几个访问者。利用这些统计数字，企业促销人员可以了解自己在网上的优势与弱点，以及与其他促销者的差距。另一方面，效果评价要建立在对实际效果全面调查的基础上，通过调查市场占有率的变化情况、产品销售量的增加情况、利润的变化情况、促销成本的降低情况，判断促销决策是否正确。

6. 加强过程管理

网络营销促销是一项崭新的事业。要在这个领域取得成功，科学的管理起着极为重要的作用。在衡量网络营销促销效果的基础上，对偏离预期促销目标的活动进行调整是保证促销取得最佳效果必不可少的程序。同时，在促销实施过程中，不断地进行信息沟通的协调，也是保证企业促销连续性、统一性的需要。

9.2 网络广告促销

9.2.1 网络广告概述

1. 网络广告的含义

网络广告 = 网络（互联网）+ 广告（Advertising）

所谓网络广告，从字面上了解，就是以网络为媒体，在网络上播放的广告。而网络广告包含网站广告、电子邮件广告等类型。因此，可以把网络广告定义为：在全球资讯网上，以网站为媒体，使用文字、图片、声音、动画或是影像等方式，来宣传广告所欲传达的信息。

2. 网络广告与传统广告的比较

（1）交互性和纵深性。网络广告不同于传统媒体的信息单向传播，是信息的互动传播。通过链接，消费者只需简单地点击鼠标，就可以从企业的相关站点中得到更多、更详尽的信息。另外，消费者可以通过广告直接填写并提交在线表单信息，企业可以随时得到宝贵的消费者反馈信息，进一步拉近消费者和广告客户之间的距离。同时，网络广告可以提供进一步的产品查询需求。

（2）广泛和开放性。网络广告可以通过互联网把广告信息全天候、24小时不间断地传播到世界各地，这是传统媒体无法做到的。另外，报纸、杂志、电视、广播、路牌等传统广告都很有强迫性，而网络广告的过程是开放的、非强迫性的，这一点与传统传媒有本质的不同。

(3)多维性和体验性。传统媒体是二维的,而网络广告则是多维的,它能将文字、图像和声音有机地组合在一起,传递多感官的信息,让消费者身临其境般地感受产品或服务。网络广告的载体基本上是多媒体、超文本格式文件,消费者可以对其感兴趣的产品信息进行更详细的了解,能亲身体验产品、服务与品牌。这种图、文、声、像相结合的广告形式,将大大增强网络广告的实效。

(4)易统计和可评估性。在传统媒体上做广告,很难准确地知道有多少人接收到广告信息。而网络广告不同,可以详细地统计一个网站各网页被浏览的总次数、每个广告被点击的次数,甚至还可以详细、具体地统计出每个访问者的访问时间和 IP 地址。另外,提供网络广告发布的网站一般都能建立用户数据库,包括用户的地域分布、年龄、性别、收入、职业、婚姻状况、爱好等。这些统计资料可帮助广告主统计与分析市场和受众,根据广告目标受众的特点,有针对性地投放广告,并根据消费者特点做定点投放和跟踪分析,对广告效果做出客观准确的评估。

(5)实时和可控性。网络广告可以根据消费者的需求快速制作并进行投放,而传统广告制作成本较高,投放周期固定。而且,在传统媒体上做广告发布后很难更改,即使可以改动往往也需付出很大的经济代价,而网络广告则可以根据消费者需要及时变更广告内容。这样,广告主的经营决策变化就能及时实施和推广。

(6)灵活和快捷性。在传统媒体上做的广告发布后很难更改,即使可改动往往也需付出很大的经济代价。这是因为在传统广告媒体上,从策划、制作到发布需要经过很多环节配合,广告一旦发布后信息内容就很难改变而且费用昂贵,因而难以实现广告信息的及时更改;而在互联网上做广告则能根据需要及时变更广告内容,当然包括改正广告的错误。这就使企业经营决策的变化可以及时地实施和推广。网络广告的信息反馈也非常快捷,消费者可以直接与企业进行沟通,企业也可以从广告的统计情况了解网络广告的效果。

3. 网络广告的分类

网络广告一般有两种分类形式:按形式分与按计费分。

(1)按形式分,网络广告大体可分为以下五种类型。

横幅广告。这是网上使用最多的广告,是网页上出现的一个显示静态或动态图形的矩形对象,嵌有广告主网站的链接。图 9-7 所示为雪铁龙 DS 在新浪首页的横幅广告。

图 9-7 雪铁龙 DS 的横幅广告

插页式广告。在用户点击链接打开页面时,出现的不是想打开的页面,而是插页式广告的窗口(插在两个页面之间),多数插页式广告会自动关闭,接着在原浏览器窗口中显示用户想打开的页面。图 9-8 所示的新浪公益广告就是插页式广告。

弹出式广告。用户打开或关闭一个窗口时出现一个广告窗口,该窗口没有浏览器常规的控制工具,唯一关闭广告的办法就是点击窗口右上角的关闭窗口。图 9-9 右下角所示为匹克在新浪首页的弹出式广告。

图 9-8　新浪公益广告——扬帆计划

图 9-9　匹克的弹出式广告

弹底式广告。在弹出广告之后紧跟一个命令恢复浏览器窗口,这样就将广告窗口放在用户浏览器之后,等用户关闭浏览器之后就会看到广告。

富媒体广告。又叫活动式广告,指在原页面(不是新打开窗口)上浮动的图形活动。图 9-10 所示为 TCL 发布的富媒体广告。

(2) 按计费分,网络广告可以分为按展示计费、按销售计费和按行动计费。

按展示计费包括 CPM 广告和 CPTM 广告。① CPM(Cost per Mille/Cost per Thousand Impressions)广告,即每千次印象费用,是指广告条每显示 1 000 次(印象)的费用。CPM 是最常用的网络广告定价模式之一。② CPTM(Cost per Targeted Thousand Impressions)广告,即经过

图 9-10　TCL 发布的富媒体广告

定位的访问者的千次印象费用(如根据人口统计信息定位)。CPTM 与 CPM 的区别在于,CPM 是所有访问者的印象数,而 CPTM 只是经过定位的访问者的印象数。

　　按销售计费包括 CPO 广告、CPS 广告和 PPS 广告。① CPO(Cost per Order)广告,也称为 Cost per Transaction,即根据每个订单/每次交易来收费的方式。② CPS(Cost per Sale)广告,即为照销售成功支付佣金的计费方式。③ PPS(Pay per Sale)广告,即根据网络广告所产生的直接销售数量而付费的一种定价模式。

　　按行动计费包括 CPC 广告、PPC 广告、CPA 广告、CPL 广告和 PPL 广告。① CPC(Cos tper click)广告。即根据广告被点击的次数收费。如关键词广告一般采用这种定价模式。② PPC (Pay per Click)广告。是根据点击广告或者电子邮件信息的用户数量来付费的一种定价模式。③ CPA(Cost per Action)广告,即根据每个访问者对网络广告所采取的行动收费的定价模式。对于访问者行动有特别的定义,包括形成一次交易、获得一个注册用户或者对网络广告的一次点击等。④ CPL(Cost per Lead)广告,即按注册成功支付佣金。⑤ PPL(Pay per Lead)广告,即根据每次通过网络广告产生的引导付费的定价模式。例如,广告主为访问者点击广告完成了在线表单而向广告服务站点付费。这种模式常用于网络会员制营销模式中,是为联盟网站制定的佣金模式。

E 知识

网络广告常见术语

主页(Homepage):网站的门户。

首屏网页(First View):是访问者访问一个页面时所看到的第一屏,是投放广告的最佳位置,所以广告条一般都设置在这个位置。

点击次数(Clicks):访问者通过点击横幅广告而访问广告主的网页,为一次点击。点击这个广告即表示访问者对该广告感兴趣,希望得到更详细的信息。

点击率(Clicks Ratio):广告被点击的次数与广告收视次数的比率。

接触频次(Frequency):一个浏览者看到同一个广告的次数。广告主可以通过限定这个次数来达到提高广告效果的目的。

印象(Impression):广告的收视次数,计数器上的统计数字即该网页的印象,含有广告的页面被访问的印象数。

超级链接(Hyperlink):文字或图像可点击的链接,带浏览者进入网站中的其他网页或网站。

综合浏览量(Page View,PV):网站各网页被浏览的次数。

广告管理(Advertisement Management):利用特定的系统管理网站或广告网站播发的网络广告,同时提供即时的显示数、点击数统计,高级的广告管理系统还能根据访问者的特点和时间选择出现不同的网络广告。

图标(Logo):标志。

唯一访客(Unique Visitor,UV):在一段时间内访问网站的人数,而不是人次,一般通过IP地址来区分唯一访客。

关键词(Key Words):用户在搜索引擎中提交的查询关键词。

9.2.2 网络广告实施过程

1. 网络广告目标群体分析

首先要确定网络广告的目标群体,简单来说就是确定网络广告希望让哪些人来看,确定他们是哪个群体、哪个阶层、哪个区域。只有让合适的目标群体来参与广告活动,才能使广告有效地实现其目标。

2. 确定网络广告的沟通目标

网络广告沟通目标的作用是通过信息沟通使消费者产生对品牌的认识、情感、态度和行为的变化,从而实现企业的营销目标。在公司的不同发展时期有不同的广告目标,比如说是形象广告还是产品广告,对于产品广告,在产品的不同发展阶段,广告的沟通目标可分为提供信息、说服购买和提醒使用等。AIDA法则是网络广告在确定广告沟通目标过程中的规律:

(1) 第一个字母A是"注意"(Attention)。在网络广告中意味着消费者在电脑屏幕上通过对广告的阅读,逐渐对广告主的产品或品牌产生认识和了解。

(2) 第二个字母I是"兴趣"(Interest)。网络广告浏览者注意到广告主所传达的信息之后,对产品或品牌产生了兴趣,想要进一步了解广告信息,他们可以点击广告,进入广告主放置在网上的营销站点或网页中。

(3) 第三个字母D是"欲望"(Desire)。感兴趣的广告浏览者对广告主通过产品或服务提供的利益产生"占为己有"的企图,他们必定会仔细阅读广告主的网页内容,这时就会在广告主的服务器上留下网页阅读的记录。

(4) 第四个字母A是"行动"(Action)。最后,广告浏览把浏览网页的行为转换为符合广告目标的行动,可能是在线注册、填写问卷参加抽奖或者是在线购买等。

3. 网络广告信息设计

网络广告是信息型的广告,网络广告的浏览者都是各类信息的寻求者,他们不会单凭某种印象就做出网上购买的决定。他们习惯于对信息进行理性的分析,所以网络广告应能向他们提供足够详尽的具有逻辑和说服力的信息,才能最终促成购买决策。可见,广告信息设计是网络广告中非常重要的一个环节。

在网络上进行个体沟通最常用的工具是电子邮件,由于电子邮件是一种个人化的沟通工具,因此在信息的内容、语言表达方面需要十分注重对方的心理特点和感情需求。

根据网络广告沟通目标的要求,网络广告信息设计既要传送大众化的信息,又要传送个性化的信息,实现大众沟通和个体沟通的统一。企业网页是大众沟通的主要手段之一,企业网页设计首先要设计信息内容,力求做到全面、层次清晰,提高网页的吸引力和信息表达程度;其次要设计合理的信息结构,即企业的各类信息和网页上的架构、相互关系及链接,如果提供的信息路径烦琐,连接和传输速度很慢,可能会造成许多不耐烦的浏览者离开网页;最后还要设计信息的格式,即信息的标题、文字、图像、菜单等,使得企业网页的界面友好,易于导航。

4. 选择网络广告中介

企业设计制作和发布网络广告离不开各类网络广告中介服务,网络上有众多信息服务商,但这些信息服务商在资金、技术、市场、速度与出口等方面差别很大,进行网络广告策划必须慎重选择信息服务商,否则会给企业造成难以想象的损失。

5. 制定网络广告预算

正确编制网络广告预算是网络广告活动得以顺利进行的保证,要正确编制预算,首先要了解网络广告的主流收费方式。由于目前网络广告市场还不成熟,广告主对网络广告所知甚少,因此许多信息服务商为获得客户只好采取客户能够认可的以点击作为收费标准的收费模式,如前所述,用点击来衡量网络的访问流量和受欢迎程度是不准确的,以其作为收费标准也不公允,作为一种临时性的迎合客户的方法尚可理解,可也有一些信息服务商是利用广告主缺乏网络广告的知识和经验,为了获得更多的利润而故意采取这样一种误导性收费模式。

6. 广告实施

网上发布广告的渠道和形式众多,各有长短,企业应根据自身情况及网络广告的沟通目标,选择网络广告发布渠道及方式。目前,可供选择的渠道和方式主要有:

(1) 企业自己建立主页发布。建立自己的主页,对于企业来说,是一种必然的趋势。它不但树立了企业形象,也是宣传产品的良好工具。在互联网上做广告的很多形式都只是提供了一种快速链接企业主页的途径,所以,建立企业的主页是最根本的。企业的主页地址也像企业的地址、名称、电话一样,是独有的,是企业的标志,是企业的无形资产。

(2) 通过网络内容服务商(ICP)发布。如新浪、搜狐、网易等,它们提供了大量的互联网用户感兴趣并需要的免费信息服务,包括新闻、评论、生活、财经等内容,因此,这些网站的访问量非常大,是网上最引人注目的站点。目前,这样的网站是网络广告发布的主要阵地,在这些网站上发布广告的主要形式是旗帜广告。

(3) 网络报纸或网络杂志。随着互联网的发展,国内外一些著名的报纸或杂志纷纷在互联网上建立了自己的主页;更有一些新兴的报纸或杂志,放弃了传统的"纸"媒体的形式,完完全全地成为一种"网络报纸"或"网络杂志"。其影响非常大,访问的人数不断上升。对于注重广告宣传的企业来说,在这些网络报纸或网络杂志上做广告,也是一个较好的传播渠道。

(4)新闻组。新闻组是人人都可以订阅的一种互联网服务形式,阅读者可成为新闻组的一员。成员可以在新闻组上阅读大量的公告,也可以发表自己的公告,或者回复他人的公告。新闻组是一种很好的讨论和分享信息的方式。广告主可以选择与本企业产品相关的新闻组发布公告,这将是一种非常有效的网络广告传播渠道。

(5)专类销售网。这是一种专业类产品直接在互联网上进行销售的方式。进入这样的网站,消费者只要在一张表中填上自己所需产品的类型、型号、制造商、价位等信息,然后按一下搜索键,就可以得到所需要产品的各种细节资料。

(6)免费的电子邮件服务。在互联网上有许多服务商提供免费的电子邮件服务,很多上网者都喜欢使用。利用这一优势,能够帮助企业将广告主动送至使用免费电子邮件服务的消费者手中。

(7)企业名录。是指由一些互联网服务商或政府机构将一部分企业信息融入他们的主页中。如香港商业发展委员会的主页中就包括汽车代理商、汽车配件商的名录,只要消费者感兴趣,就可以通过链接进入选中企业的主页。

(8)黄页形式。在互联网上有一些专门用以查询检索服务的网站,如雅虎、Excite等。这些站点就如同电话黄页一样,按类别划分,便于消费者进行站点的查询。采用这种方法的好处,一是针对性强,查询过程都以关键字区分;二是醒目,处于页面的明显位置,易于被查询者注意,是消费者浏览的首选。

7. 网络广告效果监测

对网络广告投放前、投放中、投放后的效果实施监测和评估,并不是个孤立的过程,需要对监测到的数据进行整理,并建立一个系统的数据库。这样不仅会对本次广告进行一个系统的评估,同时它的评估结果将会被录入到历史投放效果中,便于下次的广告投放进行借鉴和参考,并对今后企业广告往更好的方向发展起到了一个很好的引领作用。

(1)广告投放前分析。广告投放前分析主要包括历史投放效果分析、竞品广告投放策略分析、目标消费者行为分析、媒体选择策略分析。

(2)广告投放中分析。广告投放中主要是实施监测,例如,企业可以根据各媒体的用户曝光量推算出在哪个媒体的广告投放效果最好,哪些原因让企业的网络广告被消费者关注程度增加。

(3)广告投放后分析。广告投放后分析就是对广告效果做一个全面的评估,企业可以从投放后分析中了解到本次广告投放的效果怎样、本次广告投放覆盖的规模有多大、本次投放是否有效覆盖企业/产品的核心目标群体、本次投放有效覆盖了哪些区域的群体、本次投放有效传播过程怎样、本次投放的效率如何、本次投放的资源是否得到有效利用等。

广告投放前的媒体选择是有偏差的,但通过监测可以及时调整。精准的网络广告效果监测,可以挖掘网络消费者更细致的数据,创造在广告市场的最大价值,为广告主在前期提供更好地选择媒体的根据,减少广告投放的浪费。而广告投放完成后的整体评价,也能使下次广告投放有更好的准备。

9.3 搜索引擎营销

9.3.1 搜索引擎营销概述

1. 搜索引擎营销的含义

搜索引擎营销(Search Engine Marketing,SEM),就是根据用户使用搜索引擎的方式,利用用户检索信息的机会尽可能将营销信息传递给目标用户。简单来说,搜索引擎营销就是基于搜索引擎平台的网络营销,利用人们对搜索引擎的依赖和使用习惯,在人们检索信息的时候尽可能将营销信息传递给目标用户。搜索引擎营销方法是网络营销方法体系的主要组成部分。

2. 搜索引擎营销的形式

搜索引擎营销主要有以下六种形式。

(1) 免费登录搜索引擎。从工作原理来划分,常见的搜索引擎技术有两类:一类是纯技术型的全文检索搜索引擎,如谷歌等,其原理是通过机器手法检索程序,到各个网站收集、存储信息,并建立索引数据库供用户查询,这些信息并不是搜索引擎即时从网络检索到的,通常所谓的搜索引擎,其实是一个收集了大量网站或网页资料并按照一定规则建立索引的在线数据库,这种方法不需要各网站主动登录搜索引擎;另一类称为分类目录,这种方法并不采集网站的任何信息,而是利用各网站向搜索引擎提交网站信息时填写的关键词和网站描述资料,经过人工审核和编辑从而使各网站或网页登录到索引数据库中。在早期,因为第一种技术未出现,大多用的是第二种技术,又加之其他网络营销工具的缺乏,当时的网络营销者们认为,只要可以将网址登录到雅虎并保持排名靠前(通过搜索引擎优化),网络营销的任务就基本完成了。

(2) 付费登录搜索引擎。其基本原理与免费登录搜索引擎相同,唯一的区别就是它是付费的,要求企业对搜索引擎营销的成本核算更加精确。无论是付费登录还是免费登录,也无论登录到搜索引擎是被机器检索到的,还是网站主动提交资料登录的,作为搜索引擎营销的最底层目标,搜索引擎营销最基本的方法之一就是登录到搜索引擎。这也是实现更上层目标和其他方法的基础。

(3) 搜索引擎优化。搜索引擎优化即采用易于搜索引擎索引的合理手段,使网站对于用户和搜索引擎更加友好,便于被搜索引擎收录并使其排名靠前。有的网站可以控制几个甚至几十个关键词在多个搜索引擎中的搜索结果保持在第一页,甚至排名第一。这对企业形象的影响是不言而喻的,由此产生的实际经济效益也是相当可观的。

(4) 关键词广告。关键词广告是收费搜索引擎营销的主要模式之一,也是目前搜索引擎营销方法中发展最快的模式,不同的搜索引擎有不同的关键词广告显示,有的使付费关键词的检索结果出现在搜索结果列表的最前面,也有的出现在搜索结果页面的专用位置。

(5) 竞价排名。竞价排名也是搜索引擎关键词广告的一种形式,按照付费最高者排名靠前的原则,对购买了同一关键词的网站进行排名。竞价排名一般采取按点击付费的方式。与关键词广告类似,竞价排名也可以方便地对用户的点击情况进行统计分析,可以随时更换关键词以增强营销效果。

(6) 网页内容定位广告。基于网页内容定位的网络广告是关键词广告搜索引擎营销模式的进一步延伸,广告载体不仅仅是搜索引擎搜索结果的网页,也延伸到这种服务的合作伙伴的网页。

从目前的发展趋势来看,搜索引擎在网络营销中的地位依然重要,并且受到越来越多企业的认可,搜索引擎营销的方式也在不断发展演变,因此应根据具体的环境选择搜索引擎营销的合适方式。

9.3.2 搜索引擎优化

搜索引擎优化(Search Engine Optimization,SEO)对于企业开展网络营销有着重要的实战意义。搜索引擎优化使其核心关键词在主要搜索引擎中自然排名靠前,会给企业以及各种网站带来巨大收益。

1. 关键词策略

进行关键词策略部署在搜索引擎优化执行过程中是一项很重要的工作,大体分为三个阶段:

(1) 外围分析,包括搜索用户行为分析和行业竞争度分析。进行关键词分析的一个重要原则就是立足行业,基于用户,要找准切入点去研究互联网搜索用户最喜欢企业所属行业的那些信息及该行业在搜索引擎里的竞争激烈度。

(2) 关键词的确定,包括核心关键词的确定和关键词的拓展。基于搜索用户行为分析和行业竞争度分析,我们可以确定哪些核心关键词的可执行度不大,以及哪些可执行的关键词又可以被填充进去。给网站部署关键词时,只考虑核心关键词,这种做法是有些片面的,因为一个核心关键词从搜索引擎里来的流量虽然很大,但是有些时候基于它拓展的关键词群的流量导入流量累加的和可能会更大。所以,拓展关键词也是很重要的,通过这种做法可以避开很多不太现实的竞争,尤其是对于新站点。

(3) 具体页面中的关键词部署。确定了站点的目标关键词,接下来的任务就是怎样把这些关键词部署下去。对于这部分的工作,很多网站都做得不到位,很多网站中的所有网页的标题部分把确定的全部关键词都列出来了,这样没有意义。一般来说,一个具体页面最好布置3—5个关键词,如果关键词过多,就会对关键词的密度有所稀释。关键词在具体网页中的部署位置,应集中于标题和内容部分。关键词部署应秉持一个原则:让信息具有可读性。关键词的出现应该是出于语言描述的需要,不能堆积关键词。关键词之间不应该是孤立的,可以通过语言描述技巧串成一句完美的语句。

企业在选择网站关键词时,可使用搜索引擎提供的关键词分析工具。例如,谷歌提供的关键词工具网页如图9-11所示。

2. 搜索引擎优化策略

在以蜘蛛(或称机械手)检索为标志的技术型搜索引擎中获得好的排名,并不像提交到分类目录型搜索引擎那样简单,网站是否被收录以及排列的位置与网站的质量密切相关。搜索引擎优化是网站设计优化的组成部分。

搜索引擎优化,也就是针对各种搜索引擎的检索特点,让网页设计适合搜索引擎的检索原则,从而被搜索引擎收录并在排名中靠前的各种行为。一个搜索引擎友好的网站,应该方便搜索引擎检索信息,并且返回的检索信息让用户看起来很有吸引力,这样才能达到搜索引擎营销的目的。

以下是搜索引擎优化的一些技巧:

(1) 为网页设置一个相关的标题;

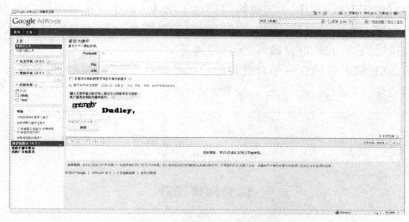

图 9-11　谷歌关键词工具网页

（2）尽量使用静态网页；
（3）在页面中以文字信息为主而不是以图片或视频为主；
（4）重视外部网站链接的数量和质量；
（5）为搜索引擎网站访问提供方便；
（6）正确处理各种关键词的优化关系。

正确的搜索引擎优化策略往往会给网站带来更多的流量和客户，但是搜索引擎优化策略往往存在一些误区，主要有以下几点：
（1）内容大量更新未必好；
（2）外部链接不一定越多越好；
（3）勿隐藏文本和链接；
（4）关键词堆砌；
（5）关键词定位错误；
（6）任意交换友情链接；
（7）一劳永逸的思想。

9.4　微博营销

9.4.1　微博营销概述

1. 微博营销的含义

曾几何时，"今天你织'围脖'了吗？"成了热门的流行语。微博，即微博客（Micro Blog）的简称，是一个基于用户关系的信息分享、传播以及获取平台，用户可以通过 Web、Wap 以及各种客户端组建个人社区，以 140 字以内的文字更新信息，并实现即时分享。微博整合了博客、移动终端、电子邮件、即时通信等网络应用，是当下互联网和移动网络融合发展的集大成者。

最早也是最著名的微博是美国的 Twitter，根据相关公开数据，截至 2012 年 7 月，该产品在全球已经拥有 5.17 亿注册用户。2009 年 8 月，中国最大的门户网站新浪推出"新浪微博"内测版，成为门户网站中第一家提供微博服务的网站，微博正式进入中文上网主流人群视野，之后迅速发展,截至2012年12月,中国微博用户达3.09亿,其中手机微博用户达到2.02亿,成为世界微博人数第一大国。目前,国内比较有影响的微博平台有新浪微博、腾讯微博、网易微博、搜狐微博、凤凰微博、和讯财经微博、天涯微博等。

微博营销,就是借助微博这一平台进行的包括品牌推广、活动策划、形象包装、产品宣传等一系列的营销活动。

E 视点

优秀微博推荐

中粮美好生活 从微博的命名、设计,到内容的选择、发布,中粮集团的微博都是值得其他企业学习的典范。

格力空调 格力在微博上积极普及有关空调的小知识,体现了其关注空调的名牌形象,如图9-12所示。

中国扶贫基金会 中国扶贫基金会深刻理解微博给非营利组织带来的巨大影响,规划好微博的内容,充分与粉丝互动,成为非营利组织微博营销的典范。

瑞丽集团 在新浪微博开通了多个微博账号,包括旗下杂志、网站、主编甚至是其发起活动的账号。不同类型的账号交织在一起,形成了瑞丽集团的微博营销网,不同账号面向不同的人群发布独特的内容。

光大银行 作为最早进驻微博的银行,光大银行的微博一直在探索金融微博的运营,其内容有严格的规划,包括"阳光理财"、"阳光活动"、"阳光咨询"等栏目,同时通过微博发布光大银行最新的一些进展和活动,充分与粉丝互动。

中信证券 中信证券对微博极其重视。以首席经济学家诸建芳为代表的投研人员包括各个行业的分析师都加入了微博,137家营业部也全开通了微博,这样的参与度在证券公司中并不多见。

乐Phone乐自由我 乐Phone是联想旗下的产品,微博整体风格一致,凸显了"让一切简单一点,轻松一点,快乐一点"的产品理念。

图9-12 格力空调微博页面

2. 微博营销的特点

（1）成本上：发布门槛低，成本远低于广告，效果却不差。140个字发布信息，远比博客发布容易，对于同样效果的广告则更加经济。与传统的大众媒体（报纸、流媒体、电视等）相比受众同样广泛，前期一次投入，后期维护成本低廉。

（2）手段使用上：多样化、人性化。从技术上讲，微博营销可以同时方便地利用文字、图片、视频等多种展现形式。从人性化角度上讲，企业品牌的微博本身就可以将自己拟人化，更具亲和力。

（3）效果上：针对性强，利于后期维护及反馈。微博营销是投资少、见效快的一种新型的网络营销模式，其营销方式和模式可以在短期内获得最大的收益。传统媒体广告往往针对性差，难以进行后期反馈。而微博针对性极强，绝大多数关注企业或者产品的粉丝都是本产品的消费者或者是潜在消费者，企业可以对其进行精准营销。

（4）覆盖上：传播效果好、速度快、覆盖广。微博信息支持各种平台，包括手机、电脑与其他传统媒体。同时，微博传播的方式具有多样性，转发非常方便。利用名人效应等能够使事件的传播量呈几何级放大。

2012年，利用微博营销最大的赢家当属小米公司（见图9-13）。2012年12月21日，小米公司与新浪微博合作举办了"小米手机2 微博专场销售"促销活动（见图9-14），此举为小米公司省去了在微博上进行广告投放的费用，同时也没有单纯广告可能带来的排斥性，更重要的是这不仅仅是一个免费宣传，同时还带来了巨大的销量。在微博发布后的5分钟里，共有133万人参与预约，233万次转发，81万条评论，5万台小米2售罄。

图9-13 小米公司的官方微博

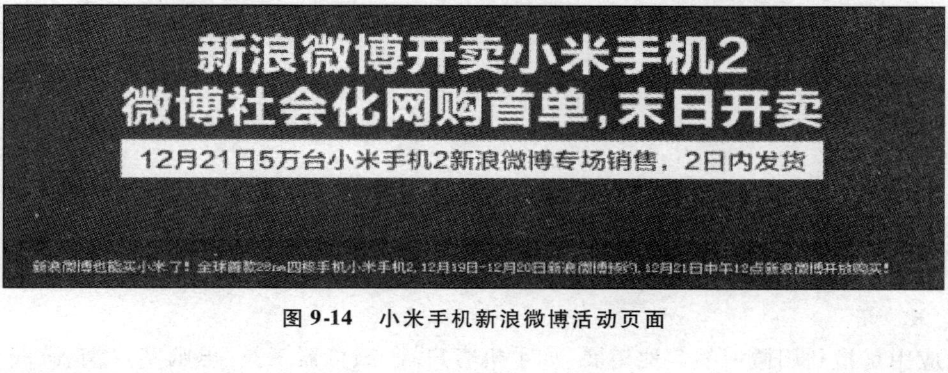

图9-14 小米手机新浪微博活动页面

9.4.2 微博营销的主要方式

目前,新浪微博已成为国内最大的微博平台,充分利用微博的影响力,利用目标受众的影响力进行营销活动已成为众多企业的首选。从种种成功案例来看,企业采用的微博营销方式主要有:

1. 微矩阵

微矩阵是指建立多个企业微博账号组成群,以实现用户的交叉覆盖。为了便于企业在即时营销、品牌宣传、公关传播和客户管理等方面能够同时覆盖目标顾客群,企业在同一微博平台上注册不同的子微博群,使各子微博各司其职、各有侧重、明确定位,让目标顾客群和潜在顾客群都尽可能处于微博的覆盖范围。例如,微软中国在新浪微博上就同时注册了涉及IT服务、技术交流、技术研究、沟通交流的子微博账号。

2. 微同步

微同步是指将品牌活动网站和企业微博账号打通,实现内容的同步和微博流量的注入。企业官方微博在做营销活动时可以通过同顾客互动、转发有趣的内容来进行有趣的沟通;顾客在搜索有关微博内容时可以看到活动广告或直接链接到企业官方网站参与活动。

3. 微直播

微直播是指通过微博直播新品发布会或线下活动。主要方式有:在新产品发布会上邀请微博粉丝到场、现场体验、直接互动;在产品发布过程中进行微博图文直播,同步反馈至新浪微博等微博大屏幕及网络上;举办粉丝转发有奖活动;各区域分别规划,增强线下顾客的关注度。例如,2010年,诺基亚公司旗舰手机N8在中国的新产品发布会,就采用了微博直播的方式。

4. 微公关

微公关是指通过微博,结合事件进行品牌公关,组织粉丝活动。特别是在危机公关时,利用官方微博在第一时间向公众表达勇于承担责任、愿意真诚沟通,尽最快速度、最大代价解决问题的态度、决心与具体措施,重新获得顾客的信任。例如,2013年中央电视台"3·15"晚会曝光了大众汽车和江淮汽车的质量门事件后,两家企业都第一时间在官方微博上发布了向用户道歉、将问题车辆召回等信息,较好地平息了事件的影响(见图9-15)。

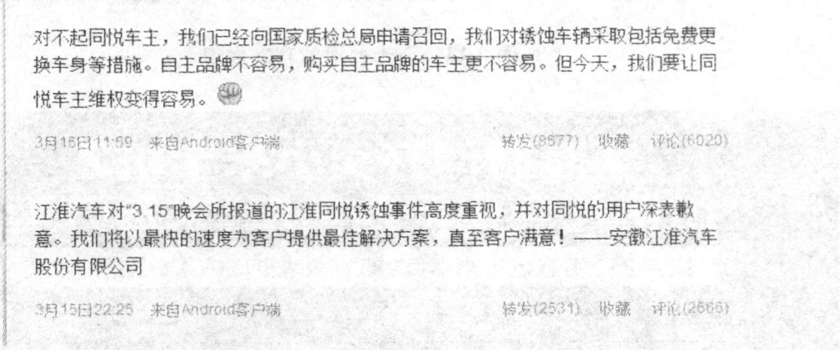

图9-15 江淮汽车的微公关

5. 微应用

微应用是指利用微博的其他拓展(如手机客户端、浏览器工具、电脑客户端、游戏、各种插件等），实现有针对性的微博活动营销。

要做好微博营销，必须做好三项基本工作：第一，成立专门的工作小组负责管理微博，其中负责人必须是深刻了解网络社会热点、品牌意识强的企业高层领导；第二，必须持续长期更新微博内容，并与其他微博互动，保证微博的知名度及粉丝的持续增加；第三，确保微博内容与热点话题、焦点话题相结合，以优秀的内容、文字吸引粉丝的关注和转载，使微博产生足够的生命力和影响力。

E 观点

微博营销的技巧

（1）微博的数量不在多而在于精；
（2）#与@符号的灵活运用；
（3）使用搜索检索，查看相关内容；
（4）个性化的名称；
（5）善于回复粉丝们的评论；
（6）巧妙利用模板；
（7）不能只发企业产品或广告内容；
（8）定期更新微博信息；
（9）确保信息的真实与透明。

资料来源：http://blog.sina.com.cn/s/blog_9e80ec0f01018651.html

E 经典

伊利舒化"活力宝贝"世界杯微博营销

随着广告主营销需求的转变，网络媒体必须分析不同行业与世界杯的不同接触点，兼顾广告主的营销诉求、产品价值与市场需求，分别寻找它们与世界杯的最佳契合点。

新浪世界杯微博报道代言人"活力宝贝"就找到了这一契合点：在消费者消费联想中，牛奶多与营养、健康相关联，与"活力"的关联不直接，所以需要一个机会，让营养舒化奶和"活力"有机关联起来，而世界杯则是一个很好的契机，因为世界杯是最考验中国球迷活力的比赛，所有的比赛基本都在后半夜，这个时候是最需要有活力的时候，因为有活力才能坚持看完比赛。

世界杯期间，伊利营养舒化奶与新浪微博深度合作，在"我的世界杯"模块中，网友可以披上自己支持球队的国旗，在新浪微博上为球队呐喊助威，结合伊利舒化产品的特点，与世界杯足球赛流行元素相结合，借此打响品牌知名度，让球迷产生记忆度。在新浪微博的世界杯专区,已经有200万人披上了世界杯球队的国旗,为球队助威,相关的博文也已经突破了3 226万条。同时,通过对微博粉丝的比较,选出粉丝数量最多的网友,使其成为球迷领袖。

伊利舒化的"活力宝贝"作为新浪世界杯微博报道的形象代言人,在将体育营销上升到一个新的高度时,为观众带来精神上的振奋,使得观看广告成为一种享受。本次微博营销活动让球迷的活力与营养舒化奶有机联系在一起,让关注世界杯的人都关注到营养舒化奶,将营养舒化奶为中国球迷的世界杯生活注入健康活力的信息传递了出去。

资料来源:http://news.xinhuanet.com/eworld/2010-10/14/c_12659636_4.htm

9.5 网络口碑营销

9.5.1 网络口碑营销概述

1. 网络口碑营销的含义

口碑营销是指企业努力使消费者通过亲朋好友之间的交流将自己的产品信息、品牌传播开来。这种营销方式成功率高、可信度强,以口碑传播为途径进行营销,因此称为口碑营销。从企业营销的实践层面分析,口碑营销是企业运用各种有效的手段,引发消费者对其产品、服务以及企业整体形象的谈论和交流,并激励消费者向其周边人群进行介绍和推荐的市场营销方式及过程。而网络口碑营销则是互联网兴起以后才有的一种网上商务活动,它逐步由门户广告营销、搜索广告营销发展到网络口碑营销。网络口碑营销不仅仅是一种营销战术,企业应该把其上升到战略的高度来对待,用战略的思维方式与谨慎的态度来进行口碑营销。

2. 网络口碑营销的特点

(1) 可信度高。在当代社会之中,人们每天都会不可避免地接触到各类广告、媒体,各种新老产品的推广信息接踵而来。这其中一些有用的信息可以为消费者创造价值,极大地节省消费者的时间和精力,而一些垃圾信息不但会浪费消费者的时间和精力,而且有可能会伤害消费者。所以人们对媒体广告的信赖度在逐渐下降。一些调查报告显示:在市民有相应需求时,往往先通过身边的亲朋好友等了解相关产品或公司的口碑,而且亲朋好友的建议对最终决策起到了很大的作用。一般情况下,口碑传播都发生在亲友、同事、同学等关系较为亲近或密切的群体之间。在进行口碑传播之前,他们之间已经建立了一种特殊的关系,相对于纯粹的广告、促销、公关、商家的推荐等而言,可信度更高。另外,一个产品或者服务只有形成较高的满意度,才会被广为传诵,形成良好的口碑。因此,口碑传播的信息对于受众来说,具有可信度非常高的特点。这个特点是网络口碑传播的核心,也是企业开展口碑宣传活动的一个最佳理由。同样的质量,同样的价格,人们往往都会选择一个具有良好口碑的产品或服务。

(2) 营销活动的趣味性。网络口碑营销从本质上说也是一种广告,但与传统的营销手段相比,却具有与众不同的趣味性。传统广告和销售人员宣传产品一般都是站在卖方的角度,为卖方利益服务的,所以人们往往对其真实性表示怀疑,只能引起消费者的注意和兴趣,促成真正购买行为的发生较难。而在网络口碑营销中,传播者是消费者,与卖方没有任何关系,独立于卖方之外,推荐产品也不会获得物质收益,同时,因为是熟悉的人说的,所以可信度比较高。因此,从消费者的角度看,相比广告宣传而言,口碑传播者传递的信息被认为是客观和独立的,被受传者信任,从而使其跳过怀疑、观望、等待、试探的阶段,并进一步促成购买行为。人们在互联网上活动需要遵循一定的规则,这些规则构成了网络礼仪。在网络社区中活动同样也要遵循相应的规则,例如,在网络社区中发布广告,就违反了网络社区的规则,这些广告很容易引起网民的反感,甚至帖子被删除或者封号。因此,如果想要通过网络社区宣传企业品牌,企业要有好的创意和话题,利用话题本身的趣味性,吸引网友将其传播下去,而不是硬性地发布广告。

(3) 营销成本低。口碑是人们对于企业的看法,也是企业应该重视的一个问题。不少企业以其优质的服务在消费群体中换取了良好的口碑,带动了市场份额,同时也为企业的长期发展节省了大量的广告宣传费用。一个企业的产品或服务一旦有了良好的口碑,人们会不经意地对其进行主动传播。口碑营销的成本由于主要集中于教育和刺激小部分传播样本人群上,即教育、开发口碑意见领袖,因此成本比面对大众人群的其他促销形式要低得多,且结果也往往能事半功倍。一般而言,在信息更充分的互联网时代,靠强制宣讲灌输已越来越困难,且成本越来越高,性价比远远不如口碑传播高。很多好电影、好书的流行,都是靠口碑传播获得巨大成功的。据统计,53%的电影传播是通过口碑相传的。口碑无疑是当今世界上最廉价的信息传播工具,基本上只需要企业的智力支持,不需要其他更多的投入,从而节省了大量的广告宣传费用。所以企业与其斥巨资进行广告、公关活动等来吸引潜在消费者的目光,还不如通过口碑这样廉价而简单奏效的方式来达到这一目的。

(4) 信息传播速度快。人类具有传播信息的天性,对口碑高度信赖,在21世纪这个竞争全球化、经济一体化的知识经济时代,口碑营销依然显示着它神奇的力量。网络口碑营销具有倍增特性:一个人向两个人传递某一信息,这两个人分别再告诉另外两个人,这一过程如果进行50次,传播人数就会大得惊人,即使这一过程没能够传递50次,仅仅10次、20次,其传播效果也是巨大的。

(5) 可激发单个个体的智慧。普通的口碑营销媒体的模仿阶段,忽略了网民的参与意识,在互联网时代,突出的是参与和互动,它将互联网的主导权还给个人,从而可以充分激发单个个体的积极性和智慧,使互联网的创造力上升到一个新的阶段。

E 经典

加多宝"红动伦敦 畅饮加多宝"口碑营销

2012年4月,加多宝"红动伦敦 精彩之吉"活动在广州拉开序幕,加多宝"红动伦敦之星"评选同期启动。之后,"红动伦敦 畅饮加多宝"系列活动随即以"城市接力"的形式,在全国十大城市依次展开主题活动。无论是社会名流、奥运冠军还是普通百姓,都可以将自己对于奥运的祝福写在上面,并将寄语带到伦敦。在伦敦奥运会即将开幕之前的7月8日,当一面庄严壮丽的红动大旗在两个巨型加多宝红罐造型的热气球牵动下,于鸟巢上空冉冉升起的时候,全场人群欢呼雀跃。在红旗的辉映下,现场的每一位国人都突然感觉到,自己和伦敦奥运会的距离竟然是如此之近。伦敦时间7月22日上午,由国家体育总局体育文化发展中心和加多宝集团联合发起的"红动伦敦 畅饮加多宝"在伦敦新地标——伦敦眼举行了一次别开生面的为伦奥运会祝福的活动。本次活动是更名后的加多宝品牌首次在海外惊艳亮相,这无疑展现了加多宝集团的雄厚实力和在全球范围内推广凉茶文化的坚定信心。加多宝的此次营销活动正是借势伦敦奥运会,不断激发中国国民的爱国热情,也拉进了普通民众和伦敦奥运会的距离,让群众获得参与感,使国民的爱国感情得到抒发,从而树立了加多宝的正面红色形象,也符合产品定位。最终使得消费者将加多宝和正能量联系起来,不断扩大口碑宣传。

9.5.2 网络口碑营销的方法

1. 参考团体法

参考团体指的是在评价某些事物时,从参照物的角度出发去思考要评价的事物,参照物被称为参考团体。而在人们的日常生活中,人们通常会有一些价值观念的模仿对象,这些模仿对象常引导某一群体的行为方式,这个群体就是参考团体。企业通过提供更好的服务,在网络社区中形成良好的用户口碑并成为主流意见,这些主流意见将会是其他消费者对企业品牌形象"打分"的重要参考意见。

2. 意见领袖法

除了参考团体会对消费者行为产生示范和引导作用外,意见领袖也会起到示范和引导作用。意见领袖在企业品牌传递的过程中,一方面担当了传递话题信息的作用,另一方面起到了影响其他网民态度的作用。意见领袖通常是社区中发文频率和发文质量很高的人,在其中具有很高的地位,他们不一定是企业品牌的拥戴者,但是他们的评论会在很大程度上影响到社区中其他消费者的消费决策。

3. "中间方"法

中间方指的是网络论坛的版主和社区的管理员,作为中间方主体,常常起到扮演多种角色的作用:一是管理员的角色。一方面,版主可以对论坛内会员发表的好帖子给予精、荐、置顶等推荐,对违反社区礼仪的帖子、ID给予删帖、封号的惩罚。另一方面,中间方还有营造社区归属感和凝聚力的职责,通过营造和谐的社区环境,增加会员对于本社区的忠诚度,对于信息的传递也会起到良性循环的作用。二是信息沟通员的角色。版主通常对本版块的主题十分了解,如果中间方具有较高的信誉度,就容易获取会员的信任,口碑营销的效果也就更好。

要实现成功的网络口碑营销难度很大,中间涉及很微妙的环节,例如:口碑话题必须精心地策划;要对意见领袖的影响力精心评估;要对传播载体进行评估;在传播中意见领袖和关键节点因素要及时把握;追踪口碑传播的路径,并且要能适时地引导和控制等。

9.6 网络"病毒式"营销

9.6.1 网络"病毒式"营销概述

1. 网络"病毒式"营销的含义

网络"病毒式"营销是一种常用的网络营销方法,常用于进行网站推广、品牌推广等,网络"病毒式"营销利用的是用户口碑传播的原理,在互联网上,这种口碑传播更为方便,可以像病毒一样迅速蔓延,因此网络"病毒式"营销成为一种高效的信息传播方式,而且,由于这种传播是用户之间自发进行的,因此几乎是不需要费用的网络营销手段。在某种程度上,网络"病毒式"营销与网络口碑营销有许多相似之处。

网络"病毒式"营销是指发起人传递产品的最初信息给用户,再依靠用户自发的口碑宣传,是网络营销中的一种常见而又非常有效的方法。它描述的是一种信息传递战略,经济学上称之为网络"病毒式"营销,因为这种战略像病毒一样,利用快速复制的方式将信息传向数以万计、数以百万计的受众。也就是说,通过提供有价值的产品或服务,"让大家告诉大家",通过别人为你宣传,实现"营销杠杆"的作用。例如,利用每个店铺的留言板和友情链,互相宣传。网络"病毒式"营销会使网络用户、邮件订阅者成为在线生意的传话筒,使企业的在线业务量呈指数式爆炸增长。

E 经典

开心网的网络"病毒式"营销

开心网是网络"病毒式"营销的一个经典案例,它完全照搬了 Facebook 的做法,通过抢车位、买卖奴隶、投票、测试等小游戏插件,吸引用户及制造黏性,而且作为一个 SNS 社交网站,许多人也通过实名注册找到了久未联系的朋友。在短短几个月的时间内,开心网像病毒一样在人群中蔓延,流量和人气急剧攀升,变成白领群体中的一种时尚。

这是因为,开心网平台内活跃的 1.3 亿万用户本身就构成了一个"病毒"网。一个完整的"病毒"生态链应该由三个环节构成——"病毒"源、携带者、传播途径,而开心网这个平台的三个核心价值——真实的用户身份、活跃的好友关系、轻松的互动环境——恰恰创造了一个最佳的"病毒"传播生态环境。

2. 网络"病毒式"营销的战略要素

下面是网络"病毒式"营销战略的六个基本要素,一个网络"病毒式"营销不一定要包含所有要素,但是,包含的要素越多,营销效果一般就会越好。

(1) 提供有价值的产品或服务。在营销词汇中,"免费"一直是最有效的词语,大多数网络"病毒式"营销计划提供有价值的免费产品或服务来引起注意,例如,免费的电子邮件服务、免费信息、免费"酷"按钮、具有强大功能的免费软件。"便宜"或者"廉价"之类的词语可以引起兴趣,但是"免费"通常可以更快地引人注意。

(2) 提供无需努力地向他人传递信息的方式。病毒只在易于传染的情况下才会传播,因此,携带营销信息的媒体必须易于传递和复制,如电子邮件、网站、音乐、视频、文本、图表、软件下载等。网络"病毒式"营销在互联网上得以极好地发挥作用是因为即时通信变得容易且廉价,数字格式使复制更加简单。必须把营销信息简单化,使信息容易传输,越简短越好。

(3) 信息传递范围很容易从很小向很大规模扩散。为了像病毒一样扩散,传输方法必须从小到大迅速改变。Hotmail 模式的弱点在于免费电子邮件服务需要有自己的邮件服务器来传送信息,如果这种战略非常成功,就必须迅速增加邮件服务器,否则将会抑制需求的快速增加。如果病毒的复制在扩散之前就扼杀了主体,就什么目的也不能实现了,但只要提前对增加邮件服务器做好计划,就没有问题。"病毒式"模型必须是可扩充的,并且是容易扩充的或自动扩充的。

(4) 利用公众的积极性和行为。巧妙的网络"病毒式"营销计划应利用公众的积极性和行为。通信需求的驱动产生了数以百万计的网站和数以十亿计的电子邮件信息。为了传输而建立在公众积极性和行为基础之上的营销战略将会取得成功。

(5) 利用现有的通信网络。大多数人都是社会性的,互联网上的人们同样也发展关系网络,他们收集电子邮件地址以及喜欢的网站地址。网络营销人员早已认识到人类网络的重要作用,企业把自己的信息置于人们现有的通信网络之中,将会迅速地把信息扩散出去。

(6) 利用别人的资源。最具创意的网络"病毒式"营销计划,是利用别人的资源达到自己的目的。如会员制计划,在别人的网站上设立自己的文本或图片链接、提供免费文章的作者,试图确定他们的文章在别人网页上的位置,一篇发表的文章可能被数以百计的期刊引用,成为数十万读者阅读的文章的基础。别的印刷媒体或网页转发营销信息,耗用的是别人的而不是自己的资源。

9.6.2 实施网络"病毒式"营销的步骤

在网络"病毒式"营销的应用中,尽管每个网站的实施方案可能千差万别,但都需经过六个步骤,具体实施过程如图 9-16 所示。

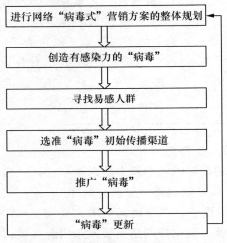

图 9-16 网络"病毒式"营销实施过程

1. 进行网络"病毒式"营销方案的整体规划

确认网络"病毒式"营销的基本思想,即传播的信息和服务对顾客是有价值的,并且这些信息易于被顾客自行传播。

2. 创造有感染力的"病毒"

具有感染力的"病毒"才会吸引受众的注意,提高点击率,并且逐步蔓延开去。企业在创建"病毒"时,考虑的主要问题是如何将信息传播与营销目标结合起来。如果仅仅是为顾客带来娱乐价值或一些使用价值,而没有达到营销的目的,那么对于企业来讲,这样的"病毒"价值不大。相反,如果"病毒"中的广告气氛太重,则会引起顾客的反感,进而影响信息的传播。因此,企业在施行网络"病毒式"营销时,应注意巧妙地将营销信息揉入"病毒"中,既要吸引受众又要达到企业的营销目标。

3. 寻找易感人群

为"病毒"找到最初的易感人群是非常重要的,这些易感人群既是最早的接收者,也有可能是企业产品或服务的使用者。仔细分析并寻找适合企业自身"病毒"的易感人群非常重要。

以 QQ 为例,当初 QQ 在进行推广时,就将易感人群定位在年轻人身上。QQ 用户的平均年龄为 20.6 岁,这些人对于潮流、新的趋势、新鲜事物非常敏锐,因此当他们接触到 QQ 这个"病毒"时,就失去了免疫力,不仅很快地接受了该"病毒",也积极地通过网络将这个"病毒"传播出去,这就使得 QQ 在短时间内就迅速蔓延开去。

4. 选准"病毒"初始传播渠道

网络"病毒式"营销中的"病毒"需要借助于外部资源和现有通信环境进行传播,而不会像真正的病毒那样主动进行传播。因此,企业在选择"病毒"初始传播渠道时,要考虑易感人群的关注重点和社会热点。

QQ 在最初推广时在各大主流网站上建立了 QQ 下载链接,还创造了风靡一时的口号:"别 Call 我,请 Q 我。"这让更多年轻人加入了 QQ 群体。腾讯还积极寻找与其他传播渠道合作的机会。

5. 推广"病毒"

易感人群感染到"病毒"后,企业还应该努力扩大传播的规模,创造易感人群与广大受众的接触机会,强化"病毒"的迅速大规模扩散,如果有必要,还可以在较大范围内去主动传播"病毒",等到自愿参与传播的用户数量比较大之后,才让其自然传播。

6. "病毒"更新

"病毒"产品也是有一定的生命周期的,因此企业要对"病毒"进行跟踪和管理,及时掌握营销信息传播,注意对"病毒"的更新,这样才能够达到长期吸引受众、维护老客户、吸引新客户的目的。

QQ 会随着网络的发展,每年不断地更新版本,还不断地推出新产品,这些产品也就是原来"病毒"的更新品种,这样就更加牢固地稳定了 QQ 用户。

E 经典

利用电子书作为网络"病毒式"营销工具

对于一些小企业或小型网站来说,网络"病毒式"营销不一定要很大规模,力争在小范围内获得有效传播是完全可以做到的,很多网络"病毒式"营销的创意就适合于小企业,如提供一篇有价值的文章、一本电子书、一张优惠券、一张祝福卡、一则幽默故事、一个免费下载的游戏程序等,只要恰到好处地在其中表达出自己希望传播的信息即可。

电子书不拘形式,出版方便,传播发行快捷,而且,很多电子书都是免费的,优秀的电子书可以在网民中广为流传,于是,电子书成为网络"病毒式"营销的理想媒介。事实上,很多市场人员也都在利用这种营销手段。

Killerstandup.com 是圣地亚哥一家出版公司 Baquay 拥有并经营的网站,在网站建成之后,他们打算用几种方式进行推广,起初非常茫然,不知道什么手段最有效。一个偶然的机会,他们想到了一种非常简单的方法,当时还没有别的网站使用同样的推广方式。

为了推广 Killerstandup.com,Baquay 公司的 Roye 和 Stoecklein 创建了第二个网站 FreeJokeBooks.com,这个网站提供可免费下载的笑话和幽默电子书,通过编辑人员的精心设计,这些电子书看起来像一个独立的网站,其中有 Killerstandup.com 和 FreeJokeBooks.com 的超级链接,在电子书通过电子邮件流传的过程中,一些用户通过链接访问到这两个网站。2001 年 3 月 3 日,Roye 和 Stoecklein 向他们的一些朋友发去了一本免费的笑话电子书,几天之内就获得了来自几个国家的 30 000 次点击,而且网站的访问量还在快速增加。

起初他们并没有意识到电子邮件传播也起到了很大作用,仅仅将电子书作为一种免费推广方式,认为用户从中看到网站的地址从而可能来访问,而且,甚至并没有想到这就是网络"病毒式"营销。很多电子邮件在用户阅读后往往被删除,通过电子邮件传播的笑话也有这种风险,相对来说,电子书的流传和保存时间可以更持久一些,因而营销效果也就更加明显。

资料来源:http://www.marketingman.net/wm31/3502htm

9.7 网络团购促销

9.7.1 网络团购的内涵与优势

1. 网络团购的含义

团购,又称 B2T(Business to Team),即为一个团队向商家采购,以求得最低价格的购物方式。根据中国电子商务研究中心的定义,网络团购是指一定数量的顾客通过互联网渠道组织成团,以折扣购买同一种产品。这种购物方式需要有大量顾客聚合,需要有即时通信和社交网络作为支持。团购最早起源于美国的 Groupon,这种购物模式引入中国后,迅速得到了大量顾客的支持。团购作为市场营销的一种手段,因为"短、平、快"而深受商家们的青睐,对于团购企业来说,团购促销更是沟通团购企业与顾客的"润滑剂"。

网络团购产品从最初的单一化、小型化向多样化、大型化发展,从图书、小家电、玩具、食品、服装、手机等小件商品向家居、建材、房地产、汽车等大件商品发展,从有形产品向个人消费、休闲娱乐、美容保健、文化旅游、保险理赔、教育培训等无形服务发展。《第 31 次互联网发展状况统计报告》显示,截至 2012 年 12 月,我国团购用户数为 8 327 万,团购已作为一种消费模式在用户端生根,在电子商务、旅行预订市场硕果累累,同时在本地消费、实物团购和旅行预订领域都有一批团购服务商赢得了稳定的顾客群。网络团购与其他互联网服务的融合趋势进一步增强,手机团购是重要的增长领域。

2. 网络团购的优势

(1)营销成本低。省去广告组织、制作、传播等过程,大大节省了广告成本;商家可以增加单笔的交易量,缩短交易渠道,从而有利于经销商和厂商降低销售渠道的费用,实现规模经济。

(2)传播精准。精准传播到有潜在消费需求的群体面前,不进行无效传播,节省传播成本。

(3)加快商家出货速度。团购集中了大批的顾客,购买数额较大,可以加快经销商的出货速度,降低商家的库存,提高存货周转速度和现金的周转率,从而扩大利润空间。

（4）扩大品牌影响力。通过团购，商家可以迅速降低库存，获得一定的知名度，然后通过后续完善的售后配合，扩大品牌影响力，最终赢得顾客的忠诚度。

（5）了解顾客信息。通过团购，商家可以真实快速地了解到顾客的购买信息及资料，从而生产出更为适销对路的产品以及进行持续的客户关系维护。

（6）满足顾客的个性需求。在传统消费模式中，巨大的搜索成本导致某些个性化的消费行为无法进行。但现在通过网络，顾客可以联合部分趣味相投的个性消费者，形成一定的市场规模，在合理的价格下享受最特别的产品和服务。

9.7.2 网络团购的流程与模式

1. 网络团购的流程

网络团购的基本流程如图9-17所示，其中：① 顾客或第三方组织与厂商沟通合作，确定团购协议；② 厂商在自己的官网或专业团购网站发布产品信息；③ 顾客通过搜索引擎或专业团购导航网站搜寻产品；④ 顾客使用在线支付或线下支付方式购买产品，支付款项；⑤ 确认订单信息，并将订单信息发送给顾客及厂商；⑥ 准备产品，选择物流服务商向顾客交付；⑦ 顾客验收产品，或消费服务；⑧ 厂商提供服务；⑨ 货款结算。

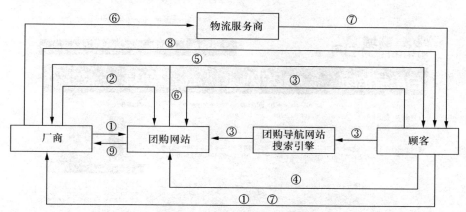

图9-17 网络团购流程示意图

2. 网络团购的主要模式

网络团购的主体主要有顾客、厂商、组织者三种，依据三类主体的不同结合方式，网络团购主要有以下几种模式。

（1）顾客主导型模式。此种团购中，所有参与网络团购的都是顾客，组织者作为顾客之一通过网络将零散的顾客组织起来，以团体的优势与销售商谈判，从而获得比单个顾客优越的购买条件。通常情况下，组织者会通过即时通信、社交网络、大型论坛等发布团购消息，聚齐一定人数的顾客后，组团和销售商或生产企业进行谈判。图9-18为汽车之家论坛里车友发布的团购信息。

（2）厂商主导型模式。此种团购中，厂商通过网络发布团购信息，邀请顾客参与团购，而厂商自愿将价格降低到比单个采购更低的水平。因为顾客采购数量大，从而也保证了厂商的更大利润。如图9-19所示，海尔商城专门开辟了团购栏目，方便顾客选择购买。

（3）第三方主导型模式。此种团购中，除了顾客和厂商以外，尚有专业的团购组织。专业团购组织既不是顾客，也不是厂商，而是为了帮助顾客购买产品而提供服务的组织。当然，这种形式的组织者也可能是自然人个人。目前,我国影响力较大的第三方团购服务商主要有:聚划算、拉手网、美团、窝窝团、QQ团购、嘀嗒团、糯米团、大众点评团、58团购、满座网等。图9-20为1号商城发布的天王表团购信息。

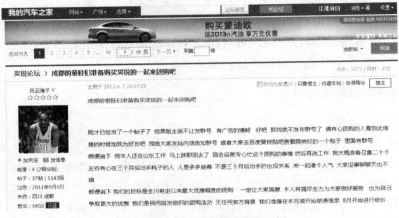

图 9-18　顾客主导团购模式示例

图 9-19　厂商主导团购模式示例

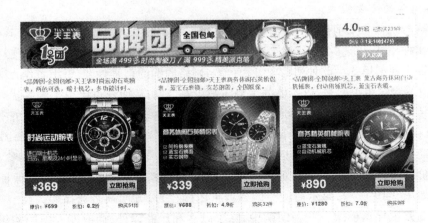

图 9-20　第三方主导团购模式示例

E 经典

《中国经营报》试水团购营销新模式

低价诱惑,无疑是网络团购最致命的吸引力。如今,这种诱惑似乎已经"侵入"到了传统纸媒行业。报纸网络团购订阅能否成为今后传统纸媒的一个新的营销趋势?现在还不得而知。团800资讯2012年10月12日消息,《中国经营报》携手团购网站糯米网推出了2013年《中国经营报》全年50期的订阅团单,受到不少关注。

据活动页面了解,本次团购订阅报纸投递起始日期为2013年1月,采用全国邮局配送投递方式。本次团购支持新订阅和续订。团购预订成功后,《中国经营报》将在15个工作日内与顾客确认订单。

团购结束后,《中国经营报》共获得1 386份订单,此数字虽然与其全国发行量相比差距巨大,但是开创了传统纸媒营销创新的先河,对整个传统媒体业启发很大。其后不久,《精品购物指南》《华南商报》《第一财经周刊》《创业家》《青岛晚报》等多家知名媒体也纷纷加入团购营销的行列,进一步推进了传统媒体业营销创新的步伐。

案例讨论

苏宁易购的春节促销活动

1. 案例背景

临近2011年春节,年货采购作为刚性需求直接拉动岁末消费市场的增长,但对于B2C电子商务企业却是一个矛盾的时刻,电子商务在物流配送上的短板使很多商家面对消费市场的井喷只能望而却步。但是,作为B2C电子商务企业的新生力量,苏宁易购逆势而上,推出大力度促销。苏宁易购在整个春节期间将举行"抄底购年货 不福不行"的促销活动,特别准备折扣福袋、特价福袋、现金福袋、礼品福袋四款福袋回馈消费者,掀起岁末网购风暴。

2. 活动内容

折扣福袋:48小时年货抢卖场,4.8折再临江湖

特价福袋:千件热销产品劲爆特价,全场8折起售

现金福袋:兔年到,200元红包礼来就送

礼品福袋:年末优惠再升级,礼上加礼买一赠二

3. 目标受众洞察

将3C爱好者作为主要的目标人群。他们多为年轻学生及上班族,对数码产品有敏锐的目光,同时有丰富的数码产品使用经验,追求时尚潮流,热衷于互联网。

4. 媒体投放实施

根据选择媒体策略进行的互联网数据研究,发现社区类是苏宁易购目标人群月度覆盖最多的媒体圈,网络电视类、IT类、时尚类则是苏宁易购目标人群月度TGI指数最高的媒体圈。

所以实际投放中,苏宁易购以数据研究为导向,挑选了诸如西祠胡同、播视网、千龙网、YOKA时尚网、MSN资讯等优质媒体进行投放。

5. 创意构想

紧扣苏宁易购"抄底购年货 不福不行"的促销活动,推广活动内容是创意的重中之重。广告伊始就打出"不福不行"的活动主题,从天而降的大福袋极具震撼力,正如苏宁易购这一次的折扣。印有"折"、"特"、"金"、"礼"的四个福袋的设计,形象地传达了苏宁易购这一次促销的活动主题,活动内容也一一在创意中呈现出来,让受众能够直击信息。创意要传递给受众的广告内涵是巨大的折扣力度和丰富的选择性。整个创意在淡橘色的背景下充满年味又不乏时尚感,在黄晓明和王珞丹的明星效应下,更能吸引年轻族群的目光。创意如图9-21所示。

图9-21 苏宁易购促销广告

6. 小结

对目标受众精准的洞察,利用多样的定向技术,借助丰富的媒体资源,采取灵活的投放策略,都是苏宁易购这一次促销活动成功的理由。借助网络平台的推广优势,苏宁易购宣传这一次春节促销活动,不仅成功地吸引了目标受众的关注,而且线上推广与线下活动的紧密配合使活动的影响力很快渗透,提升了受众的参与度,最终转化为实际的消费行为,整个促销活动非常成功。

资料来源:艾瑞广告先锋网。

问题

1. 简述苏宁易购这一次促销活动的实施过程。
2. 苏宁易购这一次促销活动采用了哪些促销方式?

本章小结

1. 网络促销是指利用现代化的网络技术,向网上虚拟市场传递有关产品和劳务的信息,以激发市场需求,引起消费者购买欲望和购买行为的各种活动的总称。网络营销促销是网络营销中极为重要的一项内容,具有很强的现实意义。

2. 网络营销促销的方式主要有网络广告促销、搜索引擎促销、微博营销、网络口碑营销、网络"病毒式"营销、网络团购促销等,企业可以根据营销预算和目标市场情况加以选择或整合使用。

3. 网络广告以其交互性、纵深性、广泛性、灵活性、可控性等特点,成为企业网络营销促销的首选工具。值得注意的是,网络广告促销的效果更多地受到选择的广告形式、广告信息设计的影响,如何科学合理地将其与其他促销工具组合使用已成为广受关注的话题。

4. 搜索引擎营销就是基于搜索引擎平台的网络营销,利用人们对搜索引擎的依赖和使用习惯,在人们检索信息的时候尽可能将营销信息传递给目标顾客。为了便于目标顾客第一时间通过搜索引擎找到自己,加强搜索引擎优化工作是必不可少的。

5. 微博作为时下流行的网络产品,成为企业进行网络营销强有力的帮助。微博营销正是借助微博这一平台进行的包括品牌推广、活动策划、形象包装、产品宣传等一系列的营销活动。应充分利用微博平台和目标顾客进行互动,扩大企业的影响力和知名度。

6. 网络口碑营销是指企业通过网络努力使顾客通过亲朋好友之间的交流将自己的产品信息、品牌传播开来。这种营销方式成功率、可信度高。要实现成功的网络口碑营销,难度很大,中间涉及很微妙的环节,必须审慎处理。

7. 网络"病毒式"营销是指发起人传递产品的最初信息给用户,再依靠用户自发的口碑宣传,是网络营销中的一种常见而又非常有效的方法。网络"病毒式"营销战略包括提供有价值的产品或服务、提供无需努力地向他人传递信息的方式、信息传递范围很容易从很小向很大规模扩散、利用公众的积极性和行为等六大基本要素。

8. 网络团购促销对企业来说,具有降低营销成本、提高营销精准性、加快商家出货速度、扩大品牌影响力等显著效果,已经成为顾客习惯的一种消费方式。网络团购与其他互联网服务的融合趋势将进一步增强,手机团购是重要的增长领域。

思考与实践

一、理论基础

1. 简述网络营销促销的含义、作用及其与传统促销的区别。
2. 网络营销促销有哪些方式?其各自的含义是什么?分别有什么特点?
3. 网络营销促销过程怎样实施?
4. 网络广告分为哪些种类?
5. 搜索引擎营销有哪些形式?
6. 微博营销有哪些技巧?
7. 网络口碑营销有哪些方法?
8. 实施网络"病毒式"营销有哪些步骤?

二、知识应用

1. 自己先通过图书、杂志、网络以及人际关系,搜寻尽可能多的有关网络广告促销、搜索引擎营销、微博营销、网络口碑营销和网络"病毒式"营销的实际案例(如凡客诚品、Hotmail等),然后同学之间进行交流学习,对各种促销方法的特点进行分析,并总结它们成功所需的一些关键因素。

2. 登录新浪首页,点击观看主页上的广告,并分析网络广告与传统媒体广告的不同点。

3．查看一些企业微博,如前文推荐的优秀微博,分析微博营销的优点。

参考文献

[1] 张卫东.网络营销[M].北京:电子工业出版社,2002.
[2] 曹修源,林豪锵.网路行销[M].台北:旗标出版股份有限公司,2009.
[3] 王弘张.玩转微博:个人、企业、政府微博实用指南[M].北京:机械工业出版社,2012.
[4] 胡卫夕,宋逸.微博营销:把企业搬到微博上[M].北京:机械工业出版社,2011.
[5] 胡革.网络营销:工具+理论+实战[M].北京:清华大学出版社,2010.
[6] Kevin Lee,Catherine Seda.搜索引擎广告——网络营销的成功之路[M].北京:电子工业出版社,2010.
[7] 中国互联网络信息中心.第31次中国互联网络发展状况统计报告[R].2013.
[8] 邓超明.网络整合营销实战手记[M].北京:电子工业出版社,2012.
[9] http://www.yxad.cn/Article/HTML/801.shtml

第 3 篇 管 理 篇

　　在移动互联网时代,顾客需求的个性化和网络生活的社会化、碎片化使得企业在开展网络营销过程中更加要注意维持客户关系、提供优质服务、树立卓越品牌形象、防范网络信用风险。**本篇是网络营销的关键**。第 10 章主要介绍了在网络环境下企业如何通过技术手段来建立和维持良好的客户关系;第 11 章介绍了网络营销服务的内涵、全过程服务的主要内容、开展营销服务的主要工具,以及网络营销客制化的主要策略和注意事项;第 12 章主要介绍了网络品牌的内涵与构成、网络品牌建设与维护的基本流程和策略方法、网络品牌资产管理和价值评估的理论与方法等;第 13 章从网络信用环境、网络顾客信用、网络供应商信用三方面对防范和控制网络交易风险进行了归纳与整理,介绍了可供采用的信用安全策略。

第 10 章 网络营销客户关系管理

引导案例

FAQ 引导京东商城完美网络客户关系管理

在京东商城首页的帮助部分,京东商城对新手购买产品提出了一些具有针对性的常见问题,如"订单已提交成功,如何付款?"这一问题,京东商城的解释为:

1. 在线支付(包括企业网银):请进入"我的订单",点击"付款",按流程提示操作。
2. 邮局汇款:订单提交成功后,请按提示到邮局操作汇款,然后进入"我的订单"填写付款确认。
3. 公司转账(线下转账):提交订单后选择线下公司转账会生成 14 位汇款识别码,请按提示到银行操作转账,然后进入"我的订单"填写付款确认。
4. 分期付款:在线分期可直接提交信用卡信息并认证;电话分期请等候京东客服致电确认相关信息。
5. 货到付款:请在订单送达时签收付款。

资料来源:http://www.jd.com

FAQ 就是在网络客户关系管理中,企业就常见的一些问题和现象进行解答。本章将就网络客户关系管理的相关问题进行详细阐述。

10.1 客户关系管理基础知识

10.1.1 客户关系管理的起源及发展

客户关系管理,源于以客户为中心的管理思想,是一种旨在改善企业与客户之间关系的新型管理模式,是网络营销取得成效的必要条件,是企业重要的战略资源。在传统经济模式下,由于认识不足或自身条件的局限,企业在管理客户资源方面存在着较为严重的缺陷。

针对上述情况,在网络营销中,通过客户关系管理,将客户资源管理、销售管理、市场管理、服务管理、决策管理融于一体,将原本疏于管理、各自为战的计划、销售、市场、售前售后服务与业务统一协调起来。既可以跟踪订单,帮助企业有序地监控订单的执行过程,规范销售行为,了解新老客户的需求,提高客户资源的整体价值;又可以避免竞争隔阂,帮助企业调整营销策略、收集、整理、分析客户反馈信息,全面提升企业的核心竞争力。客户关系管理系统还具有强大的统计分析功能,可以为企业提供决策服务,以避免决策的失误,为企业带来可观的经济效益。

最早发展客户关系管理的国家是美国,在20世纪80年代初便有所谓的"接触管理"(Contact Management),即专门收集客户与企业联系的所有信息;1985年,巴巴拉·本德·杰克逊提出了关系营销的概念,使人们对市场营销理论的研究又迈上了一个新的台阶;到1990年则演变成包括电话服务中心支持资料分析的客户关怀(Customer Care)。

1999年,高德纳咨询公司提出了客户关系管理概念(Customer Relationship Management,CRM)。高德纳咨询公司在早些年提出的ERP概念中,强调对供应链进行整体管理。客户作为供应链中的一环,单独提出一个客户关系管理概念的原因之一在于,在ERP的实际应用中人们发现,由于ERP系统本身功能方面的局限性,也由于IT技术发展阶段的局限性,ERP系统并没有很好地实现对供应链下游的管理,针对3C因素中的客户多样性,ERP系统并没有给出良好的解决办法。另一个原因是,到90年代末期,网络的应用越来越普及,计算机电话集成(Computer Telephony Integration,CTI)、客户信息处理技术(如数据仓库、商业智能、知识发现等技术)得到了长足的发展。结合新经济的需求和新技术的发展,高德纳咨询公司提出了客户关系管理概念。从90年代末期开始,客户关系管理市场一直处于一种爆炸式增长的状态。

10.1.2　客户关系管理的含义

客户关系管理概念引入中国已有数年,其字面意思是客户关系管理,但其深层的内涵却有许多的解释。从字义上看,客户关系管理是指企业主动管理与客户之间的关系。客户关系管理是选择和管理有价值客户及其关系的一种商业策略,要求以客户为中心的商业哲学和企业文化来支持有效的市场营销、销售与服务流程。如果企业拥有正确的领导、策略和企业文化,客户关系管理应用将使企业实现有效的客户关系管理。

客户关系管理是一个获取、保持和增加可获利客户的方法和过程。它既是一种崭新的、国际领先的、以客户为中心的企业管理理论、商业理念和商业运作模式,也是一种以信息技术为手段,有效提高企业收益、客户满意度、雇员生产力的具体软件和实现方法。

客户关系管理的实施目标就是通过全面提升企业业务流程的管理来降低企业成本,通过提供更快速、周到的优质服务来吸引和保持更多的客户。作为一种新型管理机制,客户关系管理极大地改善了企业与客户之间的关系,实施于企业的市场营销、销售、服务与技术支持等与客户相关的领域。

随着3G移动网络的部署,客户关系管理已经进入了移动时代。作为解决方案的客户关系管理系统,集合了当今最新的信息技术,包括互联网和电子商务、多媒体技术、数据仓库和数据挖掘、专家系统和人工智能、呼叫中心等。作为一个应用软件的客户关系管理系统,凝聚了市场营销的管理理念。市场营销、销售管理、客户关怀、服务和支持构成了客户关系管理软件的基石。图10-1所示为八百客的客户关系管理专家系统。

综上,客户关系管理有三层含义:
(1) 体现为现代企业管理的指导思想和理念。
(2) 是创新的企业管理模式和运营机制。
(3) 是企业管理中信息技术、软硬件系统集成的管理方法和应用解决方案的总和。

图10-1 八百客的客户关系管理专家系统示意图

资料来源:http://www.800app.com

客户关系管理的核心思想就是:客户是企业的一项重要资产,客户关怀是客户关系管理的中心,客户关怀的目的是与所选客户建立长期和有效的业务关系,在与客户的每一个"接触点"上都更加接近客户、了解客户,最大限度地增加利润,提高利润占有率。

客户关系管理的核心是客户价值管理,它将客户价值分为既成价值、潜在价值和模型价值,通过一对一营销原则,满足不同价值客户的个性化需求,提高客户忠诚度和保有率,实现客户价值持续贡献,从而全面提升企业盈利能力。

10.1.3 客户关系管理分类

客户关系管理涵盖了直销、中介渠道销售以及网络销售等所有的销售渠道,能帮助企业改善包括营销、销售、客户服务和支持在内的有关客户关系的整个生命周期。为便于快捷地了解客户关系管理的全貌,从以下几个角度对客户关系管理进行分类梳理,如图10-2所示。

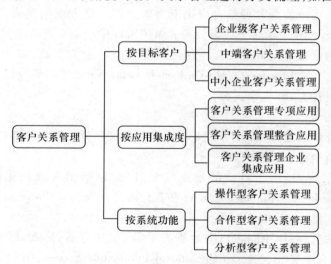

图10-2 客户关系管理分类示意图

1. 按目标客户分类

基于不同应用模型的标准产品来满足不同客户群的需求进行分类,一般将客户关系管理分为三类:以全球企业或者大型企业为目标客户的企业级客户关系管理;以200人以上、跨地区经营的企业为目标客户的中端客户关系管理;以200人以下的企业为目标客户的中小企业客户关系管理。

在客户关系管理应用方面,大型企业与中小企业相比有很大的区别:大型企业在业务方面有明确的分工,各业务系统有自己跨地区的垂直机构,形成了企业纵横交错的庞大而复杂的组织体系,不同业务、不同部门、不同地区间实现信息的交流与共享极其困难;大型企业的业务规模远大于中小企业,致使其信息量巨大;大型企业在业务运作上很强调严格的流程管理,而中小企业在组织结构方面要轻型简洁得多,业务分工不一定明确,运作上更具有弹性。因此,大型企业所用的客户关系管理软件往往比中小企业的客户关系管理软件要复杂、庞大得多。

2. 按应用集成度分类

不同的企业或同一企业处于不同的发展阶段时,对客户关系管理整合应用和企业集成应用有不同的要求。为满足不同企业的不同要求,客户关系管理在集成度方面也有不同的分类。从应用集成度方面可以将客户关系管理分为客户关系管理专项应用、客户关系管理整合应用、客户关系管理企业集成应用。

客户关系管理专项应用:以销售人员为主导的企业与以店面交易为主的企业,在核心能力上是不同的。销售能力自动化(SFA)是以销售人员为主导的企业的客户关系管理应用关键;而客户分析与数据库营销则是以店面交易为主的企业的核心。随着客户对服务要求的提高和企业服务规模的扩大,呼叫中心在20世纪80年代得到迅速发展,与SFA和数据库营销一起成为客户关系管理的早期应用。到目前为止,客户关系管理专项应用仍然具有广阔的市场,并处于不断的发展之中。代表厂商有AVAYA(Call Center)、Goldmine(SFA)等。

客户关系管理整合应用:由于客户关系管理涵盖整个客户生命周期,涉及众多的经营业务,因此,对于很多企业而言,必须实现多渠道、多部门、多业务的整合与协同,必须实现信息的同步与共享,这就是客户关系管理整合应用。客户关系管理业务的完整性和软件产品的组件化及可扩展性是衡量客户关系管理整合应用能力的关键。这方面的代表厂商有Siebel(企业级客户关系管理)、Pivotal(中端客户关系管理)、MyCRM(中小企业客户关系管理)。

客户关系管理企业集成应用:对于信息化程度较高的企业而言,客户关系管理与财务、ERP、SCM以及群件产品如Exchange/MS-Outlook和Lotus Notes等的集成应用是很重要的。这方面的代表厂商有甲骨文、SAP等。

3. 按系统功能分类

依据客户关系管理功能作用的不同,可将客户关系管理分为操作型客户关系管理、合作型客户关系管理和分析型客户关系管理。

操作型客户关系管理:用于自动的集成商业过程,包括销售自动化(Sales Automation,SA)、营销自动化(Marketing Automation,MA)和客户服务与支持(Customer Service & Support,CS&S)三部分业务流程。

合作型客户关系管理:用于同客户沟通所需手段(包括电话、传真、网络、电子邮件等)的集成和自动化,主要有业务信息系统(Operational Information System,OIS)、联络中心(Contact Center,CC)和Web集成管理(Web Integration Management,WIM)。

分析型客户关系管理:用于对以上两部分所产生的数据进行分析,产生客户智能,为企业的战略、战术的决策提供支持,包括数据仓库(Data Base/Warehouse,DB)和知识仓库(Knowledge Base,KB)建设,以及依托管理信息系统(Management Information System,MIS)的商业决策分析智能(Business Intelligence,BI)。

10.1.4 客户关系管理的特点及功能

1. 客户关系管理的特点

(1) 提供全视角的客户信息。客户关系管理能够提供全视角的客户信息和更完善的客户分析,将数据转化为洞察力,更准确地营销,体现了以客户为中心的营销理念,使营业人员逐步向营销人员转变成为可能。

客户经理、营业员可以从客户门户界面内快速调出全面集中的掌握的所有客户信息,如用户产品、订单、历史消费情况(特别是消费偏好)和担保、历史投诉、障碍等信息,能够在短时间内全面、快速地认识和分析客户,使客户经理、营业员更好地了解客户、关心客户、掌控客户,有的放矢地向客户推荐产品,避免盲目推销使客户产生逆反情绪,提高针对性营销的效率,提升企业品牌。例如,2007年浙江电信客户关系管理系统(BSS)上线后,在客户管理、产品管理、计费管理、市场营销四个方面大幅度提升了企业的IT支撑能力,成为支撑企业战略转型、实现精确化营销和品牌经营的重要保障,成为夯实客户管理、提升客户价值、改善客户服务的重要手段。

(2) 实现了客户生命周期管理。客户的生命周期是指客户从开始进入客户关系管理系统到变为非客户期间的各种状态,在系统中共有潜在、正式、流失(失效)三个状态,如图10-3所示。客户关系管理系统体现了对客户生命周期的管理,使市场前端人员能够更好地把握产品发展趋势,有针对性地进行营销方案的设计。

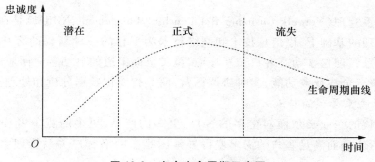

图10-3 客户生命周期示意图

(3) 实现了全新的联系人管理。联系人是营销、销售和客户接触的对象,在以往的系统中,联系人信息比较简单,不同的业务有不同的联系人,加大了营销人员的工作难度。在客户关系管理系统中,重点引入了联系人概念。系统中记录了全面的联系人信息,如学历、职位、个人爱好、交互历史等,有利于维护客户关系;客户经理和营业员可针对不同的产品联系不同的联系人,在营销工作中实行各个突破,提高客户经理、营业员营销的有效性和成功率。

(4) 全业务受理,大大提高了受理效率。在企业的业务受理系统中,订单的种类繁多,业务人员往往要分别办理不同业务才能实现客户的一个需求。客户关系管理的引入使全业务受理成为可能,极大地提高了业务受理的效率。例如,在浙江电信BSS中,实现了统一的业务受理入口,在一张订单中,可以同时受理一个客户的多种产品和业务;也可以支持批量受理,如同时新装30部电话、批量选号、客户和账务信息批量复制,提高了受理效率。

客户管理用于各个本地网对客户数据的管理,如客户统计属性、营销服务属性、客户等级、不可催、不可停标志的变更,客户经理的分配,以及同步客户数据的检控等。

2. 客户关系管理的功能

(1)客户信息管理。整合记录企业各部门、每个人所接触的客户资料并进行统一管理,包括对客户类型的划分、客户基本信息、客户联系人信息、企业销售人员的跟踪记录、客户状态、合同信息等。

(2)市场营销管理。制订市场推广计划,并对各种渠道(包括传统市场营销、电话营销、网络营销)接触客户进行记录、分类和辨识,提供对潜在客户的管理,并对各种市场活动的成效进行评价。客户关系管理最重要的是实现了一对一营销。

(3)销售管理。包括对销售人员电话销售、现场销售、销售佣金等的管理,支持现场销售人员的移动通信设备或掌上电脑接入。进一步扩展的功能还包括帮助企业建立网上商店、支持网上结算管理及与物流软件系统的接口。

(4)服务管理与客户关怀。包括产品安装档案、服务请求、服务内容、服务网点、服务收费等管理信息,详细记录服务全程进行情况。支持现场服务与自助服务,辅助支持实现客户关怀。

10.2 网络客户关系管理的方法与手段

10.2.1 网络客户关系管理的特点及作用

网络客户关系管理(Network Customer Relationship Management,NCRM)是在传统商务环境下的客户关系管理的基础上,以信息技术和网络技术为平台的一种新兴的客户管理理念与模式。网络客户关系管理包含动态客户交互环境,覆盖全面渠道的自动客户回应能力,统一共享客户信息资源,整合全线业务功能,实时协调运营,商业智能化数据分析和处理。

1. 网络客户关系管理的特点

网络营销时代的企业必须面对更多的客户、更多的产品、更多的竞争者和更短的反应时间,了解客户的行为进而满足客户的需求变得异常困难。网络客户关系管理主要呈现出以下特点:

(1)客户关系管理不受时空限制。在网络营销的条件下,企业与客户间不用约定时间和地点,客户不只在购买企业的产品和服务时才能给企业留下自己的信息,企业可以通过网站上的留言板、邮件列表、电子邮件、FAQ以及网络客服中心与客户进行实时的沟通,这种沟通给企业和客户都带来了极大的方便。

(2)客户处于主动状态。在网络营销条件下的沟通过程中,客户的主动性不断增强。虽然企业可利用信息技术和网络手段建立一系列沟通渠道,但没有客户的主动参与,这些渠道就无法发挥作用。如客户需主动浏览网站的 FAQ、订阅邮件列表、在留言板上留言等,与传统客户关系管理相比,企业处于被动地位。

(3)客户管理的个性化。利用网络工具,企业加强了同客户的交流,深化了对客户需求和偏好的认识,更快地获得了客户信息反馈,从而使企业向客户提供个性化服务有了渠道上的可能性。基于这一背景,建立以客户为中心、网络为载体、个性化服务为特色的新型网络模式就成为众多企业追求的目标。网络实现了需求与服务的电子匹配,它贯穿于企业服务的全过程,从设计、生产、运输、付款直到维修。借助多样的电子手段,网络客户关系管理可以对每个具体客户提供全面的个性化服务。

(4) 客户管理的系统性。网络营销时代的客户关系管理是以数据库为基础、以网络为手段的现代化管理。企业将客户的数据事先存入客户数据库,而后企业的所有部门都可以共享该数据,从而对客户实现全方位、个性化的管理,建立客户对企业永久的忠诚度。

2. 网络客户关系管理的作用

(1) 改善服务。网络客户关系管理向客户提供主动的客户关怀,根据销售和服务的历史信息提供个性化的服务,在知识库的支持下向客户提供更专业的服务,通过在线磋商更好地实现客户定制,这些都有利于企业提高服务水平。

(2) 提高效率。借助网络客户关系管理平台,客户的一次点击就可以完成多项业务,同时前台自动化程度的提高,使得很多重复的工作(如批量发传真、电子邮件)都可以由计算机系统完成。这些都使得企业的工作质量和营销效率得以提高。可见,网络客户关系管理还非常有利于企业实现由传统经营销售模式向以网络为基础的现代营销模式转化。

(3) 降低成本。相对传统市场营销方式而言,网络客户关系管理借助现代网络技术,可以大大降低营销运作成本,加之由于可以准确地寻找客户,并能实现在线信息交换,从而可以大大发展一对一营销等新型业务形式,进而实现大量推销,集中了人员推销和广告促销的优势。

(4) 扩大销售。网络客户关系管理使得销售的准确率、成功率提高,客户的满意度提高,销售的扩大便成为必然。

以上优势,使得网络客户关系管理正在成为企业赢得新经济时代竞争优势的关键,它对企业的影响是全方位的,改变着传统经济的结构和规律,代表着今后一定时期营销发展的方向。因此,积极主动地寻求、加强和管理客户关系,与客户建立长期友好的合作关系,已成为全球企业营销优先考虑的因素。在很多情形下,高质量的客户关系甚至是唯一重要的竞争优势。

10.2.2 网络客户关系管理的工具

企业要完成建立和维系客户关系的任务,以获得可持续发展,必须有先进的管理方法和信息技术支持。现代通信技术、数据库技术和业务流程重组技术是企业开展网络客户关系管理必不可少的工具。现代先进的通信技术拉近了企业和客户的距离,使企业可以更为方便地收集客户信息并与客户进行沟通;数据库技术则提供了获取客户知识的各种工具;而业务流程重组技术则可以通过精简业务流程,使企业更有效率地向客户提供产品或服务。

1. 通信技术

互联网的应用中最重要的方式是万维网(World Wide Web),它在信息传递方面具有如下几个特征:

(1) 可以随时访问数据。只要一条网线、一台终端,在任何国家都可以浏览万维网的信息。

(2) 交互性。客户可以根据自己的需要筛选信息、寻找自己所需要的信息。除了表单输入,网站还可以通过多媒体技术(视频、图像)给予客户实时交互的能力。

(3) 高效率的信息传输。不仅能以很低的成本更新信息,而且能给予客户图文并茂的多媒体产品展示。甚至一些产品可以以多媒体的形式实时在线提供服务(如唱片、电影、图书期刊等)。

(4) 个性化。客户不仅可以随意选择自己所需要浏览的信息,网站甚至可以提供简化的 CAD 功能,让客户根据自己的条件和偏好来设计产品的样式。

(5) 实时交易。可以进行在线交易,客户可以通过网络交易系统下订单和进行支付。

2. 数据库技术

数据库技术解决了客户资料、交易数据等基本数据的存储问题。大型数据库的一个表单可以存储十万条以上的记录,方便快捷。基于数据库的各种信息平台,如交易平台、合同管理平台,更能利用客户的交易资料,统计交易量、信用状况等,做出客户价值分析,确认重点客户,合理分配企业的销售资源。

这里要特别提到的是数据挖掘技术——一种从大型数据库中提取被埋藏在数据中的、可用来预测信息的技术。通过数据挖掘,企业可以识别重点客户,预测客户未来的行为,从而可以做出提前的、基于客户知识的决策。数据挖掘最根本目的是提供给企业进行战略决策所需要的客户知识,这些知识包括客户描述、偏差分析、趋势分析等。客户描述就是描述现实客户的模型,具体包括客户的购买频率和购买数量、客户最近一次的购买情况、识别目标客户群的典型特征、计算客户的终生价值,还可以用来预测销售计划的有效性。偏差分析主要用来检测不正常的销售现象,如用来分析客户购买量的突然增加或者减少。趋势分析包括评价产品或者营销计划的绩效、预测未来的销售情况。

数据挖掘技术的核心包括一系列的算法,如统计、人工智能、决策树、神经网络等。这些算法都是很成熟的,但是将它们与关系型数据库系统联系起来进行数据的整合,就能将数据库系统中被隐藏的信息提炼出来,变成使企业赢得竞争优势的知识资本。

E 经典

沃尔玛的数据挖掘

关于客户关系管理数据挖掘最有趣的例子就是沃尔玛啤酒加尿布的故事。

一般来说,啤酒和尿布是客户群完全不同的商品,但是沃尔玛销售数据进行数据挖掘分析后的结果显示,在居民区中尿布卖得好的店面啤酒也卖得很好。原因其实很简单,一般太太让先生下楼买尿布的时候,先生们一般都会犒劳自己两听啤酒。因此啤酒和尿布一起购买的机会是最多的。这是一个现代商场智能化信息分析系统发现的秘密。这个故事被公认为标志着商业领域数据挖掘的诞生。

沃尔玛能够跨越多个渠道收集最详细的客户信息,并且能够造就灵活、高速供应链的信息技术系统。沃尔玛的信息系统是最先进的,其主要特点是:投入大、功能全、速度快、智能化和全球联网。目前,沃尔玛中国公司与美国总部之间的联系和数据都是通过卫星来传送的。沃尔玛的存货管理系统、决策支持系统、管理报告工具以及扫描销售点记录系统等在中国得到了很好的应用。

同时,通过信息共享,沃尔玛能和供应商们一起促进业务的发展,能帮助供应商在业务的不断扩张和成长中掌握更多的主动权。沃尔玛能够参与到上游厂商的生产计划和控制中去,因此能够将客户的意见迅速反映到生产中,按客户需求开发定制产品。

沃尔玛"天天低价"的广告表面上看与客户关系管理中获得更多客户价值相矛盾,但事实上,沃尔玛的低价策略正是其客户关系管理的核心,以"价格"取胜是沃尔玛所有技术系统投资和基础架构的最终目标。

资料来源:http://do.chinabyte.com/277/11681277.shtml

3. 业务流程重组技术

网络客户关系管理作为一种全新的客户导向营销管理模式,要求企业必须重新设计业务流程以适应建立和维持客户关系的需要。流程重组必然涉及企业组织结构的重新设计。所有组织活动的最终目的都应该是以某种方式为客户"增加价值"。

业务流程重组技术就是通过系统化地改造现有流程或重新设计现有流程的工作重点,消除非增值活动和调整核心增值活动。其基本规律可以概括为 ESIA 代表的四个词:消除(Eliminate)、简化(Simply)、整合(Integrate)和自动化(Automate)。

(1)消除:找出并清除或者彻底铲除非增值活动。

(2)简化:在尽可能地消除非必要性的活动之后,应该对剩下的必要性活动进行简化。

(3)整合:经过简化的任务需要整合,以使之流畅、连贯并能够满足客户需要。

(4)自动化:在完成流程与任务的消除、简化和整合的基础上,充分发挥和运用信息技术的强大优势,实现流程加速与客户服务准确性提升的自动化。

10.2.3 FAQ 在网络客户关系管理中的应用

目前,企业网站已经成为客户了解企业产品、服务和其他基本概况的重要信息源。大部分情况下,客户很难快速地从网站上找到自己所关心的信息,特别是针对某些问题的解决方案。因此,网站设计时应站在访问者的角度为其提供信息搜索的便利,在网站上设置 FAQ 栏目就是一个很好的办法。设计和管理好网站的 FAQ,将会为网站访问者提供优质和高效的信息服务。

FAQ 页面是网络所有企业必有的页项,FAQ 的英文全称是 Frequently Asked Question,即常见问题页面(图 10-4 为华为公司的 FAQ 页面)。网络客户服务的重要内容之一是为客户提供有关公司产品与服务等方面的信息。面对众多企业能够提供的信息以及客户可能需要的信息,最好的办法就是在网站上建立客户常见问题解答。FAQ 要为客户提供有关产品、企业的情况,既能够引发那些随意浏览者的兴趣,也能够帮助有目的的客户迅速找到所需要的信息,获得常见问题的现成答案。

FAQ 原是 Usenet 新闻组为了避免重复讨论同一问题而设计的。在 Usenet 新闻组中,对某个议题经过一段时间的争论与研究,大家对一些基本问题形成了共同的认识,把这些问题和答案汇总整理后,列在一起就形成了 FAQ。

Usenet 新闻组中大多数议题都设有 FAQ,并且定期刊载与更新。一些热心的新闻组成员主动承担了大量的常见 FAQ 的编辑工作,因而成为该新闻组的 FAQ 协调员。用户在提出问题之前应先阅读 FAQ,弄清基本问题后,再提出问题。FAQ 之外的问题是受欢迎的,因为这样可以拓展该议题的深度,企业把这种方法借用到营销管理中,就形成了企业的 FAQ。

1. FAQ 的内容设计

对 FAQ 的内容设计要考虑潜在客户、新客户、老客户三种不同类别的客户,设计的侧重点

图 10-4 华为公司的 FAQ 页面

不同,设计出的效果也不同。

(1) 对潜在客户设计 FAQ。对于潜在客户要激发其购买需求,在寻找潜在客户的过程中,FAQ 内容设计可以参考"MAN"原则,如表 10-1 所示。

表 10-1 FAQ 内容设计寻找潜在客户"MAN"原则

代表字母	含义	具体含义
M:Money	金钱	所选择的对象必须有一定的购买能力
A:Authority	决定权	该对象对购买行为有决定、建议或反对的权利
N:Need	需求	该对象有这方面(产品、服务)的需求

潜在客户应该具备以上特征,但在实际操作中,会碰到如表 10-2 所示的状况,应根据具体状况采取具体对策。

表 10-2 FAQ 内容设计寻找潜在客户组合对策

购买能力	购买决定权	需求
M(有)	A(有)	N(有)
m(无)	a(无)	n(无)

因此,在设计 FAQ 内容时,不仅要实现对潜在客户的开发目的,还要节约成本。如典型的 B2C 模式在开发潜在客户的过程中,设计的 FAQ 内容可以很好地吸引潜在客户浏览网站。图 10-5 所示为素材公社设计的韩国网页——红色购物 B2C 网站 FAQ 客服页面设计。

(2) 对新客户设计 FAQ。做不同产品的网络销售,可以借助不同的搜索关键字组合来获得比较精确的定位信息,多种关键字的组合会达到意想不到的效果,要通过多种与产品相关的关键字来进行这项工作。与网络搜索引擎服务商合作,提供能够按照新客户习惯搜索的关键字,使得自己能够比较容易地出现在搜索结果的前列,从而达到实现对新客户的吸引。中国汽车用品在线就是典型的 B2C 针对新客户设计 FAQ,从而对新使用者进行引导,如图 10-6 所示。

(3) 对老客户设计 FAQ。管理专家彼得·德鲁克认为"企业的最终目的,在于创造并留住客户",实现这一目的最重要的方法是使客户从企业获得最大价值,以达到客户满意,进而

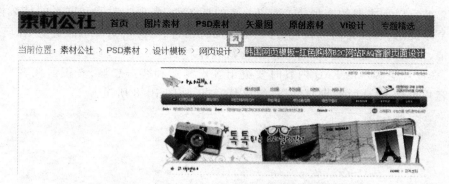

图 10-5　红色购物 B2C 网站 FAQ 客服页面设计示意图

资料来源：http://www.tooopen.com

图 10-6　中国汽车用品在线对新客户设计的 FAQ 示意图

实现客户忠诚。客户满意和客户忠诚可以认为是创造并保持竞争优势的原因。

客户满意是一种期望（或预期）与可感知效果比较的结果，是一种客户心理反应，而不是一种行为。图 10-7 所示为客户满意与客户忠诚之间的关系。

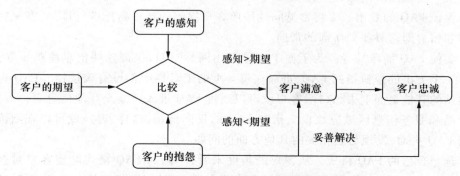

图 10-7　客户满意与客户忠诚之间的关系示意图

客户忠诚有以下主要的表现:① 客户关系的持久性,表现为时间和联系的持续性。② 客户的消费金额提高,表现为增加钱包份额、增加交叉销售、对价格更不敏感。③ 客户对企业有很深的感情,主动为企业传递好的口碑、推荐新的客户。

因此,在设计老客户的 FAQ 内容时要突出客户满意和客户忠诚,真正留住客户。如淘宝在针对老客户设计 FAQ 时就别具一格,突出其特点,如图 10-8 所示。

图 10-8　淘宝对老客户设计的 FAQ 示意图

2. FAQ 的页面设计

在进行 FAQ 的页面设计时应尽量减少图片、动画、按钮、广告条等网页元素,减少对客户的干扰。页面布局设计还切忌将不同主题的所有问题流水账似地列在同一页上,问题显示务必设置顺序和分类。

设计多个链接点,让客户在页面中和页面之间方便地转移和切换。如"返回页首"、"上一页"、"下一页"等。页面中最好添加留言本或注册链接,便于提交意见和问题。最好将页面设置为静态 Html 页面,在增加链接的同时起到类似网站地图的效果,便于搜索引擎收录。

3. FAQ 的功能设计

设计 FAQ 需要认真思考常见问题页面的组织。精心组织页面不仅可以方便客户咨询使用,而且能够为企业和客户节约许多在线上的时间。为此,必须使客户在网站上很容易找到 FAQ 页面,页面上的信息内容必须清晰易读、易于浏览。企业还必须达到客户的期望水平,避免客户花费了大量的时间却无获而归。

(1) 保证 FAQ 的效用。要将常见问题按照客户提问的频率高低进行排列,方便客户用较少的时间和精力即可寻找到所需的帮助。

(2) 要使 FAQ 简单易寻。为了便于充分利用网站空间,保证这些信息简单易寻,在主页上应设有一个突出的按钮指向 FAQ,进而在每一页的工具栏中都设有该按钮。FAQ 也应能够链接到网站的其他页面上去,这样,客户就可以通过 FAQ 进入产品及其他信息页面。同时,在网站的产品和服务信息区域应该设立指向 FAQ 的反向链接,这样,客户就可以在阅读产品信息时转到 FAQ 页面,发现与之相关的其他方面的问题。

(3) 选择合适的 FAQ 格式。从客户的角度来看,不同的 FAQ 格式能使客户对企业产生不同的认识。常用的方法是按主题将问题分成几大类,每类问题都有其对应的区域,这些区域基本上能够使客户清楚地知道可以在何处咨询到所需要的答案。

(4) 信息披露要适度。FAQ 为客户提供了企业有关的重要信息,但是企业不必把所有关于产品、服务的信息以及其他情况公开出去。这样做,一方面虽然表现了企业对客户的真诚,但却没有太多的用途;另一方面,给了竞争对手窥探企业核心技术的机会,对本企业不利。所以,信息披露要适度,这个"度"应以对客户产生价值又不让竞争对手了解企业的内情为标准。只有在这两者之间寻找到合适的均衡点才能使网站成为企业的一份资产。

10.2.4 数据库营销在网络客户关系管理中的应用

数据库营销就是企业通过收集和积累客户信息,经过分析筛选后有针对性地使用电子邮件、短信、电话、信件等方式进行客户深度挖掘与关系维护的营销方式。或者说,数据库营销就是以与客户建立一对一的互动沟通关系为目标,并依赖庞大的客户信息库进行长期促销活动的一种全新的销售手段,是一套内容涵盖现有客户和潜在客户,可以随时更新的动态数据库管理系统。图 10-9 所示为我国的数据库营销网站。

图 10-9　网络数据库营销网站示意图

企业的网站每天都会有大量的访问者,其中包括随意的访问者、潜在客户、现有客户和竞争对手等,通过相关的方法和技术可以将这些访问者的各种信息收集起来,存储在企业的客户数据库中,并不断地更新,以便将来能为其提供更精准的个性化产品和服务。同时,这个数据库还能通过网络让企业的各个部门共享,为部门决策提供依据。

1. 网络数据库营销功能

与传统的数据库营销相比,网络数据库营销的独特价值主要表现在三个方面:动态更新、客户主动加入、改善客户关系。

(1) 动态更新。在传统的数据库营销中,无论是获取新的客户资料,还是对客户反应的跟踪都需要较长的时间,而且反馈率通常较低,收集到的反馈信息还需要人工再进行处理,因而数据库的更新效率很低,更新周期比较长,同时也造成了过期、无效数据记录比例较高,数据库维护成本相应也较高。网络数据库营销具有数据量大、能实现动态数据更新、便于远程维护等多种优点,还可以实现客户资料的自我更新。网络数据库的动态更新功能不仅节约了大量的时间和资金,同时也更加精确地实现了营销定位,从而有助于改善营销效果。图 10-10 所示为某地产公司实施网络数据库营销的数据动态更新系统。

(2) 客户主动加入。在网络营销环境中,客户数据再增加要方便得多,而且往往是客户自

图 10-10　某地产公司实施网络数据动态更新系统示意图

愿加入网站的数据库。最新的调查表明，为了获得个性化服务或获得有价值的信息，有超过50%的客户愿意提供自己的部分个人信息，这对于网络营销人员来说，无疑是一个好消息。企业通常的做法是在网站上设置一些表单，要求客户注册为会员时填写。但是，网络的信息很丰富，对客户资源的争夺也很激烈，客户是很挑剔的，并非什么样的表单都能引起客户的注意和兴趣，客户希望得到真正的价值，但肯定不希望对个人利益造成损害，因此，需要从客户的实际利益出发，合理地利用客户的主动性来丰富和扩大客户数据库。在某种意义上，邮件列表可以认为是一种简单的数据库营销。数据库营销同样要遵循自愿加入、自由退出的原则。如图 10-11 所示，"即时语"在线客服系统就是客户主动加入的一个典型例子。

图 10-11　"即时语"在线客服系统示意图

（3）改善客户关系。客户服务是一个企业能留住客户的重要手段，在网络领域，客户服务同样是取得成功最重要的因素。一个优秀的客户数据库是网络营销取得成功的重要保证。在网络上，客户希望得到更多个性化的服务，比如，客户定制的信息接收方式和接收时间，客户的兴趣爱好、购物习惯等都是网络数据库的重要内容，根据客户个人需求提供针对性的服务是网络数据库营销的基本职能，因此，网络数据库营销是改善客户关系最有效的工具。

网络数据库由于其种种独特功能而在网络营销中占据重要地位，网络数据库营销通常不是孤立的，应当从网站规划阶段开始考虑，将其列为网络营销的重要内容，另外，网络数据库营销与个性化营销、一对一营销有着密切的关系，客户数据库资料是客户服务和客户关系管理的重要基础。

2. 网络数据库营销目标

（1）客户识别。客户识别就是通过一系列技术手段，根据大量客户的特征、购买记录等可得数据，找出谁是企业的潜在客户、客户的需求是什么、哪类客户最有价值等，并把这些客户作为企业客户关系管理的实施对象，从而为企业成功实施网络客户关系管理提供保障。图10-12所示为多维度客户识别系统结构。客户识别是在确定好目标市场的情况下，从目标市场的客户群体中识别出对企业有意义的客户，作为企业实施网络客户关系管理的对象。由于目标市场客户的个性特征各不相同，不同客户与企业建立并发展客户关系的倾向也各不相同，因此其对企业的重要性是不同的。客户大致分为两类：交易型客户和关系型客户。交易型客户只关心价格，没有忠诚度可言。关系型客户更关注产品的质量和服务，愿意与企业建立长期友好的合作关系，忠诚度较高。交易型客户带来的利润非常有限，结果往往是关系型客户在给交易型客户的购买进行补贴。

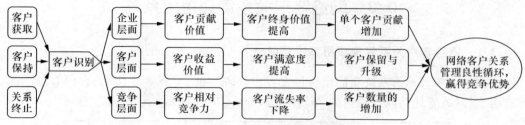

图10-12 多维度客户识别系统结构示意图

（2）认定潜在客户。潜在客户是指存在于消费者中间，可能需要产品或服务的人。潜在客户也可以被理解为是经营性组织机构的产品或服务的可能购买者。认定潜在客户需要遵循以下原则：摒弃平均客户的观点；寻找那些关注未来，并对长期合作关系感兴趣的客户；搜索具有持续性特征的客户；对客户的评估态度具有适应性，并且能在与客户的合作问题上发挥作用；认真考虑合作关系的财务前景；应该知道何时需要谨慎小心；识别有价值客户。

3. 网络数据库营销流程

（1）建立客户数据库。这是进行网络数据库营销的基础，看一个企业对网络数据库营销的重视程度，首先看该企业如何收集、甄别客户数据，管理维护数据库。尽一切可能收集众多客户的众多信息，如年龄、性别、职业、收入、学历、爱好、性格、习惯、价值观、电话、地址、电子邮件等，总之多多益善；动用企业所有可利用的资源大范围收集客户信息，如直接购买客户资料、异业交换客户数据、吸引客户主动申请等。

（2）采集数据。数据库建立起来后，就开始采集数据，完善数据库。采集数据的方法主要有以下几种：① 自有用户。比如说对于设有网上商城的企业而言，在商城购买过产品的客户，就是第一批原始数据。其他如网络论坛、社区等本身的注册用户，也是第一批数据。② 网络调查。这也是一种非常好的采集客户数据的方法，而且比较省钱。比如某网游公司搞了一个有奖网络在线调查，准备了几百元的小礼品，但是最终却获得了将近一万个有效的客户调查数据，而且是非常详细的数据，每条数据平均才几分钱。③ 活动。通过各种活动获取客户数据也是一个非常不错的选择，比如，"推一把"网站创始人江礼坤每年都要搞一次大型的行业年会，而每次活动过后，都能得到五六百条非常优质的行业客户数据。线上活动方面，像有奖问答、有奖征文、有奖投票、评选等也都是不错的活动形式。当然，活动门槛越低，参与人数就会越多。④ 网络搜集。除了用以上这些方法去获取客户数据外，还可以直接通过各种网络平台获取。例如，网络上很多论坛、QQ 群、网络团体等，都会提供会员通讯录下载服务。⑤ 数据交换。与掌握大量现实和潜在客户数据的企业、网站进行数据共享和有偿交换，也是获得有价值客户资料的一种可行做法。需要注意的是，在数据交换过程中要注意同类竞争对手的虚假交换。⑥ 购买。直接从掌握大量客户信息的论坛、网站、邮箱等服务商处购买客户数据是最简捷有效的方法，缺点是成本较高。

(3) 深入分析数据库。网络客户关系管理软件一般只提供数据录入、查询、更新等基本数据管理功能，基于数据库的各类分析功能较为薄弱。企业要寻找和开发合适的数据分析软件，让数据说话。优秀的数据分析软件不仅有一些基本的数据处理功能，同时具备界面生动、简单易学、反应快速等特性，而且能提供预警、预测等高级功能。

10.3 网络客户关系管理应用系统

10.3.1 网络客户关系管理应用系统功能

网络客户关系管理的系统功能模块包含客户管理功能、服务管理功能、合同管理功能、市场管理功能、财务管理功能等在内的 16 个模块，如图 10-13 所示。

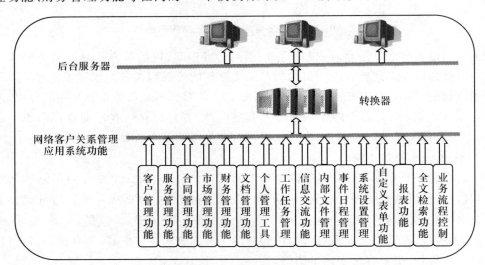

图 10-13　网络客户关系管理系统功能模块示意图

网络客户关系管理应用系统的主要功能及内容如表 10-3 所示。

10.3.2 网络客户关系管理应用系统分类

按照目前市场上流行的功能分类方法，美国 META Group 把网络客户关系管理应用系统分为运营型（Operational）、分析型（Analytical）和协作型（Collaborative）三类。这种分类方法有助于对网络客户关系管理应用系统进行总体的把握，有助于理解客户关系管理应用系统的业务功能领域。

表 10-3　网络客户关系管理应用系统的主要功能及内容

功能	内容
客户管理	客户信息管理;联系人信息管理;潜在客户管理;客户关怀管理;客户满意度管理;客户请求及投诉;客户信用评估;在线捕捉潜在客户;客户统计管理。
服务管理	客户服务自动化;合作伙伴入口;客户服务知识库;客户反馈管理;与呼叫中心集成。
合同管理	合同档案管理;合同审批、汇签流程管理。
市场管理	市场活动管理;市场信息管理;合作伙伴管理。
财务管理	应收款管理;应付款管理;费用预算;报销管理;用款管理。
文档管理	文档上传;文档发布;文件权限;文档查询;文档加密;文档分类等。
个人管理	个人工作平台;考勤管理。
工作任务管理	工作流程控制;工作任务分配;工作总结报告;工作日志;工作任务管理;工作质量评估
信息管理	内部公告信息管理;内部消息管理。
内部文件管理	文件分类;文件上传;文件查阅;文件权限管理。
事件日程管理	个人日程安排;实时任务和事件日程查询;事件计划;审批流功能。
系统设置管理	基本参数设置;数据导入导出功能;数据备份功能;系统日志管理;系统维护;加密文档恢复等功能。
自定义功能	自定义表单;其他需要使用者自定义的功能。
报表管理	财务报表;统计报表。
全文检索	智能搜索引擎;中文分词系统;信息量化和度量系统。
流程控制	业务逻辑关系。

1. 运营型网络客户关系管理应用系统

(1) 运营型网络客户关系管理应用系统(Operational)的功能。运营型网络客户关系管理应用系统主要用于企业的销售(业务部门)、市场营销(决策部门)、客户服务和支持(银行客户中心)等与客户有关的部门,使企业业务处理流程的自动化程度和效率都更高,从而全面提高企业与客户交流的能力。

(2) 运营型网络客户关系管理应用系统的目的。运营型客户关系管理应用系统的目的在于加强与客户之间的联系和交流;把多个部门的信息加以汇总加工,形成企业的客户信息中心;实现企业内部信息的共享;更快捷地为客户提供优质服务。

(3) 运营型网络客户关系管理应用系统的主要人员:① 销售人员。销售自动化要求及时提供客户的详细信息,业务内容涉及订单管理、发票管理及销售机会管理等。② 营销人员。营销自动化是操作型网络客户关系管理应用系统的主要模块,其中的促销活动管理工具可用于计划、设计并执行各种营销活动,寻找潜在客户并将其自动集中到数据库中通过自动派活功能分配给销售人员。③ 现场服务人员。使服务自动化,包括自动派活工具、设备管理服务合同及保质期管理、维修管理等。

2. 分析型网络客户关系管理应用系统

分析型网络客户关系管理应用系统的技术也称后台,主要从运营型网络客户关系管理应用系统应用所产生的大量交易数据中提取有价值的各种信息,通过 80/20 分析、销售情况分析等一系列分析方法或挖掘工具,对将来的趋势做出必要的预测或寻找某种商业规律,是一种企业决策支持工具。分析型网络客户关系管理应用系统的设计主要利用数据仓库、数据挖掘等计算机技术。

(1) 分析型网络客户关系管理应用系统的主要应用方式。能够统计大量的客户信息并支持对客户进行多维的特征分析；能够处理复杂的数据并支持对客户进行行为分析；具有自定义的建模方式和参数调整的功能；能够进行融合了人工智能的数据挖掘。分析型网络客户关系管理应用系统在四个方面有着独特的优势：更好地了解客户行为取向；实现更理想的市场营销管理；吸引更多的客户；实现更理想的产品销售目标。

(2) 分析型网络客户关系管理应用系统的处理过程。如图 10-14 所示，分析型网络客户关系管理应用系统的处理过程大致可分为两方面：① 将客户的背景数据、生活方式方面的信息，与客户行为信息相结合，通过建立合适的模型，对不同群体的客户采用有针对性和有效的互动交流。② 将分析的结果信息反馈给销售系统，销售系统可通过呼叫中心对特定的客户进行特殊的服务或者提供交叉销售，以满足客户的需求。

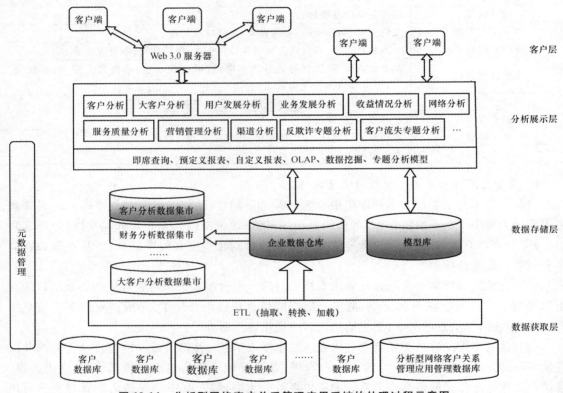

图 10-14 分析型网络客户关系管理应用系统的处理过程示意图

分析型网络客户关系管理应用系统通过客户的各种背景数据，建立起合适的客户终生价值模型，并进行客户分类，预测其未来的趋势，使得企业能够优化利用有限的资源，集中于所挑选的客户群体。

3. 协作型网络客户关系管理应用系统

(1) 协作型网络客户关系管理应用系统的含义。协作型网络客户关系管理应用系统是指企业直接与客户互动的一种状态，它能全方位地为客户交互服务和收集客户信息，形成与多种客户交流的渠道。

（2）协作型网络客户关系管理应用系统的特点。① 有时间紧迫感。由于员工和客户一起完成某种任务，对工作效率和时间有较高要求。② 对系统和员工要求高。完成特定协作业务必须具备知识量丰富和智能查询等特点；同时，员工本身也必须经验丰富。③ 具有一定的灵活性。如果问题无法在线解决，协作型网络客户关系管理应用系统还必须由智能路由对请求进行升级处理，员工必须及时做出任务转发的决定。

（3）协作型网络客户关系管理应用系统的功能。① 电话接口：能提供与世界先进水平的电话集成的接口。② 电子邮件和传真接口：能与电子邮件和传真集成，收发电子邮件和传真，能自动产生电子邮件并确认信息接收。③ 网络互动交流：进一步加强与网络服务器的集成，以支持互动浏览、个性化网页、站点调研、客户历史等。④ 呼出功能：支持电话销售、电话市场推广如预知拨号、持续拨号等。

（4）协作型网络客户关系管理应用系统的组成。协作型网络客户关系管理应用系统由报表工具、管理工具、制定工具、客户信息、直接销售、网页、电子邮件等组成，如图10-15所示。

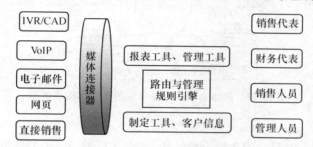

图 10-15　协作型网络客户关系管理应用系统组成结构示意图

三类网络客户关系管理应用系统的定位与关系如图10-16所示。运营型网络客户关系管理应用系统的软件从客户的各种"接触点"将客户的各种背景数据和行为数据收集整合在一起，这些运营数据和外来的市场数据经过整合与变换，装载进数据仓库。客户与企业的互动，就需要把分析型网络客户关系管理应用系统与运营型网络客户关系管理应用系统结合在一起，运用数据挖掘等技术从数据中分析和提取相关规律、模式趋势。协作型网络客户关系管理应用系统与客户交互共同完成任务，通过网络、电话等交互渠道集成为客户提供多渠道的交互方式。

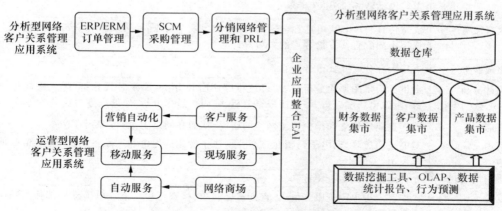

图 10-16　网络客户关系管理应用系统的定位与关系示意图

10.3.3 网络客户关系管理应用系统结构模型

网络客户关系管理应用系统的一般结构模型包含接触活动、业务功能、数据库,如图10-17所示。

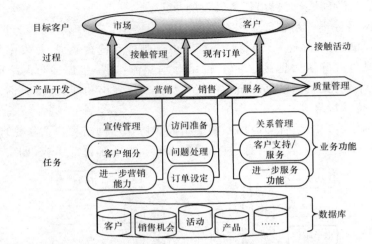

图 10-17 网络客户关系管理应用系统结构模型

1. 接触活动

典型的接触方式有:面对面的沟通、电话、传真、电子邮件、移动短信、呼叫中心。网络客户关系管理应用系统应当能够或多或少地支持各种各样的接触活动,并能记录这些活动。企业必须协调这些沟通渠道,保证客户能够采取其方便或偏好的形式随时与企业交流,并且保证来自不同渠道的信息完整、准确和一致。

呼叫中心模块主要涉及表 10-4 所示的一些业务活动。

表 10-4 呼叫中心模块主要业务活动

呼叫中心模块	主要业务活动
电话管理员	主要包括呼入呼出电话处理、网络回呼、图形用户界面软件电话、应用系统弹出屏幕、友好电话转移、路由选择等
代理执行服务	支持传真、打印机、电话和电子邮件等,自动将客户所需的信息和资料发给客户。可选用不同配置使发给客户的资料有针对性
语音集成服务	支持大部分交互式语音应答系统
报表统计分析	提供了很多图形化分析报表,可进行呼叫时长分析、等候时长分析、呼入呼叫汇总分析、座席负载率分析、呼叫接失率分析、呼叫传送率分析、座席绩效对比分析等
电子商店	使得企业能建立和维护基于网络的店面,从而在网络上销售产品和服务
电子营销	与电子商店联合,电子营销允许企业创建个性化的促销和产品建议,并通过 Web 向客户发出
电子货币与支付	允许客户在网络上浏览和支付账单
电子支持	允许客户提出浏览服务请求、查询常见问题、检查订单状态。电子支持部件与呼叫中心联系在一起,并具有电话回拨功能

2. 业务功能

（1）销售模块。销售模块的目标是提高销售过程的自动化和销售效果。该模块所能实现的主要功能如下。

现场销售管理：为现场销售人员设计，主要功能包括联系人和客户管理、机会管理、日程安排、报价、合同制作、报告分析和佣金预测。

销售业务管理：是销售模块的基础，用来帮助决策者管理销售业务，它包括的主要功能是额度管理、销售力量管理和地域管理。

销售佣金：它允许销售经理创建、管理销售队伍的奖励和佣金计划，并帮助销售代表形象地了解各自的销售业绩。

（2）营销模块。其目标是对市场营销活动直接加以计划、执行、监视和分析。该模块所能实现的主要功能如下。

营销活动管理：使得营销部门实时地跟踪活动的效果，执行和管理多样的、多渠道的营销活动。

其他功能：可帮助营销部门管理其营销资料；列表生成与管理；授权和许可；预算；回应管理。

（3）客户服务模块。其目标为提高那些与客户支持、现场服务和仓库修理相关的业务流程的自动化并加以优化。该模块所能实现的主要功能如下。

售后服务：可完成现场服务分配、现有客户管理、客户产品生命周期管理、服务技术人员档案和地域管理等。通过与ERP的集成，可进行集中式的雇员定义、订单管理、后勤、部件管理、采购、质量管理、成本跟踪等。

合同管理：此部件主要用来创建和管理客户服务合同，从而保证客户获得的服务的水平和质量与其所花的钱相当。它使得企业可以跟踪保修单和合同的续订日期，利用事件功能表安排预防性的维护活动。

3. 数据库

客户数据库管理系统是网络客户关系管理应用系统的重要组成部分，是企业前台各部门进行各种业务活动的基础。客户数据库包含的数据应当能全面、准确、详尽和及时地反映客户、市场及销售信息。数据可以按照市场、销售和服务部门的不同用途分成三类：客户数据、销售数据、服务数据。

目前，迅速发展的数据仓库技术（如OLAP、数据挖掘等）能按照企业管理的需要对数据源进行再加工，为企业提供了强大的分析数据的工具和手段。

10.3.4 网络客户关系管理应用系统软件模型

我们以青岛海纳自动化系统有限公司订单物流中心为例，详细阐述网络客户关系管理应用系统软件模型的操作过程。

1. 网络客户关系管理应用系统介绍

外网：http://222.43.52.206:8888/login/login.php。

内网：http://192.168.0.200:8888/login/login.php（XX地区使用）。

（1）进入网络客户关系管理应用系统。输入登录名、密码及校验码，点击"登录"，进入系统。

（2）更改登录密码。输入登录名、密码及校验码后，点击"修改密码"。进入以下界面后，设置新密码，保存即可，如图10-18所示。

图 10-18　海纳网络客户关系管理应用系统登录界面示意图

2．新增销售订单

（1）创建新订单。步骤如下：点击网络客户关系管理应用系统右侧的快速新增，从下拉框中选择"销售订单"，然后点击下面的红色箭头，选择"普通订单"，即可创建新订单，如图10-19所示。

图 10-19　海纳网络客户关系管理应用系统新增销售订单示意图

如果已经打开了"客户信息"，则可直接在客户信息中创建新订单，点击"销售订单"或"销售退货单"，然后点击右面的"新增"，即可创建新订单，如图10-20所示。

图 10-20　海纳网络客户关系管理应用系统新增销售订单示意图

（2）新订单的录入——订单信息。新增订单后进入图10-21所示界面，录入订单信息。订单编号共计六位，前两位是分公司的代码，后四位为流水码，各分公司自每年的一月一日开始从0001按下单顺序依次递增。订单信息中黑色圆圈标注的地方为必填项。如果是在"客户信息"中新增的订单，客户名及账户名称会自动带出，无需再次输入，如图10-21所示。

某些字段的填写说明如下。

币种：此处为下拉框选择，请根据产品信息对应选择。例如，ABB传动产品——系统；ABB低压产品——海纳；热表及对讲产品——海威茨。

订单摘要：此处需依次标明销售人员、项目信息及项目所在地，热表和对讲的订单还需标注是既有建筑改造还是新建建筑。

预计发货情况和预计付款情况：此处需标明客户预计的提货及付款时间，或者款已到账的信息。

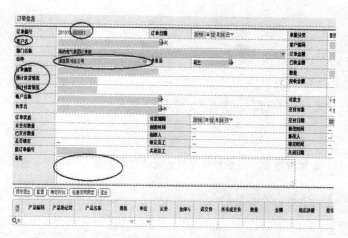

图 10-21　海纳网络客户关系管理应用系统新订单录入——订单信息示意图

备注：合同中所有的特殊条款务必都要填写到备注栏中，如特殊付款方式、质保金、保函、违约金等。

图 10-22 为完整的订单信息示例。

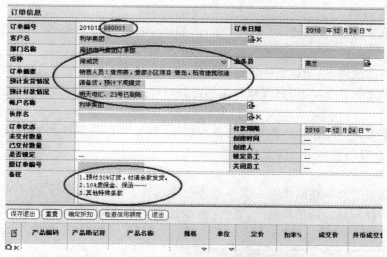

图 10-22　海纳网络客户关系管理应用系统完整销售订单示意图

3. 新订单的录入——产品选型

进入产品信息库，常规型号可根据产品名称进行选择，输入部分产品信息后，点击查询，会出现包含这部分名称的全部产品，选用正确的型号即可，如图 10-23 所示。

如果所需产品是备件，则必须按照产品代码来查询，进入图 10-23 所示的界面后，点击"高级查询"，出现图 10-24，在"产品代码"一栏输入对应的产品的代码进行选择。

产品选择准确之后，折扣、数量、金额等务必和客户签订的合同一致，检查无误后点击"保存退出"，即可将此订单提交到集团订单部。

图 10-23　海纳网络客户关系管理应用系统新订单的录入——产品选型示意图

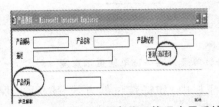

图 10-24　海纳网络客户关系管理应用系统
高级查询示意图

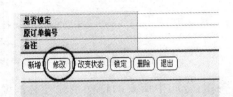

图 10-25　海纳网络客户关系管理应用系统
订单修改示意图

4．修改销售订单

（1）如订单未锁定，直接点击"修改"即可，如图 10-25 所示。修改完毕后点击"保存退出"。

（2）如订单已被锁定，请联系锁定员工，对该订单解锁，修改后保存退出即可。

（3）如订单金额有变动，则只可修改本周内的订单，本周之前的订单只能通过退单或者价格调整进行改动。

（4）如订单金额不变，型号、数量等信息有变动，则要和订单审核人员沟通确认是否已出库，以及是否还能修改订单。

5．销售收款

收到货款后需要及时在网络客户关系管理应用系统上做销售收款。首先在网络客户关系管理应用系统上打开对应的销售订单，点击"收款过程"，如图 10-26 所示。

图 10-26　海纳网络客户关系管理应用系统收款过程及收款过程新增示意图

进入收款界面后点击右侧的"新增"录入收款信息。完整的信息录入示例如图 10-27 所示。

某些字段的填写说明如下。

收付款编号：此处填写订单编号，如果是分批次收款，则分别列上-1、-2 以示区分。

发生金额：此处填写的金额为本次收款的实际金额。

币种：此处选择收款的公司，即为海纳、系统、海威茨。

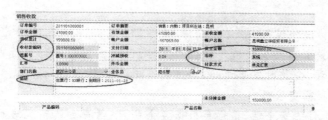

图 10-27　海纳网络客户关系管理应用系统销售收款信息录入示意图

付款方式：根据实际的付款方式进行对应的选择。

票据号及描述：如果收取的是承兑，此处则需填写票据号、出票银行及到期日，具体填写参照图 10-27 的示例。

6. 产品交付

产品交付是在货物出库之后将交付的产品信息录入到网络客户关系管理应用系统上。首先打开对应的销售订单，点击"产品交付"，进入后点击右侧的"新增"。

具体录入信息如下。

编码说明：如图 10-28 所示，"X 变频 JN11-0003"中的"X"即为收款的是系统公司，"变频"即为产品主类，"JN11-0003"为该产品交付对应的合同号。如果是分批交付，则分别列上-1、-2 以示区分。其他情况以此为参照录入对应的信息。

 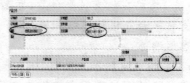

图 10-28　海纳网络客户关系管理应用系统产品交付示意图

交付日期：此处填写产品的实际交付日期。

发生数量：此处填写产品的实际交付数量。

7. 退出网络客户关系管理应用系统

网络客户关系管理应用系统使用完毕，不可直接将网络客户关系管理应用系统的网页关闭，必须点击右上侧的"退出"按钮。弹出要求确认的对话框后，点击"确定"退出即可。

案例讨论

苏宁易购 FAQ

在苏宁易购的帮助中心，为帮助客户解决常见的一些问题，苏宁易购建立了 FAQ 中心。比如关于支付常见问题，苏宁易购做了以下的一些阐述。

1. 进行网络在线支付前，银行卡需要办理开通网络银行手续吗？

普通银行卡的"网银支付"，需要事先开通网络银行（具体程序请咨询相关银行）。

2. 在线支付会有手续费吗？

苏宁易购的网络支付不收取任何手续费用，如果在支付过程中有费用收取情况，请咨询相关银行。

3．苏宁易购支持境外银行卡支付吗？

很抱歉，苏宁易购暂时不支持境外银行卡支付，但正在积极地与银行方面协商，争取早日实现此功能，如果实现，会及时发布通知，请持续关注。

4．银行支付有限额要求吗？

为了保证在线支付的安全性，银行会根据各个商户、消费者的情况进行支付金额限制，由于各银行的限额标准并不完全一致，并且会随国家政策进行调整，请在开通网络银行时问明限额标准，或者拨打银行热线电话进行咨询。

5．在线支付分期付款会有手续费吗？

苏宁易购不会收取分期付款手续费，所有需要支付的手续费标准全部是按照各个银行的不同标准由银行直接收取的。详细的分期利息和手续费问题等请咨询持卡银行。

6．如何知道在线支付是否成功？

一般情况下，每笔在线支付的订单，在支付成功后，银行页面都会弹出"支付成功"的字样进行提示，如果没在当时看到支付结果，也可以通过银行网站查询交易明细，或者致电银行的客服。同时，在苏宁易购的"订单中心"，此笔订单的状态是"支付完成"。

7．当订单在苏宁易购上生成并选定在线支付平台后，有时会出现诸如链接速度慢或根本无法进行链接、重复支付、不能输入银行卡密码等问题，这是什么原因？

当选择（点击）网络在线支付平台后，标志着已经离开了苏宁易购的网站。出现上述问题的原因可能与支付平台或银行网络有关，或者与您的计算机本身的设置相关，建议与所选的网络支付平台的客服联系。

8．哪些原因会造成支付不成功？

（1）所持银行卡不在该银行支持的地域范围之内，建议更换银行卡支付；

（2）银行卡尚未开通网络银行支付功能，建议按照银行的要求及时开通网络银行；

（3）银行卡已过期、作废、挂失等，建议咨询银行卡所属银行；

（4）银行卡内余额不足，建议及时充值；

（5）输入的银行卡号、密码或证件号等与预置的不符，建议重新输入正确的卡号、密码或证件号等，如果忘记了密码，请及时与所属银行联系办理密码重置；

（6）银行系统数据传输出现异常，建议稍后再试；

（7）超过银行支付限额，请与银行客服或热线联系，咨询支付限额。

……

资料来源：整理自 http://www.suning.com

问题

1．通过苏宁易购的案例，请简述 FAQ 设计中应该遵循的原则有哪些？要注意设计过程中的哪些问题？

2．在 FAQ 设计中，是否应该按照不同的对象设计不同的 FAQ 问题？为什么？请结合本案例说明。

3．苏宁易购关于在线支付问题的 FAQ 设计，是否能够体现网络客户关系管理的优势？为什么？

本章小结

1. 客户关系管理是体现现代企业管理的指导思想和理念,是企业管理中信息技术、软硬件系统集成的管理方法和应用解决方案的总和。

2. 按照不同的分类标准,客户关系管理可分为企业级客户关系管理、中端客户关系管理、中小企业客户关系管理,以及运营型、合作型、分析型三大类、九种类别。客户关系管理具有提供全视角客户信息、实现客户生命周期管理、全新的联系人管理、全业务受理等特征。与传统的 ERP 系统不同,客户关系管理具有客户信息管理、市场营销管理、销售管理、服务管理与客户关怀等功能。

3. 网络客户关系管理是在传统商务环境下的客户关系管理的基础上,以信息技术和网络技术为平台的一种新兴的客户管理理念与模式,具有不受时空限制、客户处于主动状态、客户管理的个性化、客户管理的系统性等优势,从而能够改善服务、提高效率、降低成本、扩大销售。

4. 网络客户关系管理通过现代先进通信技术、数据库技术和业务流程重组技术实现网络客户关系管理的作用,通过 FAQ、电子邮件、数据库营销三类实际网络客户关系管理应用,来突出其优势所在。网络客户关系管理的系统功能模块包含客户管理功能、服务管理功能、合同管理功能、市场管理功能、财务管理功能等在内的 16 个模块,以青岛海纳电气自动化有限公司的网络客户关系管理系统的分析为例,来展现网络客户关系管理系统的各个功能模块的优势和作用。

思考与实践

1. 理论基础

(1) 简述客户关系管理的概念、分类以及特点和功能作用。

(2) 结合本章内容,阐述网络客户关系管理的含义,概括网络客户关系管理的特点。

(3) 如何进行客户电子邮件的管理?

(4) FAQ 的设计工作程序和内容是什么?

(5) 网络客户关系管理的系统功能模块有哪些?各功能模块的功能是什么?

2. 知识应用

(1) 结合实际情况,你认为现实中企业运用网络客户关系管理能否发挥出其优势?为什么?

(2) 找一个网站,了解其客户电子邮件管理的有关制度。

(3) 下载一个电子邮件管理系统软件并使用,了解其功能。

(4) 比较两个网站的 FAQ 系统,分析各自的特点,并进行评价。

(5) 为了充分了解 FAQ 设计原则以及如何设计出完美的 FAQ,请登录自己的邮箱,设置邮箱的自动回复功能,并使用。

(6) 参照八百客客户关系管理设计系统,通过模拟各个运行模块,使之能发挥出网络客户关系管理系统的优势功能。同时,尝试性地设计一个简单的网络客户关系管理系统。

参考文献

[1] 卓骏.网络营销的理论与实务[M].杭州:浙江大学出版社,2001.

[2] 谢沁华.客户关系管理的任务、方法和程序[J].商业研究,2010,(16).
[3] 薛华成.管理信息系统(第三版)[M].北京:清华大学出版社,2008.
[4] 董传银.Visual Basic 6 数据库编程技术[M].北京:希望电子出版社,2009.
[5] 丁秋林,力士奇.客户关系管理[M].北京:清华大学出版社,2010.
[6] 弗雷德里克·纽厄尔,李安方等译.网络时代的顾客关系管理[M].北京:华夏出版社,2010.
[7] 罗纳德·S.史威福特,杨东龙等译.客户关系管理[M].北京:中国经济出版社,2009.
[8] 王广宇.客户关系管理——网络经济中的企业管理理论和应用解决方案[M].北京:经济管理出版社,2011.
[9] 田同生.客户关系管理的中国之路[M].北京:机械工业出版社,2001.
[10] 保罗·格林伯格,王敏,刘祥亚译.实时的客户关系管理[M].北京:机械工业出版社,2009.
[11] 杰姆·G.巴诺斯,刘祥亚等译.客户关系管理成功奥秘[M].北京:机械工业出版社,2009.
[12] 王素芬,汤兵勇.客户终生价值分析[M].上海:东华大学出版社,2010.
[13] Wan Sufen,Tan Bingyong,Chen Jingxian. An Approach to Modeling the Customer Loyalty[C]. International Workshop on Management Theory and Application Under Electric Commerce,Dalian,2002.
[14] 菲利普·科特勒,梅清豪,周安柱译.营销管理(第十版)[M].北京:中国人民大学出版社,2001.
[15] 孔颖.基于数据挖掘的分类算法在潜在客户识别中的应用[J].计算机时代,2011,(9).
[16] 李畅.基于统计的分类算法及其在潜在客户识别中的应用研究[D].长沙:湖南大学,2004.
[17] 李旭荣,田小东.基于DW的银行客户识别系统的设计与实现[J].现代电子技术,2012,(8).
[18] 张瑞鑫.CRM新型理论框架下客户识别系统的研究[D].镇江:江苏大学,2006.
[19] David Sims,CRM Application-know Thy Place,http://www.crmguru.com
[20] CRM 及其功能,http://www.microsoft.com/business
[21] http://www.800app.com
[22] http://www.tooopen.com
[23] http://www.autosup.com/help
[24] http://www.taobao.com
[25] http://www.sjkyx.cn
[27] http://www.sinobasedm.com
[28] http://livechat.china-channel.com

第 11 章　网络营销服务管理

引导案例

网　上　银　行

当今世界,在线交易和网络购物的快速发展有目共睹。目前,国内电子商务正进入快速发展和快速创新的阶段,网上与网下交易融合、团购、秒杀等新商业模式层出不穷。这些创新的商业模式都需要网络支付技术作为支撑。目前,中国网络支付的主要资金渠道是20世纪末期商业银行开发的一种通过信息网络提供金融服务的系统平台,即网上银行。它为广大网络购物顾客提供了便捷的支付方式,永久地改变了人们的消费付款方式。

1997年年初,招商银行率先在国内尝试网银业务,随后,中国银行、中国建设银行、中国工商银行等先后开展了网上银行业务,让顾客"足不出户、轻松上网",为顾客提供"24小时无间断服务"。图11-1所示为招商银行网上个人银行主页。

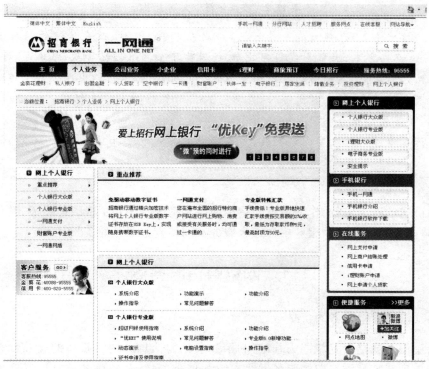

图 11-1　招商银行网上个人银行

利用互联网和银行支付系统,容易满足顾客咨询、购买和交易多种金融产品的需求,顾客除办理银行业务外,还可以很方便地在网上买卖股票、债券等。网上银行能够为顾客提供更加合适的个性化金融服务,如交通银行个人网上银行集银行、投资、理财于一体,可以为顾客提供包括账户查询、转账、7×24 小时汇款、缴费、网上外汇、网上证券、网上保险、网上黄金、网上期货、在线支付等多种服务。图 11-2 是交通银行个人网上银行页面。

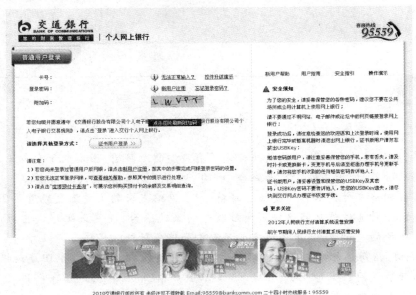

图 11-2　交通银行个人网上银行

网上银行技术有灵活、强大的业务创新能力,不仅可以延伸、改良传统的银行服务时间和空间,有效降低交易成本,大幅提高服务效率,还催生了如网络循环贷款、银证通、存折炒股、网购支付等一系列新业务,其创新的空间仍然很大。同时,网上银行的出现弥补了传统银行业无法或不便涉及的领域,其信息容量惊人,灵活、便捷,而且能够充分发掘顾客的潜在需求,为其提供个性化、差异化的服务。

网上银行正以惊人的速度向前发展,为顾客提供集交易、营销和服务于一体的综合性金融服务。

案例中讲述的网上银行,作为银行的一种网络营销服务得到了极大的发展,其优势显而易见,本章将重点介绍网络营销服务中的顾客服务及网络营销服务的工具。

11.1　网络营销服务概述

11.1.1　网络营销服务的含义

网络营销服务就是以互联网为基础,利用数字化的信息和网络媒体的交互性来辅助营销目标实现的一种新型的市场营销服务方式。简单来说,网络营销服务就是以互联网为主要手段进行的,为达到一定营销目的的一系列网络营销服务活动。网络营销服务大体上可以分为网络营销产品服务和网络营销顾客服务两大类。

网络营销产品服务是与产品相关的售前、售中、售后服务。

网络营销顾客服务与通常说的服务一词在含义上不完全相同,二者既有联系,又有区别。顾客服务指的是除所提供或销售的产品之外的所有能促进企业与其顾客关系的交流与互动。这里所说的产品是广义的,既包括实体产品,也包括虚体产品。顾客服务涉及产品的提供方式,但不涉及产品本身,其本质是满足顾客除产品之外的所有其他连带需求。顾客服务作为一种营销策略,在协调顾客与企业之间的利益、了解并满足顾客需求、实现产品差异化、提升产品价值、提高顾客满意度与忠诚度、挖掘新的市场机会、增强企业竞争力等方面发挥着越来越重要的作用。同样,网络营销顾客服务具有相同的内涵,只是它是针对网络顾客所具有的需求特性和购买行为,通过互联网来实现的服务。网络营销顾客服务以传递信息为基础,是顾客同服务组织通过互联网和网络工具远距离进行的信息处理活动的过程,属于围绕核心产品所开展的以顾客为导向的个性化服务。

由于网络营销中企业在产品质量、价格、功能等方面的优势已不明显,从而使服务成为网络营销竞争的主体。也就是说,在网络营销中,企业的竞争已从产品质量、价格的竞争转向服务的竞争,顾客也变得更在意企业所提供的服务质量。服务满意成为网络营销中顾客满意的重要一环。服务满意包括服务的可靠性、服务的及时性、服务的准确性、服务的安全性、服务的连续性、服务的完整性、服务的情感性满意。网络营销服务的重要性日渐突出,势必成为企业竞争中的新热点。

11.1.2 网络营销服务的特点

服务区别于产品的主要特点是不可触摸、不可分离、可变和易消失。同样,网络营销服务也具有上述特点,但其内涵却发生了很大的变化,具体体现在以下四个方面。

1. 突破时空不可分离性

服务的最大特点是生产和消费的同时性,因而服务往往受到时间和空间的限制。顾客为寻求服务,往往需要花费大量时间去等待和奔波。基于互联网的远程服务可以突破服务的时空限制。如远程教育、远程培训、远程订票等,这些服务通过互联网都可以实现消费方和供给方的时空分离。

2. 能在低成本基础上充分满足现代顾客的服务需求

首先,由于网络空间接近无限,企业可以将不同详细程度的有关产品、服务的信息以文本、图片、声音或录像等多媒体方式放在企业网站上,顾客可以随时从网上获取自己所需要的信息,而且在网上存储、发送信息的费用远低于印刷、邮寄或电话的费用;其次,企业可以在网站上设置 FAQ,帮助解决顾客的常见问题,减少服务人员的重复劳动,以腾出时间和人手为顾客及时解决更复杂的问题;最后,网络的互动特性,能使顾客直接与企业对话,询问一些特殊的信息,反馈他们的意见,并作为营销全过程中的一个积极主动的因素去参与产品的设计、制造、运送等。由此可见,借助网络,企业可以充分满足现代顾客的各种服务需求,与看不见的顾客建立一对一关系,并可不断巩固、强化这种关系,持续提高顾客对企业的满意度和忠诚度。

3. 顾客寻求服务的主动性增强

顾客不仅可以了解产品或服务的信息，还可以直接参与整个过程，可以通过互联网直接向企业提出要求，企业必须针对顾客的要求提供特定的对应服务，最大限度地满足顾客的个人需求，当然企业必须改变业务流程和管理方式，实现柔性化服务。

4. 能更好地实现企业对顾客的管理

管理顾客是传统服务的一个难题，借助于网络对顾客进行服务，能更好地实现对顾客的管理，以留住老顾客，吸引新顾客，为企业增加利润。首先，网络交流的便利性与互动性，使企业能与顾客不断进行对话，进而不断增加对顾客的了解，顾客提出需求，企业以合适的产品和服务予以满足。这种过程的重复，使得企业与顾客建立起一种动态的学习型关系，这种动态的学习型关系能形成顾客的转换壁垒，使之不会轻易地转向竞争者，从而培养出企业的忠诚顾客。其次，企业与顾客之间所有的互动都是有关顾客需求的宝贵信息资源，网络顾客数据库将实时记录有关顾客的各种信息，顾客与企业交易前，顾客数据库就能及时识别顾客的特殊身份；交易后，顾客数据库能自动补充新信息。企业可以将顾客划分为不同等级，从而提供不同标准的产品和服务，实现顾客的分级管理。另外，通过建立在线顾客数据分析系统，企业能及时进行顾客价值区分，发现新的市场机会，锁定目标顾客群，提高企业网络营销的效果。总之，网络营销服务与传统服务相比，能更有效、更精细地实现对顾客的动态管理。

E 知识

数字图书馆

进入知识经济时代，图书馆在资源、技术、服务、人员、管理等层面都得到了极大提高，开发了多种深层次服务，如科技查新、数字参考咨询、课题追踪等，图书馆网站提供的服务项目一般具备以下四个方面的功能：信息服务功能、借阅与参考服务功能、交流服务功能、娱乐服务功能。

图书馆网络办公系统的应用大大提升了管理效率，通过网页可以及时查询到图书信息，图书馆通过对馆藏资源的信息化、电子期刊或者数据库的购入应用等，使用户能够便捷地获取所需信息资源，通过网络交流平台可以轻松地获得图书馆应用的技术和服务支持。

图书馆可以通过网络，向用户提供馆藏目录检索、数字化文献和数据库的检索、浏览、网络学术信息导航、网络参考咨询服务、视频点播、软件下载等内容。图书馆的数字化建设为图书馆信息服务网络营销提供了坚实的基础。

用户不必亲自到图书馆查阅资料，只要在办公室或家里的终端前，就可以对远程的数据库进行联机浏览、检索、著录，或通过网络咨询系统、电子邮件向图书馆提出检索要求，图书馆咨询专家可以通过网络向用户提供信息服务。同样，图书馆不能解决的问题，也可以通过网络向兼职学科馆员、专家或其他图书馆提出帮助要求。

11.1.3 网络顾客服务需求

服务实质上是满足顾客服务需求的过程。因此,完善的网络营销服务必须建立在掌握顾客的这些需求的基础之上。顾客的服务需求包括了解企业产品与服务的信息、需企业帮助解答问题、接触企业人员、了解营销全过程信息四个层次的内容,如图11-3所示。

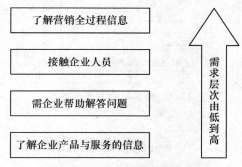

图11-3 顾客服务需求层次

1. 了解企业产品和服务的信息

网络时代,顾客需求呈现出个性化和差异化特征,顾客为满足自己个性化的需求,需要全面、详细地了解企业产品和服务的信息,寻求最能满足自己个性化需求的产品和服务。

2. 需企业帮助解答问题

顾客在购买产品或服务后,可能面临许多问题,需要企业提供服务解决这些问题。顾客服务包括从产品安装、调试、使用到故障排除、提供产品系统更深层次的知识等的全过程。帮助顾客解答问题常常占据了传统市场营销部门大量的时间、人力,而且这其中的一些问题常常反复出现,服务人员重复着同一类问题的答案,效率低下且服务成本高。现代顾客需要的不仅仅是一个问题的解决,同时还需要对产品知识进行自我学习、自我培训。在企业网络营销站点中,许多企业站点提供技术支持和产品服务、FAQ以及供顾客自我学习的知识库等,有的还建立了顾客虚拟社区,顾客可以通过互联网向其他顾客寻求帮助。

3. 接触企业人员

现代顾客不仅需要了解产品和服务的知识、解决问题的方法,同时还需要像传统顾客一样,能得到企业提供的直接支援和服务。在必要的时候,顾客需要和企业有关人员直接接触,询问一些特殊的信息或反馈他们的意见等。

4. 了解营销全过程信息

有些顾客为满足个性化需求,有时还需要作为整个营销过程中的一个积极主动因素去参与产品的设计、制造、运送等。顾客了解产品信息越详细,他们对自己需要什么样的产品也就越清楚。企业要实现个性化的顾客服务,应将主要顾客的需求,作为产品定位的依据纳入产品设计、制造、改造的过程中。让顾客了解和参与营销全过程实际上就意味着企业与顾客之间一对一关系的建立,互联网能帮助企业提供这种一对一的营销服务。

顾客需求四个方面的内容不是相互独立的,它们之间相互促进。营销全过程中的需求层次逐渐升级,本层次的需求满足得越好,就越能推动下一层次的需求。对顾客需求满足得越好,企业和顾客之间的关系就越密切,如图11-4所示。

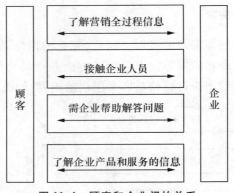

图 11-4　顾客和企业间的关系

11.2　网络营销产品服务

在传统市场营销中,企业向消费者提供的服务主要集中于销售产品过程中的服务,如营销人员现场为消费者介绍产品特点、使用方法,为消费者包装产品等;还包括产品销售后的服务,如免费送货、上门安装、上门维修等。而对于售前服务,许多企业几乎是空白。在网络营销中,由于消费者购物不需要亲临购物现场,消费者无法通过自己的眼看、手摸、耳闻等来感受产品,因此,企业必须向消费者提供更为周到细致的服务,包括售前、售中、售后全过程的服务。

产品服务是顾客服务的第一要素,网络站点的数量呈爆炸式增长,在这场"争夺眼球的战争"中,企业网站要想吸引更多的眼球、留住观众、培养忠诚顾客,在白热化的竞争环境中脱颖而出,只有定位于"服务为本、与众不同"。

11.2.1　售前服务

售前服务,是企业推出的旨在吸引消费者成为企业顾客的服务,可以满足消费者了解产品、熟悉购物环境、做出购买决策的需要。售前服务具有对象的广泛性、引导性、知识与信息性的特征,它要求企业做到诚恳、实在、服务及时,并且范围要广泛。网络营销售前服务以提供信息服务为主,一般采用三种方式:一是通过企业网站提供产品信息。二是通过注册网上虚拟市场(如阿里巴巴商务网站),在上面发布产品信息广告、产品性能介绍及同类产品比较信息。为方便顾客购买,产品信息应包含产品组成、使用说明、购买方式等。三是通过电子邮件等形式提供服务。不管企业通过哪种方式,其内容都是企业和产品的相关信息,目的都是让顾客了解企业及产品,促成购买。售前服务是网络产品服务的开始,能否给顾客较好的第一印象,是企业服务甚至经营成功的基础。图 11-5 为中国移动通信集团陕西有限公司网上商城发布的三星 GT-I9108 的产品信息,其下方页面(未列示)还有该型号手机的屏幕、处理器、机身厚度、操作系统、特殊功能、实物效果图、说明书等具体信息。

图 11-5 三星 GT-I9108 的产品信息

11.2.2 售中服务

售中服务主要是维护好顾客交易信息的保密性和订单的执行情况,提供订单执行情况的在线查询,方便顾客随时随地了解销售的最新执行情况,减少顾客对购买的担忧,增加顾客在网上购物的信心和提高顾客的满意度。这类服务包括:

1. 顾客在进行购买时应得到的顾客服务

如产品检索、购物车查询、结算服务等。企业提供这些服务的主要目的就是方便顾客购买到所需的产品。顾客在产品繁多的网站中逐一浏览,查找到所需产品是一件非常烦琐的事情,有时顾客会因为需要时间过长而放弃购买。为此,企业应为顾客设计操作简便的产品查找系统。多数企业采用产品分类目录的方式方便顾客查询产品,企业将产品按照属性进行分类,顾客可以通过目录层层进行查询直到最终找到所需的产品。另外,有些网站利用搜索引擎帮助顾客查询所需的产品,顾客可以通过关键字进行查找。随着技术的完善,企业还可以利用数据库直接向顾客提供所需产品的信息。

企业还应完善购物车查询服务。当顾客一次购买较多产品时,总是希望在支付货款前查看一下自己都购买了哪些产品,是否有重复。一旦顾客对购物车中的某一产品产生疑虑,而又无法查询购物车中的情况,可能就会放弃整车产品。为此,企业必须加强购物车服务。首先,顾客可以随时添加、删除购物车中的产品,避免因错误购买一件产品而放弃整车产品的情况发生;其次,应为购物车设置计算功能,使顾客可以随时了解自己购买产品的金额,显示包括配送等所有费用的总金额。图 11-6 为淘宝网购物车界面。

此外,当顾客了解了相关信息,对产品或服务产生购买意向后,一定希望针对产品是否有现货、到货方式、产品或服务的价格是否能够优惠及付款方式等问题进行进一步的咨询。这就需要企业在网站页面的醒目位置,放置在线咨询控件,顾客可以根据自己使用的在线沟通工具来选择

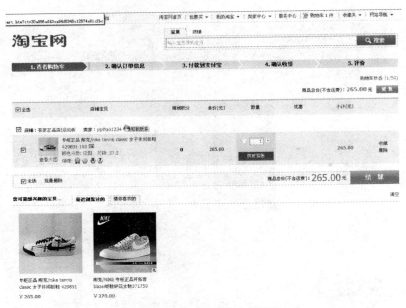

图11-6 淘宝网购物车界面

咨询渠道,如QQ、MSN等。顾客点击控件,立即可以进入企业的后台与客服人员进行即时沟通。

企业为顾客在购买时提供方便,可以大大降低顾客购买产品所需的时间,降低顾客的购物成本,实现顾客与企业的双赢。

2. 产品的买卖关系确定后,等待产品送到指定地点的过程中的服务

如了解订单执行情况、产品运输情况等。在传统市场营销部门中,有30%—40%的营销资源被用于应对顾客对销售执行情况的查询和询问,这些服务不但费时,而且非常琐碎并难以令顾客满意。特别是一些跨地区的销售,顾客要求此类服务的比例更高。网上销售,突破了传统市场对地理位置的依赖和分割。在提供网上订货功能的同时,还应提供订单执行查询功能,满足顾客及时了解订单执行情况的需求。例如,美国联邦快递使用高效的邮件快递管理系统,将邮件在递送中间环节的信息输入计算机数据库,顾客可以从网上查看自己的包裹到了哪一站,在什么时间采取什么步骤以及投递不成的原因,在什么时间会采取下一措施,直至顾客收到包裹为止。此举既便于顾客查询,又大大减少了企业的接待开支,实现了企业与顾客的共同增值。图11-7是当当网的订单查询界面。

图11-7 当当网的订单查询界面

11.2.3 售后服务

售后服务就是通过互联网为顾客提供使用帮助和技术支持。由于分工的日益专业化,一个产品的生产需要多个企业配合,因此产品的支持和技术也相对比较复杂。提供丰富、全面的产品支持和技术服务信息,可以方便顾客通过网站直接找到相应的企业或专家寻求帮助,减少中间环节。企业也可以通过电子公告牌上的网上问题解答告诉顾客产品的使用方法。当产品在使用中出现故障时,顾客只要点击企业网站中的维修服务,说明问题所在,企业就可通过网络通知最近的维修点以最快的速度为顾客维修。当顾客需要退换货处理时,也可通知最近的销售点为其服务。

企业在实施售后服务时,必须做到服务方式和内容的灵活性、顾客获得售后服务的便捷性以及顾客接受售后服务的直接性,网上服务与人工服务相结合,还要注意网上服务的及时性、完善性。为此,企业在设计售后服务网页时必须注重页面设计,除提供产品技术资料外,最好还提供相应产品技术人员的联系方式,甚至可以将相关组件的供应商的联系方式注明在网页中,使顾客可直接与技术人员或专业生产部门联系从而达成最精确的解决方案。

图 11-8 是海尔的售后服务页面,其服务项目按照地区和产品类别进行划分。

图 11-8 海尔售后服务页面

点击 Haier China 即会出现图 11-9。

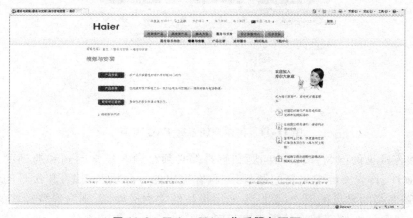

图 11-9 Haier China 售后服务页面

在图 11-8 所示的页面中点击第二列第一项 Haier 热水器,即会打开海尔热水器维修服务页面(如图 11-10 所示),页面中按照海尔的三种热水器划分为三个模块,分别列示了三种热水器的常见故障。页面下方提供了一些热水器使用的小贴士、维修资讯等。

图 11-10　海尔热水器维修服务页面

11.3　网络营销服务工具

当企业的网络营销方式被顾客当作一种常态的服务工具使用,让顾客更便捷地使用互联网这个工具时,企业的网络营销自然就成功了。企业应通过各种服务工具的运用,提高产品的附加值,吸引顾客的注意力,从而达到提高顾客满意度的目的。

网络营销服务的工具就是互联网,它包括多种具体的营销工具,主要有以下几种。

11.3.1　FAQ

FAQ 主要为网络消费者提供有关产品及企业情况等常见问题的解答,使他们能够迅速找到所需的服务信息,同时也能够引发消费者随意浏览的兴趣。它几乎是所有网上企业必有的页面。图 11-11 是海尔空调系列的 FAQ 页面。

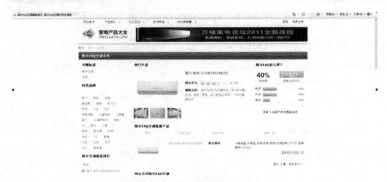

图 11-11　海尔空调系列 FAQ 页面

FAQ 是顾客常见的问题,设计的问题和解答都必须是顾客经常问到和遇到的。企业为保证 FAQ 的有效性,首先要经常更新问题,回答顾客提出的一些热点问题;其次是问题要短小精悍,对于提问频率高的常见的简单问题,不能用很长的文本文件,否则会浪费顾客的在线时间。对于一些重要问题应在保证精准的前提下尽可能简短。为方便顾客使用,FAQ 首先应该提供搜索功能，顾客通过输入关键字可以直接找到有关问题；其次是问题较多时，可以采用分层目录式的结构组织问题的解答，但目录层次不能太多，最好不要超过四层；再次是将顾客最经常提问的问题放到前面，对于其他问题可以按照一定规律排列，常用方法是按字母顺序排列；最后是对于一些复杂问题，可以在问题之间设计链接，便于在了解一个问题的同时还可以方便地找到相关问题的答案。

11.3.2 电子邮件和邮件列表

目前，电子邮件是互联网上使用最为广泛的功能，现已成为企业进行顾客服务的强大工具，成为网络用户之间快捷、简便、可靠且成本低廉的现代化通信手段，也是互联网上使用最广泛、最受欢迎的服务之一。电子邮件是网络顾客服务双向互动的根源所在，它是实现企业与顾客对话的双向走廊和实现顾客整合的必要条件。

1. 电子邮件的作用

（1）利用电子邮件可与顾客建立主动的服务关系。主动向顾客提供有用信息，获得顾客需求的反馈，将其整合到企业的设计、生产、销售等营销组合系统之中。

（2）利用电子邮件传递电子单证。为了规范电子商务的过程和信息服务的方式，人们常常在企业网络站点中设置许多表格，通过表格在网络上的相互传递来达到商务单证交换的目的。以支持交易前的网络商务系统为例，经常用于网络站点的表格和单证有：顾客意见和产品需求调查表；产品购买者信息反馈及维修或保修信息反馈表；初始产品的报价单等。

（3）利用电子邮件进行营销。电子邮件在电子商务发展中一直起着重要作用，是一种发现并留住顾客的有效手段。许多企业利用交互式表格技术来收集网络顾客的电子邮件地址，并根据顾客在线填写的所需服务信息，用电子邮件的形式逐一回复。这样在为顾客提供服务的同时，又同顾客建立起了交互式通信，为进一步开展营销奠定了基础。图 11-12 为 QQVoice 发给某顾客的广告邮件。

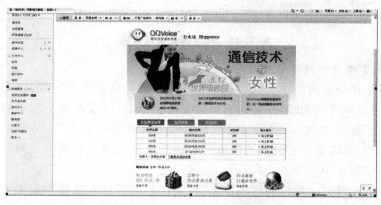

图 11-12　QQVoice 广告邮件

（4）电子邮件还可以进行查询索引、阅读文件以及其他访问等信息服务。

2. 电子邮件营销服务的基础——邮件列表的建立

要想通过电子邮件进行营销服务活动，首先要做的就是掌握营销对象的电子邮件地址，让尽可能多的人了解并加入邮件列表。邮件列表管理面板如图11-13所示。企业要想吸引顾客的注意并引导其加入，通常可考虑以下方法：

（1）提供优秀的邮件列表内容。要想吸引顾客订阅，踏踏实实地设计邮件列表的内容是基础。应提供尽可能多的实用性或者在一些专业领域有足够影响力的文章，可以是在某一领域内能给读者以解决方案，或者指导读者怎样去实现目标，或者提醒读者避免一些损失等诸多方面，这样会具备更大的吸引力。

（2）将邮件列表订阅页面注册到搜索引擎。如果有一个专用的邮件列表订阅页面，就将该页面的标签进行优化，并将该网页提交给主要的搜索引擎。

（3）得到其他网站或邮件列表的推荐。就像一本新书需要一个书评，一份新的电子杂志如果能够得到相关内容的网站或者电子杂志的推荐会得到更多的订阅一样，得到其他网站或邮件列表的推荐对增加新顾客必定有效。

（4）为邮件列表提供多种订阅渠道。如果采用第三方提供的有各种电子刊物的分类目录的电子发行平台，则应该将自己的邮件列表加入到合适的分类中去，这样顾客就可以在电子发行服务商网站上发现你的邮件列表。

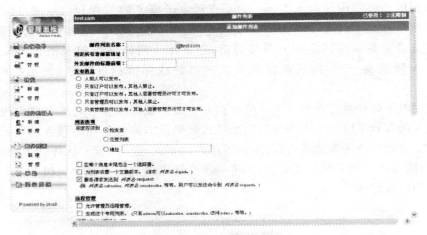

图11-13　邮件列表管理面板

3．企业在电子邮件营销服务中可采用的策略

（1）顾客首次在企业网站注册，购买企业的产品之后，只要顾客同意，要及时发送一封确认购买的邮件，感谢顾客的光临，并且询问产品的使用情况，以及是否有需要解决的问题。海尔的"真诚到永远"给顾客真实的超值体验，顾客购买会有全程的服务，甚至安装人员刚刚调试好机器走出家门，其客服中心就会热情地打电话到家里询问使用情况。海尔的经验完全可以移植到网络营销服务中。

（2）发送电子邮件并非单纯的广告告知，有些企业把新近促销的产品或者新增加的服务一股脑儿地塞到电子邮件里面寄给顾客，却完全没有考虑顾客是否需要这些东西。事实上，怎样针对顾客的不同偏好发送电子邮件是有讲究的，利用数据库进行顾客数据的挖掘和分析，据此进行市场细分和定位，对不同类型的顾客发送相应的信息，这样才可以做到真正的个性化营销，才符合顾客的胃口，才能提高顾客的满意度和忠诚度。

（3）现在的顾客购买产品和服务已经不是单纯地为了满足基本的生理消费需求，更多的是追求一种精神层次的享受,如何研究顾客的购买心理,提高顾客在购买和享受服务过程中的良好体验,是对网络企业的一个重要挑战,而这些,都不是单靠电子邮件就能够做到的。事实上,用电子邮件来邀请顾客发表自己的看法,收集顾客的意见和建议,是可以在一定程度上提高顾客的参与程度的。另外,企业举行促销、新产品发布会、公司庆典以及会员联欢等活动的时候,如果通过电子邮件来邀请顾客,与线下的营销手法相结合,就可以增强电子邮件的效果。

11.3.3 网络社区

网络社区提供了一种前所未有的顾客服务工具。网络社区是指由单位或个人在互联网上组成的群体,他们由于共同的兴趣和爱好、互相交流而在互联网上形成了一个互惠互利的群体。网络社区包括电子公告牌、聊天室、论坛、讨论组等形式,企业设计网络虚拟社区就是让顾客在购买后既可以发表对产品的评论,也可以提出针对产品的一些经验,通过与使用该产品的其他顾客交流提高产品使用、维护水平。营造网络社区,不但可以让顾客自由参与,还可以吸引潜在客户参与,图11-14是本田汽车论坛网页。

图 11-14 本田汽车论坛

1. 网络社区的效应

(1) 使顾客增加了对企业产品的理解和认识。在网络社区中,双方互不见面,人们更有安全感和随意性,网络社区成员间的了解是靠双方各自提供的信息内容,所以许多人在论坛上会问一些关于他们自身或他们企业的一些平时难以直接询问的问题,以寻求答案。

(2) 网络社区对企业有正面影响,也有负面影响。负面影响的直接表现是任何一个对企业或其产品产生不满的成员,都可以利用在社区上发表言论直接损害企业形象,"好事不出门,坏事传千里"的效应会更加明显。对此,企业应采取积极的态度而非消极的态度,利用社区进行及时有效的危机公关,展现企业认真负责的态度,不仅完全可以化解这种危机,反而会进一步提高企业的美誉度。

2. 网络社区的创立与运用策略

(1) 确定社区诉求点。网络社区是围绕一个成员共同感兴趣的话题而形成的,所以创建一个网络社区的关键是找到一个好的诉求点,也可以说是社区的定位,即区别于其他社区的特点是什么。企业选择社区诉求点应遵循如下原则:一是诉求和企业整体形象保持一致,服务于企业战略使命和战略目标;二是诉求和企业产品或服务相关,通过社区成员对产品使用中可能产生的技术、操作或更为广泛的问题的讨论,增加可信度,起到释疑解惑的作用;三是诉求点应当对目标顾客有吸引力,没有吸引力的诉求点自然不能吸引顾客参与,也就不能形成社区,这就要求诉求是结合社会热点的,本来就受到关注或能够引起关注。如企业可将产品特性、品牌、客户关系等作为社区的诉求点,通常,这些话题更容易吸引网民和顾客,也更容易和顾客之间建立情感联系,而不仅仅只是利益关系。

(2) 提供起始页面和工具。提供起始页面和工具相当于企业为社区活动准备基本条件,包括给出诉求点的基本含义,添加互动对话工具如闲谈、会议等,这一阶段的工作本质是使访客理解社区主题,并能够方便地参与社区讨论。通常,企业都会建立多个社区,以吸引具有不同兴趣的访客。所以,起始页面要能让访客很快找到他所感兴趣的社区,这和 FAQ 的页面布局相似,必要的话,同样要提供搜索工具。

(3) 吸引成员。吸引访客的过程也就是和网民进行沟通的过程,让网民知道社区的存在、社区的特点,其方法和原理既是市场营销要解决的问题,也是网络营销要解决的问题,所利用的手段不外乎宣传、公关、广告等,如提供折扣、奖券、抽奖等额外价值促进网上交流,通过举办相关论题的竞赛制造轰动效应等。

(4) 参与和维护。企业在建立了自己的社区之后,还必须参与、监测和维护自己的社区。参与的目的在于引导,不是让顾客自己在那里盲目地猜疑,更不能让一些错误的东西泛滥,如果企业不能正确地告诉顾客如何识别和使用产品,顾客将在错误的道路上越走越远。监测和维护的目的在于及时发现社区中的各种动向,从而及时加以处理。

11.3.4 其他网络营销服务工具

1. 呼叫中心

呼叫中心是一种基于计算机电话集成(CTI)技术的服务方式,它通过有效利用现有的各种通信手段,为企业顾客提供高质量的服务。最初的呼叫中心只是用电话系统来获取信息。呼叫中心在企业的网络营销服务中发挥着重要的作用。它具有下列优点:

(1) 充分的互动性。

(2) 一站解决。呼叫中心必须提供一个单一明确的沟通窗口,使其能够得到统一的标准服务和答案。

(3) 提升客户价值。个性化的服务、全天候电话服务,这些附加价值有助于顾客解决问题,提高满意度。

(4) 促进企业业务流程的重构。顾客的需求和抱怨往往需要通过后台各部门的协调才能得到满足。

2. 博客、微博与 RSS

当博客以名词形式出现时,通常指在网络上发表博客文章的人或者文章内容;当博客作为动词时,则指写博客文章。现在博客不仅被用于发布个人的网络日志,也成为企业发布信息的工具,因而成为一种新型的网络营销工具。

随着移动智能终端的普及,微博以其发布信息快速、信息传播速度快的特点逐渐成为主流的网络营销工具。图 11-15 是星巴克中国的微博首页。

图 11-15　星巴克中国微博首页

　　RSS 相对于博客来说,知名度会低很多,而且至今还没有一个非常贴切的中文词汇与之对应。RSS 之所以同博客一样会被认为是热门词汇的一个原因是,RSS 将要对互联网内容的浏览方式和信息传递方式产生巨大影响。RSS 是一种描述信息内容的格式,是目前使用最广泛的 XML 应用。RSS 搭建了信息迅速传播的一个技术平台,每个人都是潜在的信息供应者。RSS 是网站用来和其他站点之间共享内容的一种建议方式。图 11-16 是安利公司的 RRS 界面。

图 11-16　安利公司的 RSS 界面

3．其他

　　新闻组、在线服务、在线表单、即时信息、网络客服中心、微信等都可以作为网络营销服务的工具,它们各自有其特点和优势,企业可以根据自身情况选择恰当的工具,为顾客提供服务,提高顾客满意度。

E 经典

思科的顾客问题解答系统

　　思科充分利用了网络这一工具,竭力达到顾客满意。它除了有一般企业的顾客常问问题页面外,还采用以下两个措施来使顾客满意:一是开放论坛,二是案例库。开放论坛是由顾客服务部门管理的私人新闻组,它是为解决顾客稍复杂的技术问题而提供的工具。回答顾客的问题时分两步:第一步,对问题解析,得出其关键词。第二步,利用关键词在"顾客在线服务问题与答案库"中搜集答案。当搜集结束时,系统会给出一系列可能的答案,并根据与关键词的匹配程度给出权重。如果搜索结束后,系统不能提供任何相关的答案,或提供的答案不能满足顾客的要求,顾客可以换一种方式重新叙述问题,或单击网页上的相应按钮,这样就可以将问题发给CISCO负责寻找问题答案的专职人员。如果他们还不能找到令顾客满意的答案,系统就会在CISCO的技术服务中心,以顾客的名字在案例库中打开一个新的案例,问题创建者还应将他需要答案的时间告诉"顾客在线服务系统",比如是48小时、1周。这样,顾客服务小组就会按紧急程度确定先回答哪个问题。问题的答案提交给开放论坛的同时,也会给问题的创建者发出电子邮件,当他回来后会在网上发现一个灯泡的图案,提示他问题的答案已经发至,正在等候您的阅读。在图案上单击,即可看到所提出的问题的一个或多个答案,顾客可以根据自己的需要选择最合适的解决办法。顾客接受答案后,他所提出的问题及答案会被添加到顾客在线服务系统的数据库中,以后再出现此类问题时,通过数据库的搜集即可解决。在开放论坛中不能搜集到的问题都要进入案例库由TAC负责解答。TAC由一组资深的顾客服务专家组成,他们见多识广,经验丰富,可当场解答问题,或通过适当试验后再回答,或请其他部门帮助解决。

E 视点

思科的顾客服务系统

　　经济的全球化、网络化、数字化正改变着传统的企业生产模式和营销模式。每一个企业都必须思考如何利用网络这一工具为自己的生产和销售服务。在这一点上,思科走在了前列,它以网络为基础为自己的客户提供的全方位服务系统,开创了网络经济时代供求双方的新关系。

　　思科建立了用户的授权数据库,利用这一数据库可使一部分用户获得密码,允许他们接近公司某些重要的信息,而对另一部分用户则保密。这就使思科能灵活地按用户的不同类型创建内容和服务。

　　第一层次是最广泛的网民,他们没有在思科系统中登记,只想浏览一下思科的产品目录,或阅读产品年终报告,而不愿让人知道他们是谁。这类访问者获得的关注和信息优先权最少,他们只能接触有关公司产品、服务最基本的、公开的信息。但思科并不忽视这类用户,它欢迎他们的反馈信息。

　　第二层次是从思科的零售商、代理商手中购买思科产品的顾客。他们可以获取思科的有关信息,但由于他们不是思科的直接贸易伙伴,所以思科无法知道他们的订货需求。他们也无法获取公司关于价格方面的信息,因为零售商要求将这类信息对其顾客保密。这个层次中还有一类叫作"公司用户",他们可以获取价格及订货状况的信息,但只能得到他们所在市场区域的这类信息,也只可以查看自己的订货状况。某些时候,企业对这类交易的历史信息极为保密,甚至不愿意让同一组织中的其他成员知道。因此,思科要求有专职的人员(顾客服务代表)处理这类问题,而不采用自动查询的方法。

第三层次是所谓的"签约服务顾客"。他们是由思科的商业伙伴保证的,并接受思科商业伙伴服务的顾客群。他们可以浏览思科技术细节和参考部分的内容,或使用 Bugs 的数据库(它可以接受搜索、查询)。另外,签约服务顾客也可以创建自己的网络环境,通过电子邮件或传真接受思科软件中新的、可实施的 Bugs 更换。签约服务顾客可能会获得接触软件库中全部信息的权利,这取决于思科商业伙伴和顾客之间的支持合同是只对硬件还是同时兼顾硬件、软件。签约服务顾客一般不能使用技术支持的案例管理工具,因为他们应从思科的商业伙伴那里获得技术支持。

第四层次是思科的直接购买者,他们和思科之间有服务约定。这个层次的顾客可以获取上一层次顾客所接触的所有信息。此外,他们能直接从思科获得开放的技术支持,可以自由地下载软件库中的所有软件。思科的分销商、代理商等也归入这一层次。他们能获得比直接购买者更多的信息,比如产品开发时间和价格信息。同时,他们还掌握着一些管理工具,控制哪些信息应对其顾客(即第二层次、第三层次的顾客)保密。思科的雇员可以接触以上提及的所有信息,并掌握一些控制、报告的工具,对系统、顾客使用过程进行监测。思科采用的另一种使信息传递给特定顾客的方法是"模糊中的安全"。这是一种风险很小的方法。它将信息放置在服务器上一个隐蔽的地址上,给它一个隐蔽的名字,并且不和其他任何页面相链接。如果一个顾客打电话来询问一个特殊的问题,比如说解决的方法可能是修改一下顾客路由器的软件,思科的技术人员可以对软件进行修改,在实验室中测试,然后将修改好的软件采用这种方法放置在站点上,并告诉顾客隐蔽的地址和名字,顾客直接到该地址上取用软件即可。

资料来源:http://www.doc88.com/p-514938444771.html

11.4 网络营销客制化服务

11.4.1 网络营销客制化服务的含义

网络营销服务的一个重要原则是客户的需求在哪里,服务的方向就指向哪里。与传统媒体不同,互联网拥有优越的技术性天赋,具有为顾客提供自主掌控网络营销平台的能力,于是出现在程式设计当中的"客制化"的概念,就被自然地延伸到网络营销服务领域当中。其实,客制化是网络媒体所面临的一个新考验,也是网络媒体所面临的市场生态环境的一个转变。随着传统市场营销观念的壁垒为市场大潮所破,消费市场被分得越来越细,顾客对营销服务精准性的要求也随之水涨船高。每个顾客都期望得到特别的、专为其设计的产品和服务。

网络营销客制化服务就是按照顾客特别是一般消费者的要求提供特定服务,即满足顾客个别的需求。客制化服务更强调顾客的主体性。客制化服务包括三个方面的内容,互联网可以在这三个方面给顾客、给用户提供客制化的服务。

(1)服务时空的客制化(时间与地点),在顾客希望的时间和希望的地点提供服务。
(2)服务方式的客制化,能依据个人喜好或特色来进行服务。
(3)服务内容客制化,不再是千篇一律,而是各取所需,各得其所。

由于客制化服务在满足顾客需求方面可以达到相当的深度,所以,只要企业对目标群体有准确的细分和定位,对它们的需求有全面准确的总结和概括,应用客制化服务这一营销方式就可以有效地吸引顾客。

另外,在企业客制化服务中,电脑系统可以跟踪记录顾客的操作习惯、常去的站点和网页类型、选择倾向、需求信息以及需求与需求之间的隐形关联,据此更有针对性地提供顾客所希望的信息,形成良性循环,使顾客的生活离不开网络。而信息服务提供者也有利可图,系统在对顾客信息进行分析综合后,可以抽象出一类特定的人,然后有针对性地发送个性化、有目的性的广告,也可将这些信息进行提炼加工,用来指导生产商的生产,生产商据此可以将目标市场细化,生产出更多更具个性化的产品,并实现规模化生产和个人化产品/销售价格。这些信息还可以卖给广告商,因为准确而具体的信息将为广告商节省一大笔市场调研费,从而使广告成本降低。总之,客制化服务对个人、对信息提供者都有益处。

11.4.2 网络营销客制化服务的方式

目前网上提供的客制化服务,一般是网站经营者根据受众在需求上存在的差异,将信息或服务化整为零或提供定时定量服务,让顾客根据自己的喜好去选择和组配,从而使网站在为大多数顾客服务的同时,变成能够一对一地满足顾客特殊需求的市场营销工具。客制化服务改变了信息服务"我提供什么,顾客接受什么"的传统方式,变成了"顾客需要什么,我提供什么"的方式。企业可以通过以下方式提供客制化的服务。

1. 页面定制

页面定制使预订者获得自己选择的多媒体信息,根据自己的喜好来设置网页中的内容。例如,雅虎推出的"我的雅虎",可以让用户根据自己的喜好定制网页的显示结构和显示内容,定制内容包括新闻、政治、财经、体育等多个栏目,还提供了搜索引擎、股市行情、天气预报、常去的网址导航等。不仅这些门户网站提供页面定制服务,大量的商业网站也提供页面定制服务。例如,戴尔公司的网站,根据顾客类型分为消费者、代理商和员工等不同形式,用不同的身份登录戴尔公司网站所显示的内容不一样,即使关于同一产品,其价格和相关技术信息也不一样(见图11-17)。除了按照类型提供不同的服务外,一些网店还根据顾客的不同购买习惯和爱好,提供最适合顾客的购买方式,提供顾客最关心的购买信息,真正做到客制化的页面定制。

2. 电子邮件定制

除了可以利用网站实施客制化服务外,企业还可以通过为顾客发送定制的电子邮件来实施客制化服务。企业可以根据顾客的网络习惯和行为对其进行细分,并且针对顾客群进行客制化定制的电子邮件营销,对不同的群体采用不同的策略。

3. 需要客户端软件支持的客制化服务

这种方式与上述方式最大的不同在于:信息并不是驻留在服务器端,而是通过网络实时推送到客户端,传输速度更快,察觉不出下载的时间。但客户端软件方式对计算机配置有较高的要求,在信息流动过程中可以借用客户端计算机的空间和系统资源,但是让顾客下载是一件麻烦事。随着移动互联网时代的到来,众多网站推出了手机客户端,极大地方便了顾客的个性化服务要求。例如,著名电子商务企业京东商城的手机客户端就可以按照顾客的浏览历史和个性偏好定制属于顾客自己的京东商城(见图11-18)。该客户端集查询订单、搜索产品、晒单、网上咨询、产品评价等功能于一体。

图 11-17　戴尔公司提供的页面定制服务

图 11-18　京东商城推出的各种客户端

　　网络客制化服务是一个系统工程,需要从方式、内容、技术和资金上进行系统规划,合理配置资源,特别是对顾客信息资源的获取与企业内部的共享、客制化服务工具的选用等,否则客制化服务是很难实现的。

11.4.3　网络营销客制化服务策略

1. 产品组合客制化策略

　　顾客导向的营销应是让产品或服务更具弹性,让产品和作业流程融入顾客的意见以持续改进;或从顾客角度由外而内地设计交易流程,使服务和交易的过程能以顾客的需求来量身定做;赋予顾客自行设计产品组合的能力,让顾客能自行组装、选择自己适合的产品或服务。与只能提供差异化产品相比,顾客对企业提供客制化产品的反应更佳。且对企业来说,客制化产品可收取较高的价格,企业的获利自然提高。

2. 交易流程客制化策略

交易流程的客制化应做到以下三点：

(1) 提供充分的资讯协助顾客进行交易,而非只提供厂商地址和电话。

(2) 让顾客选择交易媒介,如电话、电子邮件、网络或传真机等。

(3) 让顾客能在线上自行查询订单处理进度、付款与其他服务。

企业应提供多种交易方式与渠道,让顾客选择适合自己的交易方式,以降低顾客对网络交易的担忧。

3. 定价客制化策略

(1) 差别定价。因为顾客对同一产品的认知价值与价格都不一定相同,所以把顾客对产品的感受价值作为定价的核心进行个别定价,才能区隔顾客并创造突破性的利润。

区分产品线：让顾客依本身的偏好在不同的产品中选择。

控制产品的可取得性：运用销售渠道以及不同的定价方式,对特定的顾客提供产品。

区分顾客特性：观察顾客的特性(年龄、收入等),针对各项认知价值的关键差异进行差别定价。

区分交易特性：观察交易特性(时机或数量)进行差别定价。

(2) 线上竞标与议价。差别定价比单一定价更有利,企业可以针对顾客偏好或特性,通过线上议价与竞价的方式,推出个人化的价格。

11.4.4　网络营销客制化服务应注意的问题

1. 隐私问题

顾客提交的需求、信息提供者掌握的顾客偏好和倾向,都是一笔巨大的财富。大多数人不愿公开自己的"绝对隐私"。因此,企业在提供客制化服务时,应尽可能降低涉及顾客个人隐私的程度,尽量减少不必要的信息,在顾客可以接受的范围内获取尽可能多的信息,以尽可能少的、最有价值的顾客信息来满足网络营销的需要,对涉及隐私的信息必须注意保护,绝对不能将这些隐私信息进行公开或者出卖。否则,顾客可能因为隐私问题而放弃注册,导致企业失去一些潜在顾客,或者提供虚假信息,这样的注册信息价值就会大大降低。若企业侵犯顾客的隐私信息,不但会招致顾客的反对,还可能导致顾客的起诉甚至报复。

2. 费用问题

应用客制化服务首先要做的是细分市场、细分目标群体,同时准确地确定不同目标群体的需求特点。这几个方面的因素决定着客制化服务的具体方式,也决定着客制化服务的信息内容。市场细分的程度越高,需要投入的成本费用也会越高,而且对网站的技术要求也越高,网站经营者要量力而行。

3. 按需提供

提供的客制化服务必须是顾客真正需要的。客制化服务涉及许多技术问题,只是众多网站经营手段中的一种,是否适合于企业的网站应用,应用在网站的哪个环节上,需要具体情况具体分析。网站只需提供顾客需要的和自行选择的服务。

4. 重视顾客的长期价值

网络提供了相关的工具,使营销人员可以方便地创建客制化的销售信息,记住每个顾客的喜好、购买模式、针对其最好的说服技巧,并以此来开展针对性的营销活动。所以企业应该利用网络营销工具的优势,建立与顾客的长期联系,从而使企业获得长期的价值。

案例讨论

海尔的网络营销服务

1. 新经济下的海尔

新经济下海尔的特点,可以从海尔对 H、A、I、E、R 五个字母所赋予的新含义体现出来。

H：Haier and Higher

A：@网络家电

I：Internet and Intranet

E：www.ehaier.com（Haier E-business）

R：海尔的注册商标

这五个字母的新含义,涵盖了海尔网络营销的发展口号、产品趋势、网络基础、网络营销平台、品牌优势五大方面。

2. 海尔实施网络营销的基础

首席执行官张瑞敏提出海尔实施网络营销靠"一名两网"的优势："名"是名牌,品牌的知名度和顾客的忠诚度是海尔的显著优势;"两网"是指海尔的销售网络和支付网络,海尔遍布全球的销售、配送、服务网络以及与银行之间的支付网络,是解决网络营销的两个难题的答案。

海尔拥有比较完备的营销系统,所以海尔对网站订货的区域无限制,可以在全国范围内实现配送。

3. 与顾客保持零距离,快速满足顾客的个性化需求

在海尔的网站上,除了推出产品的在线订购销售功能之外,还设置了面对顾客的解决方案、服务与支持、设计体验中心、乐享论坛等模块,网站的美好家居体验模块为顾客提供了感性体验、个性体验、设计师在线服务等贴心服务,这些模块为顾客提供了独到的信息服务,并使网站真正成为海尔与顾客保持零距离的平台。海尔官网如图 11-19 所示。

4. 优化供应链,变推动销售模式为拉动销售模式

海尔网络营销从两个重要的方面促进了该模式运作的变化:一是从 B2B 的网络营销角度来说,它促使外部供应链取代自己的部分制造业务;二是从 B2C 的网络营销角度来说,它促进了企业与顾客继续深化的交流,这种交流全方位地提升了企业的品牌价值。它的效果可以通过下面的例子证明:

一位供应商在通过互联网与海尔进行业务往来后给海尔发来了一封信："我是一家国际公司的中国业务代表,以前我每周都要到海尔,既要落实订单,还要每天向总部汇报工作进展,非常忙碌,有时候根本顾不上拓展新的业务。自从海尔启用网络营销采购系统后,可以在网上进行招投标、查订单、跟踪订单等工作,大大节省了人力、物力和财力,真是一个公开、公平、高效的平台。而且我也有更多的时间来了解海尔的需求,并为公司又谈下了一笔大生意,得到了公司的表扬……"

海尔网络营销系统充分利用"一名两网"的优势,通过网络连接顾客,以具有充分个性化的产品和特色服务成功地拢住原有的、新的、潜在的顾客以及供应商、采购商,并为他们提供完善的服务。

图 11-19　海尔官网

问题

1. 海尔的网络营销服务有什么特点？
2. 海尔使用了哪些客制化服务策略？在进行客制化服务时需要注意什么问题？

本章小结

1. 网络营销服务是以互联网络为基础，利用数字化的信息和网络媒体的交互性来辅助营销目标实现的一种新型的市场营销服务方式。
2. 网络顾客的服务需求包括了解营销全过程信息、接触企业人员、需企业帮助解答问题、了解企业产品与服务的信息四个层次的内容。
3. 网络营销服务同样包括售前、售中及售后服务等相关内容。
4. 网络营销服务常用的工具有 FAQ、电子邮件和邮件列表、网络社区、呼叫中心、博客、微博与 RSS 等。
5. 网络营销客制化服务就是按照顾客特别是一般消费者的要求提供特定服务，即满足顾客个别的需求，包括服务方式、服务时空及服务内容的客制化三大方面。
6. 在提供客制化服务过程中：要注意保护顾客隐私；控制客制化服务的营销费用；只提供顾客必需的和可供选择的服务；建立与顾客的长期联系以获取顾客长期价值等。

思考与实践

1. **理论基础**

（1）简述网络营销服务的含义。
（2）网络营销服务有哪些特点？
（3）网络顾客服务需求包含哪四个层次？内容分别是什么？

(4) 网络营销产品服务包括几个阶段？分别包含什么内容？

(5) 网络营销服务工具有哪些？

(6) 简述网络营销客制化服务的概念。

(7) 网络营销客制化服务的方式有哪些？

(8) 网络营销客制化服务应注意哪些问题？

2. **知识应用**

(1) 浏览以下网站，或其他自己比较感兴趣、网络服务做得比较好的网站，了解它们所提供的相关网络营销服务功能。

卓越亚马逊网上书店（http://www.joyo.com）；

当当网上书店（http://www.dangdang.com/）；

海尔家居家电（http://www.haier.com/cn/）；

淘宝网（http://www.taobao.com/）；

京东商城（http://www.360buy.com/）；

中华英才网（http://www.chinahr.com/）；

应届生求职网（http://www.yingjiesheng.com/）；

携程旅行网（http://www.ctrip.com/）。

(2) 自己设计一项需要通过互联网来实现的产品购买或服务提供（如网上购书或小物品、网上订票、网上应聘、网上租房等），并上网实际操作（部分功能可只浏览，不实际购买），体会一下相关网站为你提供的服务功能。

参考文献

[1] 汪洋. 基于互联网的顾客服务策略研究[D]. 成都：西南财经大学，2005.

[2] 赵文清. 网络营销基础[M]. 北京：人民邮电出版社，2011.

[3] 张卉. 3G时代高校图书馆营销策略[J]. 科技情报开发与经济，2011，(9).

[4] 赵文清. 网络营销基础[M]. 北京：人民邮电出版社，2011.

[5] 李蔚田，杨雪，孙恒有. 网络营销实务[M]. 北京：北京大学出版社，2009.

[6] 杨洪. 思科的网络服务经[J]. 看世界，2010，(1).

[7] 柯剑春. 如何通过服务提高网络营销的顾客满意[J]. 科技广场，2005，(4).

[8] 汤宗泰，刘文良. 网路行销Web 2.0思维[M]. 台北：学贯行销股份有限公司，2008.

[9] 汪永华. 网络产品与顾客服务实务[M]. 北京：机械工业出版社，2008.

[10] 宋文官，姜何，华迎. 网络营销[M]. 北京：清华大学出版社，2008.

第12章 网络营销品牌管理

引导案例

新年的第一瓶可口可乐你想与谁分享

2009年春节,可口可乐深入地了解到顾客在不平凡的2008年到2009年的情感交界,抓准了顾客微妙的心理,倡导可口可乐积极乐观的品牌理念,推出"新年第一瓶可口可乐,你想与谁分享?"这个新年期间的整合营销概念,鼓励人们跨越过去,冀望未来,以感恩与分享的情愫,营造了2009年新年伊始的温情,图12-1所示为可口可乐2009年新年活动界面。

图12-1 可口可乐2009年新年活动界面

活动充分整合了当时国内年轻人热衷的大部分网络资源:社交型网站、视频网站以及每日都不可离开的手机。利用了社交型网站、视频等途径,让数以万计的顾客了解到"新年第一瓶可口可乐"的特殊含义,并积极参与分享活动,分享自己的故事、自己想说的话。图12-2为社交网站、视频分享平台上可口可乐的营销界面。

图 12-2 社交网站、视频分享平台的可口可乐数字营销

除了使用在春节时最广为应用的短信拜年,向 iCoke 会员发出"新年第一瓶可口可乐"新年祝福短信,同时也在 iCoke 平台上提供国内首次应用的全新手机交互体验,让拥有智能手机的顾客,通过手机增强现实技术(Augmented Reality Code,AR Code)的科技,在收到电子贺卡时,只要将手机的摄像头对准荧幕上的贺卡,就能看见一瓶三维立体的可口可乐与环绕着它的"新年第一瓶可口可乐,我想与你分享"的动态画面浮现在手机屏幕上,并伴有活动主题音乐。新技术的大胆运用给了年轻顾客与众不同的超前品牌体验。

自活动开始,参与人数随着时间呈几何数增长。超过 500 万顾客上传了自己的分享故事及照片,超过 300 万的 SNS 顾客安装了定制的 API 参与分享活动,近 200 万的顾客向自己心目中想分享的朋友发送了新年分享贺卡。同时,论坛、视频网站和博客上,一时间充满了"新年第一瓶可口可乐"的分享故事。除了惊人的数字外,顾客故事的感人程度与照片视频制作的精致程度,均显示了该活动所创造的影响力及口碑,也证明了可口可乐在顾客情感诉求与网络趋势掌握方面的精准度。

案例讲述了可口可乐 2009 年新年活动的过程,该次活动有效地利用网络宣传了可口可乐积极乐观的品牌理念。本章将重点介绍网络品牌的建立、维护和推广。

12.1 品牌价值与网络品牌

12.1.1 品牌价值

品牌是用以识别一个(或一群)卖主的产品或服务的名称、术语、标志、符号或设计及其组合,以区别于其他卖主或竞争者的产品或服务。品牌是一种信誉,由产品品质、商标、企业标志、广告口号、公共关系等混合交织形成。品牌是一种动态的无形资产,涵盖的意念比表象的标记或注册商标更胜一筹,可以不断增值。企业应重视品牌资产的评估和保护,防止该资产贬值。品牌对企业来说是一笔无形的财富,品牌的拥有者可以凭借品牌的优势不断获取利益,可以利用品牌的市场开拓力、形象扩张力和资本内蓄力不断发展,将品牌的价值发挥到极致。在网络市场环境中,品牌的价值效用依旧存在,且更加突出。

通常,品牌价值是指在某一时点上某品牌的市场价格。品牌价值源于市场,即顾客对品牌的认可、信赖与忠诚,一方面取决于企业对品牌所做的所有努力,另一方面也取决于顾客对品牌的心理认知,是企业和顾客共同作用的结果。品牌价值主要包括顾客价值和自身价值两部分。其中,顾客价值由品牌的功能、质量和价值构成;自身价值由品牌的知名度、美誉度和普及度构成。

E 观点

Interbrand 发布"2012 全球品牌价值排行榜"

全球品牌集团 Interbrand 2012 年 10 月发布"2012 全球品牌价值排行榜"。可口可乐以价值 778.4 亿美元连续 13 年蝉联品牌价值榜榜首,苹果品牌价值骤增 129% 跃居亚军,除了社交巨头 Facebook 因其成为美国史上第三大 IPO 屡现头条新闻而进入本榜以外,品牌价值增长了 26% 的谷歌也第一次超越微软,位居排行榜第四。雅虎价值骤降 13% 排名下滑 21 位,高盛、花旗等金融业巨头排名下滑,值得指出的是,这个号称"全球品牌价值排行榜"的榜单中无一家中国企业。

Interband 是全球领先的品牌咨询公司,每年都会发布全球百个最有价值的品牌排名。其应用的方法是品牌分析方法中的首个 ISO 标准,通过从企业业务结果到顾客期望传递全面地分析品牌与企业的关联以及品牌对企业带来利益的途径。在进行这项排名的时候,Interband 考虑的三个关键方面为:品牌产品或服务的财务表现;品牌在影响顾客选择时扮演的角色;品牌为产品带来溢价的程度或促使该公司稳定盈利的程度。

正如 Interband 的全球 CEO 杰兹·弗兰普顿(Jez Frampton)指出的那样:"随着全球竞争的加剧,许多如科技这样的竞争优势将会变得更为短暂,而品牌对于企业价值的贡献将会增加。世界上 100 个最具价值的品牌将会因其能倾听顾客、雇员以及投资者的需求并且传递全面的品牌体验而不断发展,成为行业的领头羊。"

资料来源:网易财经。

12.1.2 网络品牌

1. 网络品牌的含义

网络品牌是通过网络渠道进行传播的一个虚拟的名称、术语、标记、符号或设计,或是它们的组合运用,它含有产品或服务的个性或特点并反映网络企业的精神和价值观,代表了某个网络企业所提供的产品或服务,并使之同竞争对手的网络服务区分开。

网络品牌有两个方面的含义:一是通过网络手段建立起来的品牌,如百度、淘宝(已更名为天猫)、搜狐、凡客诚品等,图12-3所示为上述网络品牌的商标。二是企业在传统领域已经建立了一定的品牌影响力,然后扩展到网络,将网络品牌定位为传统品牌的延伸。这样既利用了传统品牌的影响力,又给网络顾客识别产品和服务带来了便利,像宝洁、海尔、联想、通用、花旗银行、大众汽车、迪士尼、联邦快递、可口可乐、雀巢等,都是这方面案例的典型。两者对网络品牌建设、推广的方式和侧重点有所不同,但目标是一致的,都是为了企业整体形象的创建和提升。

在网络时代,企业不仅要巩固传统意义上的品牌形象,更要有自己的网络品牌形象,它是企业进行市场竞争和电子商务活动的有效保障。专业 B2B 电子商务网站阿里巴巴造就了很多成功的网络企业,它们中有传统企业,也有纯粹的网络商户,它们通过网络成功的经历,充分说明了网络作为品牌工具的强大作用。世界上众多的知名品牌无论是否直接通过网络开展业务,都不遗余力地打造起网络品牌。

图 12-3　百度、天猫(淘宝)、凡客诚品、搜狐品牌商标

2. 网络品牌的特征

(1)虚拟性。网络品牌是在网络环境中成长和发展的,所以网络的一些特性也就决定了网络品牌的特性,网络的虚拟性导致在网络中传播的品牌具有虚拟性,依托网络品牌传递的核心信息,只有借助现代信息技术方可解读。

(2)过程性。无论是通过网络手段建立还是传统品牌在网络上的延伸而形成的网络品牌,都需要经历一个从被接受到认可的转化过程。也就是说,网络品牌建设不是通过一次营销活动就可以建立起来的,而是一个长期的营销工程。但是值得注意的是,互联网为品牌的奠定与发展提供了更广阔的空间和更多的技术支持,也提供了更快、更有效的传播和强化的方法,在很大程度上加快了品牌被顾客了解和认可的速度。可口可乐花了五十多年时间才成为市场的领先者,但是在线搜索引擎雅虎只花了五年时间就取得了市场的主导权。

(3)内涵宽泛性。传统品牌讲究品牌定位,确定一个细分市场,然后品牌就代表着一小类人群的共性特点;在网络环境下,顾客对信息的隐性的个性需求特征被激发出来了,网站如果仅针对一个细分市场的小部分人群的话,可能无法获得足够的点击率,更无法盈利。所以,成功的网络品牌的内涵都是很宽泛的,方便以后进行品牌扩展和延伸,可以包含同一行业的若干细分市场,这样就可以吸引很多个细分市场的顾客。

(4)受众广泛性。网络作为一个全球性媒体,没有任何国界歧视,它把世界变成了一个庞大无比的购物中心。随着网络的扩张与渗透,各国网络顾客越来越多,品牌的国际化程度也越来越高。

（5）品牌忠诚度较低。由于网络的交互性和针对性，企业在主动推广品牌的同时，顾客也能自主搜索喜爱的品牌，并根据企业提供的互动平台加深对品牌的充分了解。如若企业的品牌建立和宣传推广未达到顾客的心理预期，或是体验不佳，顾客就会很容易在网络上搜寻其他品牌，而且这种选择和转换所喜爱的品牌的行为将会变得更加频繁和随机，相比传统市场而言，顾客的品牌忠诚度是较低的。

（6）品牌的塑造更具挑战性。品牌要在每一个与顾客接触的环节，给予顾客美好的体验。在网络上，更主要的是将创造更加人性化的互联网体验贯穿始终，同时还必须时时关注顾客新的需求变化，对不同目标顾客给予恰当、有效、愉快的消费体验。

3. 网络品牌的组成

企业网络品牌除了包含传统市场营销中的品牌所包括的内容之外，还包括一个独特的组成部分——企业网站的域名，这是网络品牌与传统品牌的一个重要区别所在。

网络品牌一般由网络域名、企业具体的网站、PR值（Pagerank，网页级别）以及关于企业的软文和相关信息组成。

（1）网络品牌的表现形态——域名和企业具体的网站。在网络营销中，企业在网络中的站点与主页，成为企业营销活动的主要窗口，它也是企业在网络中的代言人，顾客正是通过企业域名来实现对企业网站的识别与选择的。对企业而言，自己的域名知名度越高，网站被访问和浏览的几率就越大，企业通过网络进行的营销活动的效率也就越高。因而，作为识别企业网站的域名及企业具体的网站也就成了企业品牌中的重要组成部分。

（2）网络品牌的内容——关于企业的软文和相关信息。仅有网络品牌并不能为顾客所认知，还需要通过特定的手段、方式将关于企业和品牌的具体内容向顾客传递，才能为顾客所了解和接受。

E 知识

软　　文

软文是相对于硬性广告而言，由企业的市场策划人员或广告公司的文案人员来负责撰写的"文字广告"。它是通过特定的概念诉求，以摆事实讲道理的方式使顾客走进企业设定的"思维圈"，以强有力的针对性心理攻击迅速实现产品销售的文字（图片）模式。

软文的定义有两种：一种是狭义的，一种是广义的。

狭义的软文：指企业花钱在报纸或杂志等宣传载体上刊登的纯文字性广告。这种定义是早期的一种定义，也就是所谓的付费文字广告。

广义的软文：指企业通过策划在报纸、杂志或网络等宣传载体上刊登的可以提升企业品牌形象和知名度，或可以促进企业销售的一些宣传性、阐释性文章，包括特定的新闻报道、深度文章、付费短文广告、案例分析等。

（3）网络品牌的价值——网页级别。网络品牌的最终目的是获得忠诚顾客并达到增加销售的目的,因此网络品牌价值的转化过程是网络品牌建设中最重要的环节之一,顾客从对一个网络品牌的了解到形成一定的转化,如网站点击率和访问量上升、注册人数增加、对销售的促进效果等,这个过程也就是网络营销活动的过程。

12.1.3 网络品牌与传统品牌的区别和联系

1. 网络品牌与传统品牌的区别

网络品牌与传统品牌的区别主要表现在三个方面,如表12-1所示。

表12-1 网络品牌与传统品牌的区别

项目	传统品牌	网络品牌
传播载体	电视广告、报纸广告、杂志广告、灯箱广告、品牌展示会等展示性载体	网络广告、邮箱、论坛、微博、SNS等互动性载体
个性化服务方式	通过细分市场,准确定位顾客群体,主要强调自己的产品或服务与其他同类企业的差别	根据顾客的特点呈现出多选择性
顾客购买决策难度	困难	容易

(1)传播载体不同。网络品牌的载体是企业网站、网络广告、邮箱、论坛、微博、SNS等网络特有的形式,互动性相对较强。传统品牌的载体一般都表现为电视广告、报纸广告、杂志广告、灯箱广告、品牌展示会等形式,展示性相对较高。

(2)个性化服务方式不同。网络品牌给顾客呈现的个性化是多选择的,可以根据顾客本身的特点在网络上呈现不同的面貌。传统品牌给顾客呈现的个性化往往是在企业产品的顾客细分基础上实现的,主要强调自己的产品或服务与其他同类企业的产品或服务的差别,从而实现准确的顾客定位。

(3)购买决策的难度不同。随着网络的不断普及,顾客可以利用网络全面、客观和比较准确地对感兴趣的产品或服务做出评价,网络的海量信息为这一切提供了必要条件。通过这种评价,顾客可以根据自身的情况,做出理性的判断。相比而言,传统的品牌绩效表现主要依靠广告轰炸,因而是片面、感性和模糊的,不利于顾客理性地下定是否购买产品的决心。

2. 网络品牌与传统品牌的联系

(1)二者相互影响。对于在传统品牌基础上进行延伸的网络品牌,传统品牌是网络品牌的基础,强势的传统品牌印象会引导顾客同样去关注该企业的网络品牌。

(2)二者目标相同。无论是传统品牌还是网络品牌,都为企业目标服务,二者应与企业战略一致。

12.2 网络品牌建设、维护与推广

12.2.1 网络品牌建设与维护的过程

网络品牌的建设与维护主要有四个步骤,如图12-4所示。

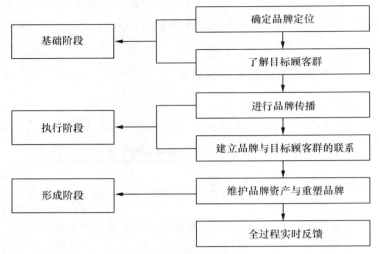

图 12-4　网络品牌建设与维护的过程

1. 基础阶段——确定品牌定位与了解目标顾客群

（1）品牌定位即确定本品牌在顾客印象中的最佳位置以及竞争对手在顾客印象中的位置，以实现品牌资产的最大化。合适的品牌定位可以阐明品牌的内容独特性、与竞争品牌的相似性以及顾客购买和使用本品牌的必要性，这些都有助于指导营销战略。网络品牌定位的主要工作是定位网络品牌的目标顾客群及定位网络品牌的利益或价值。通过分析企业的产品或服务的目标顾客群与网络顾客的关联，得出企业网络营销主要面向的网络顾客，即网络目标顾客群范围。

首先，定位网络品牌目标顾客群。成功的网络品牌能够适当地对顾客进行细分，并能采取适当的策略向每个细分类别的顾客提供核心和辅助的信息，从而快速有效地为他们服务。网络提供了一条个性化服务的最佳通道，企业可以根据从传统渠道得到的顾客数据资料，也可以利用网络渠道建立详尽的顾客数据库，还可以对网络顾客的行为进行追踪和监测，依次分析顾客的不同类型、喜好以及需求，向不同的顾客提供不同的服务，以提高顾客对品牌的满意度。例如，成立于1999年的携程网（见图12-5）致力于向旅行者提供包括酒店预订、机票预订、度假预订、商务旅行管理及旅游资讯在内的全方位在线旅行服务，它的目标顾客群主要锁定网上的商务旅行顾客，因此携程网所有的服务都围绕商务旅行顾客的需求展开，这样的定位使携程网最终成为商务旅行方面最优秀的网络服务专家。

其次，定位网络品牌的利益或价值。在确定了网络品牌的目标顾客群之后，要进一步分析通过网络能够向目标顾客提供哪些有价值的信息或服务。网络品牌要有明确的顾客诉求或利益主张，并能够在第一时间向顾客明确这种主张。目前，国内大型电器连锁企业国美电器，在网络上成为"电器专家"；天涯社区是"全球华人"的网上家园（见图12-6）；阿里巴巴是"全球最大的网上贸易市场"。一个明确定位的网络品牌，能够让接触它的网络顾客很快明白它能够带给他们的利益，这不仅能够节省顾客的时间，也有助于顾客深入了解品牌及品牌所提供的服务。如果一个网站不能明确地表达其核心信息或价值，会让登录它的顾客产生困惑，或者是吸引了非目标顾客，这都会给顾客留下不好的使用体验，并且直接影响品牌在顾客心目中的形象。

图 12-5　携程网的服务页面

把握了准确的目标顾客群,并能够有效地向顾客群提供对他们来说最有价值的利益,企业的品牌定位工作就完成了。

图 12-6　天涯社区的定位

(2)了解目标顾客群。线上和线下环境都要求企业深入了解顾客行为,通过收集顾客的在线点击流、浏览历史等数据可以得到大量信息,不过,这些信息不足以推断影响其消费选择和体验的态度、人际和情感因素。实际上,完全在一个环境中创建品牌的企业仍然需要知道其他环境中顾客的行为。因此,传统市场和网络市场研究的混合通常是必要的。

2. 执行阶段——进行品牌传播并建立品牌与目标顾客群的联系

(1)品牌传播是利用网络平台将品牌知识传递给顾客,以增强品牌认知,创造积极的品牌联想,改进品牌形象,最终目的在于建立和积累品牌资产。基于目标顾客群的品牌资产的基石是顾客随着时间的推移对该品牌的感受和认同,品牌的力量存在于顾客心中。因此,品牌传播或推广就成为建立网络品牌的关键步骤。具体策略如下:

第一,进行线上线下全方位品牌宣传。企业刚进入互联网时域名还鲜为人知,这时企业应结合传统市场营销推广方式与网络传媒的优势,进行全方位的宣传。网络传媒宣传具有传播速度快、覆盖面广、形象生动的特征,尤其是在顾客参与度方面有着其他媒体不可比拟的优势,网络品牌通过其进行推广可以迅速地被网络顾客认识和了解。同时,由于互联网众多站点之间的关联性的特征,与许多不同站点和页面建立链接,或者在有关搜索引擎注册,如在雅虎登记,提供多个转入点,可以大幅提高域名站点的被访问率,提高域名的知名度。与此同时,线下的诸如电视、杂志、报纸、户外等传统广告形式也不能忽视,以使那些还没有接入网络的顾客在上网前就接受他们宣传的品牌,同时也能增强那些上网的顾客在离线的状态下对品牌的认知程度。

第二,基于产品品质和顾客体验增强品牌吸引力。品牌的声誉是建立在产品质量和服务质量上的,因此,高品质的产品是赢得用户的不二法门,对网络品牌也是一样。同时,网页的设计要考虑顾客的需求,使顾客在网站上积累整体浏览感受和购买经验。广告在顾客内心激发出的感觉,固然有建立品牌的功效,但却比不上顾客上网站体会到的整体浏览或购买经验。亚马逊则坚定地指出:亚马逊的品牌基石不是任何形式的广告或赞助活动,而是网站本身。据该网站的调查,顾客对亚马逊的感觉有七八成来自他们在这个网站上的使用经验,因此亚马逊也花费了相当大的力气改善自己的网站,增加类似于"一键购书"等功能(见图12-7)。因此,高度重视顾客的网站使用体验这一点对网络品牌格外重要。

图 12-7 亚马逊的"一键购书"

第三,利用公关造势树立网络品牌形象。抓住一切可利用的事件和机会,广行善举,利用网络公关活动造势建立网络品牌,树立网络品牌形象。中国民族品牌借力网络公关的先行者王老吉,2007年6月,联手新浪共同参与"'56个民族祝福之旅'大型全民健身活动",通过全球第一中文门户网站新浪对此次公益活动进行立体传播,王老吉具有民族特色的品牌形象和积极的社会公益形象,得到前所未有的推广(见图12-8)。

(2)与顾客及时有效的沟通是提高品牌生命力、维系品牌忠诚度的重要环节。网络的交互性为市场营销中的交流和沟通提供了方便有效的手段。一方面,顾客可以通过在线方式直接将意见和建议反馈给企业;另一方面,企业可以通过对顾客意见的及时答复获得顾客的好感和信任,从而增强顾客对品牌的忠诚度。具体策略如下:

第一,在企业网站开辟快速直接的沟通渠道,如在线客服、在线投诉、在线帮助等,并对顾客的意见及时做出处理和反馈,使顾客真正感受到被尊重;

第二,通过吸引顾客在线注册和参与调查等互动活动建立顾客数据库,开展关系营销和进

图 12-8　王老吉在新浪的品牌宣传

行客户关系管理。

3．形成阶段——维护品牌资产与重塑品牌

经过品牌传播并建立与顾客之间的联系，品牌形象扎根于顾客心目中，便建立了基于目标顾客群的品牌资产。但品牌资产具有波动性，它不是一次性的短期活动，随着顾客口味与偏好的改变、新的竞争对手和新技术的出现以及其他内外部环境的变化，可能出现品牌萎缩或老化等现象，导致品牌资产被侵蚀甚至消失，不能在品牌建立好之后就放在网上让它自生自灭，而要进行不断的维护和重塑。要想维护品牌资产的持续性，就需要回到品牌资产建立模式的基础阶段对品牌进行重新定位，重新传播，最终形成新的品牌资产。因此，品牌资产建立模式是一个循环的动态模式。

4．全过程实时反馈

品牌建设策略不可能丝毫不差地按计划精确实施。市场传播有时会有意想不到的效果，竞争对手的相应对策可能与原先预料的不同，如增加其广告预算、改变其广告策略或降低价格等。此外，新的竞争对手可能进入，老的竞争对手可能退出市场；经济可能随时改善或衰退。基于上述以及其他多种原因，设置常规的反馈系统是十分重要的。

12.2.2　网络品牌建设与维护的方法

网络品牌建设是一个复杂的过程，在这个看似按部就班的过程中，企业要运用一些实用的方法，更好地达到网络品牌建设的目标。

1．善于利用事件和热点宣传品牌

事件营销和热点营销是利用时下比较热门的话题进行炒作的一种行为。企业要在适当的时候进行炒作，但是这种炒作要有度，企业需要标新立异，却不能无休止地进行炒作。适当的炒作是有利于企业发展的。例如，2013 年 4 月，四川雅安发生地震后，加多宝集团通过官方微博宣布，继 2008 年汶川地震捐款 1 亿元、2010 年青海玉树地震捐款 1.1 亿元之后，继续捐款 1

亿元,用于灾区建设;同时推出"捐款就捐1个亿,喝茶就喝加多宝"的广告语(见图12-9)。此举进一步巩固了加多宝在凉茶市场上的品牌地位。

图 12-9　加多宝集团官方微博品牌宣传

2．软文营销

软文营销是较新的营销推广方式,它借助新闻的内质和形式,在满足社会大众新闻需求的同时,达到企业品牌宣传的目的,具有新闻性、嵌入性、整体性、策划性等特点。一篇好的软文既为网站带来了顾客,也加深了品牌在顾客心中的地位,让品牌形象更加亲民,更加具有生命力。在撰文时,要根据企业或者品牌效应的需要来展开,不能过大宣传,如果顾客用了之后没有达到软文中所说的效果,会对企业品牌产生一定的厌恶感。图12-10为格林地板的软文营销。

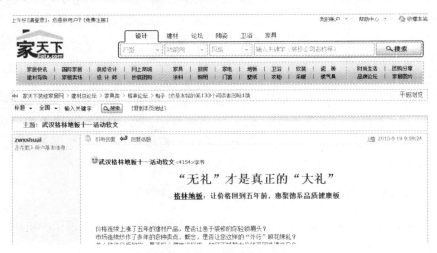

图 12-10　格林地板的软文营销

3．利用品牌叙事来宣传品牌

企业可以学习马云,以讲故事的方式来宣传品牌。换位思考一下,顾客更愿意听到一个企业用讲故事的方式来宣传企业,而不是口号,所以,用讲故事的方式来宣传企业,在网络环境下更能拉近企业和顾客之间的距离。

E 经典

爱尔兰咖啡的品牌故事

一个都柏林机场的酒保邂逅了一名长发飘飘、气质高雅的空姐,她那独特的神韵犹如爱尔兰威士忌般浓烈,久久地萦绕在他的心头。倾慕已久的酒保,十分渴望能亲自为空姐调制一杯爱尔兰鸡尾酒,可惜……她只爱咖啡不爱酒。然而由衷的思念,让他顿生灵感,经过无数次的试验及失败,他终于把爱尔兰威士忌和咖啡巧妙地结合在一起,调制出香醇浓烈的爱尔兰咖啡。一年后,酒保终于等到了一个机会,他思念的女孩点了爱尔兰咖啡。当他为她调制时,他再也无法抑制住思念的激情,幸福得流下了眼泪。他用眼泪在爱尔兰咖啡杯口画了一圈……所以,第一口爱尔兰咖啡的味道,总是带着思念被压抑许久后发酵的味道。只可惜空姐始终没有明白酒保的心意。

爱尔兰咖啡——既是鸡尾酒,又是咖啡,本身就是一种美丽的错误

爱尔兰咖啡——思念此生无缘人

4. 加强品牌与品牌之间的合作

单挑的时代已经远去,现在这个时代已经不是以前那个单枪匹马就能走世界的时代了,所以和其他企业展开合作不但能够扩大自己的消费群体,还能够利用别人的品牌来宣传自己的品牌。例如,聚美优品通过和搜狐、湖南卫视等著名媒体进行合作,迅速扩大了自身在化妆品电子商务领域的知名度,通过这些知名品牌进一步宣传了企业品牌(见图12-11)。

图12-11 聚美优品的品牌合作

5. 危机公关

危机公关的作用不可忽视,企业的一条负面新闻就有可能毁掉一个企业辛辛苦苦积攒的信誉,网络的传播速度没有人不清楚,如果产生了负面新闻,应该在第一时间迅速做出处理,否则消息一旦传开,就会对企业造成非常严重的后果。

12.2.3　网络品牌推广

企业网站除了提供丰富的内容和良好的服务,还要注重网络品牌发展的问题,以便尽快发挥品牌特性和站点商业价值。网络品牌通常并不是独立存在的,与多种网络营销方法都有助于网站推广的效果一样,网络品牌往往也是多种网络营销活动所带来的综合结果,网络品牌建设和推广的过程,同时也是网站推广、产品推广、销售促进的过程,所以有时很难说哪种方法是专门用来推广网络品牌的。实践中,许多网络营销策略的目的通常是为了网络营销的综合效果而不仅仅是网络品牌的提升。下面介绍推广网络品牌的六种主要途径。

1. 搜索引擎推广

利用搜索引擎进行网络品牌推广的主要方式包括在主要搜索引擎中登录网站、搜索引擎优化和关键词广告等常见的搜索引擎营销方式。这种品牌推广手段通常并不需要专门进行,而是在制定网站推广、产品推广的搜索引擎策略的同时,考虑到网络品牌推广的需求特点,采用"搭便车"的方式即可达到目的。这对搜索引擎营销提出了更高的要求,同时也提高了搜索引擎营销的综合效果。图12-12所示为在百度搜索关键词"发电机"出现的页面,图中所示的企业就是通过搜索引擎进行品牌推广的。

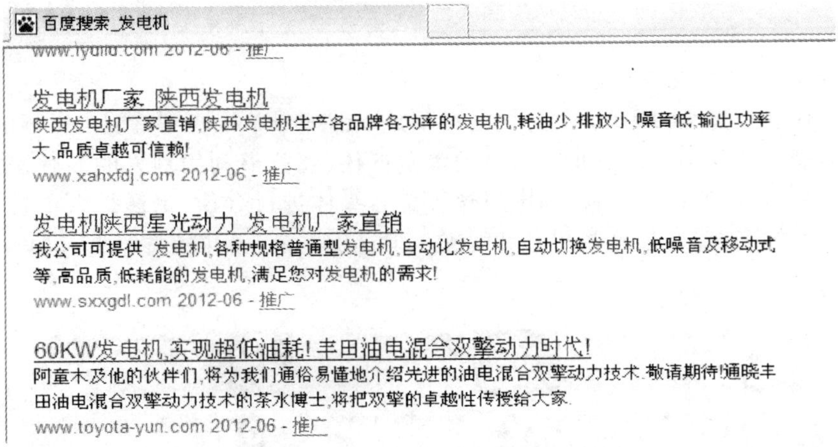

图12-12　百度搜索"发电机"页面

2. 网络广告推广

奥格威①曾说过:"每一则广告,都是为建立品牌个性所做的长期投资。"品牌离不开广告,品牌需要广告的支持。网络广告的作用主要表现在品牌推广和产品促销两个方面。与其他网络品牌推广方法相比,网络广告在网络品牌推广方面具有针对性和灵活性,可以根据营销策略的需要设计和投放相应的网络广告,如根据不同节日设计相关的形象广告,并采用多种表现形式投放到不同的网络媒体。利用网络广告开展品牌推广可以是长期的计划,也可以是短期的推广。利用网络广告推广品牌,一定要注意目的、方法和实施中的细节。图12-13所示为佳能发布的弹出式广告,意在推广佳能品牌。

---

① 广告业名人,曾任奥美公司董事长。

图 12-13　佳能的弹出式广告

3．企业网站推广

企业网站是网络营销的基础,也是网络品牌建设和推广的基础。企业网站有许多优点:网站内容可以随时更新,网站可以随时反映企业的最新情况;网站信息量可以做到极大;好的企业网站,给顾客的感觉是企业领导意识先进,技术走在前列,管理科学化、智能化,顾客感觉会完全不同,信任度也会高很多;网站没有时空限制,可随时、随地实现双向沟通,随时收集顾客的意见或建议;网站可以通过搜索引擎、网站链接等手段,把企业的信息传到世界各地,为其找到潜在顾客;网站还可以帮助企业提高效率、减少中间环节、规范管理、降低管理成本等,这种例子在全世界比比皆是,中国有海尔、联想,美国有戴尔等,它们通过全球性的网络化管理真正获得了提高效率、降低成本的好处。图 12-14 所示为联想官网。

图 12-14　联想官网

综上所述,一个好的企业网站所起的作用是不可低估的,它可以大大地提高企业的知名度和品牌,但一个不好的企业网站(如界面简陋、功能单一、设计不规范等)也会在相当程度上破坏企业的形象。好的企业网站应能体现企业的文化及专业性。

E 经典

简单的网站改版明显增加网上销售

美国网络零售商 AmeriMark 过去只是把互联网看成公司的另外一个销售渠道,实施网络销售时,并没有投入重点进行网络品牌宣传和网络营销推广。

2005 年,公司对其网站进行了改版,为了吸引更多消费者,让核心顾客对自己产生更大兴趣,AmeriMark 重新制定了网络商店经营策略,并根据新的网络营销策略重新设计首页和产品页面。改版并没有进行大规模的技术升级,只是突出了网站的营销功能和品牌宣传方面,不过这些看似简单的改进对增加网络销售发挥了明显作用。改版后的网站新首页醒目地突出了季节性促销主题和每周促销产品。网站在顾客服务页面及给顾客的电子邮件营销中都重点宣传其品牌,提醒顾客 AmeriMark 是历史悠久的品牌,从而让成熟顾客知道 AmeriMark 是一个成功的零售企业,让顾客放心购物。

由于加强了顾客关系和品牌优势,改版后的网站为 AmeriMark 在 2005 年第三季度的销售带来巨大增长,相比第一季度销售额提高 50%,网站改版取得极大的成功。Ameri Mark 改版后的网站首页如图 12-15 所示。

图 12-15　AmeriMark 网站首页

4. 电子邮件推广

企业每天都可能会发送大量的电子邮件,其中有一对一的顾客服务邮件,也有一对多的产品推广或顾客关系信息,通过电子邮件向顾客传递信息,也就成为传递网络品牌的一种手段。

电子邮件的组成要素包括发件人、收件人、邮件主题、邮件正文内容和签名档等。在这些要素中,发件人信息、邮件主题和签名档等都与品牌信息传递直接相关,但往往是容易被忽略的内容。正如传统信函在打开之前首先会看一下发信人信息一样,电子邮件中的发件人信息同样有其重要性。如果仅仅是个人 ID(如名字缩写)而没有显示企业邮箱信息的话,将会降低收件人的信任程度;如果发件人使用的是免费邮箱,那么很可能让收件人在阅读之前随手删除。可见使用免费邮箱对于企业品牌形象有很大的伤害,正规企业,尤其是有一定品牌知名度的企业在此类看似比较小的问题上不能掉以轻心。图12-16所示为卡巴斯基发送的电子邮件,意在推广品牌。

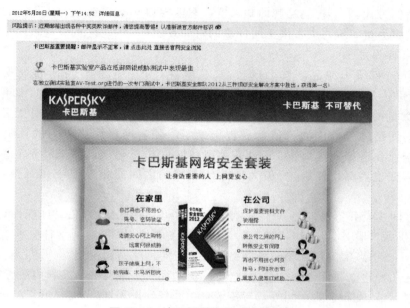

图12-16　卡巴斯基发送的电子邮件

E 知识

电子邮件推广注意事项

（1）设计一个含有公司品牌标志的电子邮件模板(其作用就像邮政信函中使用的有公司品牌标志的公文纸和信封一样),这个模板还可以根据不同的部门,或者不同的接收群体的特征进行针对性的设计,也可以为专项推广活动进行专门设计。

（2）电子邮件要素要完整,并且体现出企业品牌信息。

（3）为电子邮件设计合理的签名档,突出企业品牌。

（4）推广活动中要使用企业电子邮件而不是免费邮箱或个人邮箱。

（5）企业对外联络电子邮件格式要统一。

（6）在电子刊物和会员通信中,应在邮件内容的重要位置出现企业品牌标志。

当然,利用电子邮件传递品牌信息时,邮件内容是最基本的,如果离开这个基础,无论多么完美的模板和签名都发挥不了应有的作用。因此,品牌信息的传播是产品促销、顾客服务和顾客关系等网络营销信息的附属内容,是只有在保证核心内容的基础上才能获得的额外效果。

5. "病毒式"营销推广

"病毒式"营销对于网络品牌推广也很有效。"病毒式"营销主要是以电子邮件营销为基础,通常是指在电子邮件内容最后加上"与好朋友一起分享"、"转寄给亲朋好友"等字眼的按钮,只要填上电子邮件地址,按下按钮便可将信件转寄回去。而这种靠网友的积极性和人际网络间分享的营销方式,能够提高品牌的知名度。它能够以小费用造成大效果、引发群体效应,借由网友的转寄力量替广告主带来无法计算的附加效果。

6. 网络社区推广

对于大型企业,尤其是品牌知名度较高,且顾客具有相似爱好特征的企业来说就不一样了,如大型化妆品公司、房地产公司和汽车公司等可以建立网络社区(如论坛、聊天室等),因为有大量的顾客需要在企业网站获取产品,并且同一品牌的顾客相互交流经验。这时网络社区对网络品牌推广的价值就表现出来了。随着网民网络行为的社交化、碎片化,越来越多的企业在诸如天涯、西祠胡同等大型社区网站里建立品牌或产品论坛,同时任命资深销售顾问或工程师担任版主,极大地方便了网民之间的相互交流和对企业产品、品牌的了解。

网络社区的建设并不仅仅是一个技术问题,建立网络社区的指导思想应明确,是为了建立网络品牌、提供顾客服务,以及增进客户关系。同时更重要的是,对网络社区要有合理的经营管理方式,一个吸引顾客关注和参与的网络社区才具有网络营销价值。

除了上述几种建立和传播网络品牌的方法之外,还有多种对网络品牌传播有效的方法,如许可电子邮件营销、发布企业新闻等。与传统企业品牌建设和推广一样,网络品牌的建设和推广不是一蹴而就的事情,重要的是要充分认识网络品牌的价值,并在各种有效的网络营销活动中兼顾网络品牌的推广。

E 经典

德芙品牌的"病毒式"营销推广

2010年11月,德芙在开心网上发布了"一句话的触动——德芙心声'心声征集'"活动,图12-17所示即为活动视频画面。此次活动旨在为其新上市的高端产品"心声"巧克力进行宣传,通过在开心网上建立品牌账户,德芙将"心声"巧克力的内在深意准确地传递给目标受众,引发情感共鸣,强化品牌印记和诉求:"心声",不仅仅是一块巧克力,也是通过"心声"唤起真正的自我。德芙的"心声"传递吸引了很多都市白领的关注:35天,870余万人次参与,顾客发表了14万句心声,品牌形象深入人心。更重要的是,活动期间,有30多万开心网顾客成为德芙巧克力的亲密好友,主动与德芙分享自己的生活点滴。一个简单的活动,收获了30多万个粉丝,同时他们又会继续成为传播者。而这30多万的真实顾客,更是客户关系管理的新起点。这是一次成功的"病毒式"营销。

图 12-17 一句话的触动——德芙心声"心声征集"活动视频画面

12.3 网络品牌资产管理和价值评估

12.3.1 网络品牌资产管理

网络品牌资产并不仅仅代表股票市值或者被并购的价格筹码,而是代表了品牌的有效识别、顾客价值、社会意义等众多的因素,探讨网络品牌资产的意义即在于深入挖掘网络品牌的核心价值,以促使更多深具品牌价值的网络品牌的打造和产生。

1. 网络品牌资产的构成

网络品牌资产由一系列要素构成,这些要素分别以各自的方式影响着网络品牌价值。这些要素包括网络品牌忠诚度、网络品牌价值、网络品牌认知度、网络品牌影响力、网络品牌联想等。

(1) 网络品牌忠诚度。一个品牌对企业的价值很大程度上是由其支配的顾客忠诚度创造的,一个品牌从某种程度上代表了一组忠诚的顾客。当对一个将要出售或并购的品牌进行估价时,忠诚度是一个关键的考虑因素,因为高忠诚度的顾客能够产生可预知的销售额和利润。另外,忠诚度还意味着品牌对顾客的价值,并对营销成本有巨大的影响,因为维系老顾客比吸引新顾客的成本低得多。因此,将品牌忠诚度列为品牌资产构成要素,将有助于创造和提高品牌资产价值。网络品牌忠诚度可以用品牌网站顾客回访率、顾客重复购买率等指标衡量。

(2) 网络品牌价值。网络品牌价值是构成网络品牌资产的核心。它代表了企业网络品牌的终极目标。例如,谷歌的理想是"整合全球网络资源为全球网民服务",耐克满足了追求第一、不断挑战的生活态度,迪士尼则传播着快乐、童真的价值观。其实,品牌所代表的文化、精神、价值观念、生活态度及其社会意义才是真正意义上的品牌无形资产,也是最关键的品牌价值所在。品牌的价值是比较复杂的概念,难以量化。在实际操作中,网络品牌价值的衡量可以通过测评与顾客生活的关联性、顾客对网络品牌的价值评价和价值认可度、顾客生活对特定品牌的依赖程度、网络品牌的获利能力等指标衡量。

(3) 网络品牌认知度。顾客对品牌的认知程度在很大程度上影响其购买和选择。认知度是建立网络品牌识别的最终策略和目的,它代表了顾客对品牌总体质量的感受与在品质认知上的整体印象和体验。将网络品牌的认知度作为品牌资产构成要素将有助于构建与顾客高度互动的网络品牌。当顾客对品牌的认知度提高时,顾客对品牌的感知会大大改善。网络品牌认知度的衡量可通过目标顾客对网络品牌的认知程度、已有顾客中有购买行为的顾客所占的比率等指标来衡量。

(4) 网络品牌影响力。品牌影响力从某种程度上反映了品牌的市场份额,或者代表了品牌在某一市场中的知名度。顾客对品牌的了解和接触,会产生对品牌的熟悉感。顾客做品牌选择时——甚至在决策购买时,了解和熟悉的品牌会占优势。经济学家告诉我们,顾客对熟悉品牌的爱好不仅仅是本能的反应。当顾客看到一个品牌,并记起曾经见过这个品牌(也许甚至见过几次)时,就会认为企业为支持该品牌投入了资金。由于人们公认企业不会对劣质产品投资,因而顾客就会将对品牌的认知当作该品牌不错的信号。由于顾客通过各种渠道接触的营销信息越来越多,因此建立品牌影响力——并且经济地实现这一目标越来越难了。网络品牌影响力可以从品牌网站的浏览量指标、网站访问者中目标顾客的比率等指标来衡量。

(5) 网络品牌联想。网络品牌联想代表了网络品牌的基础识别,是构成网络品牌资产的重要部分,主要组成因素包括品牌网站名称、网站地址、网络形象设计、品牌网络行为识别等因素。它代表了顾客认知、识别、记忆某品牌的能力。它的价值既可以通过其注册商标或专利等无形资产的价值体现出来,也可以通过有关品牌识别的调查或监测指标获得客观评价。

从上述内容可以看出,网络品牌同传统品牌一样,代表了一系列资产,因此,对网络品牌资产的管理就应包括创造并增加资产的价值。网络品牌资产的每个构成要素都以不同的形式影响并创造价值,为有效地管理这些资产,同时为网络品牌建设活动制定基于可靠消费的决策,认知网络品牌资产每个构成要素的作用很有必要。

2. 网络品牌资产管理的主要内容

网络品牌资产是能够管理的,它不是抽象的概念。网络品牌资产是一种资产,企业必须通过不断对其进行管理来维护和巩固其价值。

(1) 遵守道德维系品牌信誉。互联网开始时是非商用的,因此形成了费用低廉、信息共享和相互尊重的原则。商用后企业提供的服务最好是免费的或者收费非常低廉,注意发布信息道德规范,未经允许不能随意向顾客发布信息,否则可能引起顾客反感,如美国联邦地方法院限制任何组织向素不相识的顾客发送未经许可的促销邮寄广告宣传品,包括电子邮件。

(2) 注意法律规范保护品牌安全。品牌在市场中只有注册才能获得法律保护,许多国家采用的是注册在先原则,即谁先注册,谁就享有拥有权,我国也是如此。因此,企业在网络品牌推广过程中也应当注册,特别是要加强品牌的域名注册,以保证网络品牌的合法权利。

(3) 加强品牌资产测量与评估。网络环境下,品牌特别是网络品牌作为企业至关重要的无形资产,是提升企业价值的重要源泉。受到网络舆论和其他不可见因素的影响,网络品牌资产在顾客心中的价值和地位会变得难以准确把握,科学合理地对品牌资产价值进行测量与评估是品牌资产管理工作的核心。

网络品牌资产是一种结果,要管理结果自然要管理导致结果的原因或这种结果的构成要素,所以网络品牌资产管理应从网络品牌建设开始,它是一个良性的、自我循环并呈螺旋式上升的过程。

E 知识

网络品牌的创利能力

在某种程度上,网络品牌的创利能力体现了网络品牌资产的价值,网络品牌的创利能力主要受以下因素的影响:

1. 产品或服务质量

企业必须以优质的产品或服务这一战术为基石,才能实现品牌化这一战略目标。网络媒体公信力的偏低已经使顾客对产品或服务产生疑虑,如果质量再出现问题,企业将会出现灭顶之灾,所以产品或服务质量必须成为网络品牌价值的本质体现。

2. 产品或服务价格

产品或服务价格直接影响着企业的超额创利能力。顾客选择网上购物其实主要看中的是其便利性,但这并不意味着顾客对其价格就无所谓了。相反,由于网络营销多数属于直销,企业在营销过程中省去了很多渠道费用,企业成本相对较低,所以多数网络顾客都因此认为网上产品的价格应该比市场上的更低,所以企业要根据自己的目标来采取适合自己的定价策略。

3. 营销及广告

有关研究表明,行业盈利率在很大程度上与广告手段有关,广告力度大的行业比其他行业的盈利率高 50%。而且广告有利于提高品牌价值,保持品牌的相对稳定性。而网络品牌的塑造几乎完全依赖于网络广告,所以营销及广告对于网络品牌更为重要。

4. 企业现代物流

目前网络营销配送需求尚没有达到物流企业所需的最低规模化运作要求,加之网络的无边界性特点导致了网络营销顾客区域的分散与不确定性,少量的供给和过于分散的配送网络,使物流企业无法分摊较高的固定成本而难以降低服务价格。顾客除支付产品价格外,还需支付运费,这有可能使网络企业失去由于成本降低而带来的价格优势。更不妙的是,顾客有可能需要等很长时间才能收到产品,网络购物的方便性、快捷性无从体现。

12.3.2 网络品牌价值评估

企业在塑造了自己的网络品牌以后,正确地评估其网络品牌的价值是非常重要的。因为通过评估网络品牌的价值,首先可以帮助企业评估其网络品牌投入所产生的效果,其次可以帮助企业找到提升网络品牌价值的关键因素,以及帮助诊断自己网络品牌策略中存在的问题,最后可以为企业考核品牌部门的工作业绩提供一个重要指标,这些对一个企业来说都是非常重要的。

品牌包括网络品牌,所以传统的品牌价值的评估方法同样适用于网络品牌的价值评估。目前,传统的品牌价值评估方法主要采用的是会计学方法,包括成本法、市场比较法和收益法。

1. 成本法

对于一个企业品牌而言,其资产的原始成本居于不可替代的重要地位,因此对一个企业品牌的评估,应从品牌资产的购置或开发的全部原始价值,以及品牌再开发成本与各项损耗价值之差两个方面考虑,前一种方法又称为历史成本法,后一种方法又称为重置成本法。

但这一方法也存在缺陷。首先,成本法是一种静态的分析方法,而品牌资产处在持续变动中;其次,网络品牌资产的相关数据收集更困难。

2. 市场比较法

市场比较法是指运用市场上同样或类似的近期交易价格,经过直接比较或类比分析来估测资产价值的各种评估技术方法的总称。市场比较法是把品牌作为企业的一种无形资产,以市场上其他类似品牌的交易价格为基础,分析比较对象的成交价格和交易条件,通过对比估算出品牌价值参考的数据有市场占有率、知名度、形象或偏好度等。

运用市场比较法的基本前提是:第一,必须要有一个活跃的公开市场;第二,公开市场上要有可比的资产及其交易活动。然而,这种方法最大的困难在于执行:首先,因为对市场的定义不同,所产生的市场占有率也就不同;其次,网络品牌资产的参照物及可比较的指标、技术参数资料的收集也相当困难;最后,很难找到适当的参照物,而且在寻找参照物时,主观判断的成分较大。

3. 收益法

收益法是通过估测被评估资产未来预期收益的现值来判断资产价值的各种评估方法的总称。根据评估对象的预期收益来评估资产价值容易被人们接受,所以,从理论上讲,收益法是传统的品牌价值评估中较为科学合理的评估方法之一。用收益法评估品牌资产价值,着重考察的是品牌带来的未来收益,把品牌价值看成是未来所有权收益的现值。

收益法是目前国外应用最广泛的方法,因为对于品牌的拥有者来说,未来的获利能力才是真正的价值。在对品牌未来收益的评估中,有两个相互独立的过程:第一是分离出品牌的净收益,第二是预测品牌的未来收益。

收益法存在的问题有:其一,预期收益额预测难度较大,受较强的主观判断和未来收益不可预见因素的影响;其二,贴现率选取和时间段选取的主观性较大;其三,涉及企业超额收益在品牌与其他无形资产之间分配的难题。

上述三种方法各有利弊,适用于不同种类品牌的价值评估。同样,运用于网络品牌,应根据情况选择使用。

E 视点

中国网站品牌价值评估体系

2008年,北京大学中国品牌研究中心完成了"中国网站品牌价值评估体系研究"项目。该项目提出,评估中国的品牌价值应该有两级指标:第一级指标是全世界都可以适用的,叫普适指标;第二级指标是行业指标。中国网站品牌价值评估用第二级指标来凸显中国网站的特色、特点、特征、资源,以使品牌价值评估更科学。

普适指标包括十四项,分别是市场占有率、领导力、品牌知名度、感知品质、品牌联想度、品牌美誉度、品牌忠诚度、盈利能力、品牌授权能力、品牌稳定性、品牌保护力、品牌时尚性、品牌高雅性、品牌公关力。

行业指标包括十项，分别是网站品质、产品服务、商业模式、标志集成、知识产权创新、广告投入、形象和包装、文化建设、整合传播、网站点击率和网站的流量。

在对网站品牌进行评估时，要根据各指标的重要程度分别赋予其相应的权重，然后根据品牌的实际情况进行评分，得出该品牌的加权评分结果。

在评估过程中要根据具体情况选择是采用成本法、市场比较法还是收益法。

案例讨论

优e网的品牌推广

1. 案例背景

2011年网络营销如火如荼，电子商务行业可谓是"如日中天"，发展势不可挡，淘宝、麦考林等可称得上是行业的龙头老大，但后起之秀的奋起直追之势也不容小觑。在这个纷纷扰扰的行业中，很多电子商务网站开始做大，浮出水面。以"首家优品生活网上商城"为品牌方向的优e网，便是抓紧时机、找准定位、快速上线的典范。

2. 目标受众

优e网提倡"优品生活"，其所面对的顾客群体需要有一定的消费能力和品位，除此之外还要有对优质生活的向往。因此，优e网线上的品牌推广把目标锁定在了较高端的顾客群体上，并且根据网络购物人群的男女比例格局，选择偏向于女性的目标群体锁定。

3. 推广策略

锁定目标受众后，优e网推出了一套精准、有效的推广策略。首度上线，优e网集中于目标人群较集中的城市，然后再慢慢进行扩散，以便最大限度地抓取受众。根据目标受众的特点，优e网最终选择采用地域定向策略，将目光首先落到了标准的一线发达城市"北上广"。定向完成时，还需要有一个好的平台将"产品"推送出去。在媒体选择上，优e网选择了新闻、时尚、娱乐、亲子、生活五大媒体圈，传播平台紧切贴合目标受众，力求达到最好的宣传效果。

4. 创意解析

为了全面展现优e网的优势特点，网站要有强势的视觉冲击以及多维度的内容表现。此次推广中，整个品牌内容通过特型视频、联动、全屏换底三种创意形式表达得淋漓尽致。为了更直接地看到推广效果，第一时间抓住潜在受众，优e网还特别加入了注册链接，让顾客快速进入体验旅程中。登录网站，首先映入眼帘的是一本载满"时尚元素"的书，翻开书，可以看到一切与时尚有关的东西。随即，一只手将书中的物品一件件拎出，放进旁边的袋子中，预示着这满框的时尚元素都可成为顾客的囊中之物，来优e网，顾客便可以拥有这一切。此创意简洁明了，时尚对于女性的吸引力极强，任何热爱时尚的都市女性都会将视线停留于此处，一探究竟。此种创意形式将首页顶通及PIP两种不同的广告位结合起来，把浮层的动感、视觉冲击力与固定广告位的整齐、干净、简洁完美地结合在一起。优e网广告创意如图12-18所示。

在这种创意形式中，为了配合全屏换底的整体效果，优e网选择了大气、宽敞的商业街区作为背景，这一画面（如图12-19所示）可谓"一图双关"，以上描述为第一关含义。第二关则是预示着这种时尚商业区尽在优e网中，是真正的"一网打尽"。此背景伴随着时尚美女走

图 12-18 优 e 网广告创意

过,好似这位美女就在商业区中逛街。随后,推出优 e 网的入驻品牌及优 e 网 Logo,给人一种"恍然大悟"的感觉,原来此人正在优 e 网中逛街。

图 12-19 优 e 网广告页面

资料来源:节选自艾瑞广告先锋网,http:// case. iresearchad. com/html/201103/2412123613. shtml

问题

1. 简述优 e 网的网络品牌建设过程。
2. 优 e 网是通过哪些途径来推广其品牌的?

本章小结

1. 网络品牌是通过网络渠道进行传播的一个虚拟的名称、术语、标记、符号或设计,或是它们的组合运用,它含有产品或服务的个性或特点并反映网络企业的精神和价值观,代表了某个网络企业所提供的产品或服务,并使之同竞争对手的网络服务区分开。

2. 网络品牌一般由网络域名、企业具体的网站、PR 值以及关于企业的软文和相关信息组成。

3. 网络品牌与传统品牌的区别主要表现在传播载体、个性化服务方式、顾客购买决策难度三个方面。

4. 网络品牌建设与维护的过程包括确定品牌定位、了解目标顾客群、进行品牌传播、建立品牌与目标顾客群的联系、维护品牌资产与重塑品牌、全过程实时反馈六大环节。

5. 企业主要通过搜索引擎、网络广告、企业网站、电子邮件、"病毒式"营销、网络社区六种方法、途径进行网络品牌的推广。

6. 网络品牌资产由一系列要素构成,这些要素分别以各自的方式影响着网络品牌价值。这些要素包括网络品牌忠诚度、网络品牌价值、网络品牌认知度、网络品牌影响力、网络品牌联想等。

7. 网络品牌价值评估通常使用的方法有成本法、市场比较法和收益法等。

思考与实践

1. 理论基础

(1) 什么是品牌价值与网络品牌?

(2) 网络品牌有哪些特征?

(3) 简述网络品牌与传统品牌的区别和联系。

(4) 简述网络品牌建设与维护的过程。

(5) 网络品牌建设与维护有哪些方法?

(6) 网络品牌有哪些推广途径?

(7) 网络品牌有哪些价值评估方法?

2. 知识应用

(1) 浏览一些知名网络品牌(包括传统品牌的延伸,如苏宁、海尔等,以及纯网络品牌,如淘宝、亚马逊等)的网页,并查询其发展历程,了解它们的网络品牌建设过程及方法。

(2) 查看网页,关注不同品牌的网络推广方法,并指出它们分别是运用哪种方法进行品牌推广的。

参考文献

[1] 杜鑫坤. 网络品牌构建及管理研究[D]. 北京:北京交通大学,2006.

[2] 宋文官,姜何,华迎. 网络营销[M]. 北京:清华大学出版社,2008.

[3] 刘伟刚. 对网络品牌的几点认识[J]. 价值工程,2010,(1).

[4] 白丁,张银,应健. 网络媒体环境下的品牌资产建立研究[J]. 石家庄经济学院学报,2009,(2).

[5] 韩学广. 我国企业网络品牌塑造研究[D]. 兰州:兰州商学院,2010.

[6] 崔明欣. 品牌资产评估模型的建立及应用[D]. 大庆:大庆石油学院,2006.

[7] 胡革. 网络营销:工具+理论+实战[M]. 北京:清华大学出版社,2010.

[8] 赵文清. 网络营销基础[M]. 北京:人民邮电出版社,2011.

[9] http://www.bnet.com.cn/2011/0324/2024273.shtml

[10] http://news.xinhuanet.com/newmedia/2010-11/1

第13章 网络营销信用管理

引导案例

阿里巴巴"信用门"背后的管控缺失

2011年2月21日,网络企业阿里巴巴公布重大人事变动:公司首席执行官卫哲和首席运营官李旭辉为公司近期存在的客户欺诈行为而引咎辞职,阿里巴巴旗下淘宝网总裁陆兆禧接替卫哲,兼任阿里巴巴首席执行官职务。阿里巴巴"信用门"事件页面如图13-1所示。

图13-1 阿里巴巴"信用门"事件页面

当天阿里巴巴股价下挫3.47%,次日收盘继续大跌8.27%,成交量创三年内新高。

此后的内部清查显示,2009年、2010年两年间,分别有1 219家(占比1.1%)和1 107家(占比0.8%)的"中国供应商"客户涉嫌欺诈;直销团队100多名员工默许甚至参与协助骗子公司加入阿里巴巴平台。其实,从2009年开始,阿里巴巴国际交易市场就屡遭欺诈投诉。为何时至今日,阿里巴巴才突然以"壮士断腕"式的举措高调处理企业中的信用缺失事件呢?阿里巴巴集团到底存在着哪些方面的失误,从而导致了这次危机?哪些难题仍在长期困扰着此类集团公司?这些难题反映的本质问题是什么?给了我们哪些启示?又该如何根治这些难题?

从阿里巴巴不断传递给社会公众的信息来看,此次阿里巴巴的"信用门"事件所反映出的企业管控机制不到位,给社会同类集团公司以很好的警示作用。本章将就网络营销中的信用问题进行详细阐述。

13.1 网络营销信用管理概述

13.1.1 信用与信用环境

从经济学、社会学、法律等不同角度对信用进行理解,信用有不同的含义。信用常被理解为遵守诺言,实践成约,从而取得别人的信任,倾向于道德品质。本书从经济学角度出发,认为信用就是在商品交换或者其他经济活动中,授信人在充分信任受信人能够实现其承诺的基础上,用契约关系向受信人放贷,并保障自己的本金能够回流和增值的价值活动。

国家、社会、商业、企业、银行、个人等不同的主体都具备信用属性。根据信用主体的不同,信用可以分为企业信用、银行信用、国家信用、民间信用、个人信用等。

环境指的是事物之间特定的相互关系,不是事物本身。环境是相对于某一个中心事物而言,即围绕某个中心事物的外部空间、条件和状况的总和。因此,所谓信用环境是指企业与企业之间、企业与个人之间,以及个人与个人之间的信任关系和信用程度。

13.1.2 网络信用与网络营销信用管理的含义

1. 网络信用

与传统的信用不同,网络信用指的是网络交易中由买方、卖方以及网络平台提供方构成的三方之间互动的信用关系。网络信用,也可定义为在虚拟市场中或网络活动中,各交易主体遵守虚拟市场合约(隐性或显性)的程度。

网络信用是由多种因素影响的,从逻辑形成上或形成步骤上看,主要受交易者的信用理念(伦理、文化或道德)、信用意向和信用能力的影响,交易者先有较高的信用道德水平,再有相当的信用能力,这样才能遵守合约。

网络信用是一个多层次、递进性的概念,因为遵守虚拟市场合约的程度既受交易者理念和信用意向的影响,也受交易者信用能力的影响。

网络信用风险也是一个多维度的概念,其主要维度包括可获得性、信赖、安全性和可靠性等。虚拟市场中各种相关利益主体遵守虚拟市场合约(隐性或显性)的程度越高,则网络信用越高,反之,遵守虚拟市场合约(隐性或显性)的程度越低,则网络信用越低。网络信用是在网络环境中的信用,即网络环境中各交易主体遵守市场合约(隐性或显性)的程度不确定性的大小。其中影响网络信用的因素有虚拟市场中各交易主体的文化、道德、信用能力、管理能力和网络技术等。个人风险态度也是决定信任接受程度的重要影响因素。

网络信用既有虚拟属性又有现实属性。网络本身是虚拟的,但它是现实社会和人的活动映射的产物,现实生活、经济和政治在网络上得到了充分体现。可以说,网络信用其实就是现实社会信用的表现,社会信用是其内在根本。

2. 网络营销信用管理

信用管理是指对信用交易中的风险进行管理,即对信用风险进行识别、分析和评估,通过制定信用管理政策,指导和协调内部各部门的业务活动,用最经济合理的方法有效控制风险,以保障应收账款安全和及时回收。企业信用管理是指企业在力图扩大销售的同时,为控制销售风险而制定的政策、措施、业务方案和规章制度及其相关的运行活动,是企业信息管理、财物管理和销售管理相互交叉的一项管理。

而网络营销信用管理是指在网络环境下,在从事网络营销的过程中,对客户信用信息进行征集、识别、分析和决策的过程,以及对信用交易进行科学管理以控制信用风险的专门技术,目的是避免或减少网络营销过程中网络信用风险带来的危害。网络营销信用管理的三大基本要素是网络信用征集、网络信用评估以及网络信用决策,这三大基本要素构成了网络营销信用管理的三个主要流程。网络营销信用管理的主要职能包括识别风险、评估风险、分析风险,以及在此基础上有效地控制风险,并用经济、合理的方法综合性地处理风险。在现实的网络市场环境下,由于网络信用交易主体和形式的不同,网络营销信用管理的目标市场被分成三个部分:资本、网络企业和消费者个人。在不同的目标市场上,网络信用风险的特征不同,网络营销信用管理的职能和内容也各不相同。

目前我国社会信用和网络信用基础比较薄弱,随着政府有关部门对信用体系建设的重视和法律法规的进一步完善,社会信用和网络相关信用将得到极大改善和提高,在此过程中也会出现一些反面的案例,如天涯等网站用户信息失窃、不良团购网站涉嫌诈骗、网络水军和网络公关等失信事件仍然时有发生。图13-2为我国网民与非网民对网络的信任度,从中可以看出总体上网民对网络的信任度较低。

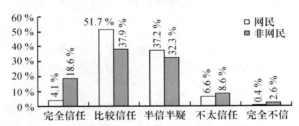

图 13-2　网民与非网民对网络信任度现状示意图

资料来源:中国互联网信息中心。

因此,网络呼唤信用,更需要建立完善的信用体系。如果没有一整套完善的网络信用保证制度,网络可能成为某些不法之徒手中的欺诈工具。现实情况是,由于我国本身社会信用体系不健全,加之网络发展时间不畅等原因,信用问题愈渐成为阻碍我国网络发展的重要瓶颈。

E 视点

"信用宝"

2011年,浙江省工商局利用企业CA数字证书技术,在网站的"信用宝"标志内加上了具有不易仿冒和不可否认性的网上营业执照,免费为企业网站"网上亮照"。"信用宝"具有辨别主体资质、查检违禁商品等多种功能。网民、客户和消费者也可以通过"信用宝"管理系统直接向工商部门投诉网站上出现的各种违法失信行为,而信用投诉处理情况将影响网站的信用评价结果。

13.1.3　网络营销信用管理主体以及信用模式

1. 网络营销信用主体

网络营销信用主体是指网络营销信用关系的当事人,是网络营销信用关系的承载者和网络营销信用活动的行为者。要研究网络营销信用问题,首先要明确网络营销信用的主体,如图 13-3 所示。

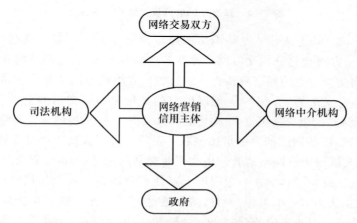

图 13-3　网络营销信用主体结构示意图

(1) 网络交易双方。网络交易双方中的供给方是企业。企业利用网络发展、完善自己,是网络交易主要的参与者、推动者和受益者。网络企业通过设计、制定、实施公平、科学、完善的交易规则,为网络交易双方建立了一个公平、公正的平台,确保网络交易的安全可靠。网络交易双方中的需求方是消费者。消费者利用网络完成自己的消费活动,是网络全面发展不可缺少的参与者。企业与消费者的信用问题是个社会性问题,需要政府、企业、社会各界的共同努力。特别是在网络经济的发展过程中,信用是进入国际市场的通行证,没有信用的企业与个人在社会上将无法立足。下节将对企业和个人信用风险防范相关知识进行详细的阐述。

(2) 政府。网络、网络营销需要在政府的指导、控制、管理下进行。政府信用与企业信用、个人信用有着不同的意义,政府信用影响着社会发展。因此,在网络发展过程中要建立政府信用,并建立对政府信用的监督和约束机制。

(3) 网络中介机构。为了保证网络营销的顺利进行,必须有银行、信用卡公司、认证公司、保险公司等相关实体的参与,它们被称为网络中介机构。这些中介机构在参与网络交易时必须诚实守信,为网络交易双方提供公平、公正、可取的服务。

(4) 司法机构。网络的发展要有良好的法律法规环境。通过立法的方式为网络提供可操作性的信用规则,使人们真正相信在网络交易过程中违反信用义务时,应当承担相应的法律责任,同时,使人们相信法律的公平、公正,能够有效处理网络交易过程中的违法问题。

2. 网络营销信用模式

网络营销信用模式主要是指网络企业（网站）在进行网络营销的过程中，通过制定和实施确定的交易规则，为网络交易的当事人建立一个公平、公正的平台，以确保网络交易的安全可靠，其基础性设施是资格认证和信用认证。网络的信用问题，不仅是网络网站如何在其经济行为中遵循信用原则，更主要的是要为网络交易的各方参与者建立必要的、适合网络特征的信用模式。

目前，较为典型的网络营销信用模式主要有四种，如图13-4所示。

图13-4　网络营销信用模式结构示意图

（1）中介人模式。中介人模式是将网络网站作为交易中介人，达成交易协议后，购货的一方将货款、销售的一方将货物分别交给网站设在各地的办事机构，当网站的办事机构核对无误后再将货款及货物交给对方的网络营销模式。这种模式将网络网站作为交易中介人。但这里的中介人不是普通意义上的"介绍"，而是以中立的身份参与到交易的全过程之中。例如，中国商品交易网就要求在达成交易协议后，购货的一方要将货款、销售的一方要将货物分别交给网站设在各地的办事机构，当网站的办事机构核对无误后再将货款及货物交给对方（见图13-5）。可见，这种信用模式试图通过网站的管理机构控制交易的全过程，以确保交易双方能按合同的规定履行义务。这种模式虽然能在一定程度上降低商业欺诈等商业信用风险，但却需要网站有较大的投资，设立众多的办事机构，而且，这种通过第三人进行的中介交易还有交易速度和交易成本问题。从信用模式来说，它则要求以网站的信用为基础，也就是交易双方必须以信任网站的公正、公平和安全为前提。可在事实上，网站介入到交易过程，这完全有可能因为网站及其办事机构的过失而给顾客造成经济损失。

图13-5　中国商品交易网对交易用户的信用认证

（2）担保人模式。担保人模式是指法律为确保特定的债权人实现债权，以债务人或第三人的信用或者特定财产来督促债务人履行债务的网络营销信用模式。这种信用模式是以网站或网站的经营企业为交易各方提供担保为特征。这种将网站或网站的主办单位作为一个担保机构的信用模式,最大的好处是使通过网络交易的双方降低了信用风险。而且,要完成一个担保行为,也有一个核实谈判的过程,但这无形中增加了交易成本。因此,在实践中,这一信用模式一般只适用于具有特定组织性的行业。而对那些交易主体具有开放特性的网络网站并不适用。例如,中国粮食贸易网就规定,任何会员均可以就中国粮食贸易网的交易合同向中国粮食贸易公司申请提供担保,试图通过这种担保来解决信用风险问题。

(3) 网站经营模式。网站经营模式是网络企业根据企业的经营宗旨,为实现网络企业所确认的价值定位而采取某一类网络营销模式的总称。这类网站作为商品的经营机构,在取得商品的交易权后,让购买方将购买商品的款项支付到网站指定的账户上,网站收到购物款后才给购买者发送货物。这种信用模式是单边的,是以网站的信誉为基础的,它需要交易的一方(购买者)绝对信任交易的另一方(网站)。而对于网站是否能按照承诺进行交易,则需要社会的其他机构(如消费者协会、工商行政管理部门)来进行事后监督。这种信用模式一般适用于从事零售业的网站(如8848网站就是通过建立网络商店的方式进行交易活动的),但它不能满足厂商利用网络进行交易的需要。

(4) 委托授权模式。委托授权模式是指把实际网络经营活动委托给他人或者其他机构,但自身仍然承担监督责任的网络营销信用模式。这种信用模式是网络网站通过建立交易规则,要求参与交易的当事人按预设条件在协议银行建立交易公共账户,网络计算机按预设的程序对交易资金进行管理,以确保交易在安全的状况下进行。这种信用模式最可取的创新是网络网站并不直接进入交易的过程,交易双方的信用保证是以银行的公平监督为基础的。但要实现这种模式必须得到银行的支持,而要建立全国性的银行委托机制并不是所有的企业都能够做到。例如,新疆华夏益农网络有限公司兴办的"中国农副产品交易市场(CASPM)"采用的就是委托授权模式(见图13-6)。

图13-6　CASPM加入的中国农业网站诚信共建联盟

我国目前所采用的这四种网络营销信用模式,是网络企业为解决商业信用问题所进行的积极探索。但其各自存在的缺陷也是显而易见的。特别是,这些信用模式所依据的规则基本上都是企业性规范,缺乏必要的稳定性和权威性,这就极大地制约了网络交易的快速健康发展。而要克服这些问题需要政府部门对发展网络交易创造好的法律法规环境。

13.1.4 网络营销信用影响因素

信用受到社会文化、社会制度、信息、市场以及社会伦理道德的影响,而网络营销信用则受到网络的安全技术、社会信用体系以及国家信用管理体系的影响。明确把握网络营销信用的影响因素,有助于研究分析网络营销信用的控制机制,如图 13-7 所示。

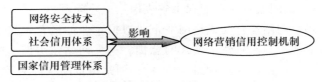

图 13-7　网络营销信用的影响因素

1. 网络安全技术

网络是一个开放性的网络,它的安全问题是人们最关心的。而安全问题的产生很大程度上是由于网络在安全技术处理上存在漏洞。如何保障网络活动的安全,如何在技术层面解决网络的安全问题,进而防止引发不必要的信用危机,是网络营销信用管理的重要方面。

2. 社会信用体系

(1) 市场经济条件下的信用意识和信用道德规范。在我国网络交易中,存在着大量的诈骗行为。有一些企业和个人,利用网络自身的特点进行诈骗。不讲信用的企业照样可以生存和发展,坑蒙诈骗者也有一定的市场。主要的原因在于我国近代市场经济发育不充分,信用经济发育较晚,市场信用交易不发达,新中国成立后又长期处于计划经济体制之下,真正的社会信用意识十分淡薄。无论是企业还是个人,都普遍缺乏现代市场经济条件下的信用意识和信用道德观念。加上国家信用管理体系不完善,相关的法律法规和失信惩罚机制不健全,导致社会上信用缺失行为盛行,很多企业与个人对于信用的重要性体会不深、认识不足。网络交易的开展要依赖于社会信用制度的健全,后者的缺失或者落后将会严重阻碍网络交易的正常开展。

(2) 信用控制的市场化程序。在市场主体本身具有一定的信用道德意识的基础上,客观地利用经济规律,建立基于市场的基本的信用约束机制,有利于市场信用的全面发展。我国企业内部普遍缺乏信用管理制度,因授信不当导致合约不能履行以及授信企业对履约计划缺乏管理而导致电子商务中的违约现象频繁发生。在市场交易中可以快速取得资本市场、商业市场上的绝大多数企业和个人的真实资信背景报告的国家称为征信国家。目前,我国仍是非征信国家,社会信用中介服务行业发展滞后。在网络中开展社会信用的中介服务已经成为解决网络营销信用问题的主要途径之一。

3. 国家信用管理体系

(1) 政府对信用的监督、教育、管理。市场信用机制的建立,需要政府这只"看得见的手"进行必要的监督管理。对从事企业信息服务的中介机构进行监督,将影响到信用机制市场化程序的发展。代表国家的政府在网络中恪守信用原则,带头实施基于公正、公平、互信互利的网络、电子政务活动,将树立整个市场乃至整个社会的信用意识观念,帮助建立信用控制体系。

(2) 健全的网络法律法规。政府的行为带有单方面性,在信用控制上有时更讲求的是效率的优先性。而相关的网络法律法规则更有利于产业的发展且更具可操作性。网络的法律法规在某种程度上规范着整个社会的行为,无论是政府还是网络企业,均要依法行事。有了法律保障的网络关系才会有法律保障的信用。

13.2　网络顾客信用分析

13.2.1　网络顾客信用的含义及类型

网络顾客信用是指在网络环境下,网络顾客制定自己的消费准则,以对未来偿付的承诺为条件的产品或劳务的交易关系。顾客信用作为市场经济中的交易工具已经有很长的历史了。随着网络技术的发展,网络营销成为当今社会的一大主流,也将成为未来社会商业发展的一种趋势。为了推销产品,网络企业设计出许多创新推销方式,诸如网络分期付款、网络信用积分卡等。网络顾客信用的出现扩大了市场的规模并使网络顾客可以提前享受到所想要的东西。

以网络信用的使用目的为标准,网络顾客信用可以再分为网络零售信用、网络现金信用、网络 VIP 客户信用等。

1. 网络零售信用

网络零售信用是指网络零售商向网络顾客以赊销的方式提供产品与劳务,是网络顾客直接用来向网络零售商购买最终产品的一种交易媒介。通过这种方式,网络零售商增加了销售,争取了更多的网络顾客。在现代市场经济条件下,网络零售信用已经成为网络市场竞争的一种手段。

网络零售信用具体又可以划分为网络循环信用、网络分期付款信用(见图 13-8)以及网络专业服务信用。网络循环信用是网络零售商与顾客之间的一种协定。依据协定,网络零售商允许顾客在事先约定的限额内,以信用交易购买各种产品。网络分期付款信用的特点是要求受信方支付首付款,然后要在一定期间内按期支付固定的金额,直到还完全部款项为止。与网络循环信用不同的是,网络分期付款信用中,网络顾客要与企业签订销售合同,在余款支付完后信用交易自动终止,因此又叫封闭信用。网络专业服务信用指网络顾客可以先期获得专业人士的服务,在收到账单后再行付款,是专业服务提供者对顾客所提供的短期信用。网络专业服务信用类似于上述的网络循环信用,只是由专业服务替代了实际产品。

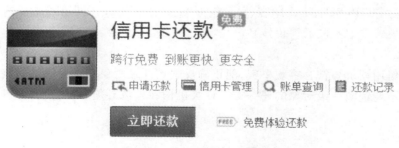

图 13-8　网络分期付款示意图

资料来源:http://yingyong.taobao.com/show.htm? app_id=73028

2. 网络现金信用

网络现金信用即网络现金贷款。当网络顾客由于各种理由需要现金时,都可以向网络金融机构申请贷款,网络顾客得到的是现金,授信主体是网络金融机构。网络现金信用比网络零售信用进步了很多:网络零售信用将交易限定在具体的产品上,而网络现金信用则可以使顾客购买任意的产品以及更广泛的用途。

与网络零售信用一样,网络现金信用因偿还方式的不同,可以分为网络分期付款贷款、网络单笔支付贷款两种。网络分期付款贷款是一种贷款协定,约定网络借款人在将来的一段时间内,以固定而有规律的付款方式偿还贷款。网络借款人必须提供收入及财务的安全性证明,使贷款人对借款人将来偿还贷款抱有信心。网络单笔支付贷款是一种短期贷款,贷款期限通常短于一年,并规定在期限终了时,网络借款人应将全部贷款一次付清。

3. 网络 VIP 客户信用

网络 VIP 客户信用是指与供给方建立起良好的贸易关系,交易额度达到 VIP 客户标准的客户形成的网络信用关系。根据 VIP 客户的信用状况,为其提供一种短期融资便利产品,借款人在核定的额度金额内可循环周转使用贷款。这种信用关系受到很多条件的限制和制约。

13.2.2 网络顾客信用评价原则

1. 全面性

网络顾客信用评价的内容应该全面地反映所有影响评价对象信用状况的各项要素,不但要考虑到个人和企业过去的业绩,而且还要预测未来的发展趋势;不能通过少数的评价就做出信用评价的结论,这样容易产生评价失实的错误。只有坚持全面分析,才能最大限度地避免因评估不足而导致损失,维护行业的健康发展。

2. 科学性

建立网络顾客信用评价体系,各项指标必须有机配合,相互之间既不重复,又无矛盾;同时,指标的计算和评价方法必须科学,要有一定的依据,要充分借鉴国外企业及个人信用评价发展的相关经验。

3. 针对性

网络顾客信用评价必须具有针对性,不同的评价对象和评价目的,指标体系应该有所区别。我国的传统信用评级分为证券级、贷款企业评级和特定信用关系评级三类。而对网络来说,则应该考虑到 B2B、B2C、个人顾客、平台服务商、金融机构等不同市场主体的各自特点,做到不同的商业模式采取不同的评价体系。

4. 公正性

网络顾客信用评价要符合客观事实,能正确反映被评级对象信用等级的真实面貌,指标体系和计算方法不能偏向评级对象的任一方。评级机构和人员必须态度公正,评价客观,以事实为依据。

5. 合法性

网络顾客信用评价必须遵守国家有关政策、法律和法规,指标体系要体现国家宏观政策导向,有些经济效益指标和风险监管指标,若国家规定有标准值的,必须体现规定要求。

6. 可操作性

网络顾客信用评价要具有实用性,便于操作和程序计算。既要符合我国国情,具有本国特色,又要参照国际惯例,考虑今后同国际接轨,便于国际间的信用评价一体化。

13.2.3 网络顾客信用分析构成要素及流程

1. 网络顾客信用分析构成要素

（1）借款人品德（Character）。要求个人或企业必须诚实可信,善于经营。通常要根据过去的记录结合现状调研来进行分析,包括个人或企业的年龄、文化、技术结构、遵纪守法情况、开拓进取及领导能力、有无获得荣誉奖励或纪律处分、团结协作精神及组织管理能力。

（2）经营能力（Capacity）。要分析个人或企业的生产经营能力及获利情况,管理制度是否健全,管理手段是否先进,产品生产销售是否正常,在市场上有无竞争力,经营规模和经营实力是否逐年增长,财务状况是否稳健。

（3）资本（Capital）。个人或企业资本往往是衡量个人或企业财力和贷款金额大小的决定因素,个人或企业资本雄厚,说明个人或企业具有强大的物质基础和抗风险能力。因此,信用分析必须调研了解个人或企业的资本规模和负债比率,反映个人或企业资产及资本对于负债的保障程度。

（4）资产抵押（Collateral）。资产可以用作贷款担保和抵押品,有时申请贷款也可由其他个人或企业担保。有了担保抵押,信贷资产就有了安全保障。信用分析必须分析担保抵押手续是否齐备,抵押品的估值和出售有无问题,担保人的信誉是否可靠。

（5）经济环境（Condition）。经济环境对个人或企业的发展前途具有一定影响,也是影响个人或企业信用的一项重要的外部因素。信用分析必须对个人或企业的经济环境,包括个人或企业的发展前景、行业发展趋势、市场需求变化等进行分析,预测其对个人或企业经营效益的影响。

2. 网络顾客信用分析流程

网络顾客信用分析包含如图 13-9 所示的基本流程。

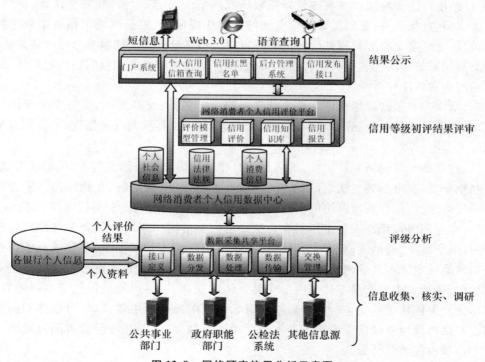

图 13-9 网络顾客信用分析示意图

（1）信息收集、核实。通过受评对象和各种渠道获取数据信息,保证信用评价所需的有关受评对象和行业信息的准确及充分。

（2）调研。根据受评对象提供的信息资料和评价工作要求,确定需进一步了解或核实的问题,安排合适的时间邀请受评对象及其他相关人员举行在线访谈或面谈。

（3）评级分析。根据所掌握的受评对象和行业信息,对受评对象的信用状况进行分析,确定受评对象信用等级初评结果。

（4）信用等级初评结果评审。受评对象信用等级初评结果报送专家委员会进行评审、核定。

（5）结果公示。初评结果在信用等级评价中心专栏进行一段时间的公示,接受受评对象和社会各界的监督与举报。若受评对象对初评结果有异议,可在公示期内向评价机构申请复评,并提供补充材料。受评对象有异议的,或者公示期间收到社会各界对受评对象失信行为举报的,评价机构在初评结果公示截止日后若干个工作日之内做出复评结论,经审核通过后作为对受评对象的最终评价结果。

13.2.4 网络顾客信用风险防范

网络交易作为一种全新的交易方式,已经突破时空限制。低成本、高效率的交易方式成为未来交易方式的主流。而信用风险严重制约了网络交易的向前发展,切实完善各项制度和加强信息披露,对于建设一个公平、公正、自由的网络交易平台是非常重要的。

网络顾客信用风险的防范措施主要有以下四条。

1. 加快网络市场内外的法律法规建设

第一,推动网络交易法律法规建设。抓紧研究网络交易、信用管理、安全认证、在线支付、市场准入、隐私权保护、信息资源管理等方面的法律法规问题,根据网络市场健康有序发展的要求,加快制定网络交易的管理办法;推动网络仲裁、网络公证等法律服务与保障体系建设;打击网络交易领域的非法经营以及危害国家安全、损害经营者和顾客利益的违法犯罪活动,保障网络市场的正常秩序。

第二,网络交易平台应尽快建立健全其规章制度。包括:交易规则、交易安全保障与备份制度、信息披露与审核制度、隐私权与商业秘密保护制度、顾客权益保护制度、不良信息举报处理机制等。

第三,建立和完善网络交易协会,加强行业自律。凭借协会组织经营者、沟通政府、联络专家的有利地位,根据电子签名法、合同法、顾客权益保护法、电信条例、互联网信息服务管理办法等有关法律法规,结合我国网络的实际状况和发展趋势,制定网络交易行业规范。

第四,建立网络市场准入制度。具有合法经营资质的实体组织必须到工商部门办理营业执照、进行电子备案,并由工商部门为其办理互联网经营主体备案证书,并发放电子版营业执照。利用网络技术公示其登记基本情况,并用认证的方式允许交易者点击其认证标记或者电子版的执照,使现实中的交易主体与网上交易主体相挂钩,以尽可能确保交易主体的真实性,并将网络交易主体从事的交易行为的后果归属于现实中的交易主体,以尽可能维护网络交易的信用。严格执行网络经营者的市场准入制度和退出制度,限制非法经营者随意进出市场并约束其在市场内的经营行为。

第五,建立一支高素质的网络执法队伍,加大网络执法力度。必须加强对网络执法队伍的培训,加强软件、硬件的建设,使经营者、顾客权益保护工作能做到进行网上监督、网上投诉、网上裁决、网上索赔和网上处罚。图13-10为浙江建立的网络警察网站,目的在于加大网络执法力度,抓住网络中的突出问题进行严厉查处,如对虚假广告、假冒伪劣、恶意欺诈行为一有发现即严加处理。另外,由于网络的全球性,还需要全国工商系统打破地域管辖权限,统一协调,互相配合,共同执法。

图13-10 浙江网络警察网站示意图

资料来源:http://idinfo.zjaic.gov.cn

2. 建立和完善社会信用管理体制

我国网络信用基础较薄弱,无论是企业还是个人均缺乏资信管理的意识。为了提高网络交易主体的积极性,加速网络信用问题的解决,加强和拓展信用披露制度和方式,增强全社会的守信观念,为网络交易的当事人建立一个公平、公正的平台,需要建立和完善社会信用管理体制。

首先,建立和完善网络个人信用征信系统。网络相对于传统商务模式更需要人们诚实守信,没有全社会各方面的诚信支持,网络就是在沙滩上建大厦,信用机制也会是水中浮萍。应逐步建立起一套完整的个人信用征信系统,建立个人信用档案,为社会提供征信服务。在保证质量的基础上加大网络信用数据的采集力度,建立全国个人信用数据库中心,实现各相关部门信用数据共享,逐步完善网络个人信用征信制度。图13-11所示为深圳市个人信用征信系统。

其次,建立网络信用评价与监管体系。建立起以政府为背景的、跨部门的,包括银行、工商管理、公安、税务等部门协同的企业和个人的信用评价与监管体系,实现跨部门、跨行业、跨地区的信用信息互联互通。以往,对从事网络营销的经营者通过评选诚信网站的方式进行监督和管理,这种方式在一定程度上对一些经营者起到了肯定和鼓励作用,成为强化网络信用体系建设的有机成分,但这还不够,还需要进一步加强政府的引导作用,建立和完善对网络经营者的评级制度。

3. 建立信用奖惩机制

建立完善的诚信机制,需要有信用奖惩机制做支撑。奖惩机制应包含以下方面:赋予相关部门依据法律法规实施奖惩的权力,对信誉良好的经营者给予优惠政策,采取免于检查、信用升级等方式予以奖励;对失信经营者和个人,使其受到应有的行政、司法或经济处罚,并对其进行重点监管,同时对失信经营者或个人的不良行为进行记录并广泛传播,让失信者难以在社会经济生活中生存。

4. 提高网络交易者风险防范意识

目前在互联网上有很多顾客广为参与的虚拟社区,顾客群体可以利用虚拟社区来传递经营者和产品的信息,共享经验,降低信用风险。还可以利用网上认证中心查询经营者的资质、信用记录等,以规避信用风险。与传统市场中的搜寻相比,网络市场搜寻的成本要低得多。网络顾客可以利用智能代理、搜索引擎、信息中介等工具对产品信息进行搜索,提高信息搜寻的效率,改变自己的信息劣势地位。图13-12为浙江省温州市为提高网络企业的信用度建立的温州市企业信用网。

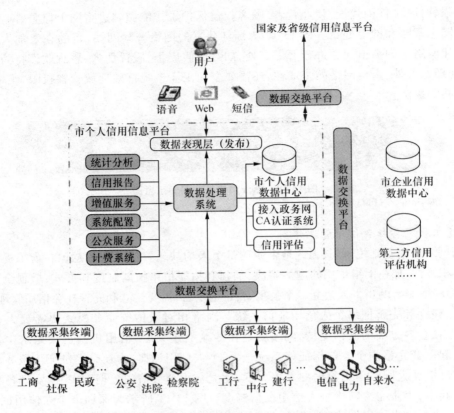

图 13-11 深圳市个人信用征信系统示意图

图 13-12 温州市企业信用网示意图

资料来源：http://www.qyxyw.com

13.3 网络运营商信用分析

13.3.1 网络运营商的含义及类型

网络运营商（Network Operator）即网络提供商，是指利用计算机、通信与广播等信息技术，在互联网上为信息的发布、传输、搜索、获取等提供服务的商业主体，提供信息采集、传递、转发、处理、存储、检索、利用、安全等服务的企业组织。

网络运营商按照不同的标准可分为以下几种。

1. 提供网络传输技术的网络运营商

提供网络传输技术的网络运营商分为两类：一类是提供硬件设施的网络运营商，一类是提供软件支持的网络运营商。当然，同一个网络运营商也可能既提供硬件设施，也提供软件支持。提供硬件设施的网络运营商主要通过建立具体信道的方法实现网络传输。这种信道又可分为两种——有线信道和无线信道。提供网络传输技术的网络运营商必须同时兼有硬件和软件系统的服务器，只有这样才能实现网络运营。

2. 提供缓存支持的网络运营商

缓存技术是一种常用的网络技术，其目的是提高信息传送的速度。缓存技术又可以分为浏览器缓存和服务器缓存。图 13-13 所示的 Message 就是提供缓存支持的网络运营商。

服务器的缓存技术由网络运营商提供，该网络运营商通过一个代理服务器对用户下载的页面进行存储。一旦代理服务器的某一个用户访问了某个已经存储的网页，代理的服务器就将该保存网页展示给该用户。这种技术通过存储已经浏览过的站点的缓冲来提高网页的显示速度。服务器缓存技术在原理上和浏览器缓存技术上并无太大的区别，只不过服务器缓存技术是由网络运营商提供，其存储的空间更加巨大、存储的速度更快、可受益的用户更多而已。

图 13-13　Message——提供缓存支持的网络运营商示意图

资料来源：http://www.messagesec.com/cn

3. 提供信息网络存储空间的网络运营商

存储空间事实上是指可以永久存储信息的计算机外部的存储器的容量。信息网络存储空间，是指一些大型的一般由网络运营商提供的网络服务器。实践中，有些网络运营商控制或经营很多台可以连接到网络的服务器，这些服务器的空间很大，除自己使用外，仍有大量网络存储空间可以向其他的网络使用对象提供。图 13-14 所示为云存储网络运营商。

4. 提供网络搜索的网络运营商

搜索引擎的数据库是依靠一个叫作"网络机器人"或称"网络蜘蛛"的软件运行的，它通过网络上各种链接自动获取大量的网页信息，并按一定的规则进行分析、整理，如谷歌、百度等大型搜索引擎系统。搜索引擎因为是依靠软件进行的，所以其数据库的容量要求非常庞大，同时，它的查询结果往往也不够准确。搜索引擎不同，网页索引的数据库不同，排名的规则也不尽相同，搜索的结果也就不尽相同。

5. 提供网页内容的网络运营商

提供网页内容的网络运营商又可以被称为网络媒体，不同于传统媒体的信息单向传播，网络媒体是信息互动传播的。交互性强是网络媒体最大的优势，通过链接，用户只需简单地点击

图 13-14 云存储网络运营商示意图

资料来源：http://cloud.189.cn

鼠标，就可以从网络运营商的相关站点中得到更多、更详尽的信息。如图 13-15 所示的速网科技就是直接提供网页内容的网络运营商。

图 13-15 速网科技网络运营商示意图

资料来源：http://www.fastcache.com.cn

　　网络运营商有责任和义务进行不同网络之间的互联互通，在技术上可行的条件下，在经济合理、保证双方经济利益的同时，将互联互通进行下去，其实有利于双方的发展，特别是新进入的网络运营商的发展。在这一点上，规模网络运营商不应当设置互通壁垒，以保证网间互联互通实施以及市场竞争的有效开展。因此，需要建立网络运营商信用保证。

　　网络运营商信用保证是指网络运营商在向银行融通资金的过程中，根据合同约定，由依法设立的担保机构以保证的方式为债务人提供担保，在债务人不能依约履行债务时，由担保机构承担合同约定的偿还责任，从而保障银行债权实现的一种金融支持方式。网络运营商信用保证的本质是保障和提升价值实现的人格化的社会物质关系。网络运营商信用保证属于第三方担保，其基本功能是保障债权实现，促进资金融通和其他生产要素的流通。如图 13-16 所示，淘宝走在网络运营商信用保证的前列。

　　网络运营商信用保证有利于全社会的信用体系建设，有利于信用信息的资源共享，有利于促进信用评价机构的发展，有利于担保机构的业务拓展，具有节约社会资源、实现资源的优化配置和稳定社会的功能。

图 13-16　淘宝网络运营商信用保证示意图
资料来源：http://yingyong.taobao.com/show.htm?app_id=1162748

E 视点

当当网的诚信宣言

2010 年以来，当当网明显加大对货品质量的控制力度。当当网先是在全国 800 个城市推出上门退货同时退款的售后服务举措，紧接着又联合上千家供应商联合发布《网上零售诚信宣言》，并重磅推出了假一赔五、先行赔付等举措。当当网还成立了专门的商品投诉处理小组，并成为北京网上零售行业唯一一家市级 12315 绿色通道成员企业。当当网"诚信 3 + 1"体系由此轮廓初现。"诚信 3 + 1"体系中的"1"，指的是《网上零售诚信宣言》；"3"则分别指 12315 用户投诉通道、"假一赔五"和上门退货同时退款服务。

13.3.2　网络运营商信用评价原则及影响因素

在网络环境中，网络运营商为用户合法的或者不合法的行为提供技术、硬件、服务器等支持。根据网络的特殊性以及网络运营商在网络运行中的作用，网络运营商对通过其系统或网络的信息具有实际的监控能力，对通过其传播的信息承担监控义务，同时，网络运营商具有协助调查义务即承担配合协助权利人或有关机关收集侵权行为证据的义务。

网络运营商信用评价要遵循以下原则：

1. 可行性原则

在建立网络运营商信用评价指标体系时应充分考虑指标的可行性，否则评价也不能展开。可行性就是可操作性，再好的网络运营商信用评价体系，如果在现实中没有办法进行落实的话，那么这个体系就不是一个好的体系。

2. 相关性原则

即网络运营商信用评价指标不能脱离企业信用评价的内涵，如国外的"5C"理论。网络运营商信用状况评价指标体系的建立应该以网络运营商的内涵以及分类为理论依据。

3. 诚信原则

诚信原则是市场经济活动的一项基本道德准则,是现代法治社会的一项基本法律规则。在对网络运营商进行信用评价时,要遵循诚信的原则。在评价的过程中,应对当今社会诚信危机、树立诚信的道德观念、强化市场主体自我约束机制固然重要,但更重要的是建立健全以诚信为内核的网络信用评价体系,通过法律手段保障诚信的道德内涵得以伸张,而诚信法律体系的基石,则是诚信立法。诚信原则是保障网络市场经济安全、有序及高效运行的重要法律原则,是发展网络市场经济、限制不正当竞争及维护网络市场经济秩序的必然要求。

4. 区别对待原则

区别对待原则就是根据不同情况对不同类别的网络运营商实行不同的评价标准。对提供缓存支持的网络运营商要以核心缓存技术作为评价指标,对提供网络传输技术的网络运营商要以传输的速率和传输的质量作为评估的主要因子,对提供信息网络存储空间的网络运营商要以存储空间以及空间的使用效果作为评价的标准,对提供网络搜索的网络运营商以及提供网页内容的网络运营商要以搜索结果的准确性和提供的网页内容作为评价的核心指标。

对网络运营商信用评价引入交易价格、评价时间、评价方信用值、防欺诈因子因素,使基于多影响因素的网络运营商信用评价模型不但考虑买家反馈评价的主观内容,还考虑影响信用值的客观因素。因此,影响网络运营商信用评价的因素有:

1. 交易价格

目前的网络运营商信用评价模型中,每次交易引起的信用增加值是相同的,即加1或减1,而与交易价格无关,为信用欺诈提供了可能。一些网络运营商在初期出售一些价格低的产品,迅速积累信用,到后期转而销售一些价格高的产品从而骗取网络消费者的信任。还有一些网络运营商在进行交易时,要求网络消费者将本来可以一次购买结算的产品分成多次来拍卖,从而获取不当的信用积分。因此,交易价格可以被网络运营商加以操纵,从而影响消费者对其的信用评价。

2. 评价时间

网络运营商信用是在一段时期内的概念,不是时间点上的概念。网络运营商信用的形成是一个随时间变化的积累过程,信用评价在不同时期不具有简单的累加性。通常近期的信用反馈评价要比早期的信用反馈评价更能反映因交易用户行为变化所引起的信用波动,也更具有参考价值。因此,在计算网络运营商信用评价值时,应该考虑信用反馈评价的时间权重。

3. 评价方信用值

现有的网络运营商信用评价模型在计算网络运营商的信用值时,都没有考虑评价方的信用值。为了增加信用值,网络交易双方有时会串通相互给予高分信用评价,所以信用值高的用户做出的信用反馈评价相对于信用值低的用户更具有参考价值。因此,网络运营商评价方信用值因素,可以有效防范信用值较低的用户通过虚假交易、相互评分来提升信用,以谋求高额收益。

4. 防欺诈因子

为防止网络运营商进行网络信用炒作,需要制定出一系列交易规则。比如淘宝发布纯信息,即无独立载体信息,包含但不仅限于以下情况:减肥秘方、赚钱方法、会员招募、商品知识介绍、免费信息以及购物体验介绍等。发布免费获取、低价商品,包含但不仅限于以下情况:无偿从发行方获得的优惠券或资格权、免费商品、软件下载、电子刊物、电子邮件地址邀请等。一般情况下,如果一笔交易的交易价格低于邮寄费用,交易方会认为这笔交易不划算,所以当交易价格低于邮寄费用时,也认为存在网络信用炒作。

综合以上因素，网络运营商信用评价影响因素模型的结构如图 13-17 所示。

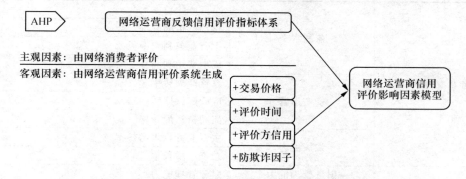

图 13-17　网络运营商信用评价影响因素模型

资料来源：田双领.C2C 电子商务信用评价分析与研究[D].西安：西安电子科技大学，2008.

13.3.3　网络交易平台信用评价体系

为了强化网络运营商的守信意识和诚信自律意识，提高网络交易的信用水平，促进互联网行业健康有序的发展，必须构建网络交易平台信用等级评价体系。

1. 网络交易平台信用等级评价方法

根据互联网行业特点，建立定性分析与定量分析相结合、外部因素与内部因素相结合、静态分析与动态分析相结合、历史因素与趋势预测相结合的评价指标体系，运用计分卡、综合分析判断法等科学分析方法，由信用专业人员及行业专家进行分析和评议，最后确定企业信用等级。

2. 网络交易平台信用等级评价指标体系

网络交易平台信用等级评价采用三级指标体系。以互联网网站企业为例，其信用等级评价指标体系如表 13-1 所示。

表 13-1　网络交易平台信用等级评价指标体系

一级指标	二级指标	三级指标
综合素质要素	人员素质	管理者学历指数
		管理者职称指数
		高管行业经验指数
		一般员工学历指数
		一般员工技能指数
	公司治理结构	公司治理建设
	公司规章制度	制度建设
	公司经营年限	公司经营年限
	公司业务资质	经营许可证
财务状况要素	偿债能力	资产负债率
		利息保障倍数
		现金流动负债比
		流动比率

(续表)

财务状况要素	盈利水平	净资产收益率
		总资产报酬率
		主营业务利润率
		成本费用利润率
	资产运营	总资产周转率
		应收账款周转率
		流动资产周转率
	发展能力	主营业务收入增长率
		总资产增长率
管理水平要素	财务管理能力	财务管理能力
	人力资源管理能力	人力资源管理
		员工权益保障
	质量管理	质量管理能力
	信用管理能力	债权管理能力
		债务管理能力
		危机管理能力
	安全运营管理	安全运营能力
		安全目标能力
竞争要素	发展战略	战略规划及管理
	网站技术及内容	研发能力
		网站设计
		网站技术
		网站内容
	市场地位	子行业流量排名
	客户服务	客户服务
社会信用要素	社会影响	企业和管理者荣誉奖励
		社会公益事业贡献状况
	信用记录	行业自律公约的加入及践行
		知识产权保护
		国税纳税信用等级
		地税纳税管理分类级别
		贷款信用等级
	行政处罚	受到工商、税务、劳动、公安等行政部门处罚
	失信行为	用户信息保密
		违法、不良、垃圾信息及恶意软件举报
		服务质量投诉
		法人代表或经理信用不良记录
		法人败诉案件
	诚信度	网站流量欺诈
		点击率欺诈
		运营型欺诈
		网站备案情况

资料来源：中国互联网协会企业信用评价中心。

按照上述方法及指标体系,我国网络交易平台信用评价等级分为"三等九级",即 A、B、C 三等,AAA、AA、A、BBB、BB、B、CCC、CC、C 九级。

除了建立起网络交易平台信用等级评价体系外,还需要从网络信用立法、信用数据库的建立和管理等方面实现网络交易平台信用的完善。

13.3.4 网络交易平台信用风险防范

防范网络交易平台存在的信用风险,主要从以下几方面采取措施。

1. 加快网络信用立法工作

完备的网络信用管理法律体系是信用行业健康规范发展的基础和必然要求。从实践角度考虑,应从三方面推进网络信用立法工作:

(1) 充分借鉴发达国家在网络信用管理方面的法律法规,在此基础上以比较完备的行政管理规定的形式颁布,为网络信用中介机构的发展奠定制度框架。

(2) 抓紧研究、率先出台与信用行业相关的网络基本法,如可出台《网络信用报告法》,确定网络信用行业管理基本的制度框架,以促进网络信用行业规范健康地发展。

(3) 加快网络征信数据的开放与网络信用数据库的建立。网络征信数据的采集和使用首先是一个法律问题。在征信数据的开放与使用等方面尚无明确的法律规定,一方面,数据开放程度低,许多信息相对封闭和分散于各个部门及机构中,造成信用信息缺乏透明度;另一方面,在涉及消费者个人信息的采集和共享方面也没有相关的法律约束。图 13-18 所示为网络交易平台信用体系的网络消费者信用征集模块。

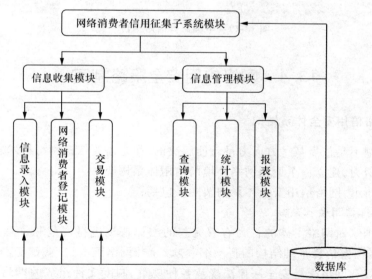

图 13-18　网络交易平台信用体系的网络消费者信用征集模块

资料来源:魏宝柱.网络交易中个人信用评价研究[D].长春:吉林大学,2008.

2. 促进网络信用中介机构规范发展

网络信用中介机构主要有两种模式:一种是由私立部门发起设立,另一种是作为中央银行的一个部门建立。目前,网络信用中介机构都是采取公司制的市场运营方式,因为处于发展的初级阶段,市场需求不足,业务量相对较少,特别是政府对信用信息的利用程度较低。根据我国行业发展现状和西方国家的经验,对于网络征信咨询类机构可以采取竞争的方式,使其业务逐步向有规模、有影响的征信公司集中。

3. 政府应对网络信用行业进行相应的管理和监督

从国际上看,目前主要的监管框架主要有两类:一类是以中央银行为监管主体,另一类是以完善的法律法规为基础。从各国的经验来看,政府对网络信用行业的管理方式与该国信用管理法律体系的状况密切相关。法律法规越完善,政府的直接管理职能就越弱化,网络信用行业的发展也越规范;反之,政府或中央银行的直接管理职能就更为重要一些,网络信用行业的发展状况更容易受政府行为的影响。如图13-19所示,商务部已经成立了面向全国商务企业的信用评价认证平台——中国商务信用平台。

图 13-19 中国商务信用平台

13.4 网络信用安全策略制定

13.4.1 网络信用安全体系结构

网络信用问题不是依靠某一方面力量就能解决的,而是需要依赖网络技术、政府以及网络各参与方的共同努力,建立一个适用网络环境的信用体系构架。

如图13-20所示,网络信用安全体系构架主要包括:

1. 健全的网络信用法律法规

美国等西方国家对网络主体的行为有着完善的法律法规进行规范和管理,如《高性能计算法规网络案》、《国家信息基础结构的行动纲领》、《全球网络纲要》。我国已经初步建立起由网络安全法律法规和网络交易安全法律法规及各种规章、制度文件组成的网络信用法律法规体系,如《中华人民共和国电子签名法》、《互联网信息服务管理办法》、《互联网电子公告管理规定》、《网络商品交易及有关服务行为管理暂行办法》等。但是与网络发展的进程相比,仍不相适应。今后在网络法律法规体系方面应该:完善原有的法律体系并进行必要的调整;为适应发展的需要制定新的法律法规,这些法律法规涉及关税、税收、支付、版权、专利、网络加密、消费者权益等方面。

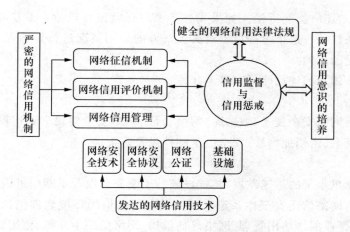

图 13-20 网络信用安全体系结构

2. 发达的网络信用技术

要建立网络信用体制所需要的基础技术,如认证、安全协议、安全技术以及必备的基础设施等。

3. 严密的网络信用机制

网络包括网络征信机制、网络信用评价机制、网络信用管理等。

4. 网络信用意识的培养

网络经济中网络信用意识的关键是在社会氛围中人们都讲信用,并通过信用制度来约束人们的商务行为。

5. 信用监督与信用惩戒

建立失信惩罚机制是整顿网络环境的重要措施之一,失信惩戒的目的是使失信者付出的代价远高于其获得的收益,甚至使其经济生命终结,让机会主义者无路可选。

13.4.2 网络信用安全体系建立

归纳起来,网络信用安全体系建立包括三个环节:

1. 信用认证

用户首先在网站上进行注册登录浏览,用户一旦注册,就会建立用户的信用信息数据库,然后订购商品。该订购信息会通过安全加密技术送于授信者,授信者对收到的密文进行解密。然后授信者登录信用中介机构网站申请信用认证,信用中介根据网络 ID 通过网络企业与个人信用数据库查询该企业或用户的基本信用信息,并将结果返回授信者,帮助授信者判断和控制信用风险,此时就完成了交易前的信用认证。

2. 信用监控

如果授信者同意授权,那么交易双方可以签订合同,这整个过程的数据都是保密的,并且是在监控下执行的。

3. 信用评估

最后买方付款,卖方送货。如果买方在收到货物后不付款,卖方可通过客户服务部与其取得联系,进行督促。如果买方拒绝付款,卖方就将该不良信用记录发送给档案中心形成信用污点,情节特别严重的还应提起诉讼。如果卖方不及时送货或不送货,买方可以采取同样的手段维护自己的合法权益。这个过程可以对买卖双方的信用情况进行评估以及实施失信惩罚,进行双方信用情况的反馈。

网络信用安全体系的建设路径有以下几种:

1. 技术硬件

技术硬件包括网络安全技术、数据库、网络公证、网络安全协议。其中网络安全技术包括数字签名与数字证书、密钥加密法、安全电子邮件以及防火墙等。

2. 环境软件

随着我国计算机水平的迅速发展、基础设施的不断完善以及不断引进国外先进技术,信用环境软件逐渐成为网络信用安全体系建立的关键环节。信用环境软件包括:网络信用制度,如个人征信机制、企业网络信用管理、网络评估机构、网络信用中介等;信用监督与失信惩戒机制;出台信用法律法规;培养信用观念,建立信用文化。

13.4.3 网络信用安全技术

1. 加密和解密

加密和解密技术是最基本的安全技术,其主要功能是提供机密性服务,在实现其他安全服务时也会使用加密技术。

2. 电子数字签名

电子数字签名也称为数字签名。数字签名首先利用一种单向函数对消息产生摘要,然后再对摘要使用只有发送者自己知道的私钥进行加密。这里使用的单向函数必须具备两个重要特点:首先,计算单向函数的值很容易,但是做逆运算却很难;其次,若给定一个函数值,要找到某个变量使得其函数值与其相等十分困难。

3. 电子数字证书

数字证书是建立网络信任关系的关键。数字证书将用户基本信息(用户名、电子邮件地址)与用户公钥有机地绑定在一起,绑定功能通过发布证书的权威机构的数字签名来完成。用户之间通过交换数字证书建立信任关系。

4. 安全通信协议和有关标准

在网络安全技术应用领域,安全通信协议提供了一种标准,基于这些标准,企业可以很方便地建立自己的安全应用系统。

5. 网络防火墙技术

防火墙技术是指这样一种技术,通过一组设备(可能包含有软件和硬件)介入被保护对象和可能的攻击者之间,对被保护者和可能的攻击者之间的网络通信进行主动的限制,达到对被保护者的保护作用。这里可能的攻击者一方面包含现实的或潜在的蓄意攻击者,另一方面也包含被保护者的合作者。

网络安全问题涉及的内容十分广泛,既有技术方面的问题,也有管理方面的问题,两方面相互补充,缺一不可。技术方面主要侧重于防范外部非法用户的攻击,管理方面则侧重于内部人为因素的管理。如何更有效地保护重要的信息数据、提高计算机网络系统的安全性已经成为所有计算机网络应用必须考虑和必须解决的一个重要问题。

13.4.4 网络信用安全策略

网络信用安全策略主要包括：

1. 加强网络信用物理安全

网络信用物理安全策略的目的是保护计算机系统、网络服务器、网络用户终端机等硬件实体和通信链路免受自然灾害、人为破坏和攻击；验证用户的身份和使用权限，防止用户越权操作；确保计算机网络系统有一个良好的工作环境；建立完备的安全管理制度，防止非法进入计算机网络系统控制室和网络黑客的各种破坏活动。

2. 加强内部信用安全管理

内部信用安全管理主要是建立内部安全管理制度，如机房管理制度、设备管理制度、安全系统管理制度、病毒防范制度、操作安全管理制度、安全事件应急制度等，并采取切实有效的措施保证制度的执行。内部信用安全管理主要采取行政手段和技术手段相结合的方法。

3. 加强网络信用访问控制

网络信用访问控制策略是网络系统安全防范和保护的主要策略，其主要任务是保证网络资源不被非法使用和非常规访问，是维护网络系统安全、保护网络资源的重要手段。所以网络信用访问控制策略是保证网络安全最重要的核心策略之一。其中包含：入网访问控制、网络的权限控制、目录级安全控制、属性安全控制、网络服务器的安全控制、网络监测和锁定控制、网络端口和节点的安全控制、网络防火墙控制等手段。

4. 加强网络信用信息加密

网络信用信息加密策略主要是保护计算机网络系统内的数据、文件、口令和控制信息等网络资源的安全。对于网络信用信息加密策略，网络用户可以根据网络系统的具体情况来选择上述几种加密方法实施。计算机网络系统的信息加密技术是保护网络安全最有效的方法之一。采用网络加密技术，不但可以防止非授权用户的搭线窃听和非法入网，而且也是对付网络黑客恶意软件攻击和破坏计算机网络系统很有效的方法。

综上所述，网络信用安全策略主要是配合行政手段，制定有关网络信用安全管理的规章制度，在技术上实现网络信用系统的安全管理，确保网络信用系统的安全、可靠运行，突出网络营销的特色。

案例讨论

淘宝网的信用体系

国内 C2C 模式的典型就是淘宝网。淘宝网是目前国内最大的 C2C 网站。自 2003 年 5 月成立以来，淘宝网致力于打造安全高效的网络交易平台。

1. 淘宝网信用体系的逐步完善

发展至今，淘宝网围绕完善信用体系主要采取了如下举措：2003 年 6 月，淘宝网成立伊始就设立了信用评价制度。淘宝网会员在淘宝网每成功交易一次，就可以对交易对象做一次信用评价。评价分为"好评"、"中评"、"差评"三类，卖家相应可获得"1"、"0"、"-1"的信用积分。2003 年 10 月，淘宝网引入"支付宝"。交易双方达成协议后，买家先将货款通过"支付宝"交由淘宝网监管；然后卖家发货；买家收到货品验证无误后，在淘宝网确认收货，并将货款通过

"支付宝"转至卖家账户。2004年1月,推出"淘宝旺旺"个人网络交易沟通工具,集成了即时的文字、语音、视频沟通以及交易提醒、快捷通道、最新商讯等功能。2004年2月,推出卖家实名制认证,并区分了个人卖家和商家认证,通过实名认证,卖家将获得认证图标,它会在卖家信用评价中显示。2005年4月,修改交易纠纷处理规则,对严重违规的卖家采取永久禁入。2006年3月,修改信用显示规则,将买入商品和卖出商品的信用积分分开显示和计算,250积分以下用红心数表示,251—10 000积分用钻石数表示,10 001—50 000积分用皇冠数表示。2007年4月,启用"先行赔付"制度。具有一定信誉度的卖家,在向淘宝网存入一定比例的保证金后,可以申请加入淘宝网的"先行赔付"服务,并在所销售的商品上加上特殊标记,并有独立的筛选功能。2007年5月,推出"7天无理由退换货"制度。具有一定信誉度的卖家,在向淘宝网存入一定比例的保证金后,可以申请加入淘宝网的"7天无理由退换货"服务,并在所销售的商品上加上特殊标记,并有独立的筛选功能。

2. 实例与理论对照分析

衡量网络交易的重要指标主要有两个:一个是交易额,另一个是成交率。其中,成交率又直接影响着交易额。成交率越高,对网络交易的参与者吸引力越大,从而提升交易额。交易额决定了淘宝网的利润,交易额越高,淘宝网通过广告、商品推荐等手段获得的收入也将越多,日后依据成交额直接收取费用的收入也越多。因此,淘宝网在其发展过程中通过各种措施,力图最大限度地降低网络交易中交易双方信息的不完全,提高成交率。

3. 实证结果

淘宝网正是凭借信用体系的不断完善,获得了巨大的成功:首先,市场份额迅速扩大。成立3年后,2006年,淘宝网在国内C2C网络交易市场的份额超过其他C2C网站,位居国内市场份额第一;2011年,淘宝网在国内C2C网络购物市场份额超过80%,交易额达到1 000亿元,较2010增长了3.5倍。其次,连续高速增长。2003年至2011年,淘宝网的成交额年复合增长率超过100%。最后,庞大的用户群体。2011年,淘宝网注册用户数达到3.7亿。

马云称,淘宝网2012年的成交额超过10 000亿元。2013年上半年淘宝网注册用户为1.45亿,并且成交额上的优势还在持续扩大。淘宝网已成为国内C2C市场在注册用户总数和成交额意义上的"双冠王"。

资料来源:整理自百度文库。

问题

1. 结合本案例,阐述网络营销信用管理对于网络营销的作用。
2. 案例中,淘宝网的信用体系是否与本章开头的引导案例中所提及的阿里巴巴的"诚信门"事件有一定的联系?为什么?
3. 淘宝网推出的"7天无理由退换货"服务在现实中是否得到了很好的实施?假如你通过淘宝网买了一件衣服,在一周内你觉得对该衣服不满意而申请退货,淘宝网是否能够实现"7天无理由退换货"的承诺?如果不能,你该如何维护你的个人权益?

本章小结

1. 从经济学、社会学、法律等不同的角度对信用进行定义,信用的含义有所不同。信用环境是企业与企业之间、企业与个人之间以及个人与个人之间的信任关系及信用程度。网络信用指的是网络交易中由买方、卖方以及网络平台提供方构成的三方之间互动的信用关系。

2. 网络营销信用管理是指在网络环境下,在从事网络营销的过程中,对客户信用信息进行征集、识别、分析和决策的过程,以及对信用交易进行科学管理以控制信用风险的专门技术,目的是避免或减少网络营销过程中网络营销信用风险带来的危害。网络营销信用征集、网络营销信用评估以及网络营销信用决策构成了网络营销信用管理的要素。

3. 网络营销信用主体是指网络营销信用关系的当事人,是网络营销信用关系的承载者和网络营销信用活动的行为者。网络交易双方、政府、司法机构、网络中介机构构成了网络营销信用的主体,在此基础上,确定了中介人模式、担保模式、委托授权模式和网站经营模式作为网络营销信用模式。

4. 网络的安全技术、社会信用体系和国家信用管理体系构成了网络营销信用的影响因素。在此基础之上,引申出网络消费者信用的含义以及分类,同时要建立具有全面性、科学性、可比性、形象性的网络消费者信用评价原则,实现"5C"分析要素基础上的网络消费者信用评价体系和风险防范。

5. 网络运营商是指利用计算机、通信与广播等信息技术,提供信息采集、传递、转发、处理、存储、检索、利用、安全等服务的企业组织。对网络运营商实施信用保证,对网络消费者进行流量统计和分析,构建网络交易平台信用体系并对其风险进行防范,对规范网络市场具有重要的意义。

6. 网络信用安全关系到整个网络以及网络使用者的财产和个人隐私的安全,健全的网络信用法律法规、发达的网络信用技术、信用意识的培养、信用的监督与管理为保障网络信用的安全奠定了软硬件基础。网络信用安全策略包括加强内部信用安全管理、加强网络信用安全管理和加强应用网络信用安全管理。

思考与实践

1. 理论基础

(1) 请简述信用、信用环境、网络信用以及网络营销信用管理的含义。

(2) 网络营销的信用主体有哪些?网络营销的信用模式有哪些?

(3) 影响网络信用的因素有哪些?什么叫网络消费者信用?可分为哪些类别?

(4) 在进行网络消费者信用评价时,应该遵循哪些原则?影响网络消费者信用评价的因素有哪些?

(5) 网络消费者信用分析构成要素有哪些?简述网络消费者信用分析的流程。如何防范网络消费者信用风险?

(6) 网络交易平台信用体系发展现状如何?防范网络交易平台信用风险的措施有哪些?

2. 知识应用

(1) 从 IE 浏览器登录到阿里巴巴中文网站(网址为 www.china.alibaba.com),点击"论坛",在打开窗口中点击"信用社区—商业防骗",浏览相关信息,了解阿里巴巴网络信用状况。

(2) 依据阿里巴巴论坛中的"信用社区—商业防骗"信息回答:阿里巴巴商务网站有信用管理吗?什么是信用通档案?信用标志是什么?什么是信用积分?有投诉曝光机制吗?信用积分的规则是怎样的?如何使用信用管理?

参考文献

[1] 信息管理系列编委会.网络安全管理[M].北京:中国人民大学出版社,2003.
[2] 张红旗.信息网络安全[M].北京:清华大学出版社,2002.
[3] 孙健,王韬,李东强.病毒防护技术的研究[J].科学技术与工程,2005,(11).
[4] 夏丹丹,李刚,程梦梦,于亮.入侵检测系统综述[J].网络安全技术与应用,2007,(1).
[5] 黄中伟.计算机网络管理与安全技术[M].北京:人民邮电出版社,2005.
[6] 华道青.网络交易信用风险的防范分析[J].现代商贸工业,2009,(1).
[7] 阮德信.网络信用的体系构架与建设路径[J].中国集体经济,2008,(4).
[8] 朴春慧,安静,方美琪.C2C 电子商务网站信用评价模型及算法研究[J].情报杂志,2007,(59).
[9] 谈晓勇,任永梅.C2C 电子商务网站信用评价中的主要问题及其对策研究[J].经营与管理,2007,(20).
[10] 刘子龙.C2C 电子商务信用监管体系探究[J].电子商务,2006,(49).
[11] 孙程源.C2C 电子商务中信用评价模型的分析与研究[J].现代商业,2007,(32).
[12] 田婕.C2C 交易中诚信问题研究——基于博弈论模型[J].电子商务,2007,(46).
[13] T. Dong Huynh, Nieholas R. Jennings. FIRE: An Integrated Trust and Reputation Model for Open Multi-Agent System[J]. Journal of Autonomous Agents and Multi-Agent Systems, 2006, 13(2):119—154.
[14] Michael B. Gordy. A Comparative Anatomy of Credit Risk Models[J]. Journal of Banking & Financial, 2009,24:119—149.
[15] 石良平,汪冬华.信用风险度量的理论模型及应用(第一版)[M].上海:上海财经大学出版社,2007.
[16] 魏明侠.电子商务信用机理研究(第三版)[M].上海:经济管理出版社,2010.
[17] 李红艳.信用管理概论(第二版)[M].上海:复旦大学出版社,2010.
[18] 陈进.中国信用评估的发展和建设[J],中国信用卡,2004,(4).
[19] 崔金红,陈进.我国企业信用评估体系的发展[J].对外经济贸易大学学报,2004,(4).
[20] 华道青.浅论网络交易信用风险的防范[J].商业研究,2012,(1).
[21] 肖开锋,王明仙.B2C 电子商务的信息不对称问题分析[J].商业时代,2007,(22).
[22] 魏宝柱.网络交易中个人信用评价研究[D].长春:吉林大学,2008.
[23] 滕沂秀,李健.网络缓存技术与通信运营商[J].科技风,2010,(11).
[24] 田双领.C2C 电子商务信用评价分析与研究[D].西安:西安电子科技大学,2008.
[25] 沈娜利.我国 C2C 电子商务诚信管理机制的研究[D].重庆:重庆大学,2006.
[26] http://idinfo.zjaic.gov.cn
[27] http://www.qyxyw.com
[28] http://www.12312.gov.cn
[29] http://www.fastcache.com.cn
[30] http://cloud.189.cn
[31] http://www.messagesec.com/cn/
[32] http://knet.cn

第4篇
实　践　篇

　　网络营销效果的好坏,关键要看策划。网络营销工作者在开展营销活动之前,必须进行审慎周密的营销活动策划,将企业营销网站建立起来并进行有效推广,同时根据所处行业特点,有所取舍地将各种营销策略、工具整合起来,以求最大限度地取得营销活动的成功。**本篇是网络营销的重点**。第14章主要介绍了网络营销策划的原则与流程,战略层、战术层、执行层营销策划的有关问题,以及网络营销策划书的格式和主要内容;第15章重点介绍了企业建立营销网站的功能定位、建设流程、网站推广的主要方式以及网站维护的相关内容;第16章选取了物流、运输、房地产、汽车四大行业,将网络营销在相应企业中的应用现状及发展趋势进行了介绍,以帮助读者更好地了解网络营销是如何和具体行业结合的。

第 14 章 网络营销策划

引导案例

51EA 成功的网络营销策划

51EA(www.51ea.com)于 2003 年 4 月 23 日上线,由清华大学企业集团下属的全资子公司清华紫光文化有限公司负责运营,是一家做培训搜索引擎的专业网站。清华紫光文化有限公司是清华大学下属企业中以文化事业为主、整合资源扇形拓展的具有良好成长性的公司,主要以大型活动、教育培训、电力咨询、企划宣传、新闻传播、平面设计、编辑出版等业务为经营内容。网站成立初期,由于网站名称和业务内容没有明确的联系,为了尽快地推广网站,特聘请专家进行了营销策划,制定了以"打造最专业培训信息搜索引擎"为市场定位的营销策划方案,实施网络营销。51EA 的网络营销策划包括营销基础分析、网站诊断具体策划等内容。

两个月后,以关键词"培训招生"搜索,51EA 在谷歌和雅虎上都排在第一页中比较靠前的位置。各种地方性培训搜索在搜索引擎中也排在前五位。经过两年的努力,51EA 从名不见经传发展成为拥有培训、招聘和网页设计三大特色栏目,日访问量数万 IP 的专业网站,其内容和功能得到了广大网友的肯定,也一举成为中国最大的培训搜索引擎。

通过 51EA 的成功可以看出,一个好的网络营销策划可以为企业网络营销带来良好的经营效果。

14.1 策划与网络营销策划

14.1.1 营销策划的含义及作用

策划是企业对未来的事物进行合理的预先设计及规划的过程,营销策划是传统策划行为发展的结果,是传统策划活动及理论在现代营销活动中的应用,它是指在对企业内外部环境进行准确分析,并有效运用企业经营管理资源的基础上,对一定时间内的企业营销行为的方针、目标、战略及实施方案的预先设计和规划。理解营销策划的含义可以从以下几点分析:

(1)营销策划是建立在科学的内外部环境分析基础上的。
(2)营销策划是系统的对企业营销活动的各项任务进行的安排。
(3)营销策划具有预见性,是对未来活动的计划。
(4)营销策划最终是为了指导营销活动而做的预先规划行为。

E 视点

科特勒对策划的解释

"策划是一种程序,在本质上是一种运用脑力的理性行为。基本上所有的策划都是关于未来事物的,也就是说,策划是针对未来要发生的事情做当前的决策。换言之,策划是找出事物的因果关系,衡量未来可采取的措施,作为目前决策的依据,即策划是事先决定做什么,何时做,谁来做。策划如同一座桥,它连接着我们目前之地和我们未来要经过之处。"

资料来源:科特勒·阿姆斯特朗著.楼尊译.《市场营销原理》[M].北京:中国人民大学出版社,2010.

营销策划工作之所以重要是因为其对于企业营销活动来说具有重要作用:

(1)强化营销目标。完善的营销策划,可以帮助企业明确自己的营销目标。营销策划从本质上来说是对未来行动的统筹安排,企业员工在未来执行策划时必定是向着某一目标努力的,那么,完善的营销策划就应当对未来营销活动的目标有明确的说明,这种说明包括总体目标和各个行动的具体目标。由此通过营销策划使得企业所有人员清晰明确相应的营销目标。目标的作用体现在其对行为者的牵引力上,使行为者有努力达到目标的愿望。完善的营销策划可以使得企业营销活动达到目标状态,并能够减少许多寻找目标而造成的资源浪费。目标为企业的营销活动指明了方向,企业可以有计划地进行各种资源的优化配置,员工在工作中更具有积极主动性和创造性,并向着目标努力。

(2)加强针对性。在现代的市场营销中,高的产品或服务质量、低的产品或服务价格很难成为企业的竞争优势,企业要想实现市场营销的成功,就应有明确的市场细分与市场定位,即使企业服务于多个细分市场,也需要根据不同细分市场的需求特征来设计产品或服务。营销策划中的基本任务之一就是寻找市场差异与市场缝隙,并依据企业自身实力进行市场定位,强调企业产品或服务的特色,塑造与众不同的形象,并有效地向消费者传递这种形象信息,进而使企业的产品或服务有明确的市场定位。企业围绕目标市场开展有针对性的营销活动,从而占领这一目标市场,为消费者提供更好的服务,形成企业的客户关系网络。这样,营销策划就加强了企业营销活动的针对性。

(3)完善营销活动计划。在营销策划完成后,策划书内就有明确的未来营销活动的具体方案,这一提前确定的方案,为未来的营销活动提供了完整的计划,未来营销实践会按照该计划逐步执行,从而使营销活动有章可循,按部就班地完成。这种计划是建立在科学合理的环境分析与预测基础上的,所以对环境的适应能力很强,是更具有指导性的计划。

(4)降低营销费用。营销策划会对企业未来的营销活动进行精细的安排,使得营销活动可以高效率进行,减少不必要的活动造成的浪费,达到用低的费用取得良好结果的效果。同时,营销策划要对营销活动的费用进行预算,并对资金等资源的分配进行理想的优化组合,保证资金的最有效利用。美国布朗市场调查事务所的统计数据显示,营销策划优良的企业比无系统营销策划的企业,在营销费用上可以节省2/5—1/2。[①]

14.1.2 网络营销策划及其特点

网络营销策划就是在网络营销过程中,在具体的网络营销策略执行之前,通过对市场环境及企业内部能力的分析,对未来企业的网络营销活动进行预先设计(见图14-1)。可以看出,网络营销策划是传统策划行为的发展,是在传统策划理论的基础上,针对企业网络营销行为的具体预先性活动。网络营销策划更多地要依靠科学的营销理论和方法,包括网上信息搜集、网络分析、网络营销战略、网络营销计划、网络营销管理、控制与反馈、投资收益分析等。

网络营销策划的特点有以下几方面:

1. 明确的目的性

对企业来说,明确的发展目标能够带来行动的动力,提供制订科学有效的行动方案的指导。所以,对于进行网络营销的企业,建立明确的营销目标成为进行网络营销策划的首要任务,这就是网络营销策划的明确目的性的特点。有了明确的目的与正确的方向之后,才能进行达到目标的最好路线选择,构建合理的网络营销执行团队,选择各项活动的执行时间、地点以及具体行动方案的设计。企业在不同经营时期会有不同的网络营销目标。此外,网络营销目标制定还需要充分考虑企业现有实力的约束和限制,保证目标切实可行。也就是说,网络营销策划的目标,必须是企业经过各种实力投入和营销努力能达到的才有意义。

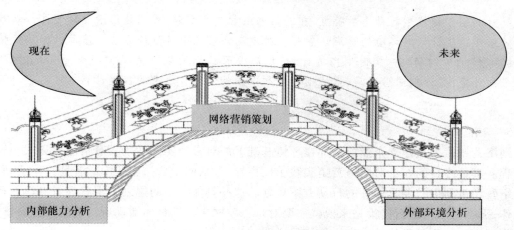

图14-1 网络营销策划示意图

2. 预见性

网络营销策划是对未来企业的市场营销行为的筹划。这种筹划建立在丰富的经验、专业知识和高超的创造力之上,将各种营销要素进行优化组合、统筹安排,形成多种营销方案和行动措施。可见,网络营销策划具有预见性的特点,这种预见性必须建立在网络营销市场调研和对未来市场发展趋势准确无误的分析判断的基础上。

3. 系统性

网络营销策划的系统性体现在策划制定过程和策划的具体内容两个方面。首先,网络营

[①] 张冬梅.市场营销策划[M].青岛:青岛海洋大学出版社,1998.

销策划是通过系统思考、科学制定而建立的对未来的行动方案的指导性规划设计。在制定过程中是通过全面、系统地分析企业内外部环境,以及系统地设计策划的具体内容而实现的。其次,网络营销策划是企业在整个营销过程中,调研、分析、评价、选择可以预见到的机会,系统地形成营销目标、营销战略、计划和措施的一种逻辑思维过程。

4. 动态性

网络营销过程受到可控的企业内部环境和不可控的企业外部环境的影响,因为环境是不断变化的,所以网络营销过程是一种动态的平衡过程,那么对该过程的策划也需具有动态性。虽然在策划时要尽可能详尽地对未来环境的一切因素进行预测,但网络营销面临的环境是复杂多变的,其未来的变化还是一定会存在企业无法预测的方面,这必然会导致营销方案不符合实际的情况出现。因此,网络营销策划需要在实际的网络营销活动实施过程中依据环境的真实情况进行调整和补充,来确保预期策划效果的实现。

E 知识

网络营销策划的滚动计划法

针对网络营销策划的动态性特点,在进行网络营销策划时,可以选用滚动计划法。这种方法有效地实现了计划对环境的适应。它是一种定期修订未来计划的方法。滚动计划法是按照"近细远粗"的原则制订一定时期内的计划,然后按照计划的执行情况和环境变化,调整和修订未来的计划,并逐期向后移动,把短期计划和中期计划结合起来的一种计划方法。

5. 具体性

网络营销策划是建立企业内外部在环境基础上的对未来实践活动具有指导意义的一种思维过程。其最终目的在于对网络营销实践予以指导,包括网络营销实践中的各种具体活动,所以网络营销策划中需要具体性的行动方案规划。这些具体行动的规划要求具有可操性并且易于操作,那么对于网络营销策划来说就需要对每一项网络营销具体活动所需要的资源安排、管理工作及实施流程等具体性内容进行详尽说明。

6. 科学性

网络营销策划的制定需要依靠科学的理论和方法,并非随意制定的。网上信息搜集、网络分析、网络营销战略、网络营销计划、网络营销决策、控制与反馈、投资收益分析等都遵循一定的科学性。同时,网络营销策划的内容要具有科学性。科学的内容才能更加有效地指导网络营销实践活动。

14.1.3 网络营销策划的基本原则

在进行网络营销策划时,为了提高其准确性和科学性,一般需要遵循以下原则:

1. 战略性原则

网络营销策划需要从战略的高度去对企业的网络营销目标、手段进行预先的规划和设计。

策划一经完成,会成为企业在未来较长一段时间内的网络营销活动指导,即企业在进行网络营销活动时要按照策划方案进行。因此,在网络营销策划制定时,一定要站在企业战略的高度去审视它,务求认真、细致周密。

2. 系统性原则

网络营销策划是一个系统工程,任何网络营销策划都必须站在企业全局的高度来设计与实施。首先,营销是企业生产经营的一个环节,而不是全部,尽管现代营销观念强调营销是企业生产经营的龙头,但它仍只是企业全部工作的一部分。因此,市场营销策划必须兼顾企业的总体生产经营战略,把策划纳入总的生产经营之中来考察,而不是营销与生产割裂开来。同时,网络营销策划要系统地分析诸多因素,如宏观环境、竞争状况、企业的网络营销能力、网络技术支持等。

3. 信息性原则

网络营销策划和传统的营销策划一样,都是根据大量且有效的营销信息而制定的。如果在进行网络营销策划时忽略了这些信息或是其中某些信息,策划便会成为盲目的、具有误导性的指导方针。另外,在网络营销执行过程中,环境等因素会产生一定的变化,方案要依据更新的信息及时调整。

4. 权变性原则

由于网络营销面临的网络市场环境瞬息万变,依据前期调研得到的数据制定的网络营销策划无法保证一直适应不断变化的环境,所以在网络营销策划制定时要有一定的权变性,即可以随着市场环境的变化调整营销策划,以适应市场环境,保证企业的网络营销活动得以顺利高效的进行。

5. 经济性原则

网络营销策划需要以最少的投入使企业获得最大的收益,即实现效率最大化。因为网络营销的直接目标就是经济效益,若网络营销策划的效率较低,制定的策划就违背了最初的宗旨。首先,经济性原则是指节约,即减少不必要的支出,这同时要注意不能降低必要的支出。必要支出不足可能会导致网络营销目标无法实现。其次,网络营销策划的经济性要求策划要有详尽的成本费用预算。合理的预算能达到最优化的资源投入,达到最优化的效果。最后,经济性原则是指网络营销策划可以指导网络营销实践产生经济效益。营销策划实施后要产生直接的经济效果,无法产生经济效果的网络营销策划必然不是成功的策划。经济效果的好坏,是检验网络营销策划方案优劣的重要标准之一。

6. 操作性原则

网络营销策划是一种符合实际环境要求、对实践进行指导的策略规划,它一定要具有可操作性。操作性原则要求网络营销策划能够实施操作,并且易于实施操作。首先,策划方案要能够操作实施,不能实施的方案,创意再好也没有价值。其次,操作性原则要求网络营销策划方案易于操作,策划时应尽量避免出现操作无法解决的难题,否则会耗费大量的资源,而且管理工作更加复杂,导致网络营销效率降低。所以,网络营销策划必须面对企业的现实,将需要与可能统一起来,设计出务实的、操作性强的网络营销策划方案。

7. 公众性原则

网络营销策划需要以公众为中心,以公众的利益需求来做出网络营销决策,制定网络营销方案。公众包括现实和潜在的顾客、供应商、经销商、政府、内部员工等。网络营销策划能否取得成功的关键因素之一就在于是否充分体现了公众利益。网络营销策划的公众性原则,首先要求了解公众需求。不同的公众有着不同的需求。顾客的需求是优良的产品和一流的服务;而原材料供应商则更关心企业的采购价格、供应链策略等因素;企业的经销商则需要企业的高品质产品和详尽的资料来保证自己的运营,同时希望企业可以为他们的销售工作提供支持等。在了解到各种公众的需求之后,公众性原则要求企业能够满足公众的需求,只有满足公众的需求,才能实现网络营销的目的。当前,企业家们已经认识到,企业对公众负责的良好形象,是企业获得生存发展的重要保障。这种企业形象是通过企业不断满足公众的需求之后获得的。

E 经典

世界上最好的工作

英国人本·绍索尔赢得了"世界上最好的工作"——澳大利亚大堡礁护岛人。这一事件被路透社在内的多家知名媒体评为 2009 年最经典的营销案例之一。有数据显示,澳大利亚昆士兰州旅游局以 170 万美元的低成本,收获价值 1.1 亿美元的全球宣传效应,成功进行了一次超值的旅游营销。

2007 年,澳大利亚旅游局为了让世人牢牢记住大堡礁,想出了这个网络旅游营销的点子。"世界上最好的工作"招募目的在于"尽一切所能,吸引尽量多的目光",向全球推广澳大利亚昆士兰州大堡礁群岛。在整个活动过程中,旅游局充分利用了网络媒体,他们通过重新设计包含不同语言版本的旅游网站、设在全球办事处的员工在各种论坛与社区中发帖、借助大名鼎鼎的视频网站 YouTube 再进一步扩大活动的传播范围、充分利用 Twitter、Facebook、Flickr 等 Web 2.0 应用,使活动的影响力不断延伸。通过这些热门的网络应用,全球更多的人可以看到应聘成功的本·索撒尔所拍摄的照片视频、发布的探索汇报,并与他进行互动和沟通,进一步扩大大堡礁在全世界的影响力。这一系列策划,使得"世界上最好的工作"网络营销策划活动获得了巨大成功。

从网络营销中受益匪浅的澳大利亚旅游局 2013 年发起了"世界上最好的工作(第二季)"网络营销活动,联合六大州和地区旅游局,提供六大工作岗位,每份工作合同为期六个月,薪酬价值达 64 万元人民币。

资料来源:改编整理自《中国网友报》第 403 期,http://www.cnii.com.cn/20080623/ca565406.htm

14.2 网络营销策划的内容体系

策划作为网络营销重要的前期工作,其工作内容是否全面完备对网络营销的执行具有重大意义。网络营销策划作为企业策划的一种,其内容体系与企业策划或传统市场营销策划存在一致之处,但是作为一种针对企业特定活动的策划,其具体内容较传统的企业策划及营销策划又存在一定差别。

14.2.1 网络营销策划的内容及层次

网络营销策划的内容就是根据相关环境分析对网络营销系统的各个层次环节进行预先规划与设计，具体包括对网络营销过程中的战略战术策划、营销目标策划、信息发布策划、网络市场调查策划、网络营销执行时间规划、工作及人员安排、执行控制策划、财务预算以及绩效评价规划等内容。将众多网络营销策划的内容依据管理上的区别可以总体划分为网络营销的战略层策划、战术层策划、执行层策划和信息应用层策划四个层次，如图 14-2 所示。

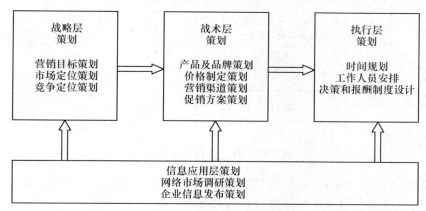

图 14-2 网络营销策划的内容及层次

14.2.2 战略层策划

网络营销战略层策划不是研究营销活动中具体的每一个环节和每一步怎么去做，而是对活动的全局性的指导思想的策划。进行网络营销战略层策划时要注意将网络营销战略纳入企业整体战略，接受企业整体战略的指导，达到网络营销战略与企业战略相一致、协调，完成企业网络营销活动。企业网络营销战略层策划要完成确定目标、市场定位和竞争定位三项基本任务。

1．网络营销目标策划

网络营销目标，是企业通过本次网络营销活动要得到的结果，包括关于经济利益的直接目标和获取企业形象的间接目标。合理的网络营销目标策划，应该结合网络营销的各种影响因素，对网络营销活动最终的期望结果进行规定和策划。网络营销目标策划过程中要求制定出具体明确的网络营销目标，且这种目标需要满足可实现、有挑战性、有时间要求等要求（见图 14-3）。

因此，网络营销目标策划应与企业的整体目标策划相一致，力求网络营销活动可以在企业各部门的配合下完成网络营销目标。

2．网络营销市场定位策划

网络营销市场定位策划的任务是明确企业在网络营销中的目标市场，它是市场细分的结果。企业要合理地进行市场定位，首先要对整体市场进行研究，通过网络市场细分，确定企业面对的营销对象。其次要进行深入的网络消费者调查和分析，对性别、职业、爱好、收入、家庭、生活方式、购买习惯、消费心理、媒体习惯等市场细分因素进行调查，并将收集到的信息用文字明确表达出来。在网络营销市场定位策划中要对企业的市场定位问题进行全面系统的预先规划。要注意具体明确企业的营销对象。在所有消费者中找出潜在的顾客，有的放矢，以收到较

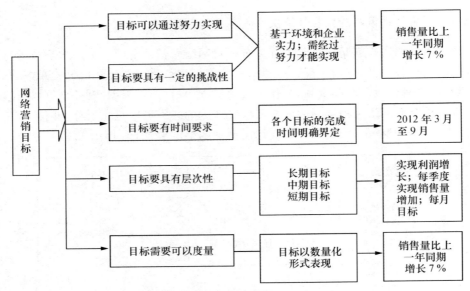

图 14-3　网络营销目标要求

好的网络营销效果。网络营销市场定位策划中的另一个任务是规划对营销对象进行深入了解的具体方式方法,选择信息获取的渠道以及信息处理方法。

网络营销市场定位策划过程中还需要对有关细分目标市场评估的方法手段进行选择,确定如何研究目标消费者的特性、目标市场潜力、竞争态势,最终根据企业自身实力与产品特点进行市场定位,即确定企业通过网络营销所服务的消费者群体。

3. 网络营销竞争定位策划

网络营销市场竞争定位策划包括对企业主要竞争者的识别与评价、选择企业的主要竞争战略和确定企业在网络营销市场上的竞争地位。

企业网络竞争对手的识别相对传统企业竞争对手的识别要复杂得多,原因是网络营销环境的开放性使得很多相关企业都可以通过开展网络营销活动与本企业产生竞争。而且开放的网络必然意味着企业进行网络营销时的消费者服务范围不存在一个明确的界限,这使得各个网络营销企业之间存在市场交叉,产生竞争。但是我们仍可以通过一定的方法去识别网络营销的竞争对手。首先可以从产业和市场两个方面去发现与本企业存在竞争的企业,从产业的角度出发,那些与本企业处在相同产业范围内的企业可能是本企业的竞争对手;从市场的角度分析,那些可以满足本企业面对的目标市场上的消费者需求的企业即为竞争对手。在识别出竞争对手之后还要对竞争对手的业务范围、竞争实力、竞争战略和市场反应决策等问题进行分析评价。

研究出企业所处的竞争环境之后,企业的网络营销竞争定位策划还需要规划出明确的竞争战略。根据波特的《竞争战略》一书,企业可以选择的竞争战略有三种:成本领先战略、差异化战略和市场集中战略。企业具体选择哪种战略要根据企业自身的特点、实力与市场环境因素综合考虑。

网络营销竞争定位策划的最后一个任务是确定企业在网络营销市场上的竞争地位。传统市场营销理论认为企业可能的市场竞争地位有以下四种:

(1) 市场主导者。企业在所选择的网络营销市场中产品的市场占有率最高,竞争实力大于其竞争对手,此时企业便处于市场主导者地位。一般而言,作为市场主导者,企业需要在营销过程中扩大市场需求总量,保护市场占有率并防止竞争对手的进攻。

(2) 市场跟随者。如果企业在目标市场上的市场占有率处于第二、第三位,企业便可以选择成为市场跟随者或市场挑战者。市场跟随者紧跟市场主导者的活动,依据自身实力保持现有市场占有率,不与市场主导者发生直接竞争,保持市场环境的稳定,模仿市场主导者的产品、服务等策略以获得生存发展。

(3) 市场挑战者。市场挑战者与市场跟随者在市场占有率上所处的地位一致。处于挑战竞争地位的企业认为自身实力可以与市场主导者竞争,并努力掠取市场份额,希望通过努力达到主导地位。如软饮料行业的百事可乐多年来一直与可口可乐进行挑战。

(4) 市场补缺者。处于补缺地位的企业一般实力较弱,只针对某特定的利基市场进行网络营销活动,补充行业中大企业无法或不愿意满足的小范围市场,并通过利基市场营销获得生存发展。

14.2.3 战术层策划

网络营销战术层策划是根据网络营销目标对具体营销活动做出的安排和部属。实战中具体采用哪一种或哪几种战术需要纳入整体策划的范畴中来考虑,经过充分论证之后,择善而行。战术层策划的内容包含对网络营销执行中将会涉及的产品及品牌、价格、分销渠道和促销策略的规划与指导,是网络营销执行的直接依据,如图14-4所示。

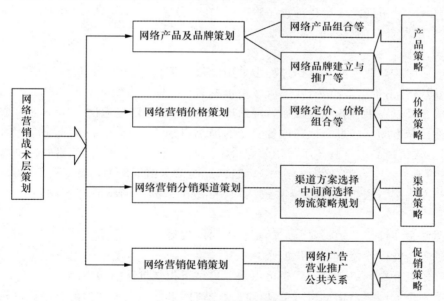

图14-4 网络营销战术层策划

1. 产品与品牌策划

产品与品牌策划即在目标市场分析的基础上确定企业将要提供给市场的产品种类、产品组合和在网络营销中企业品牌建设的方法与途径。产品与品牌策划作为网络营销策划战术层的一部分,要与网络营销战略策划一致,接受战略的指导,更要符合企业的整体战略策划。由于产品的提供是企业网络营销中真正的有形部分,所以关于将要提供的产品种类、产品组合的策划至关重要。

在进行产品策划时应当考虑多种相关因素的影响。首先,产品的生产必定涉及企业的生产部门,要做好网络营销部门与生产部门之间的协调沟通。在进行产品策划时一定要从实际出发,面向市场的同时考虑企业自身资金、技术等能力,综合考察企业生产部门的工作效率与技术水平,以此为基础确定将要推向市场的产品种类与组合。其次,产品最终是要提供给消费者的,只有真正能满足消费者需求的产品才会受到消费者欢迎,所以在进行产品策划时应从消费者需求角度出发,以市场营销观念为指导,通过满足消费者需求来实现企业既定目标。在进行产品策划时应充分考虑市场需求情况,包括市场需求总量、需求特征、目标消费者偏好等,通过严密的市场调研与分析获取相关信息,在这些信息的基础上根据企业自身实力进行产品策划。产品组合的宽度、长度、深度及相关性不仅是在考虑企业网络营销产品策略时才思考的问题,在网络营销策划中的产品策划部分就应当详尽地对产品组合进行策划,以保证在产品策略执行时有明确的指导性文件。

网络营销品牌策划应当完成以下工作:

(1) 企业品牌现状分析。对企业现有品牌的价值、知名度、消费者认知情况进行分析,明确企业品牌目前的状态。这里的品牌可以是网络品牌,也可是企业现有网下品牌。

(2) 网络品牌建立与推广策略安排。对企业网络营销过程中要如何建立网络品牌、如何进行网络品牌推广进行策划。

(3) 确定网络品牌推广途径。对网络品牌的推广途径进行详细说明。企业可以选择搜索引擎、电子邮件、网络互动等途径进行品牌推广,在品牌策划时要明确各种推广途径的应用方式、应用范围以及各自的投入比例等。

2. 价格策划

价格策划即对企业在网络营销过程中采用的价格策略进行策划,包括网络营销价格制定方法选择、网络营销价格策略选择、降价或提价方案等。网络市场面对的是开放的和全球化的市场。消费者可以在世界各地直接通过网站进行购买,而不用考虑网站属于哪一个国家或者地区。这种目标市场从过去受地理位置限制的局部市场,一下子拓展到范围广泛的全球性市场,使得网络营销产品定价具备了与传统定价不同的特性。一般而言,网络营销价格具有全球性、低价性和消费者主导性的特征,由于这些特征,网络营销定价更具有复杂性,所以在具体的定价策略与方法执行之前,应当对网络营销价格做出策划。网络营销价格策划要确定四个问题:

(1) 明确企业网络营销将要采取的定价方法与技巧。

(2) 确定企业的产品组合定价原则。

(3) 介绍企业在网络营销过程中可以采取价格折扣与折让的条件。

(4) 策划企业网络营销价格可变动范围及一线网络营销人员掌握的价格让渡权。

2012年8月,京东商城发起了新一轮价格战,矛头直指传统家电大鳄苏宁、国美,目的就是继续在网络零售市场上占据优势地位,如图14-5所示。

3. 分销渠道策划

分销渠道策划,即对网络营销活动中如何实现产品从企业向消费者转移进行预先计划选择,包括网络营销分销渠道模式选择、渠道建立计划、网络中间商选择计划等。网络营销的分销渠道与传统市场营销存在较大差别,在分销渠道设计上要求企业依据具体的环境和企业产品特点对渠道设计进行策划。

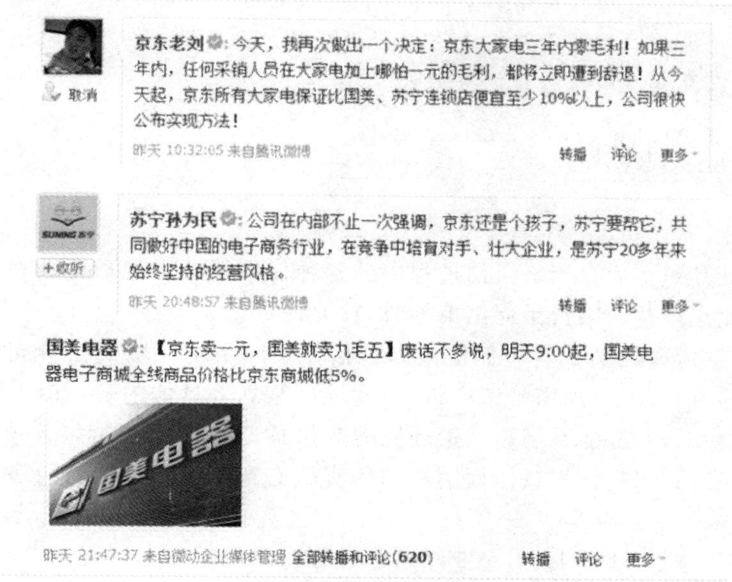

图 14-5　京东商城的价格策划

网络营销分销渠道策划应完成的任务有：

（1）确定主要分销渠道选择方案。包括选择直接渠道还是间接渠道、长渠道还是短渠道、宽渠道还是窄渠道。

（2）明确网络中间商选择的标准。如果企业准备利用网络中间商，在分销渠道策划时应明确网络中间商的选择标准。

（3）确定网络营销中的物流策略。在分销渠道策划中应明确网络营销物流系统的应用、物流商的选择、物流服务标准等问题。

E 经典

李宁公司的分销渠道策划

2008 年 4 月 10 日，李宁公司在淘宝商城开设的第一家直营网店上线。接着相继在新浪商城、逛街网、拍拍、易趣上通过直营和授权的形式开设了网店。可以看出李宁公司刚开始选择的分销渠道是网络商城模式。2008 年 6 月，李宁公司推出了自己的官方商城——李宁官方商城，随着电子商务的进一步发展，李宁公司而后和京东商城、苏宁易购等知名电子商务企业合作建立旗舰店。

李宁公司是一家以传统渠道为主的企业，有自己的品牌，在进行网络营销分销渠道建设的时候，网络上已经有一些自发形成的网上商城渠道，李宁公司采取的策略主要是整合现有的渠道资源，通过授权的形式收编现有的网络渠道资源，同时也在各大平台上开设自己的网络直营店铺，这可以看成是李宁公司对网络营销渠道的试水。紧接着，李宁公司以自建平台的形式开通了自己的官方商城。在分销渠道协调上,李宁公司主要采取的策略是区分出线上和线下产品销售的种类以及统一产品的价格。在网络营销渠道的推广上,主要是通过在一些综合型门户网站上做广告以及搜索引擎营销的方式。

资料来源:整理改编自 http://www.aixiufeng.com

4. 促销策划

促销策划,是针对企业在网络营销过程中的各种促销活动进行预先规划设计。促销的本质在于沟通,因此在进行网络营销促销策划时,首要任务就是完成信息沟通,选择适当的媒介将企业及产品信息传递给消费者。促销策划包括在不同市场环境下如何选择促销方式的计划、企业信息传递方案计划、网络营销广告、营业推广策划等具体内容。由于促销活动会贯穿企业网络营销活动的始终,随着网络营销环境的变化而变化,所以在网络营销开始之前应当对促销活动进行一定的策划,使得具体促销活动的实施有章可循。具体的网络营销促销策划内容包括:

(1) 促销方式选择计划。提出企业网络营销可能面对的市场环境,并针对不同的环境给出具体的促销方式及促销组合选择。

(2) 促销活动流程策划。根据要实现的促销目标具体计划促销活动的时间、人员、资金投入等,对促销的实施流程进行计划。

(3) 网络广告决策。确定网络广告的类型,预算网络广告投入,明确网络广告的使用效果评价系统。

(4) 营业推广决策。包括阐明营业推广对象的标准,确定可选择的营业推广方式方法、营业推广的效果评估办法等。

14.2.4 执行层策划

再完备的战略战术也要靠执行来完成,网络营销执行层策划是对战略战术的具体工作安排。执行层策划要求尽可能详细地规划网络营销执行过程中的每一个问题。网络营销执行要解决什么人在什么地方、什么时候、怎么做的问题,对网络营销执行的策划就是要对上述问题进行事前安排,具体而言,网络营销执行层策划的内容包括时间规划、人员安排、地点策划、执行内容策划和执行方案设计五个方面的内容,如图14-6所示。

1. 时间规划

时间规划即对网络营销活动具体执行的开始时间、工作时序、员工工作时间等问题进行安排与规划。企业开展网络营销活动时应当强调对时间的要求,所有活动的执行需高效地完成,这就要求合理安排各个环节的时间。进行时间规划的过程中要充分考虑网络营销活动会遇到的各种问题,将时间安排设计成具有权变性的策划内容;时间规划要考虑营销流程,以最优流程安排时序;时间规划还要根据营销人员的工作能力安排其工作时间。网络营销时间规划要完成的工作主要有:

(1) 时限策划。确定从什么时间开始,到什么时间为止;是集中时间迅速造成声势,还是细水长流;是以销售旺季为主,还是利用节假日。这些都属于时间策划范畴。

(2) 时序策划。安排各种网络营销活动的先后顺序。

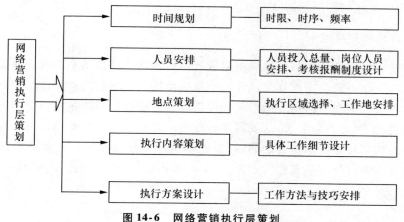

图 14-6　网络营销执行层策划

（3）频率策划。确定在一定时限内要进行的次数。

2．人员安排

人员安排包括确定企业网络营销人力资源总投入，为每一项网络营销任务安排具体执行的人员，确定执行人员的选聘与培训方式和内容，确定各营销人员的工作任务等问题。因为各种执行活动都是由具体的人员来实施的，所以人员的合理安排是至关重要的策划内容。网络营销的工作人员与传统市场营销人员相比具有明显的特征，在选聘和使用网络营销人员时要考虑各营销任务对人员的要求从而合理配置人力资源。

第一，网络营销管理人员要充分了解网络营销活动的具体流程与内容，明确掌握企业网络营销活动的目标、方向，具有较强的营销管理经验。

第二，网络营销涉及网站的设计与推广，要求网站设计推广人员在掌握计算机网络技术的同时拥有营销理念，在营销理念的指导下建立并推广企业营销网站。

第三，网络营销的一线客服人员不同于传统的推销人员，网络营销客服通过虚拟环境与消费者沟通，需要掌握网络沟通的基本素质，更需要善于体会消费者心理并且对市场信息具有高度敏感性。

为实施网络营销，企业在网络营销策划工作中对人员进行安排时必须设计相应的薪酬制度，网络营销人员的报酬制度直接影响网络营销人员的工作态度与积极性，在薪酬制度设计时要考虑企业的网络营销目标，如果追求短期利润，则适宜制定以短期的销售额等为依据的薪酬制度；若企业希望获得长期的网络营销发展，则适宜制定可以激励营销人员追求长期战略目标的薪酬方式。

3．地点策划与执行内容策划

对网络营销执行地点的策划主要完成对企业将来网络营销的各项活动所面对的区域规划和对各项任务的执行地点安排。区域选择与规划是在市场细分和市场定位策划的基础上完成的，为每一种不同的网络营销方案选择其最适合的不同的目标市场消费者群体。执行内容策划则要求企业细致周密地对网络营销执行过程中的每一个环节进行预先设计和规划。

4．执行方案设计

执行方案设计要针对未来企业进行网络营销活动的各个执行活动选择具体可行的方法。包括怎样去完成既定的任务，通过何种具体的方法手段完成，是否还存在其他可达目标的方法,多种方法中如何选取等问题。

14.2.5 信息应用层策划

网络营销策划内容体系中的信息应用层策划指对网络营销活动中需要获取市场信息以及企业的信息发布活动进行合理规划与设计。信息应用层在网络营销策划体系中起到为其他三个层次提供基本信息来源与信息应用的基础性作用。企业进行网络营销活动必须要掌握相关的网络市场信息,了解消费者需求,这就需要进行网络市场调研。网络营销活动必定要涉及企业如何将自己的信息传递给消费者的问题,也就是企业信息发布问题。企业的网络市场调研与信息发布都是企业进行网络营销的重要活动,而且工作复杂,要想高效完成就需要前期进行策划,如图14-7所示。

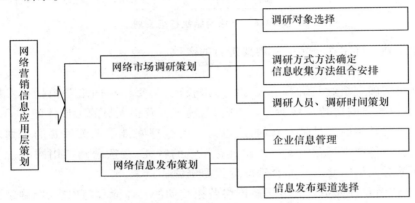

图 14-7 网络营销信息应用层策划

1. 网络市场调研策划

网络市场调研有两方面的含义:通过互联网进行市场调查与分析;专门针对网络市场进行的调查。具体有两种方式:一种是通过利用互联网直接进行问卷调查等方式收集第一手资料,被称为网络直接调查;另一种方式是利用互联网的媒体功能,从网络上收集二手资料,一般称为网络间接调查。网络作为一种特殊的媒体和信息沟通渠道,非常适合进行各种网络调查活动,网络市场调查作为需求量最大的调查业务,可以充分发挥网络的便捷、经济特性,更好、更快地为企业的市场调查提供全面支持。网络市场调研要完成诸如明确直接调查和间接调查两种方式、选择可以利用的信息收集方法组合等任务。这一部分内容已在本教材第5章中详尽阐述。

企业在网络营销策划中对网络市场调研的策划就是需要对调研对象选择、调研方式方法确定、信息收集方法组合安排、调研人员安排、调研时间设定等具体内容进行前期的预先性策划。

2. 网络信息发布策划

信息发布是网络营销的一项基本职能,互联网为企业发布信息创造了优越的条件,企业可以选择利用企业网站将信息发布出去,也可以利用网络服务商及网络信息中介渠道向外传播信息。网络营销企业应尽可能多地掌握网络信息渠道资源,充分了解各种网络信息传播渠道的特点并利用各种渠道,向现实的及潜在的顾客传递有价值的信息,这是网络营销取得良好效果的基础。在网络营销信息发布策划时要考虑网络营销信息发布的特点,做到高效率、多渠道、多样化发布信息。具体的规划内容包括企业信息管理和信息发布渠道选择。

企业信息管理的主要内容除了传统意义上的信息管理外，更注重网站的内容规划和管理。要依据企业营销网站的目的和功能规划网站的内容，一般企业网站应包括公司简介、产品介绍、服务内容、价格信息、联系方式、网上订单等基本内容。企业营销网站要提供会员注册、详细的产品服务信息、信息搜索查询、订单确认、付款、个人信息保密措施、相关帮助等。

信息发布渠道选择就是针对企业可以选择的网络营销信息发布渠道进行合理分析，利用各种渠道的优势、特征，结合企业要发布的信息特性进行渠道选择。企业可以选择用于发布信息的渠道包括传统的信息渠道和网络信息渠道，这部分内容将在本书15.3中具体介绍。

14.3 网络营销的策划流程与策划书

网络营销策划具有相对的科学性、逻辑性，为了实现网络营销策划的合理进行，在策划进行时必须按照一定的步骤进行。最终网络营销策划工作的成果要以完整的网络营销策划书的形式呈现。

14.3.1 网络营销策划流程

网络营销策划是一项逻辑性非常强的工作，在进行网络营销策划时必须按照一定的流程进行才能保证其科学性、准确性。一般网络营销策划要经历准备、调查、设计和实施四个阶段，从确定目标开始，依据目标拟定策划计划书，然后对企业内外部环境进行分析，发现市场机会和企业的优势，并根据市场条件和企业内部条件编写网络营销策划方案，进而在策划书的指导下进行网络营销实践，最后对实践效果进行评价并将信息及时反馈到企业当中。具体流程如图14-8所示。

14.3.2 网络营销策划书

企业网络营销策划的最终形式是一份结构完整、内容严谨的网络营销策划书。网络营销策划的想法、点子只有通过策划书体现出来才能被大家完全了解，并被接受和执行，所以了解网络营销策划书的编写程序、内容结构对于网络营销策划来说至关重要。

1. 网络营销策划书编写的原则

（1）逻辑思维原则。策划的目的在于解决企业网络营销中的问题，需要按照逻辑性思维的构思来编写策划书。首先是设定情况，交代策划背景，分析产品市场现状，再把策划的中心目的全盘托出；其次是详细阐述具体的策划内容；最后是明确提出解决问题的对策。

（2）简洁朴实原则。要注意突出重点，抓住网络营销中所要解决的核心问题，深入分析，提出的对策应具有较强的可行性、针对性，具有实际操作指导意义。

（3）可操作原则。编写的策划书要用于指导网络营销活动，其指导性涉及营销活动中的每个人的工作及各环节关系的处理。因此可操作性非常重要。

（4）创意新颖原则。要求策划的创意新、内容新，表现手法也要新，给人以全新的感受。

2. 网络营销策划书编写的步骤

网络营销策划书的编写需要按照一定的程序进行，具体的步骤如图14-9所示。

3. 网络营销策划书的基本格式

网络营销策划书没有一成不变的格式，根据网络营销活动的对象要求不同，策划书的内容与

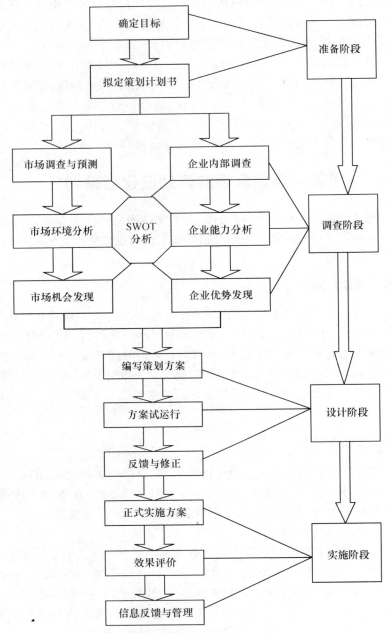

图 14-8 网络营销策划流程

编写格式也有变化。但是,从网络营销策划活动的一般规律来看,其中有些要素是共同的。

(1) 封面。封面包括标题和文头两个部分。标题必须清楚具体。例如,"可口可乐的网络营销策划"这样的标题就不够完整、明确,应该改为"可口可乐2012年3月至9月'零度'饮料的网络营销策划书"。文头是在标题的下方依次排列这些内容:策划的名称、策划者的姓名、策划完成的日期、策划的目标,一般为了美观还会加上企业的Logo(见图14-10)。策划的名称和标题相同,策划者的姓名除了策划者的名字之外,隶属的单位、职位均应一一写明。策

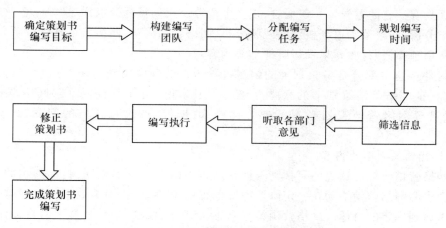

图 14-9　网络营销策划书编写的步骤

划的目标要求以简洁明确的语言表述出网络营销活动要取得的效果,例如,通过实施网络营销,使可口可乐"零度"产品在 2012 年 3 月至 9 月比往年同期增长 7%。

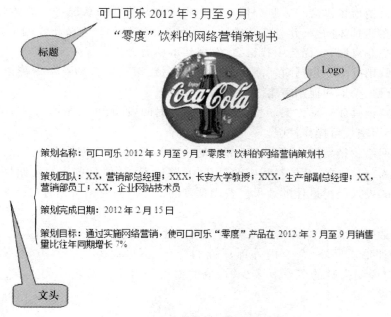

图 14-10　网络营销策划书封面示例

(2) 目录。除非策划书的页数很少,否则千万不要省略目录。因为读者通过目录可以对策划书有个概括的了解。目录中具体应该有主标题、副标题、附件或资料及以上内容的页码。

(3) 前言。在前言中应清楚地表述所阐述的重点问题,具体内容包括策划的目标及意义、策划书所展现的内容、希望达到的效果及相关内容、致谢等。

(4) 摘要。摘要一般要阐明策划书所有内容的重点及核心构想或策划的独到之处,用词应简练,篇幅要短,让人容易把握策划书的整体内容。

(5) 正文。正文是整部策划书的核心,正文中应当涉及的基本内容,由于企业差异、营销目标不同而具有一定的差异。一般而言,正文中会涉及策划目标分级详尽解释、企业现状及网络营销环境分析、网络营销市场机会与威胁分析、网络营销战略、网络营销具体行动方案、企业网络营销费用预算、预计收益以及风险评估等内容。

(6) 附件。这一部分是将策划书的编写过程中涉及和应用到的相关问卷、图表、资料等进行列示,保证网络营销策划书的科学严谨。一般来说,附件不直接反映网络营销策划的内容,却是进行网络营销策划必不可少的材料、数据等,如进行调研的问卷、部分财务表格等。

4. 网络营销策划书的内容

(1) 网络营销目标。这里的目标与封面及前言中的目标不尽相同,封面列示的目标是从宏观的角度表明网络营销活动在一定阶段内要取得的最终效果,而该效果的取得需要各种营销活动分别达到一定的目标。网络营销策划书正文部分的目标是一个系统的目标体系,是一个自上而下的目标层次。例如:"通过实施网络营销,使可口可乐'零度'产品在2012年3月至9月比往年同期增长7%,为此,该产品的销售量平均每月提高3000件……"

(2) 企业现状及网络营销环境分析。包括企业现状分析、消费者分析、网上竞争对手分析及宏观环境分析。

(3) 网络营销市场机会与威胁分析。对企业当前网络营销状况进行具体分析,找出企业网络营销中存在的具体问题,并分析其原因。针对企业产品的特点分析其网络营销的优劣势。从问题中找劣势并克服,从优势中找机会,发掘其市场潜力。

(4) 网络营销战略。包括对网络营销的目标定位、市场定位和竞争定位以及网络营销过程中的产品、价格、渠道和促销策略。

(5) 网络营销具体行动方案。根据策划期内各时间段的特点,制订出各项具体行动方案,方案要求细致、周密且可操作性强。

(6) 企业网络营销费用预算。这一部分的内容,应阐明整个网络营销方案在推进、实施过程中的费用投入,包括网络营销过程中的总费用、阶段费用、项目费用等。做好预算的原则和目的是以较少的投入获得最佳的效果。费用预算的工作应由营销策划者与企业财务专家合作完成。

(7) 预计收益以及风险评估。对方案何时产生收益、产生多少收益及方案有效收益期的长短等进行评估。另外,企业内外部环境的变化,不可避免地会给方案的执行带来一些风险。因此,应说明失败的概率有多少,造成的损失是否会危及企业的生存,是否有应变措施等。

案例讨论

某公司网络营销策划书

1. 公司简介

本公司以"与绿色同行,与自然为本"为企业宗旨,号召广大人民热爱大自然,保护大自然。本公司以生产绿色产品为主(包括绿色食品、绿色日用品等绿色系列品),创建于2000年1月,产品一经推出就受到广大市民的好评,现在本公司已创立了自己的品牌,产品畅销全国。

2. 公司目标

(1) 财务目标:2005年,力争销售收入达到1亿元,利润比上年翻一番(达到3000万元)。

(2) 市场营销目标:市场覆盖面扩展到国际,力图打造国际品牌。

3. 市场营销策略

(1) 目标市场:中高收入家庭。

(2) 产品定位:质量最佳和多品种,外包装采用国际绿色包装的4R策略。

(3) 价格:稍高于同类传统产品。

(4) 销售渠道:重点放在大城市消费水平高的大商场,建立公司自己的销售渠道,以"绿色"为主。

(5) 销售人员:招聘销售人员的男女比例为2:1,建立自己的培训中心,对销售人员实行培训上岗,采用全国账户管理系统。

(6) 服务:建立一流的服务水平,服务过程标准化、网络化。

(7) 广告:前期开展一个大规模、高密集度、多方位、网络化的广告宣传活动。突出产品的特色,突出企业的形象并兼顾一定的医疗与环保知识。

(8) 促销:在网上进行产品促销,节假日进行价格优惠,用考核销售人员销售业绩的方法,促使销售人员大力推销。

(9) 研究:开发"绿色"资源,着重开发无公害、养护型产品。

(10) 营销研究:调查消费者对此类产品的选择过程和产品的改进方案。

4. 网络营销战略

经过精心策划,公司首次注册了两个国际顶级域名,建立了中国"与绿色同行"网站,在网站中全面介绍公司的销售产品业务和服务内容,详细介绍各种产品。紧接着,逐步在搜狐、雅虎等著名搜索引擎中登记,并以网络广告为主,辅以报纸、电视、广播和印刷品广告,扩大在全国的影响,再结合网络通信,增加全国各地综合网站的友情链接。

5. 网络营销的客户服务

通过实施交互式营销策略,提供满意的客户服务。主要工具有电子邮件、电子论坛、FAQ等。

6. 网络营销管理

(1) 实施网络营销战略。制定了良好的发展战略,接下来就需要有可行的推进计划保证其实施,我们可按下列步骤操作执行:第一,确定负责部门、人员、职能及营销预算。网络营销属于营销工作,一般由营销部门负责,在营销副总经理领导下工作。一般应设立专门部门或工作小组,成员由网络营销人员和网络技术人员组成,即使在工作初期考虑精简,也应保证有专人负责,工作初期调查、规划、协调、组织等任务繁重,兼职很难保证工作的完成。第二,确定专职网络营销人员职责:① 综合公司各部门意见,制订网站构建计划,并领导实施网站建设。② 网站日常维护、监督及管理。③ 网站推广计划的制订与实施。④ 网上反馈信息管理。⑤ 独立开展网络营销活动。⑥ 对公司其他部门实施网络营销支持。⑦ 网上信息资源收集及管理,对公司网络资源应用提供指导。第三,确定营销预算。在网络营销费用方面我们将确保最大可能的节约,但我们仍需对可能的投入有所估计,我们的营销预算主要来自:① 人员工资。② 硬件费用,如计算机添置。③ 软件费用,如空间租用、网页制作、Web程序开发、数据库开发。④ 其他,如上网费、网络广告费等。

（2）综合各部门意见,构建网站交互平台。公司网站作为网络营销的主要载体,其自身的好坏直接影响网络营销的水平,同时网站也并非仅为营销功能,还包括企业形象展示、客户服务、公司管理及文化建设、合作企业交流等功能,只有在广泛集合公司各方面意见的前提下才能逐步建立起满足要求的网站平台。构建网站应注意网站应有如下功能:① 信息丰富。信息量太低是目前公司网站的通病。② 美观与实用适度统一。以实用为主,兼顾视觉效果。③ 功能强大。只有具备相应的功能,才能满足公司各部门要求。④ 网站人性化。以客户角度出发而非以本企业为中心。⑤ 交互功能。力求增加访问者参与机会,实现在线交互。

（3）制订网站推广方案并实施。具备了一个好的网站平台,接着应实行网站推广。网站推广的过程同时也是品牌及产品推广的过程。第一,网站推广应考虑的因素有:① 本公司产品的潜在顾客范围。② 分清楚本公司产品的最终使用者、购买决策者及购买影响者各有何特点,他们的上网习惯如何。③ 我们应该主要向谁做推广。④ 我们以怎样的方式向其推广效果更佳。⑤ 是否需借助传统媒体,如何借助。⑥ 我们竞争对手的推广手段如何。⑦ 如何保持较低的宣传成本。第二,可以借鉴的网站推广手段有:① 搜索引擎登资。② 网站间交换连接。③ 建立邮件列表,运用邮件推广。④ 通过网上论坛、电子公告牌进行宣传。⑤ 通过新闻组进行宣传。⑥ 在公司名片等对外资料中标明网址。⑦ 在公司所有对外广告中添加网址宣传。⑧ 借助传统媒体进行适当宣传。

7. 网络营销效果评估及改进

网站推广之后我们的工作完成了一个阶段,我们将获得较多的网上反馈,借此我们应进行网络营销效果的初步评估,以使工作迈上一个新的台阶。

（1）评估内容:① 公司网站建设是否成功,有哪些不足。② 网站推广是否有效。③ 网络顾客参与度如何,并分析原因。④ 潜在顾客及现有顾客对我公司网络营销的接受程度如何。⑤ 公司对网上反馈信息的处理是否积极有效。⑥ 公司各部门对网络营销的配合是否高效。

（2）评估指标。网站访问人数、访问者来源地、访问频率、逗留时间、反馈信件数、反馈内容、所提意见等。

网络营销的有效运用,将对公司其他部门的运行产生积极影响,同时也将影响到公司的整体运营管理。作为网络信息条件下经营方式的探索,它将极大地推动公司走向新经济的步伐。它将发挥如下作用:促进公司内部信息化建设,加快公司电子商务准备,完善公司管理信息系统,提高公司管理的质量与效率,提高员工素质,培养电子商务人才。这些变化将影响公司现有的生产组织形式、销售方式、开发方式、管理方式等,推动公司进行经营方式的战略性转型。

问题

1. 分析该公司的网络营销策划书体现的网络营销策划的内容。
2. 该网络营销策划书还可以增加哪些内容以使其更加完善?

本章小结

1. 网络营销策划就是在网络营销过程中,在具体的网络营销策略执行之前,对市场环境分析、企业内部能力分析的基础上,对未来企业的网络营销活动进行预先设计。

2. 企业实施网络营销活动,受到市场环境、企业自身能力的影响,为了使企业的网络营销实施过程能够适应环境与企业自身能力，就需要进行网络营销策划。

3. 进行网络营销策划时应当按照一定的原则和流程逐步实现对战略层、战术层、执行层及信息应用层的策划，最终形成一份格式完整、内容充实、适用于本企业的网络营销策划书。

4. 网络营销战略层策划是网络营销策划的开始，通过战略层策划确定网络营销目标、市场定位以及竞争定位。

5. 通过战略的指导，网络营销战术层策划对网络营销实施的具体的产品、价格、渠道、促销等问题进行策划，这些策划的内容与网络营销策略中的4P组合相对应，具体指导4P组合实施的问题。

6. 网络营销执行层策划针对网络营销过程中的具体操作问题进行策划，包括时间规划、人员安排、地点策划、执行内容策划和执行方案设计，以保证实施的过程中减少问题，一旦出现问题可以迅速解决。

7. 网络营销信息应用层策划保障了其他策划层执行中的信息来源与信息发布方法等支持，其内容有网络市场调研策划和网络信息发布策划。

8. 网络营销策划最终生成的文件是一份结构完整、内容充实的网络营销策划书。一份网络营销策划书应当包含封面、目录、前言、摘要、正文和附件几部分内容。其中正文是策划书的核心部分，它要明确阐述企业网络营销目标、企业现状及网络营销环境分析、网络营销战略、网络营销具体行动方案、费用预算、预计收益以及风险评估等基本内容。

思考与实践

1. 理论基础

（1）什么是网络营销策划？网络营销策划应遵循哪些基本原则？

（2）网络营销策划的内容体系是怎样的？

（3）战略层策划应制定哪些内容？

（4）执行层策划需要安排哪些具体事宜？

（5）一份完整的网络营销策划书应具备哪些内容？

2. 知识应用

（1）通过网络收集资料，为引导案例中的51EA编写市场定位策划书。

（2）比较分析网络营销策划与传统市场营销策划的联系和区别。

（3）应用本章所学知识，通过网络收集资料，为自己熟悉的某家企业编写网络营销策划书。

参考文献

[1] 尚晓春.网络营销策划[M].南京：东南大学出版社，2002.

[2] 张冬梅.市场营销策划[M].青岛：青岛海洋大学出版社，1998.

[3] 梁琳娜，李蕾.营销策划与创新[M].甘肃：甘肃民族出版社，2009.

[4] 张卫东.网络营销：策划与管理[M].北京：电子工业出版社，2012.

[5] 孟丽莎.网络营销[M].郑州：河南人民出版社，2005.

[6] 刘向辉.网络营销导论[M].北京：清华大学出版社，2005.

[7] 陈建中.营销策划文案写作指要[M].北京：中国经济出版社，2011.

[8] 李哲,冷德伟.电子商务基础[M].北京:冶金工业出版社,2007.
[9] 秦宗槐.营销策划[M].合肥:安徽人民出版社,2005.
[10] 霍亚楼,王志伟.市场营销策划[M].北京:对外经济贸易大学出版社,2008.
[11] 李安华.电子商务概论[M].成都:四川大学出版社,2006.
[12] 孙百鸣,南洋.电子商务概论[M].北京:清华大学出版社,2008.

第 15 章　企业营销网站建设与推广

引导案例

亚马逊公司是一个典型的网络公司，由杰夫·贝索斯（Jeff Bezos）于1995年7月在西雅图创建。亚马逊公司在网站建设时使用了个性化网站技术来开展数据库营销，在这方面，亚马逊公司锐意创新，发明了一系列新的概念和模式，如合作营销和一键式购物等。亚马逊公司还把一些重要创新注册成了业务方式专利，并利用这些专利来打击它的竞争对手。

亚马逊公司率先引进并成功实施了联署网络营销策略。亚马逊公司在1996年夏推出了一种联署方案，根据这一方案，任何网站都可以申请成为亚马逊网上书店的联署网站，在自己的网站上推介亚马逊书店经营的图书，并依据在全球范围内售出的书籍种类和已享折扣的高低获得5%—15%的佣金。该方案使得亚马逊书店名声大振，2004年，亚马逊联署网站已经超过90万家，这些都成为亚马逊网站的推广渠道，使得亚马逊公司迅速成为网上零售第一品牌。

案例中提到的网站建设与推广策略是亚马逊公司成功的主要因素，通过本章学习，你将了解到在网站建设与推广中可采用的策略及其对企业网络营销的作用，从而理解亚马逊公司的成功之道。

15.1　企业营销网站的主要功能

企业进行网络营销活动一般要建立自己的网站。企业营销网站是企业在互联网上进行营销活动的立足点。从网络营销的角度讲，企业营销网站不只起到企业产品窗口的作用，更是一个涉及企业网络营销活动全过程的阵地。企业通过网站发布信息、销售产品、提供服务，顾客通过网站接受信息和服务，同时将自己的信息反馈给企业。企业营销网站建设策略对网络营销的效果有着重要影响。

15.1.1　企业营销网站的形式与组成

1. 企业营销网站的形式

企业营销网站的形式千差万别，但总的来说，依据企业营销网站的功能可分为三大类，即信息型网站、事务处理型网站和运作型网站。它们构成了企业营销网站的基本模式，也代表了企业营销网站建设与发展的三个阶段。

（1）信息型网站。这种网站发挥着传播媒体的作用，与传统的广播电视、报纸、杂志、电话、传真等媒介相似，用以向顾客或公众传递企业各方面的信息，其主要目的是通过网络宣传企业及企业的产品或服务，增加网下交易的机会，起到与传统销售渠道互补、扩张市场的作用。1997年以前企业营销网站多数都是这种类型的网站。现在单个企业的网站基本已经告别信息型网站的阶段，这种网站更多应用于地方性的综合信息发布。图15-1所示即为信息型网站。

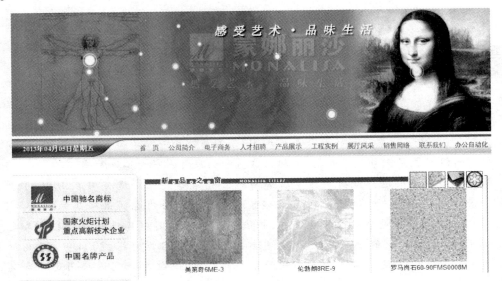

图15-1　信息型网站

（2）事务处理型网站。这类网站利用网络的交互手段，在网站上引入销售和服务之类的交互性事务处理功能，如网络促销、网络营销市场调研、在线销售、顾客服务与支持等。这类网站的作用主要是强化销售和服务，网站既可销售实体产品，也可营销无形产品或提供服务。图15-2所示的国美电器网上商城即为事务处理型网站。

图15-2　事务处理型网站

（3）运作型网站。运作型网站是企业网站的高级形式。这类网站利用互联网强大的功能,将数据交换、视频会议、企业管理信息系统、项目管理、财务管理、产品销售、市场推广等一切能想到的功能都融进了企业网站。这类网站可以说真正实现了网络营销,并能从整体上提高企业网络营销的运作效率和效果,它代表了企业网站的未来趋势。图 15-3 所示的戴尔公司网站即为运作型网站。

图 15-3　运作型网站

2. 企业营销网站的组成

从大的方面说,企业网站可由硬件系统、软件系统、维护监管人力系统构成。企业营销网站由于其功能构成不同,也会有不同的网站组成部分。一般的企业营销网站由主页、产品页面、销售页面、顾客支持页面等组成,表 15-1 列示出一个优良的企业营销网站所应具备的组成部分。

表 15-1　企业营销网站的组成

组成部分	示例	内容	功能
主页		企业名称、标志、企业新闻或相关内容、访问者与企业联系的地址、导航菜单或图标及购物简介	企业在互联网上通行的"名片",企业展示、产品服务展示等功能

（续表）

组成部分	示例	内容	功能
产品页面		产品与价格清单、产品的详细介绍	信息分层、逐层细化地展示企业产品信息
销售页面		产品简介、价格、物流信息、支付方式等完成网络销售的模块	完成产品或服务的网络销售活动
顾客支持页面		顾客信息服务、技术介绍、售后服务联系等	为顾客提供服务和技术帮助，如通过网络指导顾客对有故障的产品进行维修
新闻页面		新闻分类界面、新闻公告、相关链接	企业发布有关新产品或开发新项目的信息
参考页面		相关链接	连接与企业相关的特定主题的网络论坛或其他网络资源，成为顾客更有用的工具并增加顾客访问企业网站的频率

（续表）

组成部分	示例	内容	功能
市场调研页面		信息反馈渠道、调研问卷等	市场调研、顾客信息收集、数据库建立
企业信息页面		企业简介、企业文化、投资关系、财务状况等	提供有关企业的信息，增加企业资信的透明度，让顾客了解企业
员工及招聘页面		员工管理信息、企业员工活动介绍、招聘信息、招聘政策等	有效人力资源管理、吸引人才、宣传企业
广告页面		广告链接	增加网站对顾客的吸引力，满足顾客对相关信息的需求，获取一定的广告收入
其他页面		供应链企业、投资商信息、企业社会责任履行等	完善企业网站内容，提供更多信息，支持企业网络营销服务，强化企业社会形象

15.1.2 企业营销网站的功能

无论是哪种形式的网站,企业建立营销网站都是为网络营销活动提供一个良好的平台,需要企业营销网站具有完备的营销功能。关于企业营销网站的功能目前并没有一个统一的说法,有些学者认为企业营销网站就是起到网络营销工具和网上销售渠道的功能;也有人将企业营销网站的功能划分为展示功能、信息功能和销售功能。从企业营销网站在网络营销过程中发挥的作用来看,其具有企业展示功能、产品展示功能、产品销售功能、客户服务功能和信息管理功能五大功能。

1. 企业展示功能

企业形象展示是企业营销网站的基本内容,它包括企业外在形象展示和企业内在形象展示。企业的营销网站就是企业的门户,也是企业的无形资产,它应该充分地在互联网上展示企业的内在和外在形象。其中主要包括企业新闻、企业经营活动、重大事件信息发布以及企业概况等,如公司简介、文摘报道、新闻、搜索等栏目。企业营销网站的企业展示功能主要通过网站的主页实现,企业营销网站的主页设计时必须要有关于企业的基本信息、企业经营活动、业务范围等基本内容的相关链接,这些内容在消费者访问企业营销网站时可以被方便地浏览,将企业的形象展示给大众。企业营销网站为了完善企业展示功能可以在设计时增加对公众的吸引力,如采用图文并茂的方式介绍企业等方法,如图15-4所示。

图15-4 企业展示功能示例

(1) 企业外在形象展示。主要包括企业的名称、品牌、商标等企业形象识别的标志展示和企业的工厂、办公室等可以代表企业的实体标志展示。企业名称的展示有助于企业建立良好的网络品牌,扩大企业的知名度,使得企业易于拓展业务。良好的实体标志展示能体现出企业的管理是否规范、经营是否科学等内在的问题,消费者更喜欢去关注具有优秀管理水平和生产规范的企业,企业的发展历程使得顾客更深入地了解企业的发展,加深对企业的认识。所以,企业营销网站的实体标志展示功能也至关重要。图15-5为企业外在形象展示示例。

(2) 企业内在形象展示。企业内在形象展示即企业营销网站可以通过形象的表述方式将企业内在的管理风格、企业文化等形象展示给消费者。例如,某一企业在进行营销网站设计时强调绿色环保主题在网站中的体现,消费者访问该网站时看到的是绿色的主体、环保的标志,自然会认为该企业具有良好的社会责任意识,从而增强对企业的关注度。企业营销网站的内在形象展示与外在形象展示配合,可以有效地提升企业的社会知名度和社会认知度。图15-6为企业内在形象展示示例。

图 15-5　企业外在形象展示示例

图 15-6　企业内在形象展示示例

2. 产品展示功能

消费者访问网站的主要目的是对企业的产品和服务进行深入的了解，企业营销网站的主要价值也就在于灵活地向消费者展示产品信息。企业营销网站可以通过产品说明、图片及视频文件等方式向消费者展示产品信息。只有具有强大吸引力的产品展示才会吸引消费者关注，促进购买行为产生，所以企业营销网站的产品展示功能至关重要，为了使产品展示具有吸引力，产品信息要具体、详细、通俗易懂并且生动，富有感染力。另外，企业营销网站的产品信息要做到实时更新，保证网站上展示的产品信息与现实企业提供的产品完全相符。可以认为企业营销网站的产品展示功能就相当于一本可以随时更新的产品宣传资料。图 15-7 为产品展示功能示例。

图 15-7　产品展示功能示例

3. 产品销售功能

建立营销网站和开展网络营销业务的目的之一就是增加企业的销售量。一个功能完善的企业营销网站就应当具备完成产品销售的功能,这些功能包括产品选择、订单确认、网上支付整个流程,产品销售功能就是将这一系列环节统一起来,运用安全高效的方式实现整个销售过程。

产品销售功能主要通过产品展示供消费者选择、在线与消费者沟通促进消费者购买、运用安全支付协议与方法实现在线支付并依据订单处理系统完成订单生成、完成线下物流服务等环节确保交易完成。

值得一提的是,产品销售功能虽然在许多网站应用中体现为订单管理,实际上,这应该是一个包括面向消费者的购买和订单生成,又包括面向网站管理的订单履行全过程。有效计划和管理订单履行会直接影响到经营利润。这种计划和管理既包含履行策略、组织结构等宏观决策,也包含如订单确认方式、支付服务管理、售后服务等细节。企业营销网站的产品销售功能是否能高效地运行直接决定了网站是否能取得成功。图15-8、图15-9为产品销售功能示例。

图15-8 海尔商城的产品销售功能

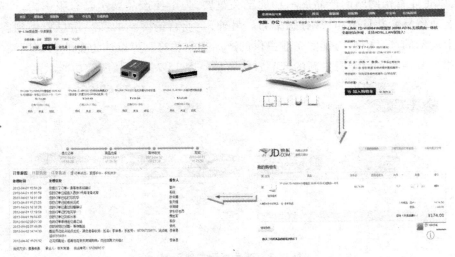

图15-9 产品销售功能示例

4. 客户服务功能

客户关系管理是现代企业营销的重要内容,其中客户服务已经成为重点内容。企业营销网站可以帮助企业有效实现客户服务,利用网络可以及时获取与处理客户信息,为客户提供优质服务。企业营销网站的客户服务功能体现在更全面地听取客户意见,加强客户信息沟通,提供优质售前、售中及售后服务,提供客户交流服务等。在网站模块上可以通过链接客服、产品评论及咨询留言等来保证客户服务功能的实现。

(1)链接客服。通过与客服人员的链接,顾客可以在企业营销网站上直接利用网络交流软件与客服人员沟通。这种方式可以让企业网络营销人员与顾客"面对面",网络营销人员可以更好地了解顾客信息,获得顾客关于产品及企业的建议和意见,同时通过客服人员的努力尽善尽美地满足顾客需求,为顾客解答各种关于购买的问题,促进交易达成。

(2)产品评论。产品评论功能提供了顾客之间关于产品信息、基本性能的沟通平台。这样可以满足顾客的购买心理,让顾客在购买产品之前可以参考已经购买的顾客的评论,增加其购买信心。这种方式需要在每个产品展示页面中设置一块产品评论的小论坛,购买产品后的顾客可以针对产品的相关问题发表自己的看法。对于每一种产品,顾客都可以发表评论,同时也可以查阅其他顾客的评论。

(3)咨询留言。网站的发展与壮大主要靠大量的浏览者的支持,所以说网站与客户之间的关系是网站的生存之本。客户对网站的意见或建议对网站的改进、完善起着至关重要的作用。企业营销网站可以通过客户咨询留言加强网站与客户之间的交流,从而保证网站随时都可以满足客户的多方面需求。

图 15-10 为客户服务功能示例。

图 15-10 客户服务功能示例

5. 信息管理功能

企业营销网站的信息管理功能主要包括网上信息发布、网络信息调查和信息查询支持三方面的内容。

(1) 网上信息发布。网站是一个信息载体,在法律许可的范围内,可以发布一切有利于企业形象、客户服务以及促进销售的企业新闻、产品信息、各种促销信息、招标信息、合作信息、人员招聘信息等。因此,拥有一个网站就相当于拥有一个强有力的宣传工具,这就是企业营销网站具有自主性的体现。当网站建成之后,合理组织对消费者有价值的信息是网络营销的首要任务,当企业有新产品上市、开展阶段性促销活动时,也应充分发挥网站的信息发布功能,将有关信息首先发布在自己的网站上。

(2) 网络信息调查。通过网站上的在线调查表,可以获得消费者的反馈信息。网络信息调查可用于产品调查、消费者行为调查、品牌形象调查等,是获得第一手市场资料的有效的调查工具。

(3) 信息查询。这是体现网站信息组织能力和拓展信息交流与传递途径的功能。企业营销网站能否提供快速信息搜索与查询服务、能否使消费者在浩如烟海的信息海洋中轻松而快速地找到所需要的信息,是企业营销网站能否使消费者久留的重要因素。图15-11 为苹果公司网站的信息查询功能。

图 15-11　信息查询功能

15.2　企业营销网站的建设

15.2.1　企业营销网站建设策划

企业营销网站建设策划是指在网站建设前,在对目标市场、企业内部条件、企业外部环境进行认真分析的基础上,根据需要对建设网站的目的、网站的功能、网站的规模,以及网站建设中涉及的技术、内容、费用、测试、维护等问题做出系统的规划与安排。

企业营销网站建设必须有计划地进行,在建站之前进行系统的策划是一个网站建设成功的重要保障。只有经过详细的策划,网站建设才能够顺利进行,实现预期的目标。网站建设计划对网站建设有着指导和规范的作用。企业营销网站建设策划的最终成果为网站建设策划书,它是经过科学分析编写出来的包含网站建设与运营中各个方面问题的文件。网站建设策划书包含的内容很多,一般而言有可行性分析、财务预算、建站计划、技术解决方案等,如图15-12所示。

15.2.2　企业营销网站建设原则

为实现企业营销网站的功能,完成网络营销,更好地服务目标客户,提供方便、实用的信息服务,在进行网站建设时,应遵循以下几个方面的原则。

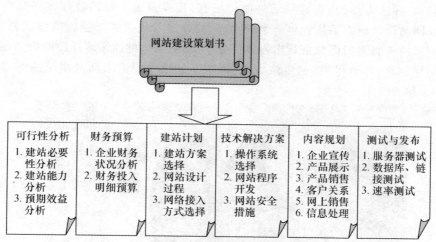

图 15-12 网站建设策划书内容

1. 主题鲜明、定位准确原则

企业在进行营销网站建设时可以通过网站布局、网站色彩、网站图片、网站风格等整体设计来体现企业营销网站的主题，这种主题可以集中概括地反映企业文化、经营理念等内容。企业营销网站主题要紧紧围绕企业的核心文化及服务理念来设计，要富有感召力，对企业营销网站的访问者具有吸引力，同时也可以宣传企业文化，为企业获取良好的社会形象提供帮助。例如，长虹集团在其网站设计时就在主页的显著位置以图文并茂的方式设计了企业的价值观、服务理念、企业愿景等，如图 15-13 所示。

图 15-13 长虹集团的企业文化

企业营销网站建设时需要注意，网站的市场定位要准确，也就是网站要根据面对的消费人群的偏好去设计，要在网络目标客户的心目中为本企业的产品或服务塑造一定的形象。网站市场定位的主要内容是利用互联网对企业现有和潜在顾客的挖掘与分析，通过对顾客的分析，了解顾客的偏好，并针对其偏好设计网站。网站建设的市场定位一定要贯穿整个网络营销过程，也就是说，从网站建设的起始阶段一直到网络营销实施过程中，都要依据顾客的心理去设计或改进网站。在这方面,凡客诚品一直做得很好,凡客诚品主要的目标市场是青年学生群体,所以其在网站设计时更关注青年学生的偏好、关注点等因素。如强调价格优惠、突出与众不同的个性、采用年轻人的偶像进行广告宣传等。又如,著名的冰激凌品牌哈根达斯就在其主页上强调"尽情尽享,尽善尽美"的生活方式,体现了鼓励人们追求高品质生活方式的主题与定位,如图 15-14 所示。

图 15-14　哈根达斯的主题与定位

2. 先进性和可扩展性原则

进行企业营销网站建设要以最先进的观点和设计思路来完成,努力为顾客设计和建设先进的网站系统,保证网站的服务质量。同时,企业营销网站建设要保证网站具有可扩展性,因为网络营销面对的网络市场具有很大的潜力,企业营销网站的访问量会不断增加,企业的网络营销业务也会不断扩展,作为支撑网络营销的企业营销网站就必须要具有可扩展性,以适应新业务的发展。

3. 可靠与安全性原则

企业营销网站建立完成后就要正式投入运作,优秀的企业营销网站需要保障全天 24 小时、每周 7 天的不间断运作,因此就需要网站建设时充分考虑网站运作的可靠性问题,在服务器等硬件设备及程序等方面保障企业营销网站可以为顾客提供高度可靠的稳定运行。企业营销网站在可靠运行的同时还要保障运行的安全。企业营销网站的安全性包括两个方面:一是网站自身的安全,即网站的预防攻击能力、病毒侵扰应对等;二是顾客的安全,主要是顾客的信息保密措施。这两方面中的任何一方面存在安全隐患,企业营销网站都难以有效运营。因此,企业营销网站建设时一定要遵循安全性原则。

4. 快速和便捷访问原则

消费者在访问企业营销网站时,总希望可以快速地访问该网站,如果输入网址后很长时间企业营销网站都无法打开,一般情况下消费者会选择离开,所以网站的访问速度是企业营销网站成功的重要因素之一。而这一速度是受到访问者和企业网站服务器两方面影响的,企业首先要解决的是自身的因素,即完善技术、保证足够带宽合理配置服务器、简洁明确地设计网页以保证访问速度;对于某些消费者本身所处环境下互联网接入速度较慢的情况,企业可以采取设计等待界面的方式来留住访问者。在这方面可口可乐的网站是非常成功的,如图 15-15 所示。

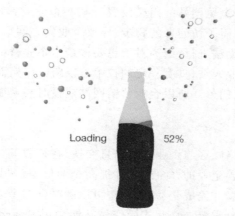

图 15-15　可口可乐的 Loading 等待界面

在保证快速访问的同时，访问的便捷性也不能忽视。所以网站的层次应尽量简洁，对于规模特别庞大的网站，可以通过提供网站结构图的方式来帮助访问者尽快找到所需要的信息。如图 15-16 所示，李宁公司的首页上就很容易让访问者找到自己所需的产品和销售店铺信息。

图 15-16　李宁公司网站首页

E 知识

网站设计的"三次单击"原则

即访问者通过三次单击就可以找到相关的信息。即使访问者找到的信息是不完全的信息，但至少他知道在三次单击内没有偏离正确的路径。如果网站的层次太多，有价值的信息被埋在层层的链接之后，则很少会有访问者有足够的耐心去找它，通常他们会在三次单击之后放弃。

5. 开放性原则

企业营销网站应该是开放的网站，应利用国际互联网的开放优势，实现网络信息的收集与发布、保证客户服务,完成网络营销。网站的开放性要求企业营销网站设计时保障任何访问者都可以轻松访问本网站,减少浏览网站的门槛设置。某些企业营销网站在建设时考虑个人成果的保护而设置各种门槛,阻碍了访问者的脚步,导致企业失去网络营销机会。其实这种方式只会让企业的网络营销业务无法进行,因为对于想要抄袭本企业营销网站内容的访问者来说,他们一般是相关网站建设专业人员,具有一定的技术可以跨越门槛而进入,而对于一般的网络顾客,这些门槛却将他们拒之门外。所以企业营销网站建设时要遵循开放性原则,提高网站的浏览量,欢迎网络顾客的访问。

6. 信息交互性原则

企业营销网站要便于网络顾客与企业进行信息交换,在线服务、友好的对话关系等信息沟通与交互关系可以极大地改善企业的办事效率并提高企业形象(见图 15-17)。人们通过互联网进行消费希望快速得到信息并完成交易,也希望可以随时反馈个人的意见,所以信息交互性原则在网站建设中就显得十分重要。交互式操作最好能采用离线运作功能,让网络顾客在离线的情况下仍然能够进行数据采集、录入、处理和分析,不仅有亲切感,还会促使顾客收藏企业营销网站,这对于企业网络营销的持续开展、发展良好的客户关系意义重大。

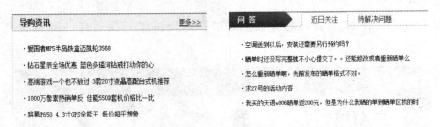

图 15-17 苏宁易购的信息交互板块

7. 及时更新原则

企业营销网站的信息必须及时更新,一个好的企业营销网站不是一次性建设完就结束了,由于企业的情况在不断地变化,网站的内容也需要随之调整,给人以常新的感觉,网站才会更加吸引访问者。而且在给访问者良好印象的同时,信息的及时更新也便于顾客和合作伙伴及时地了解企业的详细状况。如果访问网站的顾客每次看到的网站都是一样的,那么他们将减少访问次数,甚至不再访问这个网站。在网站更新时,更新的内容要尽量在主页中提示给访问者。由于企业营销网站结构一般都是树形结构,所以有时产品的更新信息会隐藏在各级板块或栏目里。因此,一定要在首页中显示最近更新的目录,并建立链接,以便顾客访问。

除上述基本原则之外,企业营销网站建设过程中还应当注意网站的实用可操作性,同时最好有一定的艺术性以吸引消费者关注。

15.2.3 企业营销网站建设流程

企业建立营销网站需要按照一定的流程完成(如图 15-18 所示),要经历从网站建设策划到运营管理八个阶段,每个阶段都有必须要完成的任务,只有上一阶段的任务完成后才可以继续,而且广义的营销网站建设是没有终点的,只要企业网络营销活动存在,就需要对营销网站进行运营维护管理。

1. 网站建设策划

即前面所介绍的对网站建设的具体事宜进行前期策划,统筹网站建设工作,编写网站建设

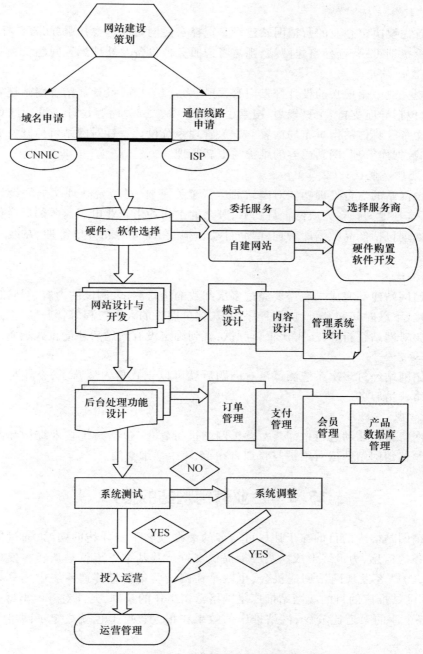

图 15-18　企业营销网站建设的流程

策划书。

　　2. 域名申请与通信线路申请

　　有关域名申请的内容已在本书 2.1.2 中有所介绍,选取合法的、唯一的网络域名后就可以向中国互联网信息中心申请域名了。通信线路的申请需要选取一家 ISP(互联网服务提供商)进行申请,以保证企业网站接入互联网。

3. 硬件、软件选择

这一步首先要决定企业的营销网站建设是选择自建网站还是委托服务,若选择委托服务,只需购入计算机即可;若选择自建网站,则需考虑服务器设备及软件配置问题。

4. 网站设计与开发

这一步要完成三个层次的设计开发内容,分别为:(1)模式设计。结合网站规划统一设计风格和模式,包括导航支持、主页规划、搜索引擎设置等。(2)内容设计。设计网页上的具体信息和资料文章等具体的网页布局内容。(3)管理系统设计。针对网站目标开发的一些辅助管理系统,如数据库管理、网站内容的维护与更新管理。

5. 后台处理功能设计

企业营销网站的后台处理功能对网站的运营至关重要,对后台处理功能的设计关乎网站建设的成败,这是因为顾客完成网上订购后,其余的工作均由企业电子商务的后台作业处理来完成。后台处理包括产品数据库管理、产品自动上柜、在线订购和订单管理、在线安全支付和会员管理等。

6. 系统测试

企业营销网站建立完成之后需要经过多次细致的运行测试,测试的内容包括兼容性测试、检测页面链接、下载时间和容量、应用程序测试、评价网页的人机工程等,测试时上述指标存在任何问题都要对网站进行修正,再次重新测试,直到确定没有问题后才能正式运营。

7. 投入运营

企业营销网站经过多次系统测试没有问题后就可以正式投入运营了,企业可以通过营销网站开展网络营销服务。

8. 运营管理

在企业网络营销活动进行中需要对营销网站进行管理,包括系统技术维护和内容更新管理。关于企业营销网站的运营维护与管理将在15.4 中详细介绍。

15.3 企业营销网站的推广

企业营销网站推广的目的在于让尽可能多的潜在顾客了解并访问网站,通过网站获得有关产品和服务的信息,为最终形成购买决策提供支持。其基本思想就是从顾客发现网站的主要途径入手,为顾客发现网站创造机会,也就是在网络营销信息传递系统中建立多个传递渠道,从而达到网站推广的目的。网站推广是网络营销工作的基础,尤其对于中小型企业网站来说,顾客了解企业的渠道比较少,网站推广的效果在很大程度上也就决定了网络营销的最终效果。

15.3.1 企业营销网站推广的原则

1. 网上和网下推广相结合

消费者获取企业营销网站的信息可以通过传统的网下媒体渠道,也可以通过网络渠道,因此网站推广方法相应的有通过传统媒体的网下推广和利用互联网的网上推广两种方式。网上推广和网下推广两种方式对营销网站推广的不同阶段、对不同企业会产生不同的效果,二者各有优势,企业进行营销网站推广可以充分利用二者的优势,使之相互配合,从而获得更好的网站推广效果。

从网站推广时机的角度考虑,在网站推广初期,也就是企业的营销网站刚刚开始投入运营时,网下推广方式的效果要明显优于网上推广。因为在企业营销网站推广初期,网站的知名度不够,特别是中小企业又缺乏良好的企业知名度和信誉支持,网上推广手段难以被消费者认同。在我国,消费者对网络信息的信任程度远远不如对传统媒体的信息信任,所以在这种情况下,合理利用网下推广方式可以更好地获得消费者的信任和关注。同时,网上推广方法可以更便捷、广泛地进行信息传递。在网站推广后期,网上推广可以更有效地达到推广效果,但是,还是存在一部分目标顾客是网络无法触及的,这就需要网下推广方式来帮助企业扩大网站推广的范围。所以说,在企业营销网站推广的全过程中,进行网上和网下相结合的推广方式效果更好。从企业实力角度看,网上推广方法对于实力较弱的中小企业来说是比较好的选择,因为网上推广一般费用较低;而传统推广方式,特别是电视广告费用相对较高,受资金限制的中小企业大都谨慎采用。但是网下推广也存在低费用的推广方式,如报纸、企业印刷品等都是中小企业很好的选择。

2. 主动与被动推广相结合

所谓主动与被动推广相结合原则是指企业进行营销网站推广时,在积极主动向消费者传递信息的同时要为其主动了解信息提供方便。消费者获取网站信息可以是被动接受,也可能是主动收集,相应地,企业营销网站推广就有被动推广和主动推广两种方式。这里的主动与被动之分是相对于消费者的主动性而言的,被动并不意味着企业什么都不做。企业主动推广营销网站是在消费者并没有希望获取企业网站相关信息时,企业通过各种渠道手段主动去传递信息,如主动向消费者发送电子邮件,进行网络广告宣传等;被动推广是在消费者想要主动收集相关信息时,企业利用各种方法来完善自己的网站信息传递渠道,使得消费者更容易收集到企业营销网站的信息。比如获取好的搜索引擎排名,这种网站推广方式在消费者不去搜集相关信息时是不会传递给消费者企业营销网站的信息的,只有消费者主动搜集信息时才会体现其价值。

E 视点

广告的正面属性与负面属性

萨瑟兰在《广告与消费者心理》一书中分析了广告的正面属性和负面属性。正面属性帮助企业完成广告宣传,建立企业形象;而负面属性会给企业造成不良的影响,让消费者产生厌恶。一般而言,企业主动发布的广告其负面属性要大于利用消费者主动性提供的广告(企业被动广告),但企业主动广告对扩展市场范围的意义远远大于企业被动广告。企业营销网站的推广实质上是对网站的广告宣传,根据萨瑟兰的分析,企业进行网站推广时,主动与被动结合更适应消费者心理,效果更好。

资料来源:萨瑟兰.瞿秀芳,鹿建光译.广告与消费者心理[M].北京:世界知识出版社,2002.

企业在进行营销网站推广时要注重主动与被动推广相结合,主动推广企业更容易控制,被动推广更易被消费者接受,因为相对于企业的被动推广,消费者是主动的,他们更愿意接受自己搜集到的信息而不是别人主动给的信息。但同时,被动推广范围相对狭小,必须要结合主动推广来扩大范围。主动与被动推广相结合会使得企业营销网站的推广取得较好的效果。

3. 综合运用多种推广方式

消费者了解网站信息可以通过多种信息传播途径,相应地,企业就有了多种网站推广方式,比如传统的网下电视广播、报纸杂志、户外广告以及利用网络的电子邮件、搜索引擎、网络广告、网络社区等。每一种方式均可作为一种网站推广的手段。每种手段都有其优势,企业在进行营销网站推广时不能只选择一种方式,应当多种方式并举,综合运用各种推广方式以取得更好的推广效果。

4. 各个阶段选用的不同的推广方法

根据网站所处的阶段,网站推广策略可以分为网站发布前的推广策略、网站发布初期的推广策略、网站发展期和稳定期的推广策略等,每个阶段所采用的网站推广方法存在一定的差别,同样的网站推广手段在不同时期的应用也有所不同。从网站运营者的角度来考虑,根据网站的不同发展阶段来设计网站推广策略更有意义。

5. 跟踪评价与持续改进

企业营销网站推广策略必须进行不断改进,其依据就是上一阶段的推广效果评价。企业在进行营销网站推广过程中需要对不同的推广方式跟踪评价网站的推广效果,将这些评价数据录入企业数据库。在推广改进时通过分析发现哪些推广方法更有效,哪种推广组合对营销网站的推广更有意义,并以此为依据进行推广策略改进。

网站推广需要借助于一定的信息传播渠道和资源。所有的网站推广方法实际上都是对某种信息传播渠道的合理利用。信息传播渠道可以分为传统渠道和网络渠道,所以,网站推广方法相应地有传统媒体推广方法和通过网络推广方法两大类。常用的网站推广方法如表15-2所示。

表15-2 常用的企业营销网站推广方法

推广方法		内容表述
通过传统媒体推广网站的方法	广播电视	即选择传统广告媒体发布企业营销网站信息,进行营销网站广告推广。充分利用广播电视、报纸杂志及户外广告使消费者了解到企业营销网站。
	报纸杂志	
	户外广告	
	企业印刷品	利用企业外交时应用的信封、信笺、名片等进行企业营销网站宣传。
通过网络推广网站的方法	搜索引擎	利用搜索引擎、分类目录等具有在线信息检索功能的工具进行网站推广。
	网络广告	利用网络宣传媒体进行广告宣传,通过网络广告方式使消费者了解、知道本企业营销网站。
	网站资源合作	与网上其他企业实施资源合作,通过建立相互链接等方式相互推广。
	许可电子邮件	取得消费者许可,向消费者发送关于企业营销网站相关信息的电子邮件。
	邮件列表	类似于许可电子邮件,向消费者发送邮件,邮件列表方法通过为消费者提供有价值的信息附加一定的网站推广内容。
	"病毒式"推广	利用消费者之间的主动传播,例如,通过微博使得企业营销网站信息像"病毒"一样在消费者群体中扩散。
	微信推广	利用微信公众平台,通过移动终端和消费者互动,将有关信息向公众推广。
	网络社区推广	利用电子公告牌、论坛、贴吧、个人空间等网上交流平台进行企业营销网站推广。

15.3.2 通过传统媒体推广网站的方法

1. 广播电视推广

目前,广播电视已走进千家万户,受众群体庞大,电视节目是集文字、图形、视频和声音于一身的多媒体媒介,因而凭借电视广告生动的画面和高收视率会获得较好的宣传效果。如果正在使用电视做广告,那么将网站地址加入广告之中是件轻而易举的事情,但收到的效果却异乎寻常。在此要注意的是,广告应选择在目标顾客集中观看的节目频道或时段播出。

2. 报纸杂志推广

目前,在主要的报刊上都能找到电子商务及网站的报道介绍及广告,特别是一些专业报刊,如《计算机世界报》、《互联网络杂志》等全国著名的 IT 报刊,是企业做网站和网址宣传的首选载体。因为这些杂志具有面向专业对象的特点,更有利于企业面向特定顾客推广企业营销网站。随着网络媒体的挤压,传统的报纸杂志也纷纷推出了电子版和手机版,进一步扩大了网站推广的范围与效果。

3. 户外广告推广

诸如广告牌、路牌、灯箱、公共汽车、出租车车身、电梯间、地铁站等户外媒体是企业营销网站利用传统媒体推广的有效工具,其信息传递的强迫性和广泛性可以大大提高网站的知名度。如淘宝商城、京东商城等除了在线上进行网站推广,还同时利用户外平面广告进行宣传,有效地提升了网站的知名度(见图 15-19)。

图 15-19 京东商城的户外广告

4. 企业印刷品推广

企业在和外界交往时要消耗大量的信封、信笺、名片、礼品包装,如在其上印上网址名称,让客户在记住你的名字、职位的同时,也看到你的网址和电子邮件地址。这是一种不需另外增加广告费的宣传方式。另外,在企业产品说明书、产品推广资料等印刷品上印上网址和电子邮件地址,也是常用的方式。

15.3.3 通过网络推广网站的方法

1. 搜索引擎推广

中国互联网信息中心最近几次的统计报告显示,搜索引擎是网络顾客得知新网站的最主要途径。企业利用搜索引擎进行营销网站推广需要将自己的网址和内容按照自己企业的特点注册到互联网上的搜索引擎,并努力获取较为理想的排名,以便顾客在查找有关信息时可以通过搜索引擎快速找到自己的网站。一般情况下,当顾客产生购买需求之后会决定自己的产品及品牌倾向,在没有明确的品牌倾向时,许多顾客习惯于通过搜索引擎进行信息查找。因此,企业在搜索引擎中的排名就相对非常重要。

E 知识

百 度 推 广

百度推广是由百度竞价排名更名而来,它是国内首创的一种按效果付费的网络推广方式,简单便捷的网页操作即可给企业带来良好的推广效果,有效提升企业知名度。企业在百度注册与产品相关的关键词后,就会被主动查找这些产品的潜在顾客找到。百度推广让企业注册有针对性的产品关键词,使企业产品网页出现在相应搜索结果最靠前的位置,让潜在顾客直接了解其产品或服务信息,更容易达成交易。企业参加百度推广可以直接在百度首页申请加入。

在进行搜索引擎推广时要注意,企业网站的搜索引擎注册不能只注册某一个搜索引擎,需要在多家搜索引擎进行注册,以保证充分利用网络搜索引擎推广渠道。

2. 网络广告推广

企业利用网络广告推广营销网站要考虑自己的资金实力,分析各种网络广告的推广效果,选择合适的网络广告提供商和广告方式。对于现代网络市场环境而言,企业应当尽量减少弹出广告的应用,因为这种网络广告已经受到网络消费者的非议,经常弹出广告会影响网络消费者正常的信息浏览,使消费者产生反感。相对而言,旗帜广告对企业营销网站的推广效果更好,这种广告具有面积大、颜色丰富、动态和表达丰富的优点,但是这种广告缺乏交互性,如果具备交互性则效果会更好。图 15-20 为京东商城在新浪上做的网络广告。

图 15-20 新浪上的京东商城网站广告

3. 网站资源合作

通过网站交换链接、交换广告、内容合作、用户资源合作等方式，在具有类似目标网站之间实现互相推广的目的，其中最常用的资源合作方式为网站链接策略，利用合作伙伴之间网站访问量资源合作互相推广。

每个企业营销网站均可以拥有自己的资源，这种资源可以表现为一定的访问量、注册用户信息、有价值的内容和功能、网络广告空间等，利用网站的资源与合作伙伴开展合作，能够实现资源共享、共同扩大收益的目的。在这些资源合作形式中，交换链接是最简单的一种合作方式。交换链接又称互惠链接，是具有一定互补优势的网站之间的简单合作形式，即分别在自己的网站上放置对方网站的 Logo 或网站名称并设置对方网站的超级链接，使得消费者可以从合作网站中发现自己的网站，达到互相推广的目。交换链接的作用主要表现在几个方面：获得访问量、增加消费者浏览时的印象、在搜索引擎排名中增加优势、通过合作网站的推荐增加访问者的可信度等。交换链接还有比是否可以取得直接效果更深一层的意义。一般来说，每个网站都倾向于链接价值高的其他网站，因此获得其他网站的链接也就意味着获得了合作伙伴或一个领域内同类网站的认可。图 15-21 为天马旅行社与宜家酒店的交换链接。

图 15-21　天马旅行社与宜家酒店的交换链接

4. 许可电子邮件

基于用户许可的电子邮件推广比传统的推广方式或未经许可的电子邮件推广具有明显的优势，如可以减少广告对顾客的滋扰，增加潜在顾客定位的准确度，增强与顾客的关系，提高品牌忠诚度等。开展电子邮件网站推广的前提是拥有潜在顾客的电子邮件地址，这些地址可以是企业从顾客、潜在顾客资料中自行收集整理的，也可以是通过第三方获得的潜在顾客资源。

5. 邮件列表

邮件列表实际上也是一种电子邮件推广形式，邮件列表也是基于顾客许可的原则，顾客自愿加入、自由退出，稍微不同的是，电子邮件推广直接向顾客发送促销信息，而邮件列表是通过为顾客提供有价值的信息，在邮件内容中加入适量网站推广信息，从而实现企业营销网站推广的目的。邮件列表的表现形式很多，常见的有新闻邮件、各种电子刊物、新产品通知、优惠促销信息、重要事件提醒服务，等等。

6. "病毒式"推广

"病毒性"推广的经典范例是 Hotmail。现在几乎所有的免费电子邮件提供商都采取类似的推广方法。1996 年，Sabeer Bhatia 和 Jack Smith 率先创建了一个基于 Web 的免费邮件服务,即现在微软公司所拥有的著名的 Hotmail。当时,Hotmail 为了给自己的免费邮件做推广,采取的第一步行动是提供免费电子邮件地址和服务;采取的第二步行动是在每一封免费发出的信息底部附加一个简单标签:You're your private, free E-mail at "http://www.hotmail.com"。人们利用免费电子邮件向朋友或同事发送信息。这时,每一个用户都成了 Hotmail 的推广者,于是,这种信息迅速在网络用户中自然扩散。接收邮件的人在看到邮件底部的信息后将加入使用免费电子邮件服务的行列,因此,Hotmail 提供免费电子邮件的信息将在更大的范围内扩散。这就是"病毒式"推广的经典范例。现在"病毒式"推广使用更多的则是微博。

7. 微信推广

微信是腾讯公司旗下一款语音产品,是目前手机应用中最火爆的产品之一,具有零资费、跨平台沟通、显示实时输入状态等功能,与传统的短信沟通方式相比,更灵活、智能,且节省资费。截至 2013 年 1 月,微信注册用户量已经突破 3 亿。随着微信的发展,一些企业开始看到微信的魅力,开始使用微信推广自己的网站、产品和品牌。由于微信的用户群体一般都是手机用户,因此用户的活跃度可以有保证。利用微信公众平台,企业可以将网站资源、品牌形象、产品信息等推广给上亿的微信用户,同时将企业微信号以二维码的方式供微信用户读取,推广成本低廉,能够实现精准的信息推送。而且在移动互联网时代,微信更加便于用户和企业实现互动沟通。可以预见,在不久的将来,微信必将成为企业青睐的推广利器。目前试水微信推广较为成功的企业有艺龙旅行、汉庭连锁酒店、中祥创新(见图 15-22)、北京同济医院等。

图 15-22 中祥创新微信推广页面

8. 网络社区推广

企业可以在网络社区里发表自己网站的消息来实现网站推广,登录社区后,只需要输入要发出的网站的相关信息,消息就会自动贴在论坛上并被其他感兴趣的人浏览。如果企业拥有了一定的客户群或潜在客户群,就可以在他们间建立一个讨论组,利用讨论组来推广网站。首先,选择相对应的论坛或讨论组,先将自己的网站归类,如果是关于药品的,就去找健康论坛;如果是关于旅游的,就去找旅游论坛。其次,在进入论坛或讨论组后,应尽量避免广告宣传之嫌。以往有的企业用这种方式推广网站时,使用两个虚拟身份,一个虚拟身份参与讨论,而另外一个虚拟身份提供咨询或解答。以这样的方式既能引起他人的关注,又避免了广告之嫌。最后,在讨论问题时应尽量务实,不要虚夸,让人对企业的网站产生信任感。图15-23 即为海南航空公司通过在国内最大的网络社区——天涯论坛建立交流群的方式进行推广。

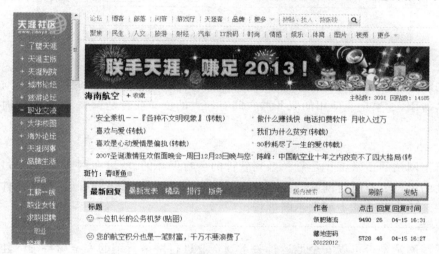

图15-23　海南航空公司在天涯社区的论坛版块

15.4　企业营销网站的运营维护

企业营销网站的建设是网络营销的起点,完善的网站建设可以保证网络营销的顺利开始。但并不是说,企业营销网站建设完成后就一劳永逸了。企业的营销网站需要持续的运营和维护才能完成它的功能,网站运营维护需要专业的技术人员支持,需要企业各部门之间良好的协作。企业网站的运营维护工作包括技术性维护和内容管理两个方面,如图15-24 所示。

15.4.1　技术性维护

网站的技术性维护包括硬件维护、软件维护、安全管理、网站备份等内容。

1. 硬件维护

硬件维护是对企业营销网站的基础设备——计算机的检查、管理与维护。计算机硬件设备需要不断的维护,特别是要检查易损部件的完好性,如电缆、CPU 风扇等。随着网站推广的成功,企业营销网站的访问量会不断上升,伴随而来的是访问速度的下降,设备维护还应当注意设备的更新,应用可以保证企业营销网站正常运行的新设备取代原有老设备。同时,网站的

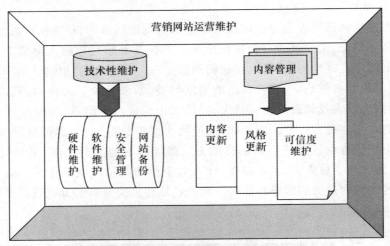

图 15-24　企业营销网站运营维护的内容

域名及通信线路要及时续费,域名的使用期限一般为一年,所以在使用时要注意提前交付企业注册的域名费用,如果企业使用的服务器空间有较大的变动或者是调整,则需要及时对域名指向进行调整。

2．软件维护

企业营销网站的正常工作是靠一系列软件的运行保障的,所以在网络营销进行过程中,企业营销网站的运行要及时对网站的各种软件系统进行维护,操作系统升级、服务软件管理等活动必须根据环境变化和能力要求不断进行。

3．安全管理

企业营销网站是否可以安全地运行关系到企业进行网络营销的安全与持续。随着新病毒和新的黑客手段的不断出现,网站的安全性会不断地下降,所以企业必须时刻注意网站的安全管理问题。企业营销网站可能受到的攻击包括拒绝服务攻击、欺骗攻击、密码破解攻击、病毒攻击、特洛伊木马攻击等。面对各种攻击时,企业专业的网站安全管理人员要以最快的速度解决安全隐患,排除风险,保障网络营销的安全进行。

4．网站备份

企业网站建成后的使用过程中,被攻击的概率非常高。黑客可能来自企业内部,也可能来自企业的竞争对手,所以制作好网站备份变得非常关键。如果长期不对网站进行备份,一旦被黑客攻击,丢失的可能是所有的数据。至于网站备份,方法有很多种,常见的就是把上传到服务器中使用的网站文件下载到本地硬盘,然后刻录成光盘。每隔一周或者是一个月操作一次,这要根据企业在网上的信息量是否大和是否有必要这么频繁进行备份来决定。

15.4.2　内容管理

对于大部分企业营销网站而言,内容管理的工作量大于技术性维护。内容管理的核心在于保持企业营销网站内容与企业现实及环境相适应,即要求随时进行内容更新与风格更新。内容更新确保企业营销网站传递的信息能够准确地反映企业目前的生产经营状况、产品种类与特征等;风格更新是为了保证企业营销网站随时对消费者具有吸引力,依据消费者的偏好更新网站风格。同时,网站内容管理还需要时刻关注网站可信度的维护。

1. 内容更新

　　内容更新主要是指信息需要及时更新,如企业新闻、企业动态及最新产品等。首先,企业网站的内容更新要对站内信息进行更新。如果现在客户访问企业的网站看到的是企业去年的新闻或者客户在秋天看到新春快乐的网站祝贺语,那么对企业的印象肯定会大打折扣。因此,适时更新内容是相当重要的。同时,在网站栏目设置上,也最好将一些可以定期更新的栏目如企业新闻等放在首页,使首页的更新频率更高些。其次,网站服务与回馈工作要保持时效。企业应设专人或专门的岗位从事网站的服务和回馈处理。客户向企业网站提交的各种回馈表单、购买的产品、发到企业邮箱中的电子邮件、在企业留言板上的留言等,企业如果没有及时处理和跟进,不但会丧失机会,还会造成很坏的影响,以致客户不会再相信企业的网站。最后,要不断丰富完善企业营销网站内容系统,提供更好的服务。企业创建网站初期一般投入较小,功能也不是很强,随着业务的发展,网站的功能也应该不断完善以满足客户的需要。

2. 风格更新

　　风格更新包括风格微调和风格改版。

　　风格微调主要是指网站文本内容和一些小图片的增加、删除或修改,总体版面的风格保持不变,所以一般一个星期更新一次。如果有一些企业营销网站的客户量多的话,则周期可以再缩短。这样,客户每次访问网站时都有新内容,能够吸引客户经常浏览。

　　风格改版是对网站总体风格做调整,包括版面、配色等各方面。改版后的网站会让客户感觉改头换面,焕然一新。风格改版必须注意不能过于频繁,因为企业营销网站建设完成以后就代表了企业的形象和风格。随着时间的推移,很多客户对这种形象已经形成了定势,如果经常改版,会让客户感觉不适应。只有当对企业网站有更好的设计方案或企业的经营理念发生变化时才可以考虑风格改版。例如,2013 年 4 月 1 日,新浪网进行了重大改版,在页面布局、内容形式、广告信息展示以及产品体验方面都有了巨大的提升,从一个传统展示型的门户网站,转型为基于大数据与社会化构建的精准互动营销平台,为更多的广告主及合作伙伴提供精准数据创造营销价值(见图 15-25)。

3. 可信度维护

　　所谓网站的可信度,顾名思义,就是客户对网站的信任程度。网站是否能得到客户的信任,直接影响着网络营销的最终效果。除了网站的基本服务和功能之外,在很多时候,一些看似不起眼的细节问题往往成为能否得到客户信任的关键。为了增加客户的信任度,Consumer Web Watch 建议,网站建设与维护过程中应该通过下列几个方面来维护网站的可信度:

(1) 网站身份,包括基本的联系信息,如地址、电话号码、电子邮箱、网站的所有者、目的和使命等。

(2) 广告和内容,广告或者赞助应该通过标签或者其他可视的标志与新闻和信息明确区分开来。

(3) 客户服务,明确说明与其他网站之间的财务关系、所有费用、退换货政策等。

(4) 不断改进,网站应该经常检查,以发现存在的错误、容易造成误解的信息,并及时进行

图 15-25 新浪网新旧版首页(上为旧版,下为新版)

修改。

（5）个人信息保护,应该用尽量明白、简短的语言陈述个人信息保护政策,并发布在显著位置。

案例讨论

人人网的成功推广

人人网是由千橡集团将旗下著名的校内网更名而来的。2009 年 8 月 4 日,著名的校内网更名为人人网,社会上的所有人都可以来到这里,从而跨出了校园内部这个范围。人人网是为整个中国互联网用户提供服务的 SNS 社交网站,给不同身份的人提供了一个互动交流平台,提高了用户之间的交流效率,通过提供发布日志、保存相册、音乐视频等站内外资源分享等功能搭建了一个功能丰富、高效的用户交流互动平台。2011 年 5 月 4 日,人人网在美国纽交所上市。图 15-26 为人人网的登录界面。

图 15-26 人人网的登录界面

人人网的 Logo 由两个抽象的人字变形，人字成圈形寓意每个人的人际圈，同时两个人字中间发生交集。由图形和域名共同组合成的新标志，象征着人人网是一个人与人的沟通、分享平台，分享真实、沟通快乐。

人人网起源于 2005 年 12 月成立的校内网，其运营模式模仿著名的在线交友网站 Facebook，被称为中国的 Facebook。其网站推广采用了多渠道、多方式的推广策略。

在线上，人人网通过注册搜索引擎、获取搜索引擎良好排名的方式，使得网站迅速被目标客户群体了解。同时，人人网通过电子邮件的方式针对在校大学生进行推广。人人网采取主动邀请用户注册的方式使得网站得到快速的传播扩散，使得每一个现有用户都成为人人网的活动广告宣传媒介，利用用户间的信息传播、口碑效应完成网站的推广。人人网还将互动游戏引入网站的推广策略中，利用网络小游戏强大的互动宣传发布网站信息。

在线下，人人网利用校园户外广告、赞助校园活动的方式进行网站推广，在人人网的推广前期，校园宣传栏等户外媒体广告是其主要推广阵地，通过这种具有直接针对性的媒体宣传，获取最初的用户，然后利用现有用户的"病毒式"扩散效应完成网上推广策略。目前，人人网已经成为中国最大的网络社交平台。

资料来源：http://it.people.com.cn/GB/119390/81951/176140/index.html

问题

1. 人人网的成功推广利用了哪些推广方法？
2. 人人网网站推广成功有哪些诀窍？
3. 登录人人网，通过观察分析其网站建设内容。

本章小结

1. 企业营销网站是企业进行网络营销的基础平台，只有掌握建立、维护企业营销网站的知识、方法才能保证网络营销的顺利实施。

2. 企业营销网站应当由主页、产品页面、顾客支持页面、新闻稿页面、企业信息页面、市场调研页面等组成。

3. 企业营销网站具有企业展示、产品展示、产品销售、客户服务和信息管理功能,这些功能整合帮助企业实现网络营销实践。

4. 企业营销网站建设需按照一定的原则和流程进行。企业营销网站建设过程从网站建设策划开始,经过域名申请和通信线路申请、硬件与软件选择、网站设计与开发、后台处理功能设计后形成企业营销网站的基本内容,然后对网站系统进行多次测试,直到没有任何问题后投入运营,在运营过程中还需对网站进行管理。其中最主要的过程是网站设计开发和后台处理功能设计。

5. 企业营销网站建设完成之后并不能保证消费者就会浏览网站,进行网上购物。想让消费者了解、获取到企业营销网站的信息就需要不断地进行网络营销站点推广。网上推广的手段是网站推广的主要方式,同时应当合理利用网下传统媒体的宣传效果进行网站推广。

6. 企业营销网站必须要时刻进行运营维护,包括技术性维护和内容更新,以保证企业网络营销的持续进行。

思考与实践

1. 理论基础

(1) 一般的企业营销网站由哪几部分组成?

(2) 企业营销网站具有哪些功能?

(3) 进行网站建设时可以选择哪些建站方式?

(4) 线上网站推广方法有哪些?

(5) 企业营销网站的运营与维护包括哪些内容?

2. 知识应用

(1) 上网收集资料分析戴尔公司的营销网站推广策略。

(2) 自选材料,分析目前比较成功的"病毒式"网站推广企业的"病毒"推广方式。

(3) 比较分析在网站推广中,传统媒体广告与网络广告的效果。

(4) 使用百度查询您感兴趣的某一个关键词,比较结果中在首页排名前五位的网站与末页后五位的网站,分析它们靠前(靠后)的原因。

参考文献

[1] 冯卫东. 网络营销[M]. 北京:电子工业出版社,2002.

[2] 吴晓萍. 网络营销[M]. 北京:北京交通大学出版社,2008.

[3] 赵乃真. 网站建设与维护[M]. 北京:北京大学出版社,2006.

[4] 顾新建. 网络化制造的战略和方法[M]. 北京:高等教育出版社,2001.

[5] 才书训. 网络营销[M]. 沈阳:东北大学出版社,2002.

[6] 陈益材. 企业网站完美设计与制作[M]. 北京:人民邮电出版社,2006.

[7] 翁建军. 网络营销[M]. 北京:电子工业出版社,2002.

[8] 沈莹. 网络营销基础与实务[M]. 北京:化学工业出版社,2009.

[9] 甘峥嵘,陈文林. 电子商务概论[M]. 北京:电子工业出版社,2006.

[10] 黄志平.电子商务实务教程[M].北京:对外经济贸易大学出版社,2006.
[11] 翟彭志.网络营销(第三版)[M].北京:高等教育出版社,2009.
[12] 高怡新.电子商务网站建设[M].北京:人民邮电出版社,2005.
[13] 冯勇.商务网站建设与维护[M].重庆:重庆大学出版社,2005.
[14] 朱延平,文科.商务网站建设与维护[M].上海:上海交通大学出版社,2009.
[15] 王汝琳.网络营销实战技巧[M].重庆:重庆大学出版社,2006.
[16] 范军环,宋沛军,柳西波.网络营销理论与实务[M].北京:中国农业大学出版社,2010.

第 16 章　网络营销应用实务

引导案例

网上购房时代到来了？

"此房不觉小,处处闻啼鸟,到哪都很近,配套真不少。"刚搬入思明区新房的小吴忍不住用这首打油诗来形容自己喜悦的心情。

根据小吴的介绍,原先他是住在单位分的一套房改房里,35 平方米左右,一室一厅。前年,他交了个女朋友。这样一来房子就有点小,亲戚朋友一来就显得更加拥挤不堪。于是买房成了他的一块心病。尽管跑了好多楼市,可就是没一个让他心动的:离单位近的,房价太高;价格合适了,路线又太远。真是鱼与熊掌不可兼得啊! 说到这小吴也是一脸的无奈。最后无意间通过朋友介绍,从泉州房产圈(www.0595quan.com)了解到有一套符合自己标准的房子,再加上厦门市政府最近推出的优惠政策,小吴终于狠下心买下了。

记者获悉,像小吴这样趁着房价下降之风,通过网络购到自己满意的房子的人已越来越多了。网上购房正成为一种时尚。

资料来源:http://quanzhou.house.sina.com.cn/scan/2010-05-04/15592696.html

像房地产这样的传统行业越来越多地将业务活动延伸到互联网上,并且不同程度地开展网络营销活动,经历了由试水网络到常态化应用的过程,取得了良好的效果。本章基于前述章节的理论基础和策略方法,向读者介绍诸如物流、运输、房地产、汽车等传统行业是如何开展网络营销的。

16.1　物流网络营销

作为"第三利润源泉"的物流产业是国民经济和社会发展的动脉及基础产业,其发展水平已成为衡量一个国家或地区现代化程度和综合国力的重要标志之一。商业连锁经营和电子商务的发展将推动物流产业迈上一个新的台阶。现代物流管理的基本出发点是广泛采用现代化物流组织与信息技术,提高物流合理化水平,降低物流成本,提供优质物流服务。

16.1.1　物流网络营销的内涵

物流是指利用现代信息技术和装备,准确、及时、完整地将物品及相关信息从供应地向接收地流动的服务过程,根据需要,物流活动将运输、储存、装卸、搬运、包装、流通加工、配送、信息处理等基本功能实施有机结合起来。物流企业就是提供上述服务的实体或组织。

电子商务时代,网络营销给物流企业带来了机遇与挑战。网络使大量的商业信息透明化、全面化、实时化,使自己的竞争优势非常容易被竞争对手熟知、模仿并超越,物流行业技术壁垒较低,也使物流企业面临着众多其他类似企业的竞争,出现顾客需求多样化。在电子商务环境下,企业与顾客间存在比传统商务环境下更多的接触点:电子邮件、呼叫中心、网站留言、专用的支付手段和合作伙伴的内部网或外部网等,方便了顾客对企业行为的反馈,也增加了顾客对企业的期望,顾客要求享受快速及时便利和快速响应的服务,增加了物流企业的管理难度。物流的关键在管理,各种信息技术在物流行业的应用日趋广泛,而以信息技术为主的电子商务部门已经成为现代物流企业中不可缺少的核心力量,为实施网络营销提供了技术基础。和其他传统行业一样,物流也可以通过网络营销的方式经营发展。很多物流企业目前都拥有自己的网站,通过网站为自己的服务和企业做宣传;运用互联网技术开通物流信息实时跟踪服务,让顾客更加放心,进一步赢得顾客的青睐和忠诚。

因此,物流网络营销是物流企业整体营销战略的重要组成部分,是在网络经济时代,借助于互联网技术、移动通信技术有效地满足物流市场上顾客的运输需求和欲望,从而实现物流企业营销目标的一种手段,是利用互联网络进行物流网上经营的营销活动。

16.1.2 物流企业开展网络营销的优势

对物流企业来说,网络营销是一种创新的营销方式。物流企业开展网络营销能创造出以下竞争优势:

1. 满足物流服务顾客导向

通过网络营销,为顾客提供多样化、个性化的营销服务方式,顾客通过网络可以根据自己的个性和需求寻找信息选择服务,具有很大的选择自由性;通过网络销售,也满足了顾客便利性购物的需求,节省了顾客的时间和精力;此外,也能使顾客通过更便宜的价格买到理想的产品或服务,因为网络营销经济性价比高,从而节省了巨额的营销成本,使产品或服务降价成为可能。

2. 与顾客增强互动

物流企业可以通过自建营销网站在网站上发布信息,甚至通过电子邮件、微博等发布企业信息,顾客也可以通过电子邮件、微博留言,提出自己的需要和建议等,或是通过参与网络投票等方式表达自己的意愿。

3. 为营销管理决策提供参考

物流企业的起点是顾客的需求,目标是顾客的满意度乃至忠诚度,而网络营销则从起点到目标实现了与顾客的全方位互动,了解到顾客的需求意愿,从而调整方针,有的放矢,使决策更科学合理,贴近了顾客,提高了效益。

4. 有利于物流企业发展壮大

通过网络营销,物流企业可以开拓更为广阔的市场,甚至跨越国界打开全球市场,这就为企业的迅速发展打开了一条便捷的通道。网络营销成本低,也使得企业可以节约更多的资金投入其他环节,同时为企业开展物流服务设计、模式创新、信息管理、价格制定、售后跟踪等提供了技术支撑。

5. 有助于提升品牌价值

通过网络营销,广泛宣传物流企业品牌,达到企业品牌知名度宣传推广的效果。全国物流信息网(图16-1)是由国家发改委、中国交通运输协会主管的具有权威性的物流网站,也是国内最早的物流信息平台,人脉广,发展稳定,在业界具有良好的口碑。企业可以借助于此类平台,扩大品牌影响力,提升品牌价值。

图 16-1　全国物流信息网页面

16.1.3　物流网络营销的应用关键

物流服务质量的高低是物流企业发展成败的关键。在物流系统的整个业务活动过程中,从前期的营销推广过程,到物流服务标准设计过程,再到物流服务实施过程,以及最后的反馈与改进过程,顾客主导型的服务意识都贯穿其中。因此,物流企业在开展网络营销的过程中,要始终以顾客为主导,以方便顾客为基准,加强对关键领域的营销工作。

1. 企业网站建设与推广

网站建设是物流企业开展网络营销活动的第一步。

物流企业在开展这项工作时应制订预算计划,根据预算的高低、功能需求的复杂程度来设计适合自身业务状况的网站。设计网站的具体内容时,可以将企业性质、注册资本、各种资质、业务范围、联系方式、运输资源等内容全部在网上进行公示,让顾客一目了然。为保证网上资料的及时性,企业可以指定专人负责资料的维护,上传企业的最新工作动态。同时,利用搜索引擎进行网络推广,在各大搜索引擎网站上注册网站或网页的网址,在物流行业门户网站推广和参与搜索引擎竞价排名。为了更好地对企业进行推广,首先,选准著名的物流行业门户网站进行付费推广和提供物流信息化服务;其次,在搜索引擎上参与竞价排名,针对企业自身的状况,选择合适的关键词进行推广,当然,价格越高,被显示的时候排位越靠前,被显示的机会也越多。通过专业行业网站进行网络推广、登录专业网站进行推广也是非常必要的,由于专业网站是专门为物流需求企业设计的,因此,相比搜索引擎设计的功能,更加适合用户的需要,也更能准确地把物流企业的信息传递给用户,推广成本非常低廉,甚至免费也能有一定的推广作用。图16-2为德邦物流的网站主页,简洁明快,各种信息一目了然。在百度中,输入"物流"关键词,德邦物流出现在首页前列位置,同时也是第一个出现的专业物流公司(见图16-3)。

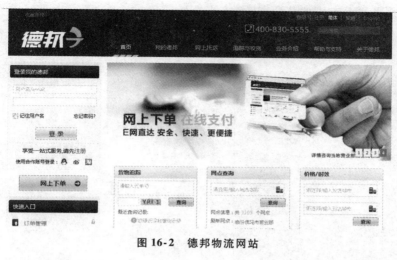

图 16-2 德邦物流网站

图 16-3 百度"物流"搜索页面

2. 信息服务

物流服务种类繁多,涉及信息量巨大,传统媒体如报纸、电视等,很难精确地把企业服务能力的信息传递给目标顾客。运用网络营销将物流企业结合在一起,通过网络为物流企业提供信息技术支撑服务,传递行业信息、顾客信息、货物跟踪信息等;信息的集中化也为顾客提供了更多的选择和机会,而信息的成本分摊,又保证了中小企业能够用比较少的资金取得良好的营销效果,节约成本从而能更好地优化服务。为了做好物流信息服务,可以组建物流信息服务公共平台或是在企业网站上设计合理的功能模块、链接服务,便于顾客发现、比较相关物流信息。例如,锦程物流网就是国内最大的物流信息服务和物流交易的公共平台,该平台将营销主体和顾客通过物流服务平台有机地结合在一起(见图16-4)。

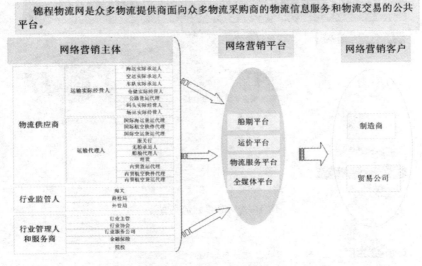

图16-4 物流信息服务和物流交易的公共平台

3. 品牌建设

品牌形象现在已经进入了互联网时代,信息传递的速度以光速来计算,对物流行业来说,随着信息交换越来越充分,买方和卖方的信息不对称越来越小,品牌在物流行业营销过程中的影响力有下降的趋势。因此,注重品牌建设与推广是物流企业网络营销的重中之重。除了要加强实体物流过程的服务水平之外,还要加强品牌设计,提高视觉效果;定位品牌目标顾客群,定位品牌网络价值;充分利用网络事件营销、网络口碑营销、"病毒式"营销等营销方法提升顾客的品牌体验,特别是可以借助热点事件利用公关造势树立品牌形象。

4. 差异化营销

按照交易历史和顾客所需服务种类的差别,物流企业的顾客可以分为成熟顾客、潜在顾客和普通顾客三类。物流企业在进行网络营销时应根据三类顾客的特点进行差异化网络营销。

(1) 成熟顾客。物流企业要利用网络提高服务水准,以进行有效的客户关系管理。主要的服务内容有:在网站上详细介绍自身的各方面的信息,方便顾客;提供在线客户服务,因为物流企业的操作电话忙音的概率很大;提供在线业务受理;提供在线货物跟踪等;提供供应链信息服务。如果要提供后面四项服务的话,物流企业要准备比较大的投资。

(2) 潜在顾客。由于原物流服务商服务质量不稳定,或有了新的物流需求,原有供应商不能提供,或希望进行价格评估等原因,顾客需要选择新的供应商进行比较,最方便的方法就是上网搜索。这时,如果物流企业已建立了网页,并开展了网络营销,如在谷歌、百度等搜索引擎上登记注册、发布广告等,那潜在顾客将能够很方便地查到本企业,相比未开展网络营销的物流企业而言,肯定会多一分商机。

(3) 普通顾客。普通顾客很少选择物流服务商,提供物流服务的企业有哪些他们也不知道,即使是通过搜索引擎,要以最快的速度获得相关物流信息也不是件很容易的事情。举例来说,某顾客要从西安运一批货物到北京,他要以比较快的速度从网上得知性价比最好的物流服务供应商,就要登录到专业的电子商务平台,这样就可以以最快的速度获得所需信息。因此,在专业的物流电子商务平台登记注册,并付费占据醒目位置,就较有可能得到订单。图16-4为国内最大的物流电子商务平台。

5. 注重新型营销工具的应用

物流企业也应同那些熟练开展网络营销的企业一样,注重新型营销工具的应用,例如,通过群组邮件向成熟顾客或潜在顾客的邮箱发送定制信息;还可以寻找与自己的网站具有互补性、相关性的站点,并向它们提出与自己的站点进行交互链接的要求,并在自己的网站上为合作伙伴的站点建立链接;设立电子公告牌,主要目的是吸引顾客了解物流行业市场动向,通常以开办热门话题论坛和开办网上俱乐部的方式进行,树立物流企业的形象,有效地促进网上销售;在著名微博频道和微信公众平台注册账号,增强与顾客或访问者的互动,及时发布最新消息,树立良好的企业和品牌形象,最终促进销售;提供物流服务顾客端下载,方便顾客查询物流服务信息。图16-5为知名物流服务商顺丰速递在新浪微博设立的官方微博;图16-6为中国海运物流开通的公众微信平台;图16-7为圆通速递的手机客户端界面。

图16-5 顺丰速递官方微博

图16-6 中国海运物流的微信平台使用说明

图 16-7　圆通速递的手机客户端界面

16.2　运输网络营销

运输业是专门从事旅客和货物位移活动的行业,包括铁路、公路、水运、航空、管道五种运输方式,把社会生产、分配、交换、消费有机地联系起来,是沟通工农业、城乡之间、地区之间、企业之间组织活动的纽带,是国际经济、文化交往的桥梁,也是确保人民生活和巩固国防的重要条件。运输业历来是我国的支柱性产业之一,随着国民经济的持续和快速发展,运输业在国民经济中的重要作用日益显著。

16.2.1　运输网络营销的概念

运输网络营销属于微观市场网络营销的范畴,是指在网络经济时代,借助于互联网来更有效地满足运输市场上顾客的运输需求和欲望,从而实现运输企业营销目标的一种手段,是利用互联网络所进行的一切实现运输产品交换的营销活动。

运输企业网络营销始于运输生产之前,贯穿于运输生产活动的全过程:在提供运输产品之前,要充分利用网络和信息技术研究服务对象的需求,科学分析运输市场的机会,研究目标市场,从而决定运输产品类型、运输生产组织形式以及运输范围和数量;在组织生产经营过程中,要使运输网络产品策略、网络运价策略、网络渠道策略、网络促销策略和网络服务策略有机地结合起来,通过良好的信息追踪去实现运输生产过程;运输生产结束后,还要做好运输结束后的网络服务和信息反馈工作,这样周而复始,形成良性循环,才能不断满足社会运输需求,提高运输企业的经济效益,更好地发挥运输网络营销的作用。

16.2.2　运输企业网络营销的特点

运输企业网络营销行为依托于运输市场,又产生、发展在网络技术和信息技术飞快发展的基础上,因此它既有一般市场营销的共性,又具有自身所独有的特性。

1. 强调服务性

运输企业通过运输市场提供的产品是运输劳务,具有服务性,表现为为国民经济其他部门、社会各单位或个人提供运输服务。因此,运输企业网络营销在经营思想上首先要树立"顾客(货主、旅客)至上,服务第一"的观念,重视顾客(货主、旅客)的需求,把了解他们的需要、欲望和行为作为营销活动的起点,在服务项目、服务方式、服务态度、服务手段等方面提高水平,全心全意为顾客(货主、旅客)服务。

2. 营销产品无形、异质性突出

运输产品实际上提供的是一种服务,不具有实物形态,只改变运输对象的地理位置,即运输对象的"位移",这种位移有不同的质量要求即异质性,如快速、直达、便利、舒适等。因此,运输企业在进行网络营销时应注意根据不同顾客(货主、旅客)的不同运输需求,提供不同的运输劳务,在运输生产结构、服务范围、内容上形成自己独特的风格,如快速货物运输、特种货物运输、集装箱货物联运等,发挥自己的优势,以吸引顾客(货主、旅客)。

3. 突破时空不可分离性

运输产品的最大特点是生产和消费的同时进行,因此运输服务受到时间和空间的限制。顾客为寻求服务,往往需要花费大量时间去等待和奔波。而互联网的远程服务则可以突破服务的时空限制。运输企业所提供的远程订票、网上托运等服务,通过互联网都可以实现消费方和供给方的空间分离,如图16-8所示。

图16-8 某运输企业的营销页面

4. 营销具有前置性

运输服务是运输对象的"位移"。要求运输企业的销售活动在生产之前,先有货源、客流,再组织运输生产,实现其"位移"。因此,运输企业的市场营销活动是运输生产的前提。运输企业应积极应用网络营销市场调研,根据客、货源分布情况,采取各种积极的网络促销策略,吸引更多的顾客。

5. 营销需求有较强的波动性

运输需求是派生需求,表现为它随工业生产的周期性波动、随农业生产的季节性波动、随人们社会生活习惯的趋向性波动等。这对运输企业网络营销提出了更高的要求,要求运输企业要密切关注市场动态,采取措施减少波动,如在淡季推出优惠运价鼓励淡季消费。

16.2.3 运输企业网络营销的应用要点

1. 运输企业网站的建设

(1) 网站定位。运输企业在实际市场运作中要突出自己的特点,在网站建设上要有自己独特的网站定位。旗帜鲜明的网站定位,不仅可以为网站的建设和日常管理找准方向,同时也可以为企业树立良好的网络形象,为企业争取到更多的顾客。如联邦快递网站注重亲和力,将网站定位在宣传"整体大于部分之和"的营销理念、力求与顾客协同运作、共谋最佳效益的目标上。运输企业的网站是面向实际作业的服务窗口,在网站结构的设计中每层页面都要有业务宣传、实地作业和树立企业形象的功能。联邦快递的业务主页都是递送员忙碌而面带微笑的形象,体现网站设计的立意重在本地化、人性化服务上,力争给人以亲切感和可信赖感(见图16-9)。

图 16-9　联邦快递页面

一般情况下,运输企业网站的页面大致分为两类:一类是业务页面,按业务种类平行组织;一类是宣传页面,按企业介绍及业务进程组织。两类页面相互链接,便于切换。所有页面均应界面友好、简洁大方,页面间脉络清楚,链接关系简单。

(2)顾客沟通。网络是一种崇尚自由的媒体,对于与顾客之间的对话,运输企业的态度应该是积极鼓励,而不是冷漠、忽视甚至强行遏制,反网络文化的企业必将会落入新时代的淘汰之列。因此,在企业网站上可以设立论坛或新闻组,这样做可以集中地获取顾客对企业的反馈意见。在建立这类新闻组时,最好预先设立好议题,顾客的反馈意见和评论可按不同的议题归类,同时要保证每个议题有足够大的空间让顾客发表言论。运输企业还可根据自身的情况设立在线问答,及时处理顾客提出的各种问题,增加与顾客的直接交流,从而使企业了解顾客的真正需求,也使顾客增强对企业的亲切感和信任感。

(3)信息管理。运输企业根据自身的政策、策略、资金等条件,适度建设自动网络服务系统,为顾客提供更高质量的服务。比如建立自动应答的电子邮件(回复)系统,以便能够及时回复顾客通过电子邮件提出的各种要求与疑问,定时跟踪已购买了运输产品的顾客,进行回访和提示注意事项;建立在线咨询系统,随时随地回答顾客提出的运价、运量等相关问题,解决顾客在购买过程中出现的各种矛盾;在网上建立顾客论坛,请顾客自由发表对运输产品的意见和建议,倾听顾客的声音,了解顾客的需求,以便能够适时地进行运输产品改造、运输服务改进和新产品的开发;建立24小时呼叫中心,利用计算机电话集成技术为顾客提供及时、准确、贴心的运输信息服务,处理顾客的投诉,解决顾客的疑问。

2. 信息调研

运输企业产品设计销售等必须建立在对市场细致周密的调研基础上。利用网络进行信息调研具有较强的优势:① 信息的广泛性。这是网络调研与受区域制约的传统调研方式相比所特有的优势。② 调研周期短。网络的即时性便于企业及时了解旅客需求并及时做出反应,有助于企业在迅速变化的市场中获得竞争优势。③ 调研结果的客观性。因为顾客返回调查结果的行为是主动的,是对产品信息感兴趣的,所以能够反映顾客的消费心理和市场需求信息。
④ 成本低。网络调研只需要在企业的网站上发出电子调查问卷,提供相关信息,然后利用计算机对反馈回来的信息进行整理和分析,大大减少了企业的人力和物力耗费。运输企业信息调研的主要相关因素有:市场环境,包括国家政策法律环境、经济环境、社会文化环境、自然地理环境等;市场需求,包括现实需求和潜在需求;顾客行为,包括顾客购买目的、购买行为和购买心理;竞争企业和竞争产品,对竞争对手和竞争产品进行分析。

3. 信息服务

运输企业的网络营销就是要服务于旅客出行计划和货物运达计划的制订,因此要提供全面的信息服务,包括介绍各个时期客运的新产品、到发及途经车站、列车的有关信息、运输车辆的数量和型号以及送达时间等。旅客出行通常有以下需求:一是希望得到清晰、全面的列车信息咨询;二是希望得到车站中转、换乘列车信息及其他运输方式的换乘信息等;三是希望得到车站周边的旅馆、酒店、商场、旅游景点、商务中心等的信息;四是外国旅客希望能够得到相关服务的英文信息。货主托运货物通常有以下需求:一是希望得到准确、全面的车辆信息和送达时间信息;二是希望得到货物运输追踪信息和货物在途状态信息;三是希望得到准确的最终到货时间和货物的毁损情况信息;四是希望了解货物运输相关的索赔政策等。图 16-10 为某运输企业的信息、服务页面。

图 16-10　某运输企业的信息服务页面

此外,要充分利用和改造原有的信息及服务系统,进一步实现信息资源的同步共享,为运输企业的网络营销发展创造良好的条件。例如,铁路运输系统内部有许多运营信息,长期以来只供铁路自身管理使用,如客票信息、行包运输情况、货物在途信息等,通过铁路客户服务中心的建设,使铁路企业的运输服务信息实现网络化作业和发布,具有不同权限的管理者、业务人员、旅客和货主,能够方便、及时地在客户端或 Web 浏览器上获取信息。通过接口处理,这些内部管理信息都能为网络营销服务。

4. 个性化服务

个性化服务，也叫定制服务，就是按照顾客的要求提供特定服务，满足顾客个性化的需求。提供个性化服务可以根据不同顾客的不同需求，最大限度地让顾客满意。个性化服务一般采取页面定制服务、电子邮件定制服务、客户端软件支持的定制服务等形式。在运输企业的网络营销服务中，由于个性化的定制服务在满足顾客需求方面可以达到相当的深度，所以，只要运输企业对目标群体有准确的细分和定位，对其需求有全面的总结和概括，就应尽量采用个性化服务方式，这可以有效地吸引广大的消费者。客运运输企业根据自己掌握的顾客信息，为长期或稳定的顾客提供独特的信息服务，如列车或航班时刻的更改、新增航班的信息、客票价格的涨落等，将顾客最关心的信息及时地发送给顾客，让其在第一时间了解企业所提供产品的情况。在网络信息环境下，货运企业可以利用网络技术，与顾客进行直接的沟通与交流，共同探讨产品的设计和生产，根据顾客的需求设计、生产能使顾客高度满意的产品和服务。在这个方面，一些著名的快递公司，如联邦快递、UPS 等，已经做得相当成熟，它们可以根据顾客的特点和货物的特性，制定符合顾客需求的运送策略，选择最优的运送路径。采取个性化服务，一方面方便顾客运输和节省顾客运输成本，另一方面又会因为顾客忠诚度的提高而增加企业盈利，达到企业与顾客的双赢。随着生活水平的不断提高，顾客的要求也越来越高，其个性化需求逐渐成为发展趋势。

5. 渠道设计

运输企业提供的是无形的空间位移，并不提供实物产品，在具体建设网络营销渠道时，要考虑以下几个方面：① 从消费者角度设计渠道。只有采用消费者比较放心的、容易接受的方式才有可能吸引消费者使用网上订票和网上托运，以克服网上的"虚"的感觉。这就要求运输企业首先要经营好自己的品牌，保证良好的企业信誉；其次还要建设内容清晰的企业网站，设计简洁大方和友好的网页界面，给消费者舒适、踏实的感觉。② 设计客票或货运订单系统时，要简单明了，不要让消费者填写太多信息，还可以对消费者已经选中的产品进行对比分析，给消费者简洁的分析界面，方便消费者通过比较选择更适合自己的产品。③ 在选择结算方式时，应考虑到目前实际发展状况，尽量提供多种结算方式方便消费者选择，同时还要考虑网上结算的安全性，对于不安全的直接结算方式，应换成间接的安全方式。当前网上支付是渠道策略中非常重要的一环，它可以是直接传递信用卡、银行账号等信息，也可以是间接（即通过第三方）传递付款信息，或者把信用卡、银行账号转化为电子货币，用电子货币直接付款等。随着银行机制的健全，这种支付手段必将成为方便企业和消费者的重要手段。④ 建立完善的配送系统。消费者只有看到购买的车票送到家后或者托运的货物到达指定地点后，才真正感到踏实，因此建设快速有效的配送服务系统是非常重要的。

E 经典

无锡客运的手机购票客户端

随着手机的更新换代，智能手机的开发运用领域越来越广泛。据统计，目前每天有超过 13.7%（日平均 1 500 人，最高时 6 500 人）的旅客通过手机进入无锡汽车客运站网站 www.

wx8s.com 查询班次,无锡客运网上售票量占总发运量的 7.08%,而这一比例还在快速攀升中,"十一"高峰期间达 40%,旅客通过网络购票的需求越来越高。在此背景下,从 2013 年 1 月 18 日起,无锡客运正式推出手机购票,旅客可通过无锡客运手机购票客户端购买无锡汽车客运站的各线车票,同时也可通过该系统查询到无锡汽车客运站预售期内的各线班次。

资料来源:http://www.wx8s.com/

6. 网络推广

运输企业网络营销是在网络市场开展的企业推广,推广形式有四种,分别是网络广告、站点推广、销售促进和关系营销。其中网络广告和站点推广是网络营销促销的主要形式。网络广告的类型有很多,根据形式不同可以分为旗帜广告、电子邮件广告、电子杂志广告、新闻组广告、公告栏广告等。站点推广就是利用网络营销策略扩大站点的知名度,吸引网上流量访问网站,起到宣传和推广企业以及企业产品的效果。站点推广主要有两类方法:一类是通过改进网站内容和服务,吸引顾客访问,起到推广效果;另一类是通过网络广告宣传推广站点。前一类方法费用较低,而且容易稳定顾客访问,但推广速度比较慢;后一类方法可以在短时间内扩大站点知名度,但费用不菲。销售促进就是企业利用可以直接销售的网络营销站点,采用一些销售促进方法,如价格折扣、有奖销售、拍卖销售等方式,宣传和推广产品。关系营销是借助互联网的交互功能,吸引顾客与企业保持密切关系,培养顾客忠诚度,提高顾客的再购率。运输企业顾客及产品的特殊性,要求企业整合各类推广方式,充分吸取每种模式的优点,发挥"1 + 1 > 2"的整体效果。

16.3 房地产网络营销

房地产发展到今天,产品、广告、市场、消费者、金融、土地政策等发生了巨大的变化。房地产市场逐渐开始从卖方市场向买方市场过渡,消费者决策过程也变得复杂和漫长起来。专注于现场销售的传统市场营销方式、程式化的概念炒作已不能捕获消费者的芳心。理性的房地产市场急需新的营销理念和方法,网络成为房地产开发第二春的重要战场。

16.3.1 房地产网络营销的概念

房地产营销者将自己的营销活动方法全部或部分建立在互联网的基础之上就具备了网络营销的特性。具体来讲,房地产网络营销就是通过调查和对购房者行为的分析,建立自己的网站或网页,借助一定的方式(平面或电视广告等)让社会各界人士广泛知晓企业在互联网上的域名地址,而购房者则根据自己的需要浏览房地产企业的网页,通过网页了解正在营销的房地产项目,同时向房地产营销网站反馈一些重要的信息。如果有网上支付的货币手段,还可在网上签订购房合同。这种网络购房的方式,最大的特色即在于"顾客不出门,尽选天下房",不需要从一地赶到另一地选房看房,仅在房地产中介公司里,利用互联网,就可了解整个小区的规模和环境,进行各种房屋的查询和观看,购房者所关心的一切重要信息如房屋的外观、房间的布局、周围的社区环境、公园、学校等只要用自己的手指轻轻一敲就一览无余、尽收眼底,在对各种房地产项目进行全面而审慎的选择、比较后,购房者即可找到符合自己心目中理想需求的房屋,过去十分耗费时间、口舌和精力的选房过程,在网络营销的环境中,变得十分轻松有趣和迅速快捷。

16.3.2 房地产网络营销的特点

1. 降低房地产营销成本

房地产与网络结合，可以通过网上采购和网上销售，大大减少诸如采购费、租赁费、广告费及大量的销售人员工资等期间费用，从而大幅度降低成本。网站建设的成本，与开设专门房地产销售店面昂贵的租金、装饰费用等相比，要少得多。在互联网上从事房地产营销活动，还可以节省大量的房地产广告制作和发布成本。比如，电子楼书的电子邮件营销，即通过电子邮件把电子楼书发送到潜在消费者手中，并将他们吸引到楼盘网站上。电子楼书可以减少印刷纸质楼书的高昂成本，起到同样的营销效果。采用电子邮件来发送信息可以通过使用特定数据库选择最有消费可能的客户发送，同样节省大量的宣传成本。

2. 有效生动地展示房地产项目

与昙花一现的电视广告片段、小篇幅的报刊广告相比，房地产的网络营销可以做到立体式的全景信息展示，能更加充分生动地表现房地产的特质，做到有声有色，图文并茂。现在互联网上的软件技术能集现有各种媒体的功能于一体，结合文字、图形、图像、声音等多种媒体传播信息，甚至利用计算机虚拟现实技术让消费者能"身临其境"地体验自己选择的房屋的大小、光线的明暗、周围的环境等。至此，互联网上传播的不再是简单的文字信息和价格数字，而是有声有色、活灵活现的多媒体信息，在声音和图像等多种媒体综合的渲染下，精心构思和设计的站点会给每一位访问者留下非常深刻的印象和美好的记忆，煽动起每一个潜在购房者的购买欲。图16-11为万科网站的产品展示页面。

图16-11 万科网站的产品展示页面

3. 给消费者带来极大的便利

在安全运营的前提下，以网络为媒体的专事营销服务计算机系统能提供24小时不间断的房地产营销服务，随时响应来自全国各地甚至全球的消费者的要求，这给平时白日工作繁忙的消费者带来了极大的便利。他们可以下班以后在家里通过互联网查阅信息，而不一定要在上班时间去拜访房地产营销商。同时，消费者只要坐在家里的计算机旁，轻轻按动鼠标，各种位置、户型、价位的房屋就会显现，应有尽有。消费者还可以通过网络主动查询分散在各处的、其感兴趣的房地产的价格、地理位置、品牌并咨询有关信息。这些信息使房地产企业提供的不同产品之间的差异更加直观、详尽,方便查询,不仅拓展了选择空间,而且节省了消费者无效奔波的时间。

4. 加大消费者与房地产企业之间的沟通和互动

与传统市场营销相比,网络营销更强调互动式的信息交流,由强势促销转为软促销。在精心设计的房地产网络站点上,消费者可以方便地在网页上得到他所需要的详细资料,可以在网页上留言,可以填写网页上的市场调查表格,进行购买要求登记以及提出意见和建议等。而房地产企业管理者也可以通过有效的沟通,及时充分地了解消费者的需求和反馈,相应地调整网上的营销行为,使网上的营销活动更有效。房地产企业在与消费者保持密集的双向沟通和交流过程中,也能更好地树立企业及产品在消费者心目中的形象。

5. 提升房地产营销者的形象

目前,在互联网上"安营扎寨"的房地产营销者并不太多,捷足先登的先锋者可以抢占先机,树立自己意识领先、服务全面、信息完备、讲求效率的良好形象,而好的形象本身就是提高自己竞争力的无形资产(如图16-12所示的绿地集团)。通过网络多媒体的特征,房地产营销者对自己的房地产项目进行立体的全方位的展示,树立自己的品牌形象,取得品牌效应,摆脱一味单纯削价的价格策略竞争的不良影响。因此,在互联网上开展的营销活动,能为房地产营销者以后在网上的营销竞争打下坚实的基础,并有助于在今后树立自己的品牌,为其在未来的信息社会抢占"一席之地"。

图 16-12　绿地集团首页

6. 拓宽房地产营销的活动空间

由于房地产为不动产,具有地域的固定性,因此传统的房地产营销活动一般在房屋所在的当地进行,而现在和今后的商品房的出售,特别是高档别墅的出售,往往打破了地区的界限。随着商品经济的发展,商品房销售对象不再局限于某些地区和某些部门,因此,房地产营销企业要想把自己建造的各类商品房让全国各地甚至境外的消费者都知道,完全可以借助互联网这种远程信息传递形式,详细地介绍商品房的设计方案、装饰材料、设施功能、交通环境、价格、付款、购买方式等信息,从而达到营销房地产的目的。及时连通国际市场,把原本地域性极强的房地产营销活动的空间拓展到全球范围,突破房地产营销活动的地域特征,使房地产的营销活动在更广阔的舞台开展,这一点尤其有利于开发档次高、目光远大、营销定位目标高的房地产企业。

16.3.3 房地产网络营销的运作模式

房地产网络营销与传统市场营销相比,最大的特点在于其本质上是一种互动营销,即楼盘的开发商需要利用互联网,与供应商、目标消费群、业主等群体发生相互的信息交流,并且这种信息交流的流向是双向而并非单向的。因此,为充分应用和发挥网络营销的优势,房地产企业需要架设相应的交流平台。具体可以包括采购平台、广告平台、销售平台、信息平台、交流平台以及管理平台,每个平台都有其不同的作用,也有其不同的服务对象。

1. 采购平台

房地产企业通过互联网对供应链的重新整合,改变了产业内上下游企业之间以及企业与政府之间的交往方式,从而能够最终降低交易成本。如房地产企业可以利用电子商务进行项目招标,与咨询企业、建材企业、建筑企业、物业管理公司等直接开展业务。这样不但减少了中间环节,提高了服务效率,而且提高了企业经营活动的透明度,扩大了合作伙伴的选择范围。通过房地产网站,还可以建立起相关企业的信息高速公路,形成企业之间的信息链,建立无场地办公环境的房地产虚拟企业。

2. 广告平台

房地产企业通过自身建立的网站,或者通过其他网站发布广告等手段,对产品进行广告宣传(见图16-13)。这是继报纸、广播、电视后,进行房地产广告投放的第四个媒体。

图 16-13 某房地产项目在新浪房产的活动页面

3. 销售平台

房地产数字化销售平台可以分为网络直销和网络间接销售两种。其中网络直销是指开发商通过网络渠道直接销售产品。通行的做法有两种:一种是企业在互联网上申请域名,建立自己的网站,由网络管理员负责产品销售信息的处理,而传统的销售工作可有机嵌入信息化营销流程;另一种是委托信息服务商发布网上信息,以此与消费者联系并直接销售产品。网络直销的低成本可为开发公司节省一笔数量可观的代理佣金,而且还可同时利用网络工具(如电子邮件、电子公告牌等)收集消费者对产品的反馈意见,既能提高工作效率又能树立良好形象,适用于大企业建立产品形象和企业品牌。网络间接销售是指利用网上中介机构进行销售,专业代理网站不仅拥有数量可观的访问群,而且具有房地产专业知识和丰富的营销经验,能够很好地完成营销策划。考虑到本身的实力以及建立和维护网站的成本,这种间接渠道策略尤其适用于中小型房地产企业,图16-14即为某房地产企业销售平台页面。

图16-14 某房地产企业销售平台页面

4. 信息平台

利用网站或所设计的网页,进行项目相关信息的发布,如项目的建设进度、最新的房地产法规、楼盘的促销信息、项目某些方案的意见征集等都可以迅速地发布出去。与传统的信息发布媒介相比,网络营销的信息平台不但可以发布信息,而且可以通过留言板、业主论坛等及时获得信息反馈,例如,购房者与业主既可及时得知开发企业的决策方案,又能及时地对诸如房型设计、装修标准等提出自己的意见,实现真正的互动营销。

5. 交流平台

在信息交换的基础上,房地产网络营销还应当建立业主与业主之间的交流平台,即所谓的网络社区,以促进小区文化的形成。

6. 管理平台

房地产网络营销的管理平台是产品售后服务中的一环,房地产企业在网站建设中为日后物业管理公司开辟专用的空间,物业管理公司可以以此发布公告通知小区财务管理情况,听取业主意见等,有利于小区日后的规范化管理。其中信息平台与交流平台既服务于目标消费群又服务于业主,这说明了小区的信息将会有很大的交互性,购房者不但可以从广告宣传中了解楼盘,而且可以从业主的口碑中了解相关信息,因此,对产品的质量提出了更高的要求。房地产企业可以利用这些平台集成形成自己的网络营销运作模式。目前用得较多的有以万通筑巢网(www.ehousomg.com.cn)为代表的网上定制模式、网上采购模式,以我爱我家(www.5i5j.com.cn)为代表的网络文化社区模式等几种典型的模式(见图16-15)。虽然这些方式应用得都不算成功,或多或少都遇到了一些障碍,但是它们在房地产网络营销方面迈出了一大步,拓展了房地产网络营销的空间。

微软总裁比尔·盖茨说:"房地产业将会由于技术的进步而发生改变,这种改变已经开始并以极快的速度进行,只有意识到这一点并接受它的人,才能在房地产业生存下去。"21世纪的中国房地产市场会是一个长期的买方市场,由于总供给大于总需求,同时,消费者购房也越

图 16-15　我爱我家首页

显理智,竞争势必更加残酷,房地产开发商如果一味地仿效别人的生产和营销策略,则难以成功,只有走创新营销之路,形成传统促销策略与网络技术的有效结合,才能得以生存与发展。房地产网络营销是势之必然。

16.4　汽车网络营销

汽车产业是国民经济的重要支柱,在国民经济和社会发展中占据重要地位。随着我国经济持续快速发展和城镇化进程加速推进,今后较长一段时期汽车需求量仍将保持增长势头。

16.4.1　汽车网络营销概述

长期以来,汽车营销都是以汽车专营店为主导的4S营销模式,随着汽车工业的发展,这种营销模式愈来愈暴露出运营成本高昂、恶性竞争激励的弊端。汽车营销亟待转型发展,借着互联网技术的发展和广泛应用,汽车网络营销就应运而生了。

1. 汽车网络营销的内涵

汽车网络营销是指汽车生产、销售企业整体营销战略的核心组成部分,是其利用互联网、移动通信、数字交互式媒体等的威力来实现营销目标,同时满足顾客多样性、个性化需求的一种营销方式。

汽车作为一种高档耐用消费品、一件大宗商品,是非常适合进行网络营销的。这是因为:首先,汽车商品本身技术性能复杂、价值昂贵、品牌众多、差异化显著,使得消费者在购买时非常谨慎,需要在市场中做大量的信息搜集和价格比较;其次,网络相比较传统媒体,在主动阅读、表现方式多样、互动性和超大的信息存载量等方面具有明显优势;最后,我国目前网络媒体受众的收入水平相对较高,年龄呈年轻化,与汽车消费人群有较高的重叠性。这种媒体和产品之间的高度联系,构成了汽车网络营销的巨大优势。汽车企业实施网络营销不仅意味着营销手段的变化、观念的更新,还意味着经营方式和管理模式的转变。网络营销的实现,对汽车销售本身就是一场挑战,它将会对企业的组织结构、运作方式、资源管理、结算方式、服务跟踪以及质量考核等有很大的促进。

2. 汽车网络营销的特征

（1）目的性和意向性。互联网本身具有筛选的功能，网页内容决定了访问者的身份，不同的内容吸引不同访问目的的消费者。而对于网络，尤其是汽车专业资讯网站，消费者则会进行选择性阅读，只要消费者访问汽车专业网站，其目的性和意向性就已经明确了；消费者再来搜索车价，其购买意向也已经很明显了。网络技术作为市场研究的一个平台，汽车企业利用它可以方便迅速地了解到全国乃至全球的消费者对本企业产品的要求。基于互联网图文声像并茂的优势，汽车企业还可以与消费者充分讨论其个性化需求，从而完成网上定制。网络技术有助于汽车企业建立顾客档案，为做好客户关系管理工作提供很大的方便。有了这样的平台，汽车企业就可以致力于做好顾客信息挖掘，充分了解顾客的各类需求信息，充分赢得市场竞争的优势地位。

（2）互动性和吸引性。汽车消费属于大件消费，网络营销作为销售手段能够充分发挥企业与顾客双向沟通的优势，企业可以利用网络与顾客形成一对一的关系，使顾客需要的消费价值真正得到满足。网络营销以企业和顾客之间的双向沟通为目标，满足顾客现实和潜在的需求，是一种新型的、互动的、更加人性化的营销模式，能有效拉近企业与顾客之间的情感距离，逐渐增强产品品牌对顾客的吸引力，从而更快地实现顾客的购买行为。

（3）低成本和效率性。相对于传统市场营销方式而言，网络营销可以使企业以较低的成本去进行市场调研，掌握顾客需求，设计开发产品，发布产品信息，进行广告宣传，完成顾客服务等，从而有利于汽车企业降低生产经营成本，增强产品价格优势，有利于市场竞争。同时，网络营销还可以增强企业的信息获得、加工和利用的能力，使企业提高市场反应速度，从而改善营销绩效，提升营销效率，降低企业的生产成本。

（4）全天候和便捷性。利用网络营销，顾客可以浏览网上汽车企业，不需要到达购车现场就可以在网上完成信息查询、评价、选择、产品定制决策、成交以至货款支付等购车手续，接下来顾客只需等待厂家的物流配送机构将商品车运送到自己的手中，就可以真正实现足不出户购得令自己满意的汽车。另外，网络营销还不受时间和空间的限制，这也给广大汽车用户带来了很大程度的便利。

16.4.2 汽车网络营销的模式

由于汽车产品结构复杂、价格高昂的特殊性质，顾客在购买时对网络销售的认可度不高，汽车企业在进行网络营销时主要采取了以下三种模式：

1. 宣传展示、联系顾客

这种模式是所有汽车企业都乐意采用的，企业通过自己的官方网站或是综合门户网站、专业汽车网站等向顾客宣传展示有用的信息，包括产品信息和促销信息等，而据市场调查发现，有意向购车的顾客以及未打算购车的顾客，在了解企业信息和车型信息时都会首先选择网络作为搜集资料的第一途径；同时，利用互联网的交互性为顾客服务，解决顾客的疑问，增强与顾客的联系，培养顾客忠诚，永远留住顾客。满意而忠诚的顾客总是乐意购买本企业的产品的，这样就有助于提高实体市场产品的销量。

2. 品牌建设与推广

汽车企业在发展过程中，通过传统的营销方式已经建立起自身的品牌形象。但是在互联网时代,企业必须进一步将品牌形象的建设和管理作为网络营销的重点,增加品牌的知名度,建立良好的形象,以此来获得顾客的认同和忠诚,从而达到促进顾客购买的目的。后起的汽车企业更是可以利用网络迅速扩大自己在汽车市场中的品牌知名度和品牌影响力。各类汽车网站也通过一切办法将潜在目标顾客吸引到自己的产品网站中,如提供贷款计算器、互动小游戏或是自己设计、配置属于自己的专属座驾等。加上视频3D演示技术的成熟使用,顾客可以并且较为乐意地在自己钟爱的网站上逗留一定的时间。汽车企业官网或各类型汽车论坛可以组成俱乐部或是会员中心,车主或准车主可以讨论关于自己品牌汽车的问题。企业或俱乐部还可以通过网络定期组织一定的活动,加强品牌的宣传和推广。

3. 网络促销、销售实现

通过网络实现汽车的销售活动,是每一个汽车企业开展网络营销最终的目标。在这一方面有一些汽车企业走在了前面,例如,奔驰和尼桑试水团购,大众斯柯达率先开通网上购车服务,吉利汽车和江淮汽车已在国内最大的C2C平台开设了官方旗舰店,东风日产已将网络销售作为每年销售计划的重点工作之一;同时,专业汽车网站和金融保险机构也纷纷推出各种服务,最大限度地消除顾客网上购车的疑虑和困惑,促进销售的实现。

16.4.3 汽车网络营销策略要点

1. 建立汽车企业营销网站

建立汽车企业独立的营销网站是汽车企业根据自己的需要,单独设计、建设个性化的网站,可以分为网站规划、网站设计和网站发布三个阶段。

(1) 网站规划。汽车企业建立个性化的网站首先要在充分调研分析的基础上进行网站规划。网站定位目标要求网站要具有快速访问的能力、先进性、高度的可靠性、高度的可扩展能力以及高度的安全性、标准性和开放性,从而使汽车企业达到全球化的效果,而且成为全球化、一体化的汽车网上4S店;页面规划一般要符合汽车企业的整体形象和CI规范,注意色彩和图片的应用及版面规划,保持网页的整体一致性;网站的目标功能主要包括产品介绍、信息发布、提供产品个性化定制服务、实现在线交易、提供沟通和顾客体验平台几个方面,核心业务为信息发布、产品介绍、在线交易以及电子支付四个方面。

(2) 网站设计。网站设计主要是针对网站结构、网站形象、Logo色系与字体等,委托专业设计师和程序员,按照顺序进行网站的具体制作和设计。具体业务内容表现为网页上的版块和栏目,需要对版块和栏目的名称、框架结构、链接方式、导航条等进行设计。

(3) 网站发布。网站发布就是在以在线交易洽谈为核心的电子商务平台上进行正常的汽车网上4S店的运作和经营。如上海通用旗下的别克品牌网站"别克城市"非常完美地实现了产品介绍、在线交易、沟通与交流等所有的功能,绚丽大气而不失沉稳。与别克"心静、思远、志在千里"的品牌形象极其吻合(见图16-16)。

2. 网络营销产品策略

目前,互动营销成为汽车企业营销的新武器。在网上4S店,消费者通过在线视频和音频交流,与汽车企业销售人员或经销商之间进行信息沟通和互动,可以充分了解汽车产品、品牌等相关信息,以及购车环节中的各种详情,消费者的需求得到了最大限度的满足。网上4S店充分利用文字、图片、音频、视频和网络等技术,以及独具特色的3D展示功能和互动功能,不仅带给消费者全然一新的感受,更是带给他们一种身临现场的感受,让汽车多维度展现在其面

图 16-16　别克官方网站

前。全面展示品牌和产品,能够有效实现经销商和消费者之间的有机结合,一体化地推动终端销售。此外,汽车网络营销还能为消费者提供个性化的服务。汽车企业根据网站获取的消费者资料,针对不同消费者提供不同的服务。

3. 网络营销渠道策略

（1）建立在线直销渠道。对企业网站进行完善和优化:增设网上交易功能模块,完善产品目录、产品推荐、产品宣传、产品展示、在线服务等功能;将企业网站与著名的搜索引擎、信息服务商、专业网站等进行链接,提高网站的知名度和访问量;坚持顾客导向,易浏览,及时更新和重视顾客服务;提供个性化定制服务,根据顾客的需求,快速高效地为顾客提供解决方案。图16-17 即为某品牌汽车官网的在线购车模块。

图 16-17　某品牌汽车官网的在线购车模块

（2）构建多种网络间接销售渠道。结合企业产品的性质、种类以及销售对象的特点，充分利用电子中间服务商，构建多种类型的网络营销间接渠道。例如：选择百度、搜狐汽车频道、网上车市等作为企业的目录服务商或搜索引擎服务商，将企业情况和相关产品信息进行注册；与网上销售服务中间商阿里巴巴网上贸易市场、淘宝、京东商城等进行合作，利用其网上交易平台，建立网上商城间接销售渠道；加盟全球知名的中文比较购物网站，以便企业的产品能够出现在相关比较结果中，为企业带来最有意向的消费者，提高交易达成率。2010年12月，吉利汽车旗下的"全球鹰淘宝旗舰店"正式开业，在开店之前进行了团购活动，300多辆熊猫汽车在1分钟之内被订购一空（见图16-18）。

图16-18　吉利汽车间接销售渠道

（3）支付方式设计。将电子支付方式与传统支付方式相结合。汽车企业可以从网上银行、银行电汇、邮局汇款、ATM转账、移动支付、第三方支付平台到汽车企业（分支机构）付款、上门收款等方式中进行组合设计，并给予相应的操作说明，供消费者选择。采用相应的安全技术标准、防火墙技术、信息加密储存技术、数字证书技术和身份证技术等，要向消费者说明所采用的安全技术，并做出相应的安全承诺。此外，也可以采用间接结算方式，如通过信用卡终端自行转账，或采用验货后付款方式。

4. 网络营销促销策略

（1）确定广告受众与广告信息。汽车企业网络广告信息中一定要让消费者充分了解本企业产品的功能和特点，强调该产品的功能，以及与同类汽车品牌的不同之处，引起消费者的购车兴趣。为了尽可能多地吸引消费者的注意，广告要更具冲击性，这样才能达到本次网络广告的目的。汽车企业可以以各种网络广告形式，如富媒体（Rich Media）广告、对联广告、赞助式广告等，充分利用网络资源为网站做宣传，提高网站的知名度和信用度。富媒体广告以其强势的互动功能和低廉的投放成本已成为汽车企业快速推广产品的首选方式。2000年第28届奥运会期间，福特汽车在新浪投下第一笔金额100万元的广告，这成为中国互联网发展史上的第一笔汽车广告。汽车企业纷纷进行网络广告投放，增幅达到了100%。奥迪在软性、硬性广告方面的投入可谓"大手笔"，自2001年以来，其在中国市场每年都有亿元左右的广告投放，网络广告上更是推陈出新，几乎国内最新形式的汽车广告均来自奥迪。图16-19为某企业新车发布的视频广告。

（2）选择网络广告发布渠道。网上发布广告的渠道众多，各有长短，企业应根据自身情况及网络广告的目标，合理选择网络广告的发布渠道。可以与著名网站的汽车频道和专业的汽车网站进行广告合作，交互链接，资源共享；与汽车产业协会、行业协会等多家机构强强结合，

图 16-19　某品牌新车发布视频广告

共同发展;与报纸、电视、电台等主流媒体形成战略合作伙伴关系,这种互动目标性强而又行之有效,同时还节省了大批的营销费用。

(3) 网络销售促进方法。销售促进主要是用来进行短期性的刺激销售。互联网作为新兴的网络市场,网上的交易额不断上涨。网络销售促进就是在网络市场利用销售促进工具刺激潜在顾客对产品的购买和消费使用。一般来说,常用的网络销售促进方式包括团购、秒杀、电子优惠券、打折、免费试用、抽奖和赠品等。图 16-20 为上汽通用五菱为旗下宝骏品牌轿车举行的销售促进活动广告页面。

图 16-20　宝骏汽车促销活动宣传页面

5. 活动及品牌推广策略

活动和品牌推广的目的是让更可能多的潜在顾客了解并访问汽车企业网站,通过网站获得有关产品和服务等的信息,提高品牌知名度,为最终达成交易提供支持。

汽车企业活动及品牌推广策略主要有以下几种:

(1) 搜索引擎推广。搜索引擎推广是较为常用的网站及品牌推广策略,通常中国汽车企业多在新产品推出前后和某一产品进行大型促销活动时在百度、谷歌等搜索引擎上购买"汽车"、"轿车"、"购车"等热门关键词,以增加官方网站或促销信息网页的点击量,从而达到推广效果(如图 16-21 所示)。因此,选择并注册适当的搜索引擎并优化关键词提高搜索排名,是汽车企业活动及品牌推广的重要策略。

(2) 网络广告推广。网络广告是在互联网刊登或发布广告,通过网络将广告传递到互联网用户的一种高科技运作方式。主要是通过 2D 及 3D 的 Video Audio、HTML、Flash、DHTML、

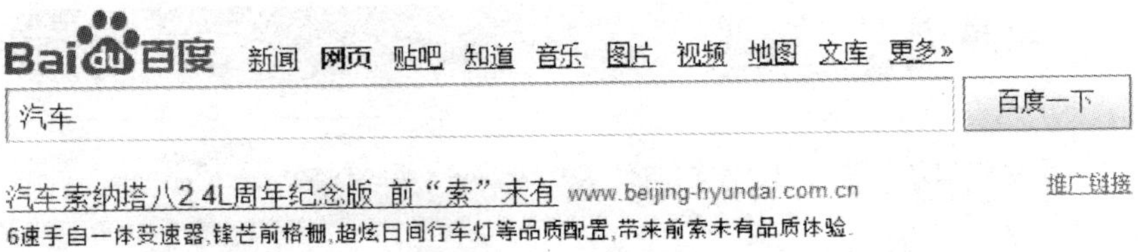

图 16-21　某品牌汽车在百度搜索引擎的推广

JAVA 等具有复杂视觉效果和交互功能效果的各种网络广告形式,用多媒体技术增强其表现力。此外,充分利用赞助式广告,在网站赞助与其汽车品牌相关的页面或栏目,能够更好地展示品牌,进行市场调查。

(3) 信息发布推广。将有关的网站信息链接到消费者可能访问的网站上,如综合门户网站和专业汽车网站,以便消费者登录这些网站获取信息的同时实现网站推广的目的。综合门户网站是目前中国互联网上最大的广告媒体,综合门户网站的首页可以发布汽车产品的视频或图片广告,其汽车频道则为消费者提供最详尽的购车资讯和最便捷的购车通道。汽车频道一般包括新闻、车型、导购、用车、答疑和社区等栏目,消费者可以在其中查询制定车型所有经销商的信息、最新的车市活动等,并可在网上提交购车意向、计算购车所花金额等。门户网站汽车频道网络社区的建设至关重要,网络社区不仅可以增加网站人气,积聚目标受众,使营销活动更加精准,还可以催生原创力量,丰富网络营销的内容。利用专业汽车网站推广也是常用的方法。专业汽车网站的品牌专区往往对汽车企业具有品牌塑造和形象建设的功能,在专区内有时甚至可以找到汽车企业自身的官方网站上没有的信息资料。另外,一些省市级的专业汽车网站也成为当地汽车经销商发布促销信息和消费者进行交流的平台。目前,专业汽车网站主要有汽车之家、爱卡汽车、易车网、网上车市等。

(4) 微博推广。移动互联网时代,利用消费者的贴身媒体——微博进行推广,已成为汽车企业推广品牌及网站的重要选择。消费者在选车、购车、用车甚至报废的各个环节,都有同汽车制造商、销售商交流互动的需求,他们需要实时关注最新消息,需要得到关于问题的最快答复,短小精悍、传播速度快的微博恰好满足了此类需求。而且汽车消费的品牌忠诚度是比较高的,汽车品牌的微博粉丝的人群数量也是相对稳定的。目前,新浪汽车微博是中国最大、最全的汽车专业微博,几乎所有国产及合资品牌都注册了官方微博。图 16-22 为福特(中国)新浪官方微博首页。

图 16-22　福特(中国)新浪官方微博

（5）微信推广。超过 3 亿的微信用户中，蕴藏着大量的已购车用户和待购车用户，"80后"和"90后"的年轻一代已成为网络用户和汽车消费的主力，汽车企业应利用微信这一新兴的社交媒体，通过建立微信平台，和粉丝进行互动、交流，进一步促进企业产品和品牌的推广，提升品牌知名度和品牌忠诚度，最终促进销售。目前，大部分汽车企业都在腾讯汽车微信平台注册了品牌账号和媒体账号（见图 16-23），可以预见微信推广将成为未来汽车网络营销最重要的传播渠道。

图 16-23　腾讯汽车的微信平台

案例讨论

宝马公司的新车发布网络营销

近年来最经典的汽车网络营销案例就要数宝马 M Tiger 系列新车发布的营销方案了。宝马 M Tiger 系列新车发布的网络营销方案着眼于 M Tiger 的强劲动力的特点，增强市场对品牌车型的认知度和认可，扩大其市场占有率，以保证其在与奔驰的 AMG 和奥迪的 ABT 系列竞争中取得优势。宝马公司通过一波波的组合事件，运用各种网络营销的渠道和方式完成了一次经典的营销。

第一阶段：宝马公司于 2010 年 8 月 16 日发布第一支"病毒"视频，通过丛林追逐以及一个惊魂未定、气喘吁吁德国保安的离奇叙述，把神秘气氛制造出来，引起网友的广泛注意，还起了一个非常诱人的名字："来自'绿色地狱'的怪兽你敢看吗？"。点击后指向本次营销活动的官网，官网上没有任何内容和文字，只有一段视频。一个巨型集装箱，集装箱上写着"警告"，不时从箱内传出野兽叫声，箱门不断地被物体撞击，似乎野兽随时都可能会出来。

第二阶段：8 月 23 日，运用美式大片的手法，集装箱被神秘地运到北京某基地，所有军人整装待命，如临大敌，俨然一副有重要绝密任务的架势。透过监视器可看到集装箱内有一个恐龙骨架在来回走动。从 8 月 26 日开始，集装箱连续 3 天出现在北京王府井步行街，通过集装箱上的孔洞可以看到箱内有一个恐龙的骨架在来回走动。参与者均可领取书签一枚，上附官方活动网站地址，也可现场通过"电子公告牌＋发帖"的形式进行传播，除网友外也引起了媒体的广泛关注。每晚都通过视频投影在王府井百货大楼的墙上让恐龙骨架走来走去，在北京的主要道路两旁的建筑上也通过投影让恐龙骨架在北京穿行。

第三阶段：8 月 30 日，宝马公司在网上视频中打开了集装箱，新款宝马 M Tiger 系列跑车 M3 缓缓驶出，揭开了最终的谜底。同时举行了现场发布会进行新款跑车的发布。除此之外，还在北京的搜狐和新浪两大门户网站设置了弹出视频广告，在优酷推出 3 只"病毒"视频。谜底公开后,还在相关的汽车垂直门户网站进行了大量的宣传。在各大汽车网站的BBS上充斥着对这个过程的讨论,相关信息被不断转发。同时,利用大量的名人微博进行造势推广。从效果看本次营销活动相当成功。活动持续了3周的时间,总计投入139.4万元人民币,"病毒"视频的播放次数大于1亿次,内容覆盖人群保守估计达680万人次。

可以看出,相对于传统媒体尤其是电视、广播等,网络营销的成本比较低。在主流媒体如中央电视台,几十秒的广告费用就在千万元的量级上,而网络营销不仅费用低,且由于其互动性媒体展示手段的多样性,可以产生极强的穿透性。通过受众的再次传播,通过相关媒体的交叉传播,可以在极短的时间内使大量的目标消费群体得到覆盖,并通过互动进一步吸引和影响目标顾客。

资料来源:整理自网易汽车频道。

问题

1. 宝马公司采用什么样的网络营销策略获得了新车型的成功推广?
2. 对国际知名汽车企业来说,每一次网络营销活动对整个汽车网络营销来说都是一次震动和启发。结合本案例谈一谈汽车网络营销的重点和发展趋势。
3. 如果你是宝马公司的营销总监,你对公司准备推出的新款7系轿车将采用什么样的网络营销组合策略?

本章小结

1. 物流企业开展网络营销不仅是电子商务发展的要求,更是物流企业提升自身竞争优势、更好地为顾客服务的内在要求。物流企业在开展网络营销的过程中,始终要以顾客为主导,以方便顾客为基准,加强对关键领域的营销工作。
2. 运输企业网络营销是运输企业满足社会需求、提高经济效益的必然选择。运输企业在开展网络营销过程中要注重企业网站建设、信息调研、信息服务、个性化服务和渠道设计等工作。
3. 房地产网络营销是传统市场营销的继承和发展,应将传统市场营销和网络营销有机结合起来。为了更好地服务顾客,房地产企业应建立采购平台、广告平台、销售平台、信息平台、交流平台和管理平台,拓展房地产市场的交易空间。
4. 汽车企业网络营销开展得较早,具有很强的目的性和意向性;汽车网络营销主要有宣传展示、品牌推广和促进销售三种模式;汽车企业在开展网络营销的过程中更应注意品牌推广与维护、网络广告的制作与发布、微信等新型网络营销工具的使用等。

思考与实践

1. 理论基础

(1) 什么是物流网络营销?物流企业开展网络营销有什么优势?
(2) 物流网络营销应注意的要点有哪些?
(3) 什么是运输网络营销?它有什么特点?
(4) 运输网络营销的应用要点有哪些?
(5) 什么是房地产网络营销?房地产网络营销与传统房地产营销有何区别?

（6）房地产网络营销有哪些模式？

（7）什么是汽车网络营销？汽车网络营销有哪些模式？

（8）汽车网络营销应注意哪些关键点？

2．知识应用

（1）观察一家（物流、运输、房地产、汽车）企业，看看其是如何开展网络营销的。

（2）认真思考，如果你是打算购买房产或汽车的顾客，你会看中企业通过网络提供的哪些服务，进而促成你的购买决策？并说明原因。

参考文献

[1] 董千里,陈树公.物流市场营销学(第二版)[M].北京:电子工业出版社,2010.

[2] 秦新生.物流企业网络营销策略[J].企业导报,2009,(12).

[3] 卜荔娜.中小物流企业的网络销售与推广研究[J].物流技术,2012,(9).

[4] 于晓彤,邢桂翔.中国汽车业网络营销的发展现状和对策研究[J].价值工程,2010,(32).

[5] 刘作义,赵瑜.运输市场营销学(第三版)[M].北京:中国铁道出版社,2010.

[6] 刘枫.房地产网络营销发展的问题及对策[J].现代经济信息,2013,(2).

[7] 尚晓玲.汽车品牌的网络营销[J].经营与管理,2007,(7).

教师反馈及教辅申请表

　　北京大学出版社本着"教材优先、学术为本"的出版宗旨,竭诚为广大高等院校师生服务。为更有针对性地提供服务,请您认真填写以下表格并经系主任签字盖章后寄回,我们将按照您填写的联系方式免费向您提供相应教辅资料,以及在本书内容更新后及时与您联系邮寄样书等事宜。

书名		书号	978-7-301-	作者	
您的姓名				职称职务	
校/院/系					
您所讲授的课程名称					
每学期学生人数	＿＿＿＿人＿＿＿年级			学时	
您准备何时用此书授课					
您的联系地址					
邮政编码		联系电话（必填）			
E-mail（必填）		QQ			
您对本书的建议：				系主任签字 盖章	

我们的联系方式：

北京大学出版社经济与管理图书事业部
北京市海淀区成府路 205 号，100871
联系人：徐冰
电话： 010-62767312 / 62757146
传真： 010-62556201
电子邮件： em_pup@126.com　　em@pup.cn
Q Q： 5520 63295
新浪微博：@北京大学出版社经管图书
网址： http://www.pup.cn